Jeffrey Pfeffer

Power-Management

Endlich wieder wirkungsvoll führen

UEBERREUTER

Die Deutsche Bibliothek – CIP-Einheitsaufnahme

Pfeffer, Jeffrey:
Power-Management : endlich wieder wirkungsvoll führen /
Jeffrey Pfeffer. [Aus dem Amerikan. von Annemarie
Pumpernig]. – Wien : Ueberreuter, 1992
(Ueberreuter-Wirtschaft) (Havard Business School Press management
series)
Einheitssacht.: Managing with power ⟨dt.⟩
ISBN 3-8000-9169-0

S 20/1

Aus dem Amerikanischen von Annemarie Pumpernig
Originaltitel „Managing with power: politics and influence in organizations",
erschienen bei Havard Business School Press, Boston, Massachusetts

Umschlag von Beate Dorfinger

Printed in Austria

INHALTSVERZEICHNIS

TEIL IV

Danksagungen

Dieses Buch verdankt seine Entstehung vor allem meinen Kollegen in Stanford, Gene Webb und Hal Leavitt. Leavitt hatte mich schon seit Jahren gedrängt, ein Buch zu schreiben, das für die Studenten und Manager leichter verständlich wäre als ein Großteil meiner anderen Publikationen. Diesen Rat ignorierte ich lange Zeit. Nachdem Webb das Büro des stellvertretenden Dekans in Stanford verlassen hatte, hielt er eine Vorlesung, die zum Teil Ähnlichkeit hatte mit der Vorlesung, die ich über Macht und Politik in Organisationen ausgearbeitet und gehalten hatte. Er brachte neue Literatur und neue Ideen in diese Vorlesung ein, aber eines Tages verwendete er den Text *Power in Organizations,* den ich vor einigen Jahren geschrieben hatte und in meinen Kursen regelmäßig verwende, nicht mehr. Gene Webb war Mitglied der Begutachtungskommission meiner Dissertation, als ich in den frühen 70er Jahren in Stanford meinen Doktor machte. Ich betrachtete ihn als Freund. Die Tatsache, daß ein Freund aufhörte, mein Buch zu verwenden, war ein klares Signal für mich, daß ich etwas tun mußte.

Ich sammelte schon seit einigen Jahren Ideen und neue Erkenntnisse über Macht in Organisationen. Ich leitete Kurse für Führungskräfte und wußte, welche Fragen wichtig waren und wie die Führungskräfte auf verschiedene Ideen und Unterlagen reagierten. Da ich weiterhin das Wahlfach in Stanford unterrichtete, konnte ich eine Reihe von Anekdoten aus der Praxis sammeln und erhielt eine Menge Feedback von meinen Studenten. Einige Jahre lang hielt ich gemeinsam mit zwei Kollegen, Mike Tushman von der Columbia-Universität und Charles O'Reilly aus Berkeley, einen einwöchigen Kurs mit dem Titel »Management strategischer Innovation und Veränderung« für verschiedene Firmen in den Vereinigten Staaten und im Ausland ab. Von Mike und Charles lernte ich viel über die politische Dynamik von Innovation und Veränderung und über die Rolle, welche Macht und Politik in diesem Prozeß spielen. Diese Kollegen und meine Studenten drängten mich ebenfalls, ein neues Buch zu schreiben.

Alle diese Leute mußten einen Preis für ihre Hartnäckigkeit bezahlen. Die Studenten, die meine Lehrveranstaltung »Macht und Politik in Organisationen« besuchten, mußten eine ältere Rohfassung des Manuskripts verwenden. Ehemalige Studenten, allen voran Fran Conley, lasen es. Von meinen Kollegen, die mich zuvor so sehr zum Schreiben gedrängt hatten, erwartete ich nun Ratschläge und Kritik – und die Unterstützung, die ich von Chip Heath, Dan

Julius, Roderick Kramer, Kotaro Kuwada, Charles O'Reilly, Donald Palmer, Michael Tushman und vor allem Gene Webb erhielt, ging weit über meine Erwartungen hinaus. Sogar die Dissertanten, die zu diesem Zeitpunkt bei mir arbeiteten, gaben mir Unterstützung und wertvolle Anregungen. Beth Benjamin half mir mit Beispielen und Kommentaren, auch wenn sie eigentlich an ihrer Dissertation hätte arbeiten sollen. Diesen Studenten und Kollegen verdanke ich viel, und von ihren Anregungen und ihrem Wissen habe ich enorm profitiert.

Auch den Sekretärinnen, die so viel zu diesem Projekt beigetragen haben, vor allem Nancy Banks und Katrina Jaggears, bin ich zu großem Dank verpflichtet. Man muß einmal an der Graduate Business School in Stanford gearbeitet haben, um sich eine Vorstellung von der enormen Unterstützung machen zu können, die dem Lehrkörper dort auf so vielfältige Weise zuteil wird. Ich danke der Universität aufrichtig dafür, ihrem Lehrkörper angehören zu dürfen, und ich danke ihr für die vielfältige Unterstützung, die ich dort genieße.

Im Januar 1985 lernte ich Kathleen Fowler kennen. Kathleen, die noch nie zuvor mit einem Professor ausgegangen war, wollte wissen, was ich beruflich tat. Ich sagte ihr, daß ich schriebe. Sie sagte: »Zeigen Sie mir etwas, das Sie geschrieben haben.« Daraufhin gab ich ihr eine signierte Ausgabe von *Power in Organizations.* Sie las das Manuskript und es gelang ihr auch, dabei die meiste Zeit wach zu bleiben. Aber sie sagte: »Können Sie nicht einmal etwas schreiben, das die Leute lesen können?« Wir haben im Juli 1986 geheiratet. Zur Hochzeit schenkte sie mir eine Uhr. Dieses Buch ist mein Hochzeitsgeschenk für sie. Ich weiß, es ist etwas spät – aber schließlich gibt es in letzter Zeit einiges andere im Leben.

TEIL I

MACHT IN ORGANISATIONEN

1

Entscheidungen und Implementierung

Am 17. Oktober 1989 um 17:04 wurde Nordkalifornien von einem schweren Erdbeben erschüttert. Zahlreiche Freewayabschnitte und einige Auffahrtsrampen wurden zerstört oder stark beschädigt. Auch die San Francisco Bay Bridge erlitt Schäden. Die erschreckenden Bilder von der beschädigten Brücke und vom eingestürzten Freewayabschnitt in der East Bay, wo die meisten Todesfälle zu beklagen waren, gingen um die Welt. Die meisten Leute erinnern sich daran, daß die Reparaturarbeiten an der Brücke sofort begannen. Und da buchstäblich rund um die Uhr gearbeitet wurde, konnte die Brücke knapp sechs Wochen später wieder eröffnet werden. Was den meisten Leuten, sogar den Anwohnern der Bucht von San Francisco, allerdings nicht bewußt ist, ist die Tatsache, daß 18 Monate nach der Katastrophe außer der Brücke immer noch überhaupt nichts instandgesetzt wurde. Anderthalb Jahre nach dem Erdbeben war kein einziges der übrigen beschädigten Straßenstücke, keine einzige Auffahrtrampe, kein Freewayabschnitt repariert. Tatsächlich war im Fall der beiden anderen großen Straßenabschnitte, die aufgrund der Bebenschäden gesperrt worden waren – die sogenannte Cypress Structure in Oakland und der Embarcadero Freeway in San Francisco – noch nicht einmal eine Entscheidung darüber gefallen, wo, wie und ob überhaupt Reparaturen vorgenommen werden sollten.

Technische oder Konstruktionsschwierigkeiten können weder zur Erklärung der Verzögerungen herangezogen werden, noch erklären sie, warum die Bay Bridge repariert wurde und alles andere nicht. Die Reaktion San Franciscos und Kaliforniens auf das Erdbeben offenbart einen häufig in Organisationen sowohl des öffentlichen wie des privaten Sektors anzutreffenden Zustand – einen Zustand der Lähmung, der die Unfähigkeit widerspiegelt, ausreichende politische Unterstützung und Ressourcen für eine Aktivität zu mobilisieren. Werden Organisationen wie in diesem Fall mit einem Problem konfrontiert – oder, wie in anderen Fällen, mit Möglichkeiten – so sind sie häufig nicht imstande, ihre Aufgaben in einer angemessenen Frist zu erfüllen. Diese Untätigkeit kann schwerwiegende Folgen haben. Die immer noch andauernde Schließung des Freeways in Oakland erfordert jährlich zusätzliche Transport- und Treibstoffausgaben von rund 23 Millionen Dollar, und die anhaltende Unentschlossenheit in bezug auf die Reparatur der Freeways und Auffahrtsrampen in San Francisco hat noch viel mehr gekostet, wenn man die Geschäftseinbußen in der Stadt miteinbezieht.

Möglicherweise ist es nicht so verwunderlich, daß es bei einem derart vielschichtigen Thema wie der Trassenlegung und Instandsetzung von Straßen zu Verzögerungen und Unentschlossenheit kommt. Aber auch in Fällen, in denen es um Leben und Tod geht, gelingt es nicht, in effektiver Weise die notwendige politische Unterstützung zu mobilisieren und entscheidende Schritte zu unternehmen. Betrachten wir die Chronologie der Entdeckung, daß Aids über Bluttransfusionen übertragen wird. Die Entscheidung, in Reaktion auf diese Entdeckung irgendetwas zu unternehmen, fiel mit großer Verspätung:

Im März 1981 erhielt ein Baby mit einer Rhesus-Inkompatibilität eine Bluttransfusion, die von einem 47 Jahre alten Spender der Irwin Memorial Blood Bank in San Francisco stammte.

Im Juli 1981 ließen epidemologische Studien zahlreiche Mediziner zu dem Schluß kommen, daß der sogenannte Schwulenkrebs eine ansteckende Krankheit sei, die sowohl durch Geschlechtsverkehr als auch über das Blut übertragen werde.

Im September 1981 erkrankte das Kind, das im März die Transfusion erhalten hatte, infolge einer Immunschwäche; der ebenfalls kranke Spender ging zur selben Zeit zum Arzt und gab dabei an, regelmäßig Blut zu spenden.

Im Dezember 1981 versuchte Don Francis, Epidemologe am Center for Disease Control (CDC), die Blutbanken zu warnen. Er argumentierte damit, daß die Krankheit, wenn sie sich wie Hepatitis verbreitete, durch Bluttransfusionen übertragen werden könne.

Im Januar 1982 entdeckte die CDC, daß Bluter an einer Krankheit starben, deren Symptome denen ähnelten, die sich in der Homosexuellengemeinde verbreiteten, und daß Bluttransfusionen anscheinend den Übertragungsmechanismus darstellten.

Im November 1982 erklärte Dr. Selma Dritz, Stellvertretende Leiterin des für die Bekämpfung ansteckender Krankheiten zuständigen Büros in der Gesundheitsbehörde von San Francisco, sie sei besorgt über die Reinheit der Blutkonserven; sie hatte – zumindest nach ihrer Überzeugung – den ersten Fall einer Aids-Übertragung durch eine Bluttransfusion dokumentiert.[1]

Die Blutbankenindustrie reagierte mit einem Dementi. »Die erste öffentliche Erklärung, Aids werde möglicherweise über Bluttransfusionen übertragen, rief eine wütende Reaktion der Blutbanker im Osten hervor . . . Dr. Joseph Bove, ein . . . Funktionär des amerikanischen Blutbankenverbandes, trat im Fernsehen auf und erklärte kategorisch, es gebe bis dato noch keinen Beweis dafür, daß Bluttransfusionen Aids verbreiteten. Insgeheim dachten einige Blutbanker, das CDC überzeichne die Möglichkeit, . . . um durch Publicity an größere Geldmittel heranzukommen.«[2]

Am 4. Januar 1983 (über ein Jahr, nachdem zum erstenmal der Verdacht aufgetaucht war, Aids könne durch Blutkonserven übertragen werden) zeigte sich Don Francis vom CDC bei einem Treffen eines Ad hoc-Beratungskomitees der US-Gesundheitsbehörde empört. »Wie viele Menschen müssen sterben?« rief Francis und schlug mit der Faust auf den Tisch. »Wieviele Tote brauchen Sie? Sagen Sie uns, wie hoch der Grenzwert an Toten ist, ab dem Sie glauben, daß dies die Realität ist. Dann treffen wir uns, wenn dieser Grenzwert erreicht ist und können beginnen, etwas zu tun.«[3]

Im März 1983 wurde ein vom CDC geforderter Test auf Hepatitis-Antiköper aufgrund des Widerstands der Blutbanken abgelehnt; allerdings wurde ein Screeningverfahren eingeführt, um Hochrisikospender auszusondern.

Im Mai 1983 entschloß sich das Krankenhaus der Stanford University als einzige größere Klinik in den Vereinigten Staaten, mit der Untersuchung von Blut auf eine Aids-Infektion zu beginnen. »Die übrige Blutindustrie war wie vom Donner gerührt . . . Es ging das Gerücht, es handle sich um einen Trick, mit dem versucht werde, von Aids-Hysterie befallene Patienten von den Krankenhäusern in San Francisco nach Stanford zu locken.«[4]

Im Januar 1984 mauerte die Blutindustrie immer noch. Die Kosten von Aids-Tests würden sehr hoch sein; darüber hinaus war die Industrie besorgt über die Wirkung, die solche Tests auf das Angebot an Spendern wie auch auf die Nachfrage nach Blut seitens der Nonprofit-Blutbanken haben würden. »Anfang Januar rief der stellvertretende Gesundheitsminister Ed Brandt Blutbanker und CDC-Vertreter zu einer Aids-Konferenz zusammen. Eine neue Politik der nationalen Gesundheitsbehörde (FDA) wurde in all den Gesprächen nicht beschlossen; stattdessen stimmten die Blutbanker der Bildung einer Sonderkommission zum Studium des Problems zu.«[5] Dem aufmerksamen Leser wird nicht entgangen sein, daß seit dem Zeitpunkt, an dem die Übertragung von Aids durch Transfusionen erstmals nachgewiesen worden war, zwei Jahre vergangen waren. Und es war ein Jahr her, daß Don Francis gefragt hatte: »Wie viele müssen noch sterben?«

Ende 1984 hatten Tests auf Hepatitis oder andere abnormale Blutveränderungen immer noch keine weite Verbreitung gefunden, obwohl mittlerweile kein echter Zweifel mehr darüber bestand, daß Aids durch Bluttransfusionen übertragbar war.

»Schätzungsweise 12.000 Amerikaner waren durch Transfusionen angesteckt worden, die zum Großteil verabreicht wurden, nachdem die CDC die Blutindustrie vergeblich angefleht hatte, Schritte zu unternehmen, um eine Ausbreitung der Krankheit zu verhindern. ›Wie viele Menschen müssen sterben?‹ hatte Francis die Blutbanker Anfang 1989 gefragt. Nun stand die Antwort fest: Es würden Tausende sein.«[6]

In der Schlacht zwischen den Wissenschaftlern und den Blutbankern herrschte alles andere als Waffengleichheit. Die Blutbanker waren gewandt im Umgang mit Worten, Symbolen und allen interpersonalen Beeinflussungstechniken. Die Existenz dieser Industrie hing praktisch zur Gänze von ihrer Fähigkeit ab, Freiwillige dazu zu bewegen, die Arbeit von Organisationen wie dem Amerikanischen Roten Kreuz zu unterstützen. Die Blutbanken und die mit ihnen verbundenen Organisationen hatten jahrelange Erfahrung im Umgang mit den Medien. Und sie bewegten sich routiniert in den Korridoren der Macht in Washington, vor allem im Kontakt mit dem Gesundheits-Establishment. Die Wissenschaftler und Epidemiologen waren der Meinung, die Wahrheit werde triumphieren, wenn die Daten nur mit genügend Nachdruck dargestellt würden. Aber anfangs waren sie nicht einflußreich genug, um im Kampf um die Änderung der AIDS-Politik die Oberhand zu gewinnen. Im Gegensatz dazu pflegte die Blutindustrie den Kontakt zu ihren Verbündeten, konzentrierte sich darauf, die Risiken durch die Wahl der Worte gering erscheinen zu lassen, und setzte alle Ressourcen ein, um politische Schritte, die der Industrie hätten schaden können, aufzuhalten und zu verzögern. Natürlich zogen die an den frühen Auseinandersetzungen Beteiligten, insbesondere die Homosexuellengemeinde, ihre politischen Lehren daraus. Heute wird großflächige Forschung betrieben, das politische Interesse der Öffentlichkeit ist gestiegen und diejenigen, die gegen Aids kämpfen, beherrschen die dazu erforderlichen politischen Fähigkeiten und Taktiken. Tatsächlich legt der vor kurzem errungene – mancherorts als unverhältnismäßig bezeichnete – Erfolg der Bemühungen um finanzielle Unterstützung der Aids-Forschung den Schluß nahe, daß die anfängliche Handlungsunfähigkeit der Verantwortlichen weniger darauf zurückzuführen war, daß Aids eine Homosexuellenkrankheit war (obwohl dies zweifellos ein Teil der Geschichte ist), sondern eher darauf, daß es denjenigen, die gegen das traditionelle medizinische Establishment ankämpften, an politischem Willen und an Sachkompetenz fehlte. Als ihre Entschlossenheit wuchs, Veränderungen durchzuführen, und sie die dazu notwendigen Techniken erlernten, änderten sich die Ergebnisse des politischen Kampfes dementsprechend.

›Eine traurige Geschichte‹, werden manche sagen, ›aber was hat sie mit Organisationen im Privatsektor zu tun?‹ Schließlich ist bei diesen durch den Profitanreiz sichergestellt, daß sie probate, vernünftige und zeitgerechte Entscheidungen fällen. Dazu nur dies: Wissen Sie, welches Unternehmen den ersten PC in der uns heute bekannten Form, das erste DTP-geeignete Textverarbeitungsprogramm und die Maus erfand, welches Unternehmen die Idee von Fenstern auf einem Computerbildschirm und den Gebrauch von Symbolen anstatt von Befehlen zum Betreiben von Computern erfand und welches

Unternehmen als erstes im Fernsehen für einen PC warb? Wenn Sie auf Apple Computer tippen, so haben Sie teilweise recht, und zwar insofern, als der von Apple gebaute und vermarktete Macintosh der erste Computer war, der diese Eigenschaften hatte und in großem Umfang kommerziell erfolgreich war. Tatsächlich war es aber die Xerox Corporation, die Mitte der 70er Jahre in ihrem Forschungszentrum in Palo Alto (PARC) alle diese Dinge entwickelte, also Jahre vor der Einführung des Lisa 1983 und des Macintosh im Januar 1984. Wie wir alle wissen, ist das erste Unternehmen, welches eine Technologie erfindet oder entwickelt, nicht unbedingt auch das Unternehmen, das den wirtschaftlichen Nutzen aus dieser neuen Technologie zieht. Ein anderes häufig angeführtes Beispiel hierfür ist die Entwicklung der Videotechnologie durch die Ampex Corporation. Worüber wir uns häufig nicht im klaren sind, ist die Tatsache, daß das Unvermögen, Nutzen aus einer Innovation zu ziehen, in Wirklichkeit eine Implementierungsschwäche ist. Es ist dieselbe Art von Unvermögen, wie wir sie im Fall des Wiederaufbaus der Straßen in San Francisco und des Schutzes der Blutkonserven des Landes betrachten konnten. Um Innovationen und Veränderungen in Organisationen durchzusetzen, genügt es nicht, technische oder analytische Probleme lösen zu können. Innovation bedroht fast immer den Status quo, und damit wird sie zu einem inhärent politischen Vorgang.

Die Unfähigkeit, etwas voranzubringen, Ideen und Entscheidungen auch wirklich auszuführen, ist heutzutage in Organisationen weit verbreitet. Dazu kommt, daß sich dieses Problem in Organisationen sowohl des öffentlichen als auch des privaten Sektors zu verschärfen scheint. Das hat dazu geführt, daß Rufe nach besserer Führung und Klagen über den Mangel an Führung in vielen Bereichen laut wurden. Meine These ist, daß die Probleme der Implementierung in vielen Fällen Probleme sind, politischen Willen zu zeigen und Sachkompetenz zu entwickeln – das heißt den Wunsch, etwas auch gegen Widerstände durchzusetzen, und die Kenntnis der Fähigkeiten, die diese Durchsetzung möglich machen. Heute ist es mehr denn je notwendig, sich mit Macht auseinanderzusetzen und die Techniken zu erlernen, mit Hilfe derer sie richtig eingesetzt werden kann. Denn anders haben wir keine Aussicht auf individuellen Erfolg in Organisationen oder auf Erfolg von Organisationen im ganzen. Wie Richard Nixon geschrieben hat:

> Es genügt nicht, daß eine Führungspersönlichkeit das Richtige weiß. Sie muß auch imstande sein, das Richtige zu tun. Die . . . Führungsperson, die nicht über die Urteilskraft oder die Wahrnehmungsfähigkeit verfügt, um die richtigen Entscheidungen zu treffen, scheitert an einem Mangel an Vision. Derjenige, der das Richtige weiß, aber es nicht durchführen kann, scheitert aufgrund seiner mangelnden Effektivität. Die große Führungspersönlichkeit benötigt . . . die Fähigkeit, etwas durchzusetzen.[8]

MACHT IN ORGANISATIONEN

Der Politikwissenschaftler Norton Long schrieb: »Die Leute geben bereitwillig zu, daß Regierungen Organisationen sind. Der Umkehrschluß – daß Organisationen Regierungen sind – ist genauso zutreffend, wird jedoch selten gezogen.«[9] Aber Organisationen, insbesondere große Organisationen, sind wie Regierungen, und zwar insofern, als sie vor allem politische Einheiten sind. Um sie zu verstehen, muß man die politischen Vorgänge in Organisationen verstehen, so wie man Regierungspolitik verstehen muß, wenn man wissen will, wie Regierungen funktionieren.

Wir leben in einer Zeit, in der die Menschen dazu neigen, diesem Thema auszuweichen. Wenn ich mich in den Buchhandlungen umsehe, bin ich überrascht, welchen Siegeszug das »New Age«-Denken selbst in den Wirtschaftsabteilungen angetreten hat. Ich nehme an, der Begriff »New Age« kann auf verschiedene Weise gedeutet werden, mir fallen jedoch vor allem zwei seiner Elemente auf: 1. eine Ich-Absorption und Ich-Bezogenheit, die sich mit dem isolierten Individuum beschäftigt; und 2. der Glaube, daß Konflikte vor allem auf fehlendem Verständnis beruhen und daß viele (oder alle) Probleme verschwinden würden, wenn die Menschen nur besser miteinander kommunizierten und wenn sie mehr Toleranz und Geduld hätten. Diese Themen tauchen in Büchern auf, deren Inhaltsspektrum sich von Eheberatung bis hin zur erfolgreichen Gestaltung der Arbeit von Organisationen spannt. Es ist gewiß sinnvoll, die individuelle Selbstverwirklichung in den Brennpunkt zu stellen, aber diese Art der Selbstbezogenheit trägt nicht unbedingt dazu bei, die Menschen zu ermutigen, ihre Vorhaben mit oder durch andere durchzusetzen – also ein Manager oder eine Führungspersönlichkeit zu werden. »Herausragende Leistungen können in einem einzelnen Bereich erbracht werden, ohne daß dabei ein Führungsanspruch geltend gemacht werden muß.«[10] In diesem Sinn lassen sich die Sorgen John Gardners (ehemaliger Minister für Gesundheit, Bildung und Wohlfahrt und Gründer der Bürgerorganisation Common Cause) über die Gesellschaft auch nahtlos auf Organisationen und die Durchsetzung von Vorhaben in diesen Organisationen übertragen.[11] Man kann als Einsiedler in einer Organisation durchaus zufrieden, glücklich und erfüllt sein, aber man ist in seinem Einfluß eingeschränkt, und die Möglichkeit, große Dinge zu erreichen, ist nahezu ausgeschlossen – denn dies gelingt einem nur im Austausch mit anderen.

Wenn wir gegenüber der Politik großer Organisationen mißtrauisch sind, mögen wir zu dem Schluß kommen, daß kleinere Organisationen die bessere Alternative darstellen. Tatsächlich gibt es Belege dafür, daß die durchschnittliche Größe der Einheiten in den Vereinigten Staaten sinkt. Das liegt nicht nur daran, daß unsere Wirtschaft sich von der Produktion hin zur Dienstleistung verlagert; selbst wenn man den Produktionssektor einschließt, schrumpft die durchschnittliche Größe der Einheiten und Firmen. Die größten Unternehmen haben tausende, ja sogar hunderttausende Beschäftigte abgestoßen – nicht nur Manager der mittleren Ebene, sondern auch Produktionsarbeiter, Personal der verschiedensten Bereiche und Angestellte, die mit Aufgaben betraut waren, die nun außerhalb der Unternehmen erledigt werden. Manager und Angestellte, die sich von den aus Interdependenz und widersprüchlichen Standpunkten entspringenden Kämpfen um Macht und Einfluß gelähmt fühlen, haben sich für eine Welt kleinerer, einfacherer Organisationen entschieden, in denen die Interdependenz und die interne Aufsplitterung geringer sind – und die damit auch weniger politisch sind. Natürlich wird durch derartige strukturelle Veränderungen die Interdependenz zwischen den Organisationen nur erhöht, selbst wenn sich die Interdependenz und die Konflikte innerhalb dieser Organisationen verringern.

In dieser Entwicklung sehe ich eine Parallele zu dem, was ich beim Management unserer Humanressourcen beobachtet habe. Zahlreiche Unternehmen lösen heute ihre Personalprobleme, indem sie sich vom Personal trennen. Dahinter scheint folgende Überlegung zu stecken: Wenn wir unsere Angestellten nicht wirkungsvoll führen und motivieren können, so laßt uns diese Aufgabe einer anderen Organisation übertragen. Wir können Angestellte leasen oder Zeitpersonal einstellen, oder wir können uns Teilzeitarbeiter von Agenturen vermitteln lassen und es diesen Organisationen überlassen, die Probleme für uns zu lösen, die wir mit Mitarbeiterfluktuation, Gehältern, Auswahl und Schulung haben.

Eine solche Lösung ist verlockend und entspricht dem Vorrang des Individuums, der in der Kultur der Vereinigten Staaten stets ausgeprägt und in den letzten Jahren verstärkt zu beobachten war. Wie können wir großen Organisationen trauen, wo sie doch langfristige Arbeitsverträge gebrochen haben? Besser sucht man Sicherheit und Gewißheit in sich selbst, in seinen eigenen Kompetenzen und Fähigkeiten und in der Kontrolle über die eigenen Aktivitäten.

Es gibt allerdings ein Problem bei dieser Annäherungsweise an Macht und Einfluß in Organisationen. Dadurch, daß wir die sozialen Realitäten von Macht und Einfluß ignorieren, gelingt es uns nicht unbedingt, sie zu beseitigen. Dadurch, daß wir versuchen, einfachere, von geringerer Interdependenz geprägte soziale Strukturen aufzubauen, gelingt es uns nicht unbedingt, Organisationen zu errichten, die effektiver sind oder bessere Überlebenschancen haben. Zwar trifft es sicher zu, daß große Organisationen manchmal untergehen,[12] aber es trifft ebenso zu, daß ein viel größerer Prozentsatz kleinerer Organisationen untergeht, und daß diese ein viel geringeres Maß der für das Überleben notwendigen Eigenschaften besitzen. Mit dem Versuch, alles zu ignorieren, was in Organisationen mit Macht und Einfluß zu tun hat, berauben wir uns der Chance, diese zentralen sozialen Vorgänge zu verstehen und Manager auszubilden, die mit diesen Dingen umgehen können.

Indem wir so tun, als existierten Macht und Einfluß nicht oder als sollten sie zumindest nicht existieren, tragen wir zu jenem Problem bei, das ich und andere (wie etwa John Gardner) als die bedeutendste Schwierigkeit ansehen, mit der heute viele Unternehmen besonders in den USA konfrontiert sind – ich meine die fast anerzogene oder geförderte Unfähigkeit aller Leute, ausgenommen die Manager der höchsten Ebene, initiativ zu werden und Vorhaben tatsächlich durchzusetzen. Wenn ich Seminare für Führungskräfte abhalte und meine Erfahrungen mit denen meiner Kollegen vergleiche, so höre ich stets dieselbe Geschichte. In diesen Kursen werden hochrangigen Angestellten Ideen präsentiert, und die Teilnehmer bekommen die Aufgabe, in Gruppen die möglichen Auswirkungen dieser Ideen auf ihre Unternehmen zu erarbeiten. Die Kursteilnehmer zeigen große Erfahrung und umfassende Kenntnisse, und es gelingt ihnen oft, zu klugen Denkanstößen für die Weiterentwicklung ihrer Organisationen zu finden. Manchmal entdecken sie, wie unterschiedlich die Effektivität in den verschiedenen Einheiten ihrer Unternehmen ist und tauschen Vorschläge aus, wie deren Leistungen verbessert werden könnten. Unter Umständen gelangen sie zu einem umfassenderen Verständnis der Märkte und Technologien ihrer Organisationen und entwickeln Strategien, nach denen sowohl interne als auch externe Veränderungen mit dem Ziel einer größeren Effektivität durchgeführt werden könnten. All das ist in Wirklichkeit aber völlig belanglos, denn der in solchen Kursen am häufigsten abgegebene Kommentar lautet: »Mein Chef sollte hier sein.« Und wenn diese Leute nach einer solchen anregenden Woche in ihre Büros zurückkehren, fehlt es den meisten an der Fähigkeit oder dem Willen, die mit soviel Einsicht diskutierten Veränderungen auch durchzuführen.

Ich entsinne mich eines Gesprächs mit dem Filialleiter einer großen Supermarktkette, die einen beträchtlichen Anteil am Lebensmittelmarkt in Nordkalifornien hat. Er leitete ein Warenhaus, dessen Umsatz mehr als 20 Millionen Dollar im Jahr betrug, was diesen Manager gemessen an der Durchschnittsgröße der Organisationen bereits zu einem Mann mit einiger Verantwortung machte – so sollte man zumindest meinen. In Wirklichkeit ist die Verantwortung der Manager auf mittlerer Ebene in dieser Organisation, wie in vielen anderen, strikt begrenzt. So diskutierte man über die Frage, ob der Name des Supermarkts auf einer Tafel vor dem Einkaufszentrum, in dem das Warenhaus seinen Standort hatte, aufscheinen sollte. Die Kosten dafür betrugen rund 8000 Dollar (etwas weniger als der Umsatz von vier Stunden in diesem Supermarkt). Es wurde eine Analyse durchgeführt, die zeigte, wieviele zusätzliche Kunden benötigt würden, um das Geld für diese kleine Investition wieder hereinzubringen, und wieviel Prozent des Verkaufsumsatzes in dem Warenhaus dies ausmachte. Der Manager des Geschäfts war für das Schild. Aber leider konnte er nicht einmal diese Summe Geldes ohne die Zustimmung seiner Vorgesetzten ausgeben. Schließlich war es der Vorsitzende der Unternehmenssektion Nordkalifornien, der nach einer langen Sitzung die Entscheidung fällte, daß diese Ausgabe nicht notwendig sei.

Aus diesem Beispiel können wir verschiedene Lehren ziehen. Wir können es als leidige Folge einer exzessiven Zentralisierung betrachten oder als Exempel für eine Humanressourcenpolitik, die sich nicht am »Von unten nach oben«-, sondern am »Von oben nach unten«-Prinzip orientiert. Besonders interessant war aber die Reaktion des Managers – der, nebenbei gesagt, für das Gewinnergebnis dieser Filiale verantwortlich gemacht wird, obwohl ihm fast keine Möglichkeit eingeräumt wird, dieses in irgendeiner Weise zu beeinflussen. Als ich ihn nach seiner Einschätzung der Entscheidung fragte, sagte er: »Nun, ich denke, das ist der Grund dafür, daß die Leute in der Zentrale das große Geld machen; sie müssen etwas wissen, was wir nicht wissen.« Hatte er vor, für seine Idee, für seinen bescheidenen Vorschlag zu kämpfen? Natürlich nicht, erklärte er. Man kommt am besten zurecht, indem man seine Zeit absitzt und alle Anweisungen befolgt, die vom höheren Management gegeben werden.

Ich habe diese Situation in abgewandelter Form immer wieder beobachtet. Ich unterhalte mich mit höheren Angestellten, die klagen, ihre Organisationen zeigten keine Initiative, und mit Managern der höchsten Ebene, die erklären, sie könnten und wollten keine Anstrengungen unternehmen, um die Unternehmen, für die sie arbeiten, zu verändern, selbst wenn ihnen klar ist, daß solche Veränderungen für Erfolg und Überleben dieser Organisationen bedeutsam, wenn nicht sogar unerläßlich sind. Innovation und Veränderung hängen mit politischer Aktivität zusammen. Und so lange wir nicht bereit sind, uns mit den Fragen von Macht und Einfluß im Leben von Organisationen auseinanderzusetzen und einzugestehen, daß die Fähigkeit zur Durchsetzung von Dingen ebenso wichtig ist wie die Fähigkeit herauszufinden, was getan werden sollte, solange werden unsere Organisationen weiter und weiter zurückfallen. Das Problem ist in den meisten Fällen nicht, daß es innerhalb der Organisationen an Einsicht und Intelligenz fehlt. Es handelt sich vielmehr um ein Problem der Passivität. John Gardner analysierte dieses Phänomen folgendermaßen:

> In diesem Land – wie in den meisten Demokratien – ist die Macht derart schlecht beleumundet, daß viele ehrenwerte Menschen sich einreden, nichts damit zu tun haben zu wollen. Die ethischen Bedenken sind verständlich. Aber man kann der Macht nicht abschwören. Macht, so wie wir sie hier begreifen . . . ist einfach die Fähigkeit, bestimmte beabsichtigte Konsequenzen im Verhalten anderer zu erzielen . . . In unserer demokratischen Gesellschaft verleihen wir Menschen Macht zur Erfüllung genau definierter Aufgaben. Wenn sie es aus ideellen oder charakterlichen Gründen ablehnen, die ihnen verliehene Macht auszuüben, müssen wir uns an andere wenden. Zu sagen, eine Führungspersönlichkeit sei zu machtbewußt, ist so, als wollte

man einem Tennisspieler vorwerfen, er schlage ständig Passierbälle, die sein Gegner nicht retournieren könne. Natürlich sind Führungspersönlichkeiten machtbewußt! Die entscheidenden Fragen sind: Mit welchen Mitteln versuchen sie, Macht zu erlangen? Wie üben sie sie aus? Und welche Zwecke verfolgen sie damit?[13]

Wenn Führungskraft nicht nur die Fähigkeit beinhaltet, Macht und Einfluß zu entwickeln und auszuüben, sondern auch den Willen, dies tatsächlich zu tun, dann liegt vielleicht einer der Gründe für die sogenannte Führungskrise in Organisationen in den Vereinigten Staaten gerade in diesem Versuch, Fragen der Macht auszuweichen. Diese Diagnose deckt sich mit den von Warren Bennis und seinen Kollegen vorgetragenen Argumenten. Diese haben Führungspersönlichkeiten studiert und über Führung geschrieben. Zum Beispiel stellten Bennis und Nanus fest, daß eines der gewichtigsten Probleme, denen sich Organisationen heute gegenübersehen, die Tatsache ist, daß nicht etwa zu viele Leute zuviel Macht ausüben, sondern eher das Gegenteil:

> Heutzutage glänzt die Macht durch Abwesenheit. Machtlosigkeit im Angesicht der Krise. Machtlosigkeit im Angesicht der Komplexität . . . die Macht ist sabotiert worden . . . die Institutionen sind unbeweglich, träge oder unstet.[14]

In der Folge weisen sie darauf hin, wie bedeutend Macht als Begriff für das Verständnis von Führerschaft ist, und wie wichtig als Instrument, das es Organisationen ermöglicht, produktiv und effektiv zu funktionieren.

> Jedoch, es fehlt etwas . . . MACHT, die grundlegende Energie, welche den Anstoß zum Handeln gibt und es aufrecht erhält, welche Absicht in Tat umwandelt, jene Qualität, ohne die Führungspersonen nicht zu lenken imstande sind . . . Macht ist das für den menschlichen Fortschritt unverzichtbare Element, und zugleich dasjenige, dem am meisten mißtraut wird . . . Macht ist die grundlegende Energie, die den Anstoß zum Handeln gibt und es aufrecht erhält, oder, anders ausgedrückt, die Fähigkeit, Absicht in Tat zu verwandeln und diese aufrechtzuerhalten.[15]

Nicht nur Theoretiker gelangen zu solchen Erkenntnissen über die Macht. Auch politische Führungspersönlichkeiten gestehen ein, daß der Wille, Macht aufzubauen und zu erhalten, eine Voraussetzung für den Erfolg im öffentlichen Leben ist. Richard Nixon bot in seiner Betrachtung über Macht und Führerschaft einige Beobachtungen, die dem Thema dieses Buches entsprechen:

> Macht ist die Gelegenheit, die Geschichte zu bauen, schöpferisch zu gestalten, in eine andere Richtung zu lenken.
>
> Für jene, denen an diesen Dingen liegt, gibt es wenig, was ähnlich befriedigend ist wie die Macht. Aber glücklich macht sie nicht. Diejenigen, die nach

Glück suchen, werden keine Macht anstreben und würden sie nicht gebrauchen, wenn man sie ihnen in die Hand gäbe.

Ein schrulliger Beobachter bemerkte einmal, daß jene, die Gesetze und Würstchen lieben, nicht zuschauen sollten, wenn diese gemacht werden.

Aus demselben Grund ehren wir Führungspersonen für das, was sie erreichen, aber wir ziehen es häufig vor, die Augen davor zu verschließen, wie sie es erreichen . . .

In der wirklichen Welt ist Politik gleichbedeutend mit Kompromissen und Demokratie gleichbedeutend mit Politik. Jeder, der ein Staatsmann werden will, muß zuerst ein erfolgreicher Politiker sein. Darüber hinaus muß ein Führer mit Menschen und Ländern umgehen, wie sie sind, nicht wie sie sein sollten. Folglich sind die Führungsqualitäten nicht unbedingt mit denen ident, die wir unseren Kindern zur Nachahmung empfehlen würden – selbst wenn wir uns wünschen, daß sie Führungspersönlichkeiten werden.

> Wenn man die Verhaltensmerkmale einer Führungsperson beurteilt, lautet die Schlüsselfrage nicht, ob diese Merkmale attraktiv sind oder nicht, sondern vielmehr, ob sie nützlich sind.[16]

UNSERE AMBIVALENZ GEGENÜBER DER MACHT

Daß unsere Einstellung gegenüber der Macht ambivalent ist, steht außer Zweifel. Rosabeth Kanter merkte zwar an, daß Macht ausschlaggebend für effektives Management sei, schrieb aber: »Macht ist in Amerika das letzte schmutzige Wort. Es ist leichter, über Geld zu reden – und noch viel leichter über Sex – als über Macht.«[17] Gandz und Murray führten eine Studie über 428 Manager durch, deren Antworten die Ambivalenz gegenüber der Macht anschaulich illustrieren.[18] Einige Punkte der Befragung werden gemeinsam mit dem Prozentsatz der Teilnehmer, die vollkommene oder moderate Zustimmung signalisierten, in Tabelle 1.1 wiedergegeben.

Tabelle 1.1
Ansichten von Managern über Politik am Arbeitsplatz

Feststellung	*Prozentsatz an vollkommener oder moderater Zustimmung*
Politik am Arbeitsplatz ist in den meisten Organisationen üblich	93.2
Erfolgreiche Führungskräfte müssen gute Politiker sein	89.0

Tabelle 1.1 (Fortsetzung)

Je höher die Ebene in einer Organisation, desto stärker politisiert ist das Klima	76.2
Mächtige Manager handeln nicht politisch	15.7
Man muß politisch handeln, um innerhalb einer Organisation voranzukommen	69.8
Das Top-Management sollte sich von der Politik in der Organisation befreien	48.6
Dank Politik funktionieren Organisationen effektiv	42.1
Politikfreie Organisationen sind glücklicher als solche, in denen viel Politik gemacht wird	59.1
Politik in Organisationen beeinträchtigt die Effizienz	55.1

Quelle: Gandz und Murray (1980) S. 244

Die Begriffe der Macht und Politik in Organisationen stehen miteinander in Zusammenhang; die meisten Autoren, ich eingeschlossen, definieren Politik in Organisationen als die Ausübung oder Anwendung von Macht, wobei Macht als potentielle Gewalt definiert wird. Man beachte, daß mehr als 90% der Befragten erklärten, Politik am Arbeitsplatz sei in den meisten Organisationen üblich. 89% erklärten, erfolgreiche Führungskräfte müßten gute Politiker sein, und 76% meinten, je weiter man sich in einer Organisation nach oben bewege, desto politischer werde das Klima. Jedoch erklärten 55% derselben Befragten, Politik beeinträchtige die Effizienz, und fast die Hälfte war der Meinung, das Top-Mananagement solle die Politik aus den Organisationen hinausdrängen. Es ist, als wüßten wir, daß Macht und Politik existieren, und gestünden sogar zähneknirschend ein, daß sie für persönlichen Erfolg notwendig sind, aber trotz allem mögen wir sie nicht.

Diese Ambivalenz, wenn nicht sogar offene Abneigung gegenüber der Entwicklung und Ausübung von Macht innerhalb von Organisationen hat verschiedene Wurzeln. Da ist zunächst die Frage von Mittel und Zweck – wir neigen häufig dazu, die Methoden zu verdrängen, die zur Durchsetzung von Zielen notwendig sind, worauf eines der weiter oben angeführten Zitate von Richard Nixon hinweist. Unsere Einstellung zu Mittel und Zweck ist auch deshalb ambivalent, weil dieselben Strategien und Prozesse, die zur Erreichung der von uns gewünschten Ergebnisse dienen, ebenso dazu genutzt werden können, Ergebnisse zu erzielen, die wir als unerwünscht betrachten. Zum zweiten hindert uns das, was wir in der Schule gelernt haben, an einer allzu hohen Wertschätzung von Macht und Einfluß. Und schließlich, damit in

Zusammenhang, ist der Blickpunkt, von dem aus wir Entscheidungen in Organisationen betrachten, häufig nicht den Realitäten der sozialen Welt angemessen.

Mittel und Zweck

Am Samstag, dem 25. September 1976, wurde in San Francisco ein prunkvolles Galadiner für einen Mann veranstaltet, der als einziges öffentliches Amt das eines Commissioner der Wohnbaubehörde von San Francisco bekleidete. Die Gästeliste war beeindruckend: Da waren der Bürgermeister George Moscone, Vizegouverneur Mervyn Dymally, zugleich der höchstrangige in ein politisches Amt gewählte Afro-Amerikaner; Bezirksstaatsanwalt Joe Freitas; der demokratische Abgeordnete Willie Brown, wahrscheinlich der mächtigste und meistgefürchtete Politiker Kaliforniens; der republikanische Senator Milton Marks; der Leiter der Stadtverwaltung von San Francisco, Robert Mendelsohn; der Herausgeber der Morgenzeitung; bekannte Anwälte – kurz gesagt, sowohl Demokraten als auch Republikaner, ein eindrucksvolles Who is Who des politischen Establishments von Nordkalifornien. Der Mann, zu dessen Ehrung sie gekommen waren, hatte kurz zuvor eine persönliche Begegnung mit der Gattin des Präsidenten, Rosalynn Carter, gehabt. Aber zwei Jahre später hörte die Welt in einem ganz anderen Zusammenhang wieder von diesem Ehrengast: geschockt und erschüttert mußte sie zur Kenntnis nehmen, was in einem Dschungel in Guyana geschehen war. Die Person, die an jenem Abend im September 1976 geehrt wurde – die ihren Weg in die Kreise der Macht in San Francisco gefunden hatte, indem sie einige der in diesem Buch beschriebenen Strategien und Taktiken anwandte – diese Person war niemand anderer als Jim Jones.[19]

Es besteht kein Zweifel darüber, daß Macht und Einfluß auch für schlechte Zwecke gewonnen und eingesetzt werden können. Selbstverständlich können die meisten Medikamente, in der falschen Dosis genommen, tödlich wirken; jedes Jahr sterben tausende Menschen bei Autounfällen, und Kernenergie kann sowohl Strom liefern als auch zur Massenvernichtung dienen. Aber wir geben die Chemie, das Auto und selbst die Atomkraft nicht wegen der Gefahren auf, die mit ihnen verbunden sind; stattdessen betrachten wir die Gefahr als Anreiz für eine verbesserte Ausbildung und Information, die uns helfen wird, diese Kräfte produktiv einzusetzen. Hingegen sind nur wenige Leute bereit, sich mit demselben Pragmatismus mit den potentiellen Risiken und Vorteilen der Macht auseinanderzusetzen. Diskussionen über Macht werden lieber vermieden, offensichtlich aufgrund folgender Annahme: »Wenn wir nicht darüber nachdenken, existiert sie auch nicht.« Ich bin anderer Ansicht. John Jacobs, heute politischer Redakteur beim San Francisco Examiner, war Co-Autor eines Buches über Jim Jones, von dem er mir 1985 ein Exemplar gab. Er kam darin zu der Überzeugung, die sich mit meiner deckt, daß Tragödien wie die von

Jonestown vermieden werden könnten, würde man die Prozesse von Macht und Einfluß nicht ignorieren, sondern vielmehr so gut über sie Bescheid wissen, daß man ihren Einsatz durch andere erkennen und nötigenfalls Gegenmaßnahmen ergreifen könne – und indem man einen detaillierten Kodex moralischer Werte erarbeite.

Die Mittel zur Erreichung eines beliebigen Zwecks sind hauptsächlich Mechanismen, mit deren Hilfe etwas erreicht werden soll. Dieses Etwas kann bedeutend oder lächerlich sein. Für die meisten von uns, so mein Verdacht, wird es irgendwo dazwischen liegen. Der Zweck mag die Mittel nicht immer rechtfertigen, dennoch sollte er nicht automatisch herangezogen werden, um die Mittel zu diskreditieren. Macht und politische Prozesse in Organisationen können dazu genutzt werden, große Dinge zu erreichen. Sie werden nicht immer auf diese Art und Weise verwendet, aber das kann nicht heißen, daß wir sie generell ablehnen sollten. Interessant ist, daß wir die Macht in dem Moment, da wir sie selbst anwenden, als eine positive Kraft empfinden und uns wünschen, wir hätten mehr davon. Wenn andere sie gegen uns anwenden, insbesondere wenn sie sie verwenden, um unsere Pläne oder Ambitionen zu vereiteln, dann halten wir sie für etwas Böses. In einer anspruchsvolleren und realistischeren Betrachtung würde sie als das erscheinen, was sie ist – als ein wichtiger sozialer Prozeß, der vielfach erforderlich ist, um in interdependenten Systemen etwas durchsetzen zu können.

Die meisten von uns sind der Auffassung, Abraham Lincoln sei ein großer Präsident gewesen. Wir neigen dazu, die Errungenschaften seiner Amtszeit zu idealisieren: er rettete die Union, beendete die Sklaverei, und verfaßte die berühmte Gettysburg Adress (»Regierung des Volkes durch das Volk für das Volk«). Es wird leicht vergessen, daß er auch ein Politiker und ein Pragmatiker war – so befreite zum Beispiel die Proklamation über die Abschaffung der Sklaverei (Emancipation Proclamation) die Sklaven in der Konföderation, nicht jedoch die in jenen Grenzstaaten, die in der Union verblieben und deren Unterstützung er brauchte. Auch unternahm Lincoln einige Schritte, die weit über seine verfassungsmäßigen Machtbefugnisse hinausgingen. Und tatsächlich wurde Andrew Johnson dafür angegriffen, daß er viele der Maßnahmen fortführte, die Lincoln begonnen hatte. Lincoln erklärte einmal, wie er es rechtfertigte, daß er selbst die Gesetze brach, die er hochzuhalten geschworen hatte:

> Mein Eid, die Verfassung zu bewahren, erlegte mir die Pflicht auf, diese Regierung, diese Nation, deren organisches Gesetz die Verfassung war, mit sämtlichen mir zu Gebote stehenden Mitteln zu bewahren. War es möglich, die Nation aufzugeben und gleichzeitig die Verfassung zu bewahren? ... Ich empfand, daß Maßnahmen, die ansonsten verfassungswidrig sein mochten, dadurch rechtmäßig werden könnten, daß sie unerläßlich für die Erhaltung ... der Nation wurden.[20]

Unsere ambivalente Haltung gegenüber der Macht rührt auch von dem her, was wir in der Schule gelernt haben. Die erste Lehre ist, daß das Leben auf individueller Anstrengung, Fähigkeit und Leistung beruht. Schließlich wird jemandem, dem es gelingt, die kniffligen Probleme der Kostenrechnung, Kalkulation oder Elektrotechnik zu meistern, kein Schaden daraus entstehen, daß seine Banknachbarn an der Aufgabe scheitern – es sei denn, er hat versucht, von ihnen abzuschreiben. Im Bereich des Klassenzimmers ist die Interdependenz auf ein Minimum beschränkt. Der Kampf wird zwischen Schüler und Lehrstoff ausgetragen, und solange es dem Schüler gelingt, den Lehrstoff zu beherrschen, erreicht er, was von ihm erwartet wird. Zusammenarbeit mag hier sogar als Betrug angesehen werden.

In Organisationen liegen die Dinge anders. Wenn Sie die Strategie Ihrer Organisation kennen, Ihre Kollegen jedoch nicht, wird es Ihnen schwerfallen, irgend etwas zu erreichen. Die individuellen Kenntnisse und Fähigkeiten, im Klassenzimmer so nützlich, sind in Organisationen ungenügend. Individueller Erfolg in Organisationen beruht häufig darauf, daß man mit anderen und durch andere arbeitet, und der Erfolg einer Organisation hängt häufig davon ab, wie erfolgreich die Einzelnen dabei sind, ihre Aktivitäten zu koordinieren. Die meisten Situationen in Organisationen ähneln eher einem Footballmatch als einem Golfspiel. Deshalb überprüfen Unternehmen oft die Lebensläufe, wodurch sie nicht nur herausfinden wollen, was der Einzelne geleistet hat, sondern auch, ob die Person ihre Fähigkeit unter Beweis gestellt hat, im Team zu arbeiten. Im Prozeß der Erzielung von Erfolgen in Organisationen »wandelt Macht individuelle Interessen in koordinierte Aktivitäten um, dank derer wertvolle Zwecke erreicht werden.«[21]

Die zweite Lehre aus der Schulzeit, die wahrscheinlich noch schwieriger zu vergessen ist, besteht darin, daß es richtige und falsche Antworten gibt. Es wird uns beigebracht, wie wir Probleme lösen sollen, und man lehrt uns, daß es eine richtige Antwort für jedes Problem gebe oder zumindest eine Lösungsmöglichkeit, die richtiger sei als eine andere. Die richtige Antwort ist selbstverständlich die, welche der Lehrer für die richtige hält, oder jene, die im Anhang des Buches steht beziehungsweise im Lösungsbuch des Lehrers verborgen ist. Das Leben erscheint als eine Reihe von »Heureka«-Problemen, die deshalb so genannt werden, weil jedesmal, wenn dem Schüler der richtige Lösungsweg oder die richtige Antwort gezeigt wird, augenblicklich selbstevident wird, daß die Antwort tatsächlich korrekt ist.

Diese Behauptung, intellektuelle Analyse sei stets imstande, zur richtigen Antwort – zur Wahrheit – zu gelangen, ist zwar nicht immer, jedoch häufig fehl am Platz. In einer Beschreibung seiner politischen Ausbildung schrieb Henry Kissinger: »Bevor ich zum Berater Kennedys wurde, war ich wie die meisten Akademiker in dem Glauben gewesen, der Prozeß der Entscheidungsfindung sei hauptsächlich intellektueller Natur und man habe nichts weiter zu tun, als in den Amtsraum des Präsidenten zu gehen und ihn von der Richtigkeit des eigenen Standpunkts zu überzeugen. Diese Ansicht ist, wie ich bald bemerkte, ebenso gefährlich unreif wie weit verbreitet.«[22] Kissinger merkte an, daß die einfachen Entscheidungen, diejenigen, bei denen richtige und falsche Antworten leicht durch Analyse auseinandergehalten werden können, nie bis zum Präsidenten gelangten, sondern eher auf niedrigeren Ebenen gefällt wurden.

In der Welt, in der wir leben, sind die Dinge selten klar und offensichtlich. Nicht nur, daß uns ein Buch oder ein Lehrer fehlt, der eine prompte Beurteilung der Qualität unserer Lösungen liefern würde, sondern wir stehen Problemen gegenüber, die oft zahlreiche Dimensionen haben – und damit eine Vielzahl von Auswertungsmethoden zulassen. Die Auswirkungen unserer Entscheidungen zeigen sich oft erst zu einem viel späteren Zeitpunkt, und selbst dann lassen sie oft keine klare Deutung zu.

EINE ALTERNATIVE BETRACHTUNGSWEISE DER ENTSCHEIDUNGSFINDUNG

Lassen Sie mich einen alternativen Denkansatz zur Deutung des Prozesses der Entscheidungsfindung anbieten. Drei bedeutende Gesichtspunkte von Entscheidungen sollten in Erinnerung behalten werden. Erstens ändert eine Entscheidung für sich genommen noch nichts. Sie können entscheiden, ein neues Produkt auf den Markt zu bringen, einen Bewerber für einen Posten einzustellen, eine neue Anlage zu bauen, ihr Leistungsbewertungssystem zu ändern und so weiter; aber die Entscheidung setzt sich nicht von allein in die Tat um. Rufen Sie sich als prosaisches persönliches Beispiel in Erinnerung, wie oft Sie oder ihre Freunde den »Entschluß« gefaßt haben, mit dem Rauchen aufzuhören, mehr zu trainieren, sich häufiger zu entspannen, sich gesünder zu ernähren oder abzunehmen. Derartige Entschlüsse verpuffen oft, bevor sie irgendein Ergebnis gezeitigt haben. Daher müssen wir neben Kenntnissen über die Entscheidungswissenschaft etwas über die »Wissenschaft der Implementierung« in Erfahrung bringen.

Zweitens können wir in dem Moment, in dem eine Entscheidung getroffen wird, unmöglich wissen, ob diese Entscheidung gut oder schlecht ist. Sofern die Qualität einer Entscheidung an ihren Ergebnissen gemessen wird, kann sie erst dann beurteilt werden, wenn diese Konsequenzen bekannt sind. Wir müssen also auf die Implementierung der Entscheidung und darauf warten, daß ihre Folgen deutlich erkennbar werden.

Die dritte und vielleicht bedeutsamste Beobachtung ist die, daß wir fast ausnahmslos mehr Zeit damit verbringen, mit den Konsequenzen unserer Entscheidungen zu leben, als damit, sie zu treffen. Es kann sich um die Entscheidung einer Organisation handeln wie zum Beispiel, eine Firma zu übernehmen, das Gehaltssystem zu ändern, einer Gewerkschaftsaktion entgegenzutreten; oder um eine persönliche Entscheidung wie die, welche Schule man besuchen, welchen Job man annehmen, in welchem Fach man seinen Hochschulabschluß machen oder wen man heiraten will. In jedem Fall werden uns wahrscheinlich die Konsequenzen unserer Entscheidung länger in Anspruch nehmen als die Entscheidung selbst, gleichgültig, wieviel Zeit und Mühe wir darauf verwendet haben. Tatsächlich hat dieses simple Faktum verschiedene Sozialpsychologen dazu veranlaßt, den Menschen als rationalisierendes (anstatt als rationales) Wesen zu beschreiben.[23] So stimmen wir unsere Einstellungen und Verhaltensweisen zum Beispiel oft ab, indem wir sie unter dem Gesichtspunkt der Übereinstimmung mit unseren vergangenen Handlungen und deren Konsequenzen anpassen.[24]

Wenn Entscheidungen, für sich genommen, noch nichts ändern, wenn wir zu dem Zeitpunkt, an dem wir eine Entscheidung fällen, noch nichts über ihre Auswirkungen wissen können, wenn wir schließlich in jedem Fall mehr Zeit mit den Folgen unserer Entscheidungen verbringen als damit, sie zu treffen, dann hat es ganz den Anschein, als sei das Hauptaugenmerk in einem Großteil der Managementausbildung und -praxis auf den falschen Punkt gelegt worden. Anstatt übertriebenen Aufwand an Zeit und Bemühungen in die Entscheidungsfindung zu investieren, wäre es zumindest genauso zielführend, die Zeit für die Implementierung der Entscheidung und die Beschäftigung mit ihren Auswirkungen zu verwenden. In diesem Sinne sind gute Manager nicht nur Leute mit der Fähigkeit, analytische Entscheidungen zu fällen, sondern sie haben auch die Konsequenzen ihrer Entscheidungen im Griff. »Wenige erfolgreiche Führungspersönlichkeiten zerbrechen sich noch lange den Kopf über Entscheidungen, wenn diese einmal getroffen sind . . . Der einzige Weg, den morgen zu fällenden Entscheidungen die angemessene Aufmerksamkeit zu widmen, besteht darin, die gestrigen ein für allemal hinter sich zu lassen.«[25]

Es gibt zahlreiche Beispiele, die diesen Punkt beleuchten. Man denke etwa an die Übernahme von Fairchild Semiconductor durch den Mineralölkonzern Schlumberger.[26] Hinter dieser Fusion standen potentiell vernünftige Überlegungen – das elektronische Knowhow von Fairchild sollte dem Ölgeschäft zugute kommen. Schlumberger hatte beispielsweise die Absicht, ausgereiftere Suchinstrumente zu entwickeln und sich verstärkt die Elektronik in der Ölversorgungs- und Bohrausrüstung zunutze zu machen. Unglücklicherweise brachte die Fusion keinen der erwarteten Synergieeffekte mit sich:

> Schlumberger versuchte, Fairchild auf dieselbe Art zu führen, wie man es mit anderen Unternehmenseinheiten getan hatte. Das schuf zahlreiche

Probleme ... R & D wurden keine ausreichenden Ressourcen zur Verfügung gestellt, wodurch der frühere technische Vorsprung von Fairchild verloren ging. Kreative ... Techniker verließen die Organisation, und es gelang dem Unternehmen nicht, die Technikerteams zu koordinieren, um auf diese Art technologische Fortschritte zu erzielen.[27]

Eine Untersuchung von 31 Firmenübernahmen brachte zutage, daß »nach einer Übernahme nach einiger Zeit Probleme auftreten, die nicht vorauszusehen waren ... sowohl die Synergie als auch die Probleme müssen aktiv gemanagt werden.«[28] Darüber hinaus fehlt es Firmen, welche die Übernahme anderer Unternehmen als einen Weg zur raschen Erzielung finanzieller Vorteile betrachten, oft am Gespür dafür, wieviel Zeit und Mühe erforderlich sind, eine Übernahme tatsächlich zu implementieren und nach ihrem Abschluß eine Leistungsverbesserung zu erreichen. Die Konzentration auf die Auswahl eines Fusionspartners und die Bedingungen des Deals können die Aufmerksamkeit von der Bedeutung jener Aktivitäten ablenken, die nach Abschluß der Fusion nötig werden.

Oder nehmen Sie die Entscheidung, ein neues Produkt auf den Markt zu bringen. Ob sich daraus nun Gewinne oder Verluste ergeben, hängt häufig nicht allein von den Entscheidungen ab, die zum Zeitpunkt der Produkteinführung getroffen wurden. Es ist auch eine Frage der Implementierung dieser und der darauf folgenden Entscheidungen, wie etwa der, das Produkt neu zu konzipieren, die Vertriebskanäle zu wechseln, den Preis zu korrigieren usw. Stattdessen beobachten wir oft in Organisationen, daß, sobald eine Entscheidung gefällt ist, mehr Mühe darauf verwendet wird, ihr Lob oder Tadel angedeihen zu lassen, als darauf, die Ergebnisse dieser Entscheidung zu verbessern.

Mir fällt kein Beispiel ein, das meine Argumentation deutlicher illustriert als die Geschichte des Eintritts von Honda in den amerikanischen Markt, zunächst mit Motorrädern und später natürlich mit Autos und Rasenmähern. Im Jahr 1959 gründete Honda eine Tochtergesellschaft, und von 1960 bis 1965 stieg der Umsatz des Unternehmens in den Vereinigten Staaten von 500.000 Dollar auf 77 Mio Dollar. Im Jahr 1966 betrug Hondas Anteil am amerikanischen Motorrad-Markt 63%,[29] sieben Jahre zuvor hatte er bei Null gelegen. Der Anteil der Firma war fast sechsmal so hoch wie der ihrer unmittelbaren Konkurrenten Yamaha und Suzuki, während der Anteil von Harley-Davidson auf 4% gesunken war. Pascale zeigte, daß dieser außergewöhnliche Erfolg nicht auf rationalen Planungsprozessen und vorausschauendem Handeln beruhte, auf das wir in unserem Bemühen um Erfolg so viel Wert legen, sondern vor allem auf »Fehlkalkulation, Improvisation und Lernprozessen der Organisation«.[30]

Sochiro Honda selbst war eher am Motorsport und an der Entwicklung von Motoren als am Aufbau eines Unternehmens interessiert, aber seinem Partner

Takeo Fujisawa gelang es, ihn davon zu überzeugen, sein Talent für die Entwicklung eines sicheren, preiswerten Motorrads einzusetzen, das mit einer Hand gelenkt und in Japan zur Beförderung von Fracht benutzt werden könnte. Das Motorrad war in Japan auf Anhieb ein Erfolg. Wie und warum entschied sich Honda nun, auf den Exportmarkt zu gehen und in den Vereinigten Staaten zu verkaufen? Kihachiro Kawashima, der später Vorstandsvorsitzender von Honda USA wurde, erklärte gegenüber Pascale:

> In Wahrheit hatten wir keine Strategie, nur die Idee, zu schauen, ob es möglich wäre, in den Vereinigten Staaten etwas zu verkaufen. Wir standen vor einer neuen Herausforderung . . . und es paßte genau zu der von Honda gepflegten Kultur des »Erfolges gegen alle Widerstände«. Ich trug meine Eindrücke vor . . . einschließlich des Ziels, uns langsam auf dem dortigen Markt festzusetzen und in einigen Jahren einen 10prozentigen Anteil an den US-Importen zu erreichen. Wir sprachen nicht über Gewinne und Break-Even-Points.[31]

Es wurde Geld für das Unternehmen bewilligt, aber das Finanzministerium bewilligte nur eine Mittelzuteilung von 250.000 Dollar, weniger als die Hälfte davon in bar und den Rest in Motorradbestandteilen. Die ersten Versuche, Motorräder in Los Angeles zu verkaufen, endeten mit einem katastrophalen Fehlschlag. Die Entfernungen sind in den Vereinigten Staaten sehr viel größer als in Japan, und die Motorräder wurden weiter und schneller gefahren als ihre Bauart zuließ. Motorschäden waren üblich, vor allem bei den größeren Maschinen.

Das Unternehmen hatte sich anfangs völlig auf den Verkauf der größeren Motorräder mit 250 und 350 ccm konzentriert und nicht einmal versucht, das 50 ccm-Supercub zu verkaufen, da man davon ausging, es sei zu klein, um vom Markt angenommen zu werden:

> Wir benutzten die Honda 50S . . . für Botenfahrten in Los Angeles. Sie erregte einige Aufmerksamkeit. Eines Tages erhielten wir einen Anruf von einem Einkäufer der Kaufhauskette Sears . . . wir nahmen das Interesse von Sears zur Kenntnis. Aber wir zögerten immer noch, die 50 ccm-Maschinen zu forcieren, denn wir fürchteten, dadurch unserem Image auf einem vom Macho-Ideal beherrschten Markt zu schaden. Als sich jedoch bei den größeren Maschinen der Einbruch abzeichnete, hatten wir keine Wahl mehr. Wir ließen die 50-ccm-Maschinen losrollen. Und überraschenderweise wurden sie nicht von Motorradhändlern verkauft, sondern von Sportartikelgeschäften.[32]

Hondas Werbekampagne unter dem Slogan »Auf einer Honda begegnet man den nettesten Leuten« dachte sich ein Student der UCLA in einem Seminarprojekt aus; Honda sträubte sich zunächst dagegen. Hondas Vertriebsstrategie

– eher auf Sport- und Fahrradgeschäfte ausgerichtet als auf Motorradhändler – war für sie, nicht von ihnen entwickelt worden. Und der Erfolg mit den kleineren Motorrädern kam fast völlig unerwartet. Er ergab sich aus dem Zusammentreffen mehrerer Umstände: so wurde das Motorrad von Honda-Mitarbeitern verwendet, die sich nichts Feineres leisten konnten; die Leute, die das Motorrad auf der Straße sahen, reagierten positiv; und die größeren Maschinen von Honda scheiterten auf dem amerikanischen Markt.

Honda stützte sich weder auf Entscheidungsanalysen noch auf strategische Planung. Tatsächlich fällt es schwer, überhaupt irgendeine Entscheidung des Unternehmens auszumachen, es wurden nicht einmal Alternativen entwickelt und verschiedene Optionen an einer Zielsetzung und einer Marktanalyse gemessen. Hondas Erfolg beruhte darauf, daß das Unternehmen flexibel war, daß es lernte und sich anpaßte, daß es an der richtigen Umsetzung einmal getroffener Entscheidungen arbeitete. Die Firma, die mit einem falschen Produkt auf einen Markt gegangen war, den sie nicht verstand, verwendete wenig Zeit darauf, einen Sündenbock für ihre mißliche Lage zu suchen; stattdessen arbeiteten die Beschäftigten von Honda entschlossen daran, die Situation sowohl durch Kreativität als auch durch wendige Anpassung an die Vorgänge zu ihrem Vorteil zu ändern.

Der springende Punkt ist, daß Entscheidungen in der Welt der Organisationen anders aussehen als Entscheidungen in der Schule. Dort ist das Spiel in dem Augenblick beendet, da man eine Antwort hingeschrieben und den Test abgegeben hat. Im Leben von Organisationen sieht es anders aus. Möglicherweise ist nicht die ursprüngliche Wahl der ausschlaggebende Vorgang, sondern eher die darauf folgenden Handlungen und jene Schritte, die unternommen werden, um die Dinge zu einem erfolgreichen Ende zu bringen. Dies ist ein wichtiger Punkt, denn er bedeutet, daß wir uns im Augenblick der Entscheidung weniger Sorgen über ihre Qualität machen sollten (über die wir im übrigen überhaupt nichts wissen können). Wir sollten uns mehr Sorgen darüber machen, unsere Entscheidungen und Handlungen an die Informationen anzupassen, die uns das sich entfaltende Geschehen gibt. Honda etablierte sich auf zahlreichen amerikanischen Märkten eher durch Zufall und Lernprozesse nach dem Trial-and-error-Prinzip als durch planmäßiges Vorgehen, und dieses Beispiel zeigt, daß es von entscheidender Bedeutung ist, daß die Mitglieder einer Organisation auch angesichts von Widrigkeiten nicht aufgeben und daß sie lernen, wie man eine Situation zu seinen Gunsten umkehrt. Hier kann die Fähigkeit ausschlaggebend sein, die Konsequenzen von Entscheidungen zu managen. Und in Organisationen, in denen es oft schwierig ist, überhaupt Schritte zu setzen, ist möglicherweise die Fähigkeit ausschlaggebend, die Dinge tatsächlich zu implementieren.

Warum ist die Implementierung in so vielen Organisationen derart problematisch, und warum wird die Fähigkeit, die Implementierung von Entscheidungen durchzusetzen, allem Anschein nach immer seltener? Eine Möglichkeit, sich mit dieser Frage auseinanderzusetzen und die Rolle von Macht und Einfluß im Prozeß der Implementierung zu untersuchen, besteht darin, sich einige Möglichkeiten, seine Vorhaben durchzusetzen, anzuschauen.

Eine Methode, um etwas in die Tat umzusetzen, besteht im Einsatz hierarchischer Autorität. Viele Leute glauben, Macht bestehe einfach in der Ausübung formaler Autorität, aber wie wir sehen werden, ist Macht viel mehr als das. Jeder, der in einer Organisation arbeitet, hat die Ausübung hierarchischer Autorität kennengelernt. Die Personen der höheren Ebenen haben die Macht, zu heuern und zu feuern, Verhalten zu beurteilen und zu honorieren und diejenigen zu führen, die ihrem Herrschaftsbereich angehören. Hierarchische Führung wird allgemein als legitim angesehen, da die verschiedenen Grade an formaler Autorität als ein integrierender Bestandteil des Lebens einer Organisation betrachtet werden. So kommt es, daß die Phrase »Der Chef will . . .« oder »Der Vorstandsvorsitzende will . . .« selten in Frage gestellt wird oder gar auf offenen Widerspruch trifft. Wer kann vergessen, wie der Leutnant der Marine Colonel Oliver North in den Iran-Contra-Hearings erklärte, bereitwillig in einer Ecke auf dem Kopf stehen zu wollen, wenn sein Oberbefehlshaber dies verlangte, oder wie er stolz behauptete, sich den Anordnungen seiner Vorgesetzten nie widersetzt zu haben.

Das Bemühen, Dinge durch den Einsatz hierarchischer Strukturen durchzusetzen, ist mit drei Problemen verbunden. Das erste und wahrscheinlich weniger bedeutende ist, daß Hierarchie völlig aus der Mode ist. Wir leben in einer Zeit steigenden Bildungsniveaus und wachsender Demokratisierung sämtlicher Entscheidungsprozesse, in einer Zeit, da partizipatives Management zahlreiche Verfechter findet,[33] und vor allem in einem Land, in dem Ereignisse wie der Vietnamkrieg oder Watergate viele Menschen mißtrauisch gegenüber den mit Autorität ausgestatteten Institutionen gemacht haben. In einer solchen Umgebung wird Implementierung durch Anweisung oder Befehl problematisch. Leser, die Eltern sind, müssen nur darüber nachdenken, welche Unterschiede zwischen der elterlichen Autorität in unserer Zeit und in den fünfziger Jahren bestehen, um zu verstehen, was ich meine. Wie oft ist es Ihnen allein durch ihre elterliche Autorität gelungen, Ihre Kinder dazu zu bringen, etwas zu tun?

Ein zweites, gewichtigeres Problem mit der Autorität ergibt sich daraus, daß wir alle ohne Ausnahme in Positionen arbeiten, in denen zur Erfüllung unserer beruflichen Aufgaben von uns die Kooperation mit anderen verlangt wird, die außerhalb unserer direkten Befehlshierarchie stehen. Mit anderen Worten, wir hängen von Leuten außerhalb des Wirkungskreises unserer Autorität ab, von Leuten, die wir, selbst wenn wir es wollten, nicht befehligen, belohnen oder bestrafen könnten. Als Linienmanager eines Produktbereichs brauchen wir für die Besetzung der Posten in unserem Bereich vielleicht die Mitarbeit jener Leute, die für die Humanressourcen zuständig sind, für die Bewertung der Chancen neuer Produkte die Kooperation der Leute aus der Finanzabteilung, für den Verkauf und die Auslieferung des Produkts die Unterstützung der für den Vertrieb Verantwortlichen, und für die Festlegung der Produkteigenschaften und der Strategie für Marketing und Preisbildung sind wir vielleicht auf die Leute in der Marktforschung angewiesen. Selbst die Autorität eines Geschäftsführers ist nicht absolut, denn es gibt Gruppen außerhalb der eigenen Organisation, welche die Möglichkeiten zur Durchsetzung der Implementierung kontrollieren. Für den Verkauf internationaler Flugrouten ist die Kooperation der Transport- und Justizbehörden ebenso erforderlich wie die Zustimmung ausländischer Regierungen. Die Vermarktung eines Arzneimittels oder eines medizinischen Geräts bedarf der Bewilligung durch die Gesundheitsbehörden; will man Produkte exportieren, so braucht man sowohl die richtige Finanzierung als auch Exportgenehmigungen. Die hierarchische Autorität sämtlicher Top-Manager und Führungspersonen ist begrenzt, und was die meisten von uns betrifft, ist sie stark eingeschränkt gemessen an den Möglichkeiten, die wir zur effektiven Erfüllung unserer Aufgaben benötigen würden.

Ausschließlich oder vorrangig durch hierarchische Autorität durchgesetzte Implementierung steht noch vor einem dritten Problem: Was geschieht, wenn die Person an der Spitze der Pyramide, also jene, deren Anweisungen befolgt werden, falsch entscheidet? Wenn ein Einzelner mit umfassender Autorität ausgestattet wird, kann die Organisation in ernste Schwierigkeiten geraten, sollten die fachliche Souveränität oder das Führungsansehen dieser Person Schaden nehmen. Genau das geschah bei E.F. Hutton. Der Unternehmensleiter Robert Fomon leitete dieses Unternehmen mittels einer starren Hierarchie zentralisierter Macht:

> Fomons Stärke als Führungspersönlichkeit war gleichzeitig seine Schwäche. Er drückte seiner Firma eher als Monarch denn als Unternehmensleiter seinen Stempel auf . . . Fomon umgab sich mit Kumpels und Ja-Sagern, die Manager und Direktoren bei E.F. Hutton wurden und ihn von der Wirklichkeit abschirmten.[34]

Da Fomon als Begründer seiner eigenen hierarchischen Autorität so erfolgreich war, konfrontierte ihn niemand in seiner Firma mit den veränderten Bedingungen, denen Hutton sich genau wie jedes andere Wertpapierhaus in den achtziger Jahren gegenübersah.[35] Die Folge war, daß Hutton sich nicht änderte, als die Maklerbranche dies tat, und schließlich als unabhängiges Unternehmen zu bestehen aufhörte.

Eine anderere Methode, die Dinge durchzusetzen, besteht darin, eine klar definierte Unternehmensperspektive oder Organisationskultur zu schaffen. Wenn Menschen gemeinsame Ziele haben, gemeinsame Ansichten darüber, was zu tun ist und wie es erreicht werden kann, wenn sie über ein gemeinsames Vokabular verfügen, das es ihnen erlaubt, ihr Handeln zu koordinieren, dann sinkt die Bedeutung von Befehlen und hierarchischer Autorität. Die Leute können miteinander arbeiten, ohne auf Anweisungen aus den höheren Etagen der Firma warten zu müssen. Management mittels einer von allen geteilten Perspektive ist zu einer sehr beliebten Empfehlung für Organisationen geworden[36]. In zahlreichen Artikeln und Büchern werden Ratschläge gegeben, wie eine Bindung der Angestellten an die Firma sowie eine gemeinsame Perspektive aufgebaut werden können und wie es möglich ist, den Einzelnen, insbesondere beim Eintritt in die Firma, in das Sozialgefüge der Organisation einzugliedern, so daß alle über eine gemeinsame Sprache, gemeinsame Werte und Vorstellungen über das verfügen, was getan werden muß und wie dies zu geschehen hat.[37]

Ohne die Wirksamkeit und den Wert von Vision und Kultur bestreiten zu wollen, muß doch darauf hingewiesen werden, daß eine auf diesen beiden Pfeilern ruhende Implementierung problematisch werden kann. Erstens kostet der Aufbau einer gemeinsamen Weltanschauung Zeit und Mühe. Wenn die Organisation in eine Krise gerät oder vor schwierigen Situtionen steht, ist die Zeit einfach zu kurz, um gemeinsame Vorstellungen darüber zu entwickeln, wie darauf zu reagieren wäre. Genau aus diesem Grund vertrauen die militärischen Organisationen nicht nur auf Techniken zum Aufbau von Loyalität und Korpsgeist,[38] sondern auch auf eine hierarchische Kommandostruktur und auf eine Tradition des Gehorsams gegenüber Befehlen.

Das zweite Problem liegt in der Frage, wie eine gefestigte Kultur von neuen Ideen, die ihr fremd sind, durchdrungen werden kann. Eine gefestigte Kultur stellt tatsächlich ein Organisationsparadigma dar, nach dem sich die Betrachtung der Dinge ebenso zu richten hat wie die angemessenen Methoden und Techniken zur Problemlösung und die Entscheidung, welches die wichtigen Fragen und Probleme sind.[39] Auf wissenschaftlichem Gebiet bietet ein sorgfältig entwickeltes Paradigma Orientierunghilfe bei den Entscheidungen darüber, was und in welcher Reihenfolge gelehrt werden soll, wie zu forschen ist, welche Methodologien angemessen sind, worin die drängendsten Fragen der Forschung bestehen, wie Studenten ausgebildet werden sollen.[40] Ein gut entwikkeltes Paradigma oder eine gefestigte Kultur kann selbst dann, wenn keine Ergebnisse mehr erbracht werden können oder keine neue Entdeckungen mehr möglich sind, nur unter großen Schwierigkeiten überwunden werden.[41] In ähnlicher Weise bietet ein Organisationsparadigma einen Weg, über die Welt nachzudenken und sie zu entdecken, welcher die Ungewißheit verringert und ein wirksames gemeinsames Vorgehen ermöglicht, bei dem aber auch einige Fragenbereiche übersehen oder ignoriert werden. Einer gefestigten Kultur gelingt es ohne Schwierigkeit, Gruppendenken und einen Druck zur Anpassung an die vorherrschende Meinung zu erzeugen.[42] Eine gemeinsame Unternehmensperspektive bündelt die Aufmerksamkeit, aber in diesem Bündel werden oft Dinge außer acht gelassen.

Eine Organisation, die neben ihren großen Erfolgen auch Schwierigkeiten wegen ihrer festen, fast missionarischen Kultur bekam, ist Apple Computer. Apple wurde gegründet und anfangs weitum populär gemacht von Leuten aus der Gegenkultur der Computerhacker, denen eine auf dem Computer beruhende Form der ›Macht für das Volk‹ vorschwebte – jedem Menschen ein Computer. IBM hatte seinen Marktanteil dank seiner engen Beziehungen mit den zentralisierten Datenverarbeitungsabteilungen gehalten. IBM war die sichere Wahl – es ging die Redewendung um: »Niemand wurde je gefeuert, weil er einen IBM-Computer gekauft hatte.« Der Erfolg des Apple II wurde erreicht, indem man in den Unternehmen den Leiter der EDV-Abteilung umging und direkt an den Endverbraucher verkaufte. Aber »Ende 1982 kam die Überzeugung auf, es sei eine gute Idee, eine geschlossene Unternehmensstrategie für PCs zu entwickeln, und die Person, die sich augenscheinlich für die Koordinierung dieser Strategie anbot, war der Leiter der EDV-Abteilung.«[43] Dazu kam, daß die Computer zunehmend in Netzwerke eingebunden wurden; Fragen der internen Zugänglichkeit und der Kompatibilität wurden zum entscheidenden Kriterium in Organisationen, die vorhatten, Tausende von PCs zu kaufen. Die Unternehmen wollten Computer, auf denen die gängige Software verwendet werden konnte, um auf diese Weise sowohl die Softwareentwicklungs- als auch die Programmierkosten gering zu halten. Die ursprüngliche Vision »Ein Mensch – eine Maschine« machte es Apple schwer, die Notwendigkeit der Kompatibilität anzuerkennen, und infolgedessen:

> Auf dem Apple II funktionierte die für die IBM-PCs entwickelte Software nicht; der PC konnte keine für Lisa entwickelte Software verwenden; auf Lisa lief keine für den Apple II entwickelte Software; und auf keinem von ihnen funktionierte die für den Macintosh entwickelte Software . . . Vor allem dank Steve [Jobs] hatte Apple eine ganze Familie von Computern, von denen keiner mit den anderen kommunizierte.

Die starke Kultur und einheitliche Perspektive von Apple trug auch zum Scheitern des Apple III als neues Produkt bei. Denn Apple schwebte in seiner Unternehmensvision nicht nur das Ideal »Ein Mensch – eine Maschine« vor, sondern auch eine Maschine, die jedermann bauen, modifizieren und verbessern könnte. Da zwischen dem Benutzer und der Maschine aber die Betriebssysteme standen, verteufelte die Apple-Kultur Betriebssysteme:

> Das Problem an einem Betriebssystem war aus der Sicht des Hobbybenutzers, daß es den Zugriff auf das Innere des Computers und die Erprobung

des eigenen Könnens erschwerte; es errichtete eine Barriere zwischen dem Benutzer und der Maschine. Personal Computer bedeuteten Macht für die Menschen, und die Betriebssysteme raubten ein Stück dieser Macht ... Das war keine Frage der Konstruktion; es war eine Bedrohung der unveräußerlichen Rechte eines freien Volkes.[45]

Der Apple III hatte ein Betriebssystem mit der Bezeichnung SOS für Sophisticated Operating System. Dieses war jenem sehr ähnlich, welches Microsoft für den Personal Computer von IBM entwickelt hatte – MS.DOS (Microsoft Disk Operating System). Der einzige Unterschied war, daß SOS in einigen Punkten noch besser war. Allerdings war Apple immer noch zu argwöhnisch gegenüber Betriebssystemen, um zu versuchen, sein System zu *dem* Standard oder wenigstens zu einem Standard für Personal Computer zu machen. Das Ergebnis war, daß das Unternehmen mehrere wichtige kommerzielle Gelegenheiten ausließ. Der große Eifer und die Inbrunst, die aus der Arbeit für Apple einen religiösen Kreuzzug machten und eine außergewöhnlich enge Bindung der Belegschaft an das Unternehmen mit sich brachten, erschwerten der Firma sowohl das Erkennen von als auch die Antwort auf Veränderungen auf dem PC-Markt.

In Organisationen gibt es einen dritten Implementierungsprozeß – nämlich die Ausübung von Macht und Einfluß. Bei der Anwendung von Macht und Einfluß wird eher die Methode als die Struktur betont. Man kann Macht und Einfluß ausüben, ohne dafür zwangsläufig formale Autorität besitzen oder einsetzen zu müssen. Auch ist es nicht notwendig, sich auf eine gefestigte Organisationskultur und die häufig mit ihr verbundene Homogenität zu stützen. Selbstverständlich birgt der Implementierungsprozeß mit Hilfe von Macht und Einfluß auch Probleme; der letzte Teil dieses Buches beschäftigt sich mit einigen dieser Probleme und zeigt einige Möglichkeiten, wie sie gelindert werden können. Im Augenblick genügt es zu sehen, daß die Ausübung von Macht und Einfluß einer von verschiedenen Wegen ist, um seine Vorhaben durchzusetzen – nicht der einzige, aber ein wichtiger Weg.

Die vorhergegangenen Erörterungen zeigen uns, daß die Implementierung schwieriger wird, und zwar weil: 1. der Wandel sozialer Normen und die zunehmende Interdependenz innerhalb von Organisationen die Wirksamkeit traditioneller, formaler Autorität gegenüber der Vergangenheit verringert haben und 2. der Aufbau einer gemeinsamen Perspektive in Organisationen, deren Mitgliedschaft im Hinblick auf Rasse, ethnische Zugehörigkeit, Geschlecht, ja selbst auf Sprache und Kultur heterogen ist, immer schwieriger wird. Gleichzeitig führen unser ambivalentes Verhältnis zur Macht sowie die Tatsache, daß Anleitungen zu ihrem Gebrauch nicht gerade verbreitet sind, dazu, daß die Mitglieder von Organisationen oft unfähig sind, ihre formale Autorität durch die »inoffiziellen« Prozesse von Macht und Einfluß zu ergänzen. Im Ergebnis leiden ihre Organisationen, und vielversprechende Projekte kommen nicht über die Startphase hinaus. Deshalb ist es so wichtig, den Umgang mit der Macht zu erlernen.

DER MANAGEMENTPROZESS: AUS DEM BLICKWINKEL DER MACHT

Aus der Perspektive von Macht und Einfluß betrachtet, umfaßt der Prozeß der Implementierung eine Reihe von Schritten, die weiter unten dargestellt werden. Dieses Buch beschäftigt sich mit den einzelnen Phasen dieser Schritte. An diesem Punkt ist es jedoch nützlich, einen Überblick über den Prozeß anzubieten:

1. Legen Sie fest, welches Ihre Ziele sind und was Sie zu erreichen versuchen.
2. Stellen Sie fest, nach welchem Muster Abhängigkeit und Interdependenz verknüpft sind; welche Personen haben Einfluß darauf, ob Sie ihr Ziel erreichen?
3. Wie sieht deren Standpunkt voraussichtlich aus? Wie werden diese Personen über das denken, was Sie vorhaben?
4. Über welche Machtbasis verfügen diese Personen? Wer von ihnen hat den größten Einfluß auf die Entscheidungen?
5. Über welche Machtstellung und welchen Einfluß verfügen Sie? Welche Einflußmöglichkeiten können Sie entwickeln, um die Situation besser zu beherrschen?
6. Welche der verschiedenen Strategien und Taktiken zur Machtausübung scheint der Situation, in der Sie sich befinden, am ehesten angemessen und verspricht am ehesten Erfolg?
7. Wählen Sie ausgehend von diesen Fragen eine Vorgangsweise, um Ihr Vorhaben durchzusetzen.

In einem ersten Schritt müssen Sie über Ihre Ziele entscheiden. Es ist zum Beispiel leichter, von Albany im Staat New York nach Austin in Texas zu fahren, wenn Sie den Weg kennen, als wenn Sie einfach in Albany in Ihr Auto steigen und auf gut Glück losfahren. Obwohl diese Erkenntnis ein Gemeinplatz ist, wird sie im Zusammenhang mit Geschäften häufig ignoriert. Wie oft haben Sie schon an Meetings und Konferenzen teilgenommen oder sich am Telephon mit jemandem unterhalten, ohne sich eigentlich darüber im klaren zu sein, was Sie wirklich erreichen wollten? Unsere Kalender sind voll von Terminen, und im Laufe des Tages kommen unerwartete Gespräche hinzu. Wenn wir uns nicht einige klare Ziele setzen und wissen, was wir vorrangig anstreben, ist die Wahrscheinlichkeit gering, daß wir etwas erreichen werden. Eines der Themen, mit denen sich Tom Peters in seinen frühen Schriften auseinandersetzte, war die Bedeutung der Beständigkeit in den Absichten: die Kalender, die Sprache, die Maßnahmen und die Besprechungen – alles auf das Ziel ausgerichtet, das die Organisation anstrebt.[46] Mit den Einzelpersonen verhält es sich genauso; je strikter alle Interaktionen in sämtlichen Meetings und Konferenzen auf ein und dasselbe Ziel ausgerichtet sind, desto eher wird dieses Ziel erreicht.

Haben Sie einmal ein Ziel vor Augen, so müssen Sie sich darüber klar werden, wer für die Erreichung Ihres Ziels wichtig ist. Sie müssen feststellen, nach welchem Muster von Abhängigkeit und Interdependenz die Beziehungen der verschiedenen Akteure untereinander geordnet sind, und herausfinden, wie sie voraussichtlich über das denken werden, was Sie anstreben. Im Rahmen dieser Analyse müssen Sie auch feststellen, wie sich das Geschehen wahrscheinlich entfalten wird, und Sie müssen die Rolle von Macht und Einfluß in dieser Entwicklung einschätzen können. Will man etwas durchsetzen, so muß man die Regeln des Spiels, die Spieler und ihre Positionen kennen. Man kann sich schwere Verletzungen zuziehen, wenn man Football in einem Basketballdress spielt oder nicht über den Unterschied zwischen Angriff und Verteidigung Bescheid weiß. Ich habe allzuoft beobachtet, daß ansonsten intelligente und erfolgreiche Manager in Schwierigkeiten gerieten, weil sie die politische Natur der Situation nicht erkannten oder von jemandem ins Abseits gedrängt wurden, dessen Stellung und Stärke sie nicht richtig eingeschätzt hatten.

Wenn Sie eine klare Vorstellung davon haben, welches Spiel gespielt wird, so müssen Sie als nächstes die Machtpositionen der anderen Spieler ausloten. Ebenso ist es erforderlich, genau festzustellen, wo Ihre eigenen potentiellen und bereits vorhandenen Machtquellen liegen. So können Sie herausfinden, wie es um Ihre Stärke im Verhältnis zu jener der anderen Spieler bestellt ist. Sie müssen erkennen, wo die Quellen der Macht liegen, um prognostizieren zu können, was in Ihrer Organisation passieren wird, und um sich auf Ihre Aktivitäten angemessen vorbereiten zu können.

Schließlich werden Sie bestrebt sein, die verschiedenen verfügbaren Strategien, oder, um einen bescheideneren Begriff zu verwenden, die verschiedenen Taktiken ebenso sorgfältig abzuwägen wie jene, die von den anderen an dem Prozeß teilnehmenden Personen angewandt werden. Diese Taktiken unterstützen den wirksamen Gebrauch von Macht und Einfluß und können auch dazu beitragen, der Ausübung von Macht durch andere entgegenzuwirken.

Macht wird hier definiert als die potentielle Fähigkeit, Verhalten zu beeinflussen, den Gang der Dinge zu verändern, Widerstände zu überwinden und Menschen dazu zu bringen, etwas zu tun, was sie sonst nicht tun würden.[47] Politik und Einflußnahme sind die Prozesse, die Schritte und die Verhaltensweisen, mittels derer diese potentielle Macht angewendet und in die Tat umgesetzt wird.

Die folgenden beiden Kapitel im ersten Teil dieses Buches enthalten einige Ratschläge, die sowohl dabei helfen, richtig einzuschätzen, inwieweit Situationen Machtanwendung einschließen, als auch dabei, herauszufinden, wer die wichtigsten politischen Akteure sind und welchen Standpunkt sie voraussichtlich einnehmen werden. Der zweite Teil dieses Buches enthält eine Reihe von Kapiteln, deren Ziel die Beantwortung der Frage ist, wie Macht entsteht und warum manche Menschen oder Gruppen erfolgreicher sind als andere. Implizit hilft dieser Teil dem Leser auch dabei, herauszufinden, wie er mehr Macht gewinnen kann, wenn er dies wünscht. Der dritte Teil beschäftigt sich mit Strategien und Taktiken zum Einsatz von Macht und Einfluß. Wir müssen nicht nur wissen, woher Macht kommt, sondern auch, wie sie angewendet wird. Der Schlußteil des Buches behandelt Fragen rund um die Dynamik der Macht – insbesondere, wie einmal gewonnene Macht verloren geht. Dort werden auch die negativen und positiven Konsequenzen der Machtausübung für Organisationen untersucht und die Rolle der Macht im Prozeß von Implementierung und Veränderung diskutiert. Die abschließende Zusammenfassung, in der viel von diesem Material zusammenfließt, enthält einige Beispiele von Menschen, die erfolgreich Macht gebrauchten – und von anderen, die es nicht taten.

2

Wann wird Macht angewendet?

Obwohl Macht eine wichtige Rolle in den Aktivitäten einer Organisation spielt, sind weder alle Entscheidungen und Handlungen in einer Organisation im selben Ausmaß mit der Anwendung von Macht verbunden, noch sind Machtkonflikte in allen Organisation gleich oft an der Tagesordnung. Man muß imstande sein, den Kontext zu erkennen und einzuschätzen, wenn man seine Pläne effektiv umsetzen will. Mangelndes Verständnis dafür, zu welchem Grad die Situation politisiert ist, kann die Ursache dafür sein, daß jemand entweder dann Macht und Einfluß ausübt, wenn es gar nicht erforderlich ist, oder daß er unterschätzt, wieviel Machtanwendung notwendig ist, und an der Durchsetzung seiner Bestrebungen scheitert.

Ein Beispiel für die Unfähigkeit, politische Vorgänge zu meistern und Macht geschickt anzuwenden, ist Xerox. Die Gesellschaft erkannte, daß sie es versäumt hatte, die von ihr erfundene Computertechnologie wirtschaftlich zu nutzen, daß das Forschungszentrum in Palo Alto (PARC) tatsächlich eine Ideenschmiede und daß es von großartigen Forschungsergebnissen bis zur Entwicklung vermarktbarer Produkte ein weiter Weg war. Xerox versuchte durch die Einrichtung des Express–Projekts, einer Gemeinschaftsunternehmung mit dem Pharma-Unternehmen Syntex, die PARC-Technologie effektiver kommerziell zu nutzen. Ein Forscherteam, das sowohl mit Fachleuten für Marketing und Produktentwicklung als auch mit dem Kunden Syntex zusammenarbeitete, begann mit der Entwicklung eines auf die Bedürfnisse der pharmazeutischen Industrie zugeschnittenen Systems. Und man versuchte, dieses System rasch zu entwickeln.

Die vorrangige Aufgabe sah man in der technischen Koordinierung, deren größte Herausforderung darin lag, eine angemessene organisatorische Struktur und eine gemeinsame Perspektive für die Entwicklungsanstrengungen zu finden. Aber diese Bemühung war in hohem Maße politisiert, zum Teil deshalb, weil sie klar auf dem Tisch lag. Die Abteilungen versuchten, sich in aussichtsreiche Ausgangspositionen zu bringen, aber diese politischen Manöver wurden weder deutlich erkannt noch gut gemanagt.

Die Marketingabteilung wurde nicht von Anfang an einbezogen, was zum Teil daran lag, daß ihr Mitarbeiterstab zu klein war, und zum Teil daran, daß sie dem Kooperationsprojekt keine zentrale Bedeutung beimaß – schließlich war das alles nur ein Experiment. Als das Projekt immer deutlichere Konturen annahm und klar wurde, daß das höhere Management sehr an seinem Ergebnis interessiert war, entschloß sich die Marketingabteilung, daran teilzunehmen. Da sie zu spät gekommen war, mußte sie etwas unternehmen, um ihre Bedeutung für das Projekt unter Beweis zu stellen – anderenfalls hätte sie bei zukünftigen Projekten dieser Art möglicherweise ihre Chancen verwirkt. Während das Projekt bereits in vollem Gange war, begann also die Marketingabteilung, eine Studie zu der Frage durchzuführen, wie das Produkt in breiterem Rahmen an die übrige pharmazeutische Industrie verkauft werden könne, und erstellte darüber hinaus einen Geschäftsplan, um die finanzielle Attraktivität des Produkts zu bewerten. Beide Aufgaben hatte die Kooperationsgruppe schon erfüllt. Allerdings ging die Marketinggruppe von einigen anderen Annahmen über Marktdurchdringung und Spannen aus (obwohl die Kooperationsgruppe einige ursprünglich von der Marketingabteilung gelieferte Schätzungen verwendet hatte) und kam – natürlich – zu anderen Ergebnissen. Die Marketinggruppe verfügte, obwohl spät in den Ring gestiegen, über die Schlagkraft ihrer Legitimität und der ihr zugeschriebenen Sachkenntnis – wer weiß schließlich mehr über den Markt als die Marketingabteilung? Es gelang den Marketingleuten, eine Gruppe höherrangiger Unternehmensmanager, die angesichts der ungewöhnlichen Natur des Projekts (eines Projekts, das von einem interdisziplinären Team in Kooperation mit einem Kunden bearbeitet wurde) bereits nervös waren, davon zu überzeugen, daß die Aktion gestoppt werden müsse, bevor noch mehr dafür ausgegeben werde. Der Vorgang zeigt, daß die politische Natur des Prozesses der Produktentwicklung und Innovation bei Xerox nicht richtig eingeschätzt oder erfolgreich gemanagt wurde. Da sie sich der Bedeutung der Macht und ihrer Anwendung in diesem Zusammenhang nicht bewußt waren, verloren die Verteidiger des Projekts den Kampf.

In diesem Kapitel wird untersucht, unter welchen Bedingungen Macht im Leben von Organisationen an Bedeutung gewinnt oder verliert und wie sich Macht in unseren Aktivitäten zur Gestaltung der eigenen Karriere auswirkt. Eine Position zu erreichen, in der die Erfordernisse zur Machtausübung sich mit unseren Interessen und Fähigkeiten decken, wirkt sich entscheidend auf unseren individuellen Erfolg und auf den Erfolg der von uns vertretenen Projekte aus.[1]

HÄUFIGKEIT VON MACHTAUSÜBUNG UND EINFLUSSNAHME

Es gibt in beschränktem Maß empirische Belege, die dazu beitragen können, den Rahmen für eine Diskussion über die Bedingungen zu setzen, unter denen Macht ausgeübt wird. Die Nachweise entstammen vor allem zwei Arten von Studien: Untersuchungen über die Praxis von Entscheidungsfindungen und Befragungen von Managern und leitenden Angestellten über ihre Wahrnehmung von Macht und Einflußnahme in ihren Organisationen.

Nützliche Hintergrundinformation darüber, wie wichtig Einflußnahme für Entscheidungen dieser Art ist, liefert eine Studie über 33 Einkaufsentscheidungen in 11 Firmen.[2] Die Studie zeigte vor allem, daß in 27 dieser 33 Fälle im Prozeß der Entscheidungsfindung ein bestimmtes Maß an Dissens auftauchte, der eine Lösung erforderlich machte. Auch zeigte sich, daß um so mehr Personen an der Entscheidung beteiligt waren, je bedeutsamer sie war. An normalen Entscheidungen oder solchen von größerer Tragweite nahmen durchschnittlich fast 20 Personen teil, während weniger bedeutende Entscheidungen unter Beteiligung von durchschnittlich nur acht Personen gefällt wurden. In Anbetracht der verhältnismäßig großen Zahl von Leuten, die an Entscheidungen von großer Tragweite beteiligt waren, ist es nicht verwunderlich, daß Meinungsverschiedenheiten entstanden. Die eigentliche Aussagekraft dieser Zahlen bezieht sich aber auf etwas anderes: Denken Sie einmal darüber nach, was es bedeutet zu versuchen, Einfluß auf eine Entscheidung zu nehmen, an der etwa 20 Personen beteiligt sind. Offensichtlich muß man sein Augenmerk darauf richten, das politische Terrain sorgfältig zu erkunden, die verschiedenen Standpunkte zu verstehen und Zeit und Mühe in den Prozeß zu investieren. Ist die Zahl der einbezogenen Personen kleiner, so können die eigenen Versuche, Einfluß zu nehmen, eher ad hoc unternommen werden und immer noch gewisse Aussichten auf Erfolg haben.

Eine Befragung von 428 Absolventen einer kanadischen Business School zeigt, welche Arten von Entscheidungen in hohem Maß als von Macht und Einfluß abhängig eingeschätzt werden.[3] In Tabelle 2.1 sehen wir, daß die Koordinierung der Abteilungen untereinander, Beförderungen, Versetzungen und Entscheidungen über Einrichtungen und die Zuteilung von Ausrüstung von vielen der Befragten als Bereiche betrachtet wurden, in denen der Einsatz von Macht eine große Rolle spielte. Im Gegensatz dazu sahen sie die Bewertung der Arbeitsleistung, Einstellungsentscheidungen, Personalpolitik sowie Beschwerden und Klagen als Bereiche an, in denen Macht nur eine geringe Rolle spielte.

Tabelle 2.1
Antworten auf die Frage: Auf welcher Organisationsebene und in welchen Entscheidungen spielt Machtausübung eine Rolle?

Situationen	*% der Befragten, die sagten, in der Situation spiele Machtausübung immer oder häufig eine Rolle*
Koordinierung der Abteilungen	68,4
Beförderungen und Versetzungen	59,5
Einrichtungen und Zuteilung von Ausrüstung	49,2
Beschwerden und Klagen	31,6
Personalpolitik	28,0
Einstellung	22,5
Bewertung der Arbeitsleistung	21,5

Häufigkeit politischen Verhaltens auf verschiedenen Ebenen

Ebene	*Durchschnittliche Häufigkeit der Machtanwendung*
	(3 = immer; 2 = häufig; 1 = selten; 0 = nie)
Top-Management	1,22
Mittleres Management	1,07
Unteres Management	0,73

Quelle: Gandz and Murray (1980) S. 242 f.

Dieselbe Studie enthält einige interessante Informationen darüber, welche Menge an Macht und Einfluß auf den verschiedenen Ebenen verlangt wird. Dies ist ebenfalls aus Tabelle 2.1 ersichtlich. Erwartungsgemäß zeigen die Zahlen, daß das Klima auf den höheren Organisationsebenen stärker politisiert ist, was eine häufigere Anwendung von Macht mit sich bringt.

Im Rahmen einer anderen Untersuchung wurden in 30 Organisationen jeweils drei Manager befragt, und zwar der Leiter der Personal- oder der Humanressourcenabteilung, der Vorstandsvorsitzende und ein Manager der unteren Ebene.[4] Die von der Studie gelieferten Daten erlauben es uns, sowohl die Bereiche als auch die Situationen funktionalen Charakters nach der

Häufigkeit zu reihen, in der dort Macht und Einfluß ausgeübt werden. Diese Einteilung wird in Tabelle 2.2 wiedergegeben.

Tabelle 2.2 zeigt, daß Marketing, Verkauf und Geschäftsführung diejenigen Bereiche sind, in denen am häufigsten Macht gebraucht wird. Im Gegensatz dazu sind Produktion, Buchhaltung und Finanzabteilung funktionale Bereiche, in denen Macht weniger Bedeutung hat.

Tabelle 2.2
Welche Funktionen und Entscheidungen schließen am ehesten den Gebrauch von Macht ein?

Funktionaler Bereich	*Häufigkeit von politischer Aktivität in der Organisation*
Marketingabteilung	4,27
Geschäftsführung	3,88
Verkauf	3,74
Produktionspersonal	3,05
Personal	3,01
Einkauf	2,67
Forschung und Entwicklung	2,62
Buchhaltung und Finanzabteilung	2,40
Produktion	2,01
Art der Entscheidung	*Häufigkeit von politischer Aktivität in der Organisation*
Organisatorische Umgestaltungen	4,44
Personelle Veränderungen	3,74
Budgetverteilung	3,56
Wichtige Einkäufe	2,63
Aufstellung von Normen für die individuelle Leistung	2,39
Regeln und Vorgangsweisen	2,31

Zur Beachtung: Beantwortet wurde die Frage: »Wie häufig sind politische Aktivitäten in Organisationen?« Die Antworten bewegen sich zwischen 1 = »sehr selten« bis 5 = »sehr häufig«. Quelle: Medison et al., S.80 u. 90

In bezug auf die Bedeutung von Macht bedeutet dies, daß Situationen wie organisatorische Umgestaltungen, personelle Veränderungen und Ressourcenverteilung die Anwendung von mehr Macht bedingen, während Machtausübung und politische Aktivitäten in Situationen wie der Aufstellung individueller Leistungsnormen und der Veränderung von Regeln und Vorgangsweisen seltener sind.

Zusammengefaßt legen diese Daten den Schluß nahe, daß wichtigere Entscheidungen, etwa jene, die auf den höheren Ebenen der Organisationen getroffen werden, sowie jene über Schlüsselfragen wie organisatorische Umstrukturierungen und Budgetverteilung, häufiger mit dem Einsatz von Macht verbunden sind. Ebenso verhält es sich in Situationen, die mit großer Wahrscheinlichkeit von Unsicherheit und Meinungsverschiedenheiten geprägt sind, sowie in Bereichen, in denen die Leistung schwieriger festzustellen ist, wie beispielsweise bei Stabsfunktionen, die schwieriger zu bewerten sind als Produktionsoperationen im Rahmen des Linienmanagements. Wir müssen uns darüber klar werden, warum diese Bedingungen offensichtlich mit der Ausübung von Macht und Einfluß assoziiert werden. Wenn wir diesen Zusammenhang untersuchen, werden wir auch einige Nuancen in den Prozessen von Machtausübung und Einflußnahme in Organisationen entdecken.

INTERDEPENDENZ

Macht wird am ehesten unter den Bedingungen einer mäßigen Interdependenz angewendet. Besteht geringe oder keine Interdependenz, so besteht nur wenig oder gar keine Notwendigkeit, Macht aufzubauen oder Einfluß auszuüben. Umgekehrt werden die Menschen dort, wo eine starke Interdependenz besteht, dazu angespornt, zusammenzuarbeiten, sich gemeinsame Ziele zu setzen und ihre Aktivitäten zu koordinieren. Ignorieren sie diese Anreize, so wird ihre Organisation oder Gruppe wahrscheinlich scheitern.

Mein Kollege Jerry Salancik und ich haben die Interdependenz folgendermaßen definiert:

> Interdependenz ist die Ursache dafür, daß nichts sich genau so entwickelt, wie man es wünscht. Jeder Vorgang, der von mehr als einem einzelnen Verursacher abhängt, ist das Resultat des Handelns interdependenter Verursacher . . . Interdependenz besteht immer dann, wenn nicht ein einziger Handelnder sämtliche Mittel für die Durchsetzung einer Handlung oder für das Erreichen des durch die Handlung angestrebten Ziels vollkommen kontrolliert.[5]

Interdependenz ist einer der wesentlichsten Faktoren in Organisationen. Es ist nichts Neues, daß wir alle die Unterstützung anderer benötigen, damit wir unsere beruflichen Aufgaben erfüllen können. Neu ist allerdings die Erkenntnis, daß unsere Fähigkeit, etwas durchzusetzen, unter den Bedingungen der

Interdependenz davon abhängt, ob wir in der Lage sind, Macht zu entwickeln und diejenigen zu beeinflussen, von denen wir abhängen. Mißlingt uns dieses Bemühen – weil wir entweder nicht erkennen, daß es notwendig ist, oder nicht wissen, wie wir es anstellen sollen – so wird es uns nicht gelingen, unsere Ziele zu erreichen.

Im ersten Kapitel haben wir gesehen, daß der erste Personal Computer, der Alto, im Xerox-Forschungszentrum in Palo Alto erfunden wurde, und daß dort auch »der erste graphikfähige Monitor, die erste händisch bediente ›Maus‹ zur kinderleichten Befehlseingabe, das erste Textverarbeitungsprogramm für Nicht-Fachleute, darüber hinaus das erste lokale Kommunikationsnetzwerk, die erste objektorientierte Programmiersprache und der erste Laserdrucker«[6] entwickelt wurden. Die Gründe dafür, daß es Xerox nicht gelang, die von der Firma entwickelte Technologie kommerziell zu nutzen, sind selbstverständlich vielfältig, aber ein Teil der Schwierigkeiten entsprang dem Verhältnis zwischen dem Personal von PARC und den übrigen Xerox-Bereichen. Um ein neues Produkt auf den Markt zu bringen, bedarf es der interdependenten Aktivität vieler Bestandteile der Organisation; diese Interdependenz wurde bei PARC nicht erkannt, und selbst wenn sie wahrgenommen wurde, sahen die beteiligten Leute nicht ein, daß Macht und Einfluß entwickelt werden mußten. Man nahm an, die Großartigkeit der Technologie werde zwangsläufig für sich selbst sprechen und die Entwicklung und Einführung erfolgreicher Produkte von allein nach sich ziehen.

PARC war räumlich vom übrigen Xerox getrennt – von Xerox in Rochester, New York, und in Stamford, Connecticut. Die Forscher von PARC waren von einer gesunden Arroganz und kultivierten eine »Wir und die«-Einstellung gegenüber den übrigen Teilen von Xerox einschließlich SDS, jener Computerfirma, die Xerox gekauft hatte, um seinen Einstieg in das Computergeschäft zu erleichtern:

> »PARC krankte an seiner großen Arroganz«, bemerkt Bert Sutherland, einer der Manager des Systems Science Laboratory von PARC. »Wer nicht sofort verstand, war ›dumm‹. So etwas macht es schwer, sich Gehör zu verschaffen.«[7]

Indem sie die bei der Einführung eines neuen Produkts gegebene Interdependenz und die für das Management dieser Interdependenz erforderlichen Fähigkeiten mißachteten, scheiterten die Forscher von PARC mit ihrem Anspruch, die Welt der Computer zu verändern, und Xerox verpaßte einige bedeutende wirtschaftliche Chancen.

Die Entwicklung von Macht und Einfluß ist von besonderer Bedeutung, wenn die Personen, zu denen man in einer Beziehung der Interdependenz steht, eine andere Meinung haben als man selbst und deshalb nicht unbedingt das tun, was man will. So ergab beispielsweise eine Studie darüber, wie an 40 Colleges großer staatlicher Universitäten die Wahl eines Dekans vor sich ging, daß die Fakultät um so mehr politische Aktivität zeigte, je größer die Interdependenz war.[8] Wenn die interdependenten Fakultäten allerdings einer Meinung waren, so war die politische Aktivität geringer. Die Studie deutet darauf hin, daß Interdependenz die Notwendigkeit verstärkt, Einfluß auszuüben, aber selbstverständlich ist die Geltendmachung von Einfluß vor allem dann geboten, wenn diejenigen, mit denen Sie eine interdependente Beziehung verbindet, nicht unbedingt das tun, was Sie sich wünschen.

Das Phänomen der Interdependenz hilft uns beim Verständnis der in den Tabellen 2.1 und 2.2 dargestellten Ergebnisse, welche zeigen, wo in Organisationen am häufigsten Macht ausgeübt wird. Auf den höheren Ebenen der Organisation, wo die Vorgänge selten einfach oder in sich geschlossen sind, ist die Interdependenz größer.[9] In Stabspositionen herrscht mit größerer Wahrscheinlichkeit Interdependenz, denn dort ist es für die Durchsetzung der Dinge fast unvermeidlich, die Kooperation der im Linienmanagement tätigen Personen zu erreichen. Die Koordination der Abteilungen untereinander ist offensichtlich von weitestgehender Interdependenz geprägt, und in Entscheidungen über organisatorische Umstrukturierungen werden erfahrungsgemäß zahlreiche Organisationseinheiten einbezogen. Die Interdependenz zwischen funktionalen und anderen Einheiten schwankt ebenfalls, aber es ist häufig der Fall, daß Verkauf und Marketing zwischen Konstruktion und Produktentwicklung einerseits und Produktion andererseits stehen.

Ressourcenknappheit

Interdependenz hat viele Ursachen, zu denen auch die Art und Weise gehört, in der Aufgaben organisiert werden. Die Natur und der Grad der Interdependenz werden entscheidend von der Ressourcenknappheit beeinflußt. Ressourcen im Übermaß verringern die Interdependenz, Knappheit hingegen vergrößert sie. Nehmen wir etwa das Beispiel der Beförderungen. Wenn eine Organisation schnell wächst und es zahlreiche Aufstiegsmöglichkeiten gibt, wird der Wettbewerb um die Beförderungen weniger intensiv ausfallen. Die einzelnen Personen werden das Gefühl haben, daß ihre Aussichten auf eine Beförderung vor allem von ihrer eigenen Leistung abhängen, während die Leistung ihrer Kollegen nur geringen Einfluß darauf hat. Wenn die Organisation jedoch zu wachsen aufhört und die Aufstiegschancen sinken, finden sich die Kandidaten in einem sogenannten »Nullsummenspiel« wieder, in dem der Gewinn des einen den Verlust des anderen bedeutet. Wie es jemandem im Wettbewerb um eine Beförderung ergeht, hängt nun sehr viel stärker davon ab, wie es seinen Widersachern ergeht, und damit steigt der Grad an Interdependenz.

Dieses Beispiel verdeutlicht, warum die meisten Leute Situationen vorziehen, in denen ein Überfluß an Ressourcen herrscht. Es steigt nicht nur die

Chance des einzelnen, das zu erhalten, was er sich wünscht, sondern auch die Interdependenz wird geringer, womit sich die Notwendigkeit, Macht und Einfluß in der Situation zu entwickeln, verringert. Da die meisten, wenn auch nicht alle Leute die Aufgabe, Macht zu entwickeln und Einfluß auszuüben, als schwierig und unangenehm empfinden, ziehen sie Situationen vor, in denen so wenig Interdependenz wie möglich herrscht.

Eine Studie an der University of Illinois untersuchte die Auswirkungen von Macht auf die Verteilung von vier Ressourcen, die sowohl unterschiedlich knapp als auch verschieden wichtig für die einzelnen wissenschaftlichen Institute waren.[10] Die Studie zeigte anhand der Auswertung jedes einzelnen Machtmittels der Institute, daß die Machtmittel am intensivsten dort eingesetzt wurden, wo es um die Verteilung der knappsten Ressourcen ging. Entsprechend wurde dort am wenigsten Macht eingesetzt, wo die meisten Ressourcen vorhanden waren. Tatsächlich war die Machtausübung der Institute ein negativer Indikator für die Allokation der am reichlichsten vorhandenen Ressourcen, sobald die objektiven Kriterien einmal statistisch kontrolliert waren. Die direkteste Deutung dieses Ergebnisses ist die, daß mächtige Institute, nachdem sie einen unverhältnismäßig großen Anteil an den knappsten Ressourcen gewonnen hatten, den Verlierern in diesem Kampf als teilweise Entschädigung einen unverhältnismäßig großen Anteil an jenen Ressourcen überließen, die nicht wirklich umstritten waren.

Es gibt noch andere Belege für das Argument, daß in den Entscheidungsvorgängen von Organisationen mehr Macht eingesetzt wird, wenn es um knappe Ressourcen geht. Eine Studie an der Universität von Minnesota untersuchte die Aufteilung von Budgetmitteln unter wissenschaftlichen Instituten über einen längeren Zeitraum.[11] Das Ergebnis der Studie war, daß die Macht der Institute anscheinend in jenen Zeiten größere Auswirkungen auf die Ressourcenverteilung hatte, in denen die Ressourcen knapper waren. Eine andere Studie untersuchte die Ressourcenzuteilungen an die wissenschaftlichen Institute zweier Campus' in Kalifornien.[12] Zwischen 1967 und 1975 stieg das Gesamtbudget der einen Hochschule um 52%, wobei 11,9% der Fakultätsstellen verloren gingen; hingegen stieg das Budget der anderen Universität um fast 80%, und die Zahl der Fakultätsstellen stieg sogar leicht um 0,4% an. Die Studie zeigte, daß die Abteilungsmacht in der mit knapperen Ressourcen konfrontierten Universität stärker mit der Budgetverteilung verknüpft war.[13]

Wir können auch sehen, daß Budgetverteilungen in den in Tabelle 2.2 wiedergegebenen Interviews zu den am stärksten politisierten Entscheidungen gezählt wurden. Insofern, als die meisten Organisationen für gewöhnlich eher mit knappen als mit überschüssigen Ressourcen zu tun haben, ist es nicht verwunderlich, daß die Verteilung dieser Ressourcen mit dem Einsatz von Macht und Einfluß verbunden ist.

Dadurch, daß Menschen in wechselseitiger Abhängigkeit voneinander stehen, werden noch nicht zwangsläufig Macht und Einfluß in Organisationen ausgeübt. Schließlich besteht auch zwischen den Spielern einer Mannschaft Interdependenz, ohne daß sie ständig stehenbleiben und miteinander verhandeln, während die Zeit weiterläuft. Wenn alle dieselben Ziele anstreben und gemeinsame Ansichten darüber haben, wie diese Ziele zu erreichen sind, werden Konflikte minimal sein. Gibt es einen Konsens darüber, was zu geschehen hat und wie, so besteht keine Notwendigkeit, Einfluß geltend zu machen oder Macht auszuüben, um andere zu beeinflussen, da sie sich in jedem Fall wunschgemäß verhalten werden.[14]

Aber das Einvernehmen darüber, wie etwas zu geschehen hat, ist der Schlüssel. Die Ziele allein lassen keine verläßliche Voraussage der politischen Aktivität in einer bestimmten Situationen zu. Auf den ersten Blick mag man meinen, die Ziele seien von grundlegender Bedeutung für jede Handlung und Uneinigkeit über die Zielsetzungen ziehe unausweichlich den Einsatz von Macht und Einfluß nach sich. Es gibt zwar genügend Untersuchungsmaterial zu dieser Frage, aber Beobachtungen legen den Schluß nahe, daß diese Einschätzung nicht immer zutrifft. Es herrscht oft intensive politische Aktivität in Unternehmen, bei denen ein allgemeiner Konsens über das Ziel des Gewinns anzunehmen wäre. Auf der anderen Seite findet man kordiale Kompromisse in der Welt der Regierungspolitik, wo trotz nicht übereinstimmender Zielsetzungen Lösungen gefunden werden können, bei denen ein- und dieselben Mittel zur Erreichung unterschiedlicher Zwecke eingesetzt werden.

Je größer die Spezialisierung der Aufgaben in einer Organisation ist, desto wahrscheinlicher werden Meinungsunterschiede. Der Grund dafür ist ganz einfach: Wenn die Arbeit in einer Organisation auf verschiedene Spezialbereiche und Einheiten aufgeteilt ist, steigt die Wahrscheinlichkeit, daß die Mitglieder dieser Organisation aufgrund ihrer unterschiedlichen Herkunft und Ausbildung Situationen anders beurteilen. Rechtsanwälte betrachten die Welt aus einem bestimmten Blickwinkel, Ingenieure aus einem anderen, und Buchhalter wieder aus einem anderen. Darüber hinaus wird, wenn man eine bestimmte Position in einer Organisation innehat, die eigene Weltsicht durch jene Informationen bestimmt, die man in dieser Position erhält. Marketingfachleute erhalten Daten über Umsätze und Marktanteile, Produktionspersonal solche über Herstellungskosten und Stand der technischen Entwicklung. Darüber hinaus sind verschiedene Positionen mit unterschiedlichen Aufgaben verbunden – Absatzmaximierung, Kostenminimierung, Innovation, Einhaltung von Budgetvorgaben – und diese verschiedenartigen Aufgaben sind der Grund dafür, daß die Welt aus verschiedenen Blickwinkeln betrachtet wird. Der von mir am häufigsten zur Beschreibung dieser Situation benutzte Aphorismus ist folgender: Wo du stehst, hängt davon ab, wo du sitzt.

David Halberstams Geschichte der Ford Motor Company illustriert lebhaft, wie Bildung und funktionaler Hintergrund die Art und Weise beeinflussen können, wie Menschen ihre Umwelt betrachten.[15] Der Konflikt zwischen Finanzwesen und Konstruktion, der sich bei Ford (wie auch bei anderen Automobilherstellern) abspielte, war im Grunde ein Konflikt darüber, wie die Welt betrachtet werden sollte. Die Konstrukteure sehen in Autos und Motoren vor allem technologische Herausforderungen – Dinge, die gebaut werden sollen. Sie wollen einen technologischen Vorsprung gegenüber ihren Konkurrenten gewinnen und die ersten sein, die eine technische Neuerung einführen. Sie wollen Autos entwerfen und bauen, die vom Genie ihrer Ingenieure zeugen. Das Finanzwesen mißt die Autos weniger an ihrer ästhetischen Form oder an der ausgefeilten Motortechnik als an finanziellen Gesichtspunkten wie der Kapitalrendite und den Mitteln, die für die Einführung neuer Automodelle, Motor- oder Getriebetechnologien erforderlich sind. Die beiden Gruppen betrachten dasselbe Projekt aus verschiedenen Perspektiven und kommen daher in vielen Fällen zu völlig verschiedenen Ergebnissen. Ford entwickelte den Vorderradantrieb und zahlreiche andere technische Neuerungen, aber das Unternehmen gehörte häufig zu den letzten Automobilherstellern, die diese Innovationen tatsächlich in der Serienfertigung umsetzten. Die Einführung eines vollkommen neuen Getriebes und die entsprechende Neugestaltung der Autos kosten sehr viel Geld. Unfähig zu beweisen, daß sich diese Ausgaben durch genügende zusätzliche Einnahmen rentieren würden, zogen die Konstrukteure zumindest in den sechziger und siebziger Jahren im Kampf mit der Finanzabteilung häufig den kürzeren.

Ernsthafte Meinungsverschiedenheiten unter Menschen mit verschiedenen Standpunkten entstehen leichter, wenn klare Ziele oder äußere Bedrohungen oder Herausforderungen fehlen, welche die Untereinheiten zur Zusammenarbeit zwingen könnten. In den sechziger und siebziger Jahren beherrschte General Motors die Automobilindustrie. Heute erscheint es unglaublich, aber Ende der fünfziger Jahre waren die Kartellgesetze die größte Sorge von GM – man machte sich Sorgen, ob das Unternehmen auseinandergebrochen würde, nicht ob es sich gegen die Konkurrenz behaupten könnte. Das Fehlen jeglichen äußeren Drucks durch Konkurrenten, verbunden mit der ungewöhnlichen Größe und der differenzierten Struktur des Unternehmens, bereiteten einen geeigneten Boden für innerorganisatorische Politik. John De Lorean merkte zum Beispiel an, daß »nicht immer objektive Maßstäbe angelegt wurden, um die Leistung eines Angestellten zu beurteilen.«[16] Allem Anschein nach wurde eher geschätzt, daß man ein guter Teamspieler war, daß man nicht zu sehr herausragte, daß man seinem Chef ergeben war. De Lorean führte eine Vielzahl von Einzelbeispielen dafür an, wie weit die Leute gingen, um dem Chef ihre

Loyalität zu beweisen: da wurde ein Kran gemietet und ein Hotelfenster entfernt, damit ein Kühlschrank, der nicht durch die Tür paßte, im Zimmer eines leitenden Angestellten von GM aufgestellt werden konnte, der gerne nächtliche Imbisse zu sich nahm; der Chef wurde vom Flughafen abgeholt; es wurden Gefolgschaftsgruppen zusammengestellt, um den Chef auf Reisen zu begleiten; man erkundete die kulinarischen Neigungen und Abneigungen des Chefs; und man setzte alles daran, um ihm jeden Wunsch von den Augen abzulesen.

Jene politische Aktivität, die sich in Abwesenheit eines echten Konkurrenzdrucks entfaltet, ist selten dem Erfolg der Organisation dienlich. Folglich kann es nicht überraschen, daß politische Führungskräfte, gleich ob von Staaten oder Organisationen, gerne einen gemeinsamen Feind oder eine äußere Bedrohung suchen, mit deren Hilfe sie die Organisationsangehörigen dazu bringen können, ihre Streitigkeiten beizulegen und effektiver zusammenzuarbeiten. Apple Computer hatte diesen gemeinsamen Feind lange Zeit in IBM, für die japanischen Kopierunternehmen war es anfangs Xerox, und für die Automobilhersteller der USA sind es heute die Japaner. Es ist kein Zufall, daß in den amerikanischen Automobilunternehmen die Kommunikation zwischen den funktionalen Bereichen und die Koordination intensiver geworden sind, seit die japanische Konkurrenz stärker wurde.

Der Stellenwert der Aufgabe

Macht ist eine wertvolle Ressource – als solche wird sie nicht leichtfertig eingesetzt. Diejenigen, die Macht haben, heben sie sich meist für die Aufgaben auf, denen sie einen hohen Stellenwert beimessen. In der an früherer Stelle erwähnten Studie, in der untersucht wurde, welche Auswirkungen Ressourcenknappheit auf den Gebrauch von Macht hatte, wenn es um die Verteilung dieser Ressourcen ging, gelang keine separate Angabe darüber, welchen Einfluß der Stellenwert der Entscheidung auf die Machtanwendung hatte.[17] Es überrascht nicht, daß ein Zusammenhang zwischen Knappheit und Stellenwert bestand – wenn etwas wichtig ist, begehren es viele, und dadurch wird es knapp.

Wir sollten erkennen, daß der Begriff des Stellenwerts sowohl eine tatsächliche als auch eine symbolische Komponente hat. Häufig verblüfft es uns, wieviel Anstrengung und Energie für scheinbar unwichtige Entscheidungen wie die Lage oder Größe des Büros eines Mitarbeiters verwendet werden. Als Pacific Telephone damit begann, Bürogebäude außerhalb des Stadtzentrums von San Francisco zu bauen, und einige seiner Gebäude in der Stadt zu schließen, kämpften zahlreiche Führungskräfte verbissen darum, selbst im Hauptgebäude bleiben zu dürfen, anstatt in die Randbezirke verbannt zu werden. Wie wir noch sehen werden, kann der Anschein von Macht tatsächlich

Macht verleihen; daher sind solche Anstrengungen zur Erhaltung der Symbole der Macht bezeichnend.

Da wichtige Entscheidungen die Prozesse von Machtausübung und Einflußnahme anregen und zumindest ein Teil der Menschen eine Abneigung gegen Macht und Einfluß hegt, ist es ein keineswegs ungewöhnliches Phänomen, daß Organisationen und Untereinheiten die Auseinandersetzung mit wichtigen Fragen vermeiden. So beschrieb beispielsweise Argyris in einer von der *New York Times* durchgeführten Studie, wie eine Entscheidung über eine neue Artikelserie in der Zeitung fast vier Jahre lang hinausgeschoben wurde.[18] Das Management der Zeitung hatte Angst davor, sich mit bestimmten politischen Fragen wie zum Beispiel der auseinanderzusetzen, wer zuständig sein und wer Platz in der Zeitung gewinnen oder einbüßen werde. Um diesen Konfrontationen auszuweichen, verschob man einfach die Entscheidung und den Start der neuen Artikelserie. Ein Untersuchung über die politische Berichterstattung in der Los Angeles Times brachte ein ähnliches Phänomen zutage.[19] Die Zeitung hatte Schwierigkeiten damit, die politische Berichterstattung, vor allem die über nationale Wahlkämpfe, zu koordinieren, da sie in typischer Weise zwischen nationalen und Lokalredaktionen aufgeteilt war. Ein Vorschlag zur Schaffung einer neuen politischen Redaktion mit übergeordneter Zuständigkeit für die Wahlberichterstattung wurde verschoben, weil es zu Auseinandersetzungen über den dafür vorgesehenen Raum in der Zeitung und über den Status kam. Schließlich wurde eine politische Redaktion eingerichtet, aber sobald diese eine Wahl vorüber war, wurde sie wieder aufgelöst. Die Weigerung, sich mit territorialen Fragen auseinanderzusetzen, war die Ursache dafür, daß die Zeitung aus Los Angeles einer Innovation auswich, welche die Koordination und die Qualität ihrer politischen Berichterstattung hätte verbessern können.

EINIGE IMPLIKATIONEN FÜR DIE KARRIEREPLANUNG

Am 1. September 1976, einem Mittwoch, wurde W. Richard Goodwin dazu gezwungen, von seinem Amt als Vorstandsvorsitzender der Johns-Manville Corporation zurückzutreten. Er bereitete sich gerade auf die Teilnahme an einer Aufsichtsratssitzung* vor, als ihn überraschend drei Aufsichtsratsmitglieder aufsuchten und ihm erklärten, daß die neun Outside Directors im Board seinen Rücktritt wollten. Dieses Ereignis, das vor Manvilles Schwierigkeiten mit Asbestklagen und dem Bankrott des Unternehmens stattfand, überraschte viele, Goodwin inbegriffen. Unter seiner Führung waren die Einnahmen des Unter-

* Anm. d. Ü.: Im deutschen Sprachraum haben wir eine Zweiteilung des obersten Gremiums eines Unternehmens (Aufsichtsrat und Vorstand). In Amerika gibt es nur ein Gremium, das »Board«, das aus seiner Mitte Vorstandsmitglieder wählt.

nehmens zwischen 1970 und 1975 um 91% gestiegen, und die Nettogewinne hatten von 1970 bis 1974 einen Sprung von 115% gemacht. Im ersten Halbjahr 1976 waren die Gewinne auf einen Unternehmensrekord geklettert.[20] Die beiden Vorstandsmitglieder im Aufsichtsrat* waren von dem Schritt überrascht. Goodwin war beim höheren Management der Gesellschaft offensichtlich wohlgelitten, und er hatte dem Unternehmen mit einigen Maßnahmen, zu denen auch die Verlegung des Firmensitzes nach Denver gehörte, zu neuem Leben verholfen.

Einigen Aufschluß darüber, warum Goodwin seinen Job verlor, gibt sein Aufstieg in diese Position. Er schrieb seine Doktorarbeit an der Stanford University auf dem Gebiet der experimentellen Psychologie (manchmal auch als »Rattenpsychologie« bezeichnet, weil sie sich zur Entdeckung der Grundlagen von Lernvorgängen auf Experimente stützt). Zwölf Jahre lang arbeitete er für die RAND Corporation und deren Ableger, die System Development Corporation. Er betrieb seine eigene Consulting-Firma und leitete Abendkurse an der Business School der Universität von New York, als Manville ihm den Auftrag erteilte, die Firma bei der Erstellung eines Strukturplans zu unterstützen. Seine Bemühungen waren derart erfolgreich, daß ihm der Posten eines stellvertretenden Vorsitzenden für die Unternehmensplanung angeboten wurde. 20 Monate, nachdem er diese Stelle angenommen hatte, wurde er zum Präsidenten bestellt. Wenn wir Goodwins Karriere betrachten, sehen wir einen sicherlich klugen und gebildeten Mann, der jedoch in seinem gesamten Berufsleben entweder auf sich allein gestellt war oder sich mit Aufgaben beschäftigte, die hohe intellektuelle Ansprüche stellten (so etwa Design und Entwicklung der Software für das Befehls- und Kontrollsystem des Strategischen Luftkommandos). Sein Hintergrund, seine Erfahrung und seine Ausbildung hatten ihn überhaupt nicht darauf vorbereitet, die Beziehungen zu seinem Aufsichtsrat zu pflegen oder mit der Ellbogenmentalität in der Unternehmenspolitik zurechtzukommen. Genau das stellte auch John Schroeder heraus, der zu jener Zeit stellvertretender Vorsitzender der Morgan Guaranty Trust Company war und als einer der Außenstellenleiter an dem Treffen mit Goodwin teilnahm, bei dem dieser zum Rücktritt aufgefordert wurde:

> »Wir hatten es hier mit einem Burschen zu tun, der keinerlei Erfahrung in der Zusammenarbeit mit einer Gruppe von Leuten hatte, die letztendlich für das Unternehmen verantwortlich waren«, erläutert Schroeder. »Bevor er zu Johns-Manville kam, war er daran gewöhnt, allein zu arbeiten . . . es fiel ihm schwer, mit einer Gruppe zusammenzuarbeiten.«[21]

Vergleichen Sie die Lage von Goodwin bei Johns-Manville mit der von William

* Anm. d. Ü.: Nach anglo-amerikanischem Recht sind Vorstandsmitglieder auch Mitglieder im Aufsichtsrat (Board).

Agee bei Bendix. Agee hatte im Jahr 1981 ebenfalls eine Auseinandersetzung mit seinem Aufsichtsrat, obwohl er ausgezeichnete finanzielle Ergebnisse vorweisen konnte. Das Ergebnis dieses Streits war allerdings ein anderes: »Bevor Purcell [ein Direktor] ging [im August], erreichte Agee mit einem Manöver, das Schlauköpfe in der Firmenzentrale in Southfield, Michigan als ›Mitternachtsmassaker‹[22] bezeichneten, den Rücktritt von drei anderen Aufsichtsratsmitgliedern von Bendix.« Agee hatte seinen Abschluß an der Harvard Business School gemacht und war vor seinem Engagement bei Bendix in der Finanzorganisation von Boise Cascade rasch aufgestiegen. Er war sowohl durch seine Ausbildung als auch durch seine Erfahrung besser darauf vorbereitet, Machtkämpfe in einer Organisation zu überstehen.

Einer der Gründe dafür, daß allgemeines Management möglicherweise gar nicht so allgemein ist – und zwar was die Fähigkeit von Top-Managern anbelangt, von einer Organisation in eine andere überzuwechseln – liegt darin, daß die Machtdynamik sich von Organisation zu Organisation, und noch viel mehr von einem Organisationstyp zu einem anderen unterscheidet. Trotz der in einem bestimmten Rahmen erworbenen Eignungen und Fähigkeiten ist jemand womöglich ungenügend darauf vorbereitet, in einem völlig anderen Rahmen erfolgreich zu arbeiten. Unternehmensmanager der höchsten Ebene nehmen beispielsweise oft Dekanate in Business Schools an. In zwei recht bekannten Fällen zeitigte das einigermaßen katastrophale Ergebnisse. Im ersten Fall wurde der Leiter von Conrail Dekan der Business School von Cornall, im zweiten übernahm der Vorstandsvorsitzende eines großen Produktionsunternehmens, welches allgemein als Modell an Effektivität angesehen wurde, ein Dekanat einer anderen führenden Business School. In beiden Fällen stammten die Manager aus Organisationen, in denen hierarchische Autorität vorherrschte. Keiner von beiden verfügte über fundierte Erfahrung im Umgang mit einer eher kollegialen, auf egalitäre Behandlung orientierten Form der Führung. In einem Fall trat der Betreffende entschieden auf, stieß damit die Fakultät vor den Kopf und wurde hinausgedrängt; der andere wurde von den komplexen administrativen und politischen Zusammenhängen überwältigt und schaffte es nicht, seine Aufgaben zu erfüllen. Beiden Fällen gemeinsam war, daß dem neuen Dekan die Fähigkeit fehlte, die Dinge voranzubringen, denn beide waren weder vertraut mit den besonderen Formen von Macht, welche die Situation erforderte, noch hatten sie Erfahrung damit.

Diese Beispiele beleuchten einen eher allgemeinen Punkt: Unser Erfolg in einer Organisation hängt nicht nur von unserer Intelligenz, unserem Arbeitswillen und unserem Glück ab, sondern auch davon, inwieweit wir unsere politischen Fähigkeiten mit dem, was unsere Position von uns verlangt, in Einklang zu bringen vermögen. Die einzelnen Menschen verfügen sowohl über verschiedene Fähigkeiten als auch über unterschiedliches Talent, Macht zu entwickeln und auszuüben. Einige entfalten derartige Aktivitäten ganz natürlich – sie haben Freude daran und sind gut darin. Anderen graut vor der Idee, sich um informellen Einfluß zu bemühen, und vor der Aufgabe, sich über die Machtquellen und über den Aufbau von Macht Gedanken zu machen. Folglich kann es nicht überraschen, daß Menschen sich in ihren Jobs schlecht entwikkeln, wenn ihre Fähigkeiten und Neigungen den Anforderungen der Situation nicht angemessen sind.[23]

Meiner Erfahrung nach denken die meisten Leute in ihrem eigenen Bereich weder sehr viel über diesen speziellen Faktor in der Abstimmung von Person und Job nach, noch gehen sie bei der Durchführung ihrer Aktionen auf dieser Grundlage sehr realistisch vor. Die meisten Leute suchen nach Stellungen, in denen ihre spezifischen intellektuellen Fähigkeiten und ihre Interessen nützlich sind und gebraucht werden. Aber selten analysieren sie ihre Tätigkeiten unter den Gesichtspunkten von Macht und Einfluß.

Darüber hinaus ist es nicht so, daß Beschäftigungen, die große politische Begabung erfordern, notwendigerweise besser bezahlt werden. Viele der Jobs, die vor allem individuelle, analytische Anstrengung verlangen, darunter jene in den Bereichen Consulting, Steuerrecht und Investmentbanking, sind außergewöhnlich gut bezahlt. Es geht also nicht darum, eine unangenehme Situation für ein hohes Gehalt in Kauf zu nehmen, sondern eher darum, einfach einen Platz zu suchen, an dem man sich voll entfalten kann.

3

Die Diagnose von Macht und Abhängigkeit

Wer in einer Organisation etwas durchsetzen will, muß imstande sein, die relative Macht der verschiedenen Beteiligten festzustellen und das Geflecht der Interdependenz zu durchschauen. Man muß nicht nur das Spiel kennen und verstehen, sondern auch die Spieler. Nachdem Andrew Pettigrew Macht und Einfluß in einer britischen Organisation untersucht hatte, die einen Computer kaufte, schloß er, daß »jemand, der machtvolle Unterstützung für seine Forderungen sucht, genau über die Machtverteilung in der sozialen Arena, die sein Lebensraum ist, . . . Bescheid wissen muß.«[1] Wie wir im nächsten Abschnitt des Buches, der sich mit den Quellen der Macht beschäftigt, sehen werden, ist die Kenntnis der Machtverteilung selbst eine wichtige Machtquelle. Eine Untersuchung der Machtverteilung in einer kleinen Firma brachte zutage, daß diejenigen Firmenangehörigen, die genauer über das bestehende Netz von Ratschlägen und Einflußnahme informiert waren, mehr Macht hatten.[2] Eine Studie über die Ressourcenzuteilung an wissenschaftliche Abteilungen an der Universität von Illinois kam zu demselben Schluß: namentlich zeigte sie, daß die Institutsvorstände bei besserer Kenntnis der Machtverteilung innerhalb der Universität mehr Mittel für ihre Institute gewinnen konnten. Daß gute Kenntnis der Zusammenhänge sich positiv auf die Zuteilung budgetärer Mittel auswirkte, war besonders wichtig für die Vorstände weniger mächtiger Institute. Diese Personen mußten besonders gut über die Machtverteilung Bescheid wissen, damit sie Koalitionen bilden und den Einfluß, den sie besaßen, wirksam entfalten konnten.[3]

Um die Verteilung der Macht in einer Organisation festzustellen, müssen drei Fragen beantwortet werden. Zuerst müssen die relevanten Untereinheiten oder Unterabteilungen identifiziert werden. Dann muß man verschiedene Machtindikatoren bestimmen und sie auf die identifizierten Einheiten anwenden, um ihren jeweiligen Stellenwert festzustellen. Diese beiden Aufgaben verlangen sowohl Urteilsvermögen und Erfahrung als auch Kenntnis der spezifischen

Situation, aber einige allgemeine Anhaltspunkte können sich als nützlich erweisen. Nachdem die Einheiten und ihre jeweilige Macht identifiziert sind, muß schließlich das Geflecht von Abhängigkeit und Interdependenz in Augenschein genommen werden, um eine effektive Vorgangsweise festzulegen. Dieses Kapitel beschäftigt sich mit allen drei umrissenen Fragen.

DIE RELEVANTEN POLITISCHEN UNTEREINHEITEN

Nehmen Sie an, Sie wären Anfang der achtziger Jahre von E.F. Hutton eingestellt worden und versuchten, die politische Struktur der Organisation zu ergründen. Die erste Aufgabe bestünde nun darin, die wichtigsten politischen Gliederungen und Untereinheiten abzugrenzen – die wichtigsten insofern, als sie Sie befähigen zu verstehen, was in der Organisation vor sich geht. Bei Hutton boten sich, wie in viele anderen Organisationen, zahlreiche Optionen an. Eine Einteilung in Untereinheiten könnte nach geographischen Gesichtspunkten vorgenommen werden, woraus hervorginge, wo die verschiedenen Büros und Niederlassungen lägen. Eine andere Einteilung könnte nach Alter beziehungsweise Zugehörigkeit zu der Organisation erfolgen, wobei zwischen älteren und länger beschäftigten Angestellten und jüngeren, erst vor kurzem eingetretenen unterschieden würde. Eine weitere Untereinheit könnte entlang der Verbindungen zwischen den Abteilungen entstehen; dabei würde die Firma in politische Gruppierungen unterteilt, etwa in Einzelkundenbereich, Investmentbanking und die verschiedenen Verwaltungseinheiten der Organisation. Und eine weitere Methode zur Unterteilung der Organisation würde nur zwei Untereinheiten ergeben: Zentrale und Administration einerseits, die gewinntragende Linienorganisation andererseits. Auch könnten politische Einheiten nach dem Rang abgegrenzt werden – so zum Beispiel leitende Angestellte, Manager und Mitarbeiter. Und in Organisationen, deren demographische Gestalt heterogener wäre, als die von Hutton im allgemeinen war, könnten Untereinheiten nach Geschlecht oder ethnischer Zugehörigkeit, oder vielleicht nach akademischem Hintergrund und Ausbildungsstand vorgenommen werden.

Im Fall von Hutton eigneten sich mehrere dieser Methoden zur Klarlegung der Organisationsstruktur, je nach Zeitpunkt und Thema. Was den Aufstieg ins absolute Top-Management anbelangte, waren zu einem bestimmten Zeitpunkt religiös bestimmte Untereinheiten relevant, zumindest für die erste Garnitur:

> In der gesamten Firmengeschichte hatte ein ungeschriebenes Gesetz Juden von der absoluten Spitze ferngehalten. Sylvan Coleman hatte diese Regel umgangen, indem er seine jüdische Identität hinter einem falschen Namen verbarg und Mitglied der Episkopalkirche wurde . . . »Dort herrschte eine antisemitische Atmosphäre, die man gar nicht übersehen konnte, wenn man

nicht blind war«, sagt Goldberg, heute Partner der Maklerfirma Neuberger und Berman.[4]

Aber Hutton war auch durch weitere Gliederungsfaktoren gekennzeichnet, so etwa durch geographische:

> Das Schisma zwischen Ost und West, das jahrelang unter der Oberfläche geschwelt hatte, trat deutlicher zutage, als unter der Herrschaft Wellins [Vorstandsmitglied] das Einzelkundengeschäft sprunghaft anstieg . . . Huttons »kalifornische Mafia« hatte sich stets für eine entschlossene Expansion des Einzelkundennetzes stark gemacht, aber in diesem Fall häuften sich die Nadeln auf der Karte eher an der Ostküste als im Westen. Dies, so die Befürchtung der Kalifornier, würde ihre Machtbasis weiter untergraben.[5]

Diese religiösen, ethnischen und geographischen Gliederungen hatten bei Hutton zu jener Zeit die größte Bedeutung, als das Unternehmen noch unangefochten von seiner traditionellen Stärke, dem Einzelkundengeschäft, beherrscht war. Im Verlauf der achtziger Jahre geriet die Einzelkundenabteilung in Konflikt mit neuen Aktivitäten im Investmentbanking, im öffentlichen Finanzwesen und in den Kapitalmärkten. Es kam zu einigen Auseinandersetzungen über die Gehälter des Personals für diese neuen Bereiche. Auch Rivalitäten zwischen Abteilungen über die Frage, welche von ihnen wichtiger sei, waren eine Quelle der Uneinigkeit. So erklärte beispielsweise der Leiter der Kapitalmarktabteilung, daß »er dem Einzelkundensystem nicht einen Millimeter entgegenkommen werde, es sei denn, er werde dafür bezahlt.«[6] In den Tagen des verblassenden Firmenglanzes schließlich, als viele Filialenangehörige den Eindruck gewannen, die Firma verschleudere ihre Mittel für eine schöne neue Firmenzentrale und überhöhte Management-Overheadkosten, verlief die entscheidende politische Trennungslinie zwischen den Filialen und der Zentrale.

Wie können wir nun feststellen, welche der vielen möglichen politischen Karten den Gegebenheiten am ehesten entspricht? Zunächst müssen wir erkennen, daß es selbst im Rahmen einer einzigen Organisation keine endgültige Antwort auf diese Frage gibt, geschweige denn quer durch verschiedene Organisationen. Zum zweiten müssen wir uns bewußt werden, welche Bedeutung Kategorien und Etikettierungen für das Verständnis sozialen Verhaltens haben. Wir sind in der Interaktion mit anderen in unserer Umwelt zumindest teilweise von Kategorien abhängig. Die vorrangige Funktion der Kategorisierung besteht darin, die Umwelt zu systematisieren und dadurch Handlungen zu erleichtern.

Eine Kategorisierung hat weitreichende Konsequenzen für die Interaktion verschiedener Gruppen miteinander. So werden zum Beispiel Personen einer Kategorie ähnlich eingeschätzt werden, und Personen aus verschiedenen Kategorien werden als verschiedenartiger angesehen, als dies der Fall wäre, wenn die Kategorien nicht bekannt wären.[7] Die Kategorisierung wirkt sich auch auf die Selbsteinschätzung einer Person aus. Brewer und Kramer zogen aus ihrer Beschäftigung mit der Literatur zum Thema der Interaktion zwischen Gruppen den Schluß, daß »die Zugehörigkeit zu einer Gruppe die Art und Weise beeinflußt, wie wir das Verhalten, die Intentionen und die Wertvorstellungen sowohl von uns selbst als auch von anderen bewerten.«[8] Eine Frage wird in den vorhandenen Untersuchungen über Kategorisierungen allerdings nicht vollständig beantwortet: Welche Kategorien sind vorherrschend?

Welche Kategorie relevant ist, hängt davon ab, welche politische Frage zur Diskussion steht. Nehmen wir als Beispiel das andauernde Feilschen im Profisport zwischen den Sportlern, die von Gewerkschaften und Agenten vertreten werden, und den Besitzern der Teams. In diesem Kontext werden Alter und Leistungsstärke zur Festlegung der Kategorien herangezogen. Ältere Spieler streben langfristige, unkündbare Verträge an, die sie sowohl im Fall von Verletzungen als auch bei Leistungsverlust absichern, was beides mit dem Alter zusammenhängt. Jüngere Spieler machen sich eher Gedanken über Mindestgehälter und vertragliche Regelungen, die einen Spielraum für möglichst baldige Gehaltserhöhungen lassen. Starspieler machen sich weniger Gedanken über Mindestgehälter und mehr über die Freiheit zum Vereinswechsel, während durchschnittliche Spieler ihre Aufmerksamkeit auf Pensionsansprüche, Zusatzleistungen und andere Formen außergehaltlicher Vergütungen richten.

Der beste Weg, um für ein gegebenes Thema aussagekräftige politische Kategorien festzulegen, besteht in der Auswahl von Kategorien, die: 1. so umfassend wie möglich und 2. in bezug auf die untersuchten Themen in ihrer inneren Struktur homogen sind. Die Festlegung der politischen Kategorien ist mit anderen Worten ein Problem der Anordnung, wobei das Kriterium darin besteht, die Akteure Gruppen zuzuordnen, um eine größtmögliche Homogenität bezüglich der Meinungen und Neigungen, die für die untersuchten Themen relevant sind, zu erzielen. Dazu ist Urteilskraft erforderlich, will man klar abgrenzen, ob die Unterschiede zwischen gegebenen Einheiten von Menschen wichtig genug sind, um sie als getrennte politische Gruppen zu betrachten.

Eine weitere, eher formale Methode zur Festlegung politischer Kategorien besteht in der Verwendung einer Analyse des sozialen Netzwerks, in der mit Hilfe der für Netzwerkanalysen zur Verfügung stehenden Algorithmen die Verbindungen der sozialen Akteure untereinander gemessen und die Strukturen dieses Verbindungsgeflechts offengelegt werden. Sowohl bei der Bildung als auch bei der Analyse politischer Gruppen sind nicht nur die Interessen von Bedeutung, sondern auch die sozialen Bindungen. Manchmal decken sich die politischen Interessen des Einzelnen mit dem Muster seiner Freundschaftsbeziehungen, aber wenn Freundschaft oder soziale Bindungen dem Eigeninteresse widersprechen, werden eher die sozialen und freundschaftlichen Beziehungen maßgeblich für das Handeln.

Kategorien entstehen nicht einfach zufällig, sondern werden häufig mit bestimmten Absichten aufgestellt. So bestehen beispielsweise in einigen Organisationen weniger, in anderen mehr hierarchische und horizontale Unterscheidungen zwischen den Einzelpersonen. Solche Unterscheidungen werden getroffen, indem man den Einzelnen Titel verleiht, die auf ihren Rang oder auf eine spezifische Tätigkeit hinweisen, indem man separate Untereinheiten bezeichnet, Untereinheiten an getrennten Orten unterbringt und indem man die Leute unterschiedlich bezahlt. Eines der ersten Dinge, die das Management von New United Motors tat, als es die frühere General Motors-Fabrik in Fremont übernahm, war, daß es mit der Gewerkschaft der Automobilarbeiter in Verhandlungen über die Abschaffung der meisten separaten Beschäftigungsklassifizierungen eintrat. Darüber hinaus gab das Fabrikmanagement seinen Speiseraum auf und aß gemeinsam mit der Belegschaft, und die einzelnen Managementschichten wurden ebenfalls abgeschafft. Die Beseitigung von Bezeichnungen, welche die Leute in verschiedene Kategorien unterteilen, wirkt sich offensichtlich vorteilhaft auf die Motivation der Arbeiter und die Bindung an das Unternehmen aus. Die Leute werden angeregt, eine gemeinsame und kooperative Haltung einzunehmen, und dadurch treten Konflikte und politisches Hickhack seltener auf.

Kategorien können auch mehr oder weniger stark ins Auge springen, je nachdem, welche Schritte die einzelnen Akteure im Rahmen einer politischen Strategie unternehmen. Damit die Marxisten ihre Theorien erfolgreich verbreiten können, müssen sich die Menschen ihrer Klassenzugehörigkeit bewußt sein. Damit eine Emanzipationspolitik Platz greifen kann, muß den Frauen bewußt werden, daß ihre benachteiligte Situation im Beruf und in anderen gesellschaftlichen Bereichen darauf zurückzuführen ist, daß sie weiblichen Geschlechts sind. In Rivalitäten zwischen Abteilungen werden die Leute dazu ermutigt, sich selbst als Bestandteile struktureller Kategorien zu betrachten – der Einzelkundenabteilung von Hutton, der Apple II-Abteilung bei Apple Computer und so weiter – und die Unterschiede bezüglich Rang, Geschlecht oder Ausbildung so weit wie möglich außer acht zu lassen. Bei anderen Gelegenheiten gehört es zur politischen Strategie, den Anschein von Differenzierung und Trennung zu schaffen. Wenn im Profisport die Besitzer der Teams mit den Spielern verhandeln, so versuchen sie, diese durch die Höhe der Bezahlung zu spalten, wobei sie die Sportler daran erinnern, daß im Falle eines allgemeinen Streiks einige Spieler sehr viel mehr Geld pro Tag einbüßen als andere. Daher wird die Frage des politischen Bewußtseins von Gruppen oder Einheiten häufig selbst zum Objekt der in politischen Vorgängen angewandten Beeinflussungsstrategien.

Die Feststellung der Macht von Untereinheiten

Macht wird nicht angewendet, wenn es keine divergierenden Zielsetzungen oder keine Konflikte gibt. Daraus ergibt sich, daß Machtausübung am ehesten festgestellt wird, wenn es um wichtige Fragen geht, welche mit interdependenter Aktivität verbunden sind und Meinungsverschiedenheiten hervorrufen. Bei solchen Entscheidungen kann es etwa um die Zuteilung knapper Ressourcen wie Geld, Status, Stellungen oder um die strategische Ausrichtung und die zentralen Ziele der Organisation gehen.

Die zweite allgemeine Lehre, die man sich vor Augen halten muß, wenn man darangeht, die Macht der Akteure in einer Organisation festzustellen, ist die, daß Macht von Weitblick unterschieden werden muß. Wenn ich weiß, was geschehen wird, und dieses Ergebnis als das von mir bevorzugte vertrete, habe ich möglicherweise eine große Fähigkeit, Prognosen aufzustellen, gleichzeitig aber wenig Macht. Macht zu haben bedeutet, fähig zu sein, gegen Widerstand die Dinge durchzusetzen, die man will – es bedeutet nicht, vorauszusagen, was geschehen wird, und sich dann für dieses Ergebnis einzusetzen.

Wenn man feststellen will, wieviel Macht von den Akteuren in einer Organisation ausgeübt wird, muß man vielfältige Indikatoren oder Maßnahmen wie die unten beschriebenen berücksichtigen. Natürlich schätzt man die Maßnahmen nicht immer richtig ein. Wenn man sich jedoch mehrere Beispiele ansieht und zahlreiche Machtindikatoren berücksichtigt, wird man zu einer ziemlich genauen Einschätzung der Machtstellung der identifizierten Untereinheiten gelangen.

Reputation als Indikator von Macht

Eine Methode, um herauszufinden, wer in einer Organisation Macht hat, besteht darin, die Leute zu befragen. In einer Studie über die Machtverteilung zwischen den Einheiten Marketing, Produktion, Finanzwesen und Buchhaltung sowie Forschung und Entwicklung wurden Mitarbeiter von 12 Industrieunternehmen aufgefordert, die vier Abteilungen entsprechend ihrer Machtstellung in der Organisation zu reihen.[9] In einer Studie über die Macht von Untereinheiten in mehreren kanadischen Brauereien wurde eine ähnliche, allerdings detaillierter ausgearbeitete Interview- und Fragebogenprozedur verwendet.[10] In verschiedenen Studien über die Machtverteilung zwischen wissenschaftlichen Abteilungen der University of Illinois und der University of California wurden die Leiter der Abteilungen gefragt, wieviel Macht die verschiedenen Abteilungen ihrer Einschätzung nach hätten.[11] Für Patchens Studie über die Einflußnahme auf Einkaufsentscheidungen in 11 Firmen wurden jene Mitarbeiter befragt, die den größten Einfluß auf die Entscheidung zum Kauf eines bestimmten Produktes hatten.[12]

Die ausschlaggebende Frage, die sich bei der Feststellung der Machtstellung durch die Befragung von Mitarbeitern stellt, ist die, ob diese Vorgangsweise verläßliche und gültige Informationen liefert. Genauer gesagt: Werden alle Befragten die Macht auf dieselbe Art definieren und bemessen? Ein Hinweis auf die Qualität der gelieferten Information ergibt sich daraus, ob Konsens zwischen den Informanten besteht. In der Studie über die University of Illinois wurden die Institutsleiter aufgefordert, die Machtstellung aller untersuchten Institute auf einer siebenstufigen Skala zu reihen. Nur ein einziger Institutsleiter bat überhaupt um eine Definition dessen, was mit dem Begriff Macht gemeint sei. Obwohl nicht alle Institutsleiter mit sämtlichen Instituten vertraut waren und deshalb auch keine Angaben über die ihnen unbekannten machten, ergaben sich für die bewerteten Institute weitgehend einhellige Antworten. Keines der Institute, dessen Machtstellung, alle Ergebnisse zusammengenommen, im ersten Drittel der mächtigsten Institute eingestuft wurde, wurde auch nur von einem einzigen Befragten unterhalb des ersten Drittels gereiht. Umgekehrt fand sich keines der Institute, das im Gesamtergebnis im Drittel der am wenigsten mächtigen Institute aufschien, nach dem Urteil eines einzigen Befragten über dem unteren Drittel. Dieser Konsens belegt zumindest in gewissem Maße, daß eine allgemeine soziale Definition sowohl des Maßes als auch der Bedeutung von Macht vorhanden war.

Weiter muß man im Auge behalten, welche Rückwirkungen der Prozeß auf die Feststellung hat, ob die gelieferte Information zuverlässig ist. Erzeugt der Vorgang der Frage an sich erst das untersuchte Phänomen? Polsby, ein Fachmann für Machtausübung in Gemeinschaften, hat festgestellt, daß Einzelpersonen, wenn sie über die Macht verschiedener sozialer Akteure befragt werden, »den Fragestellern mit jeder Auskunft, die nicht von völliger Unwilligkeit zu antworten geprägt ist, eine ›Machtelite‹ liefern werden, die entsprechend den Trennungslinien ihres Schemas abgegrenzt ist.«[13] Möglicherweise gab es an der Universität von Illinois keine Machtunterschiede, sondern die verschiedenen Machtstellungen wurden erst durch die Frage danach erzeugt.

Ein anderes potentielles Problem liegt darin, daß man, wenn man nach dem Thema Macht fragt, voraussetzen muß, daß die Befragten 1. die Verteilung der Macht in der Organisation kennen und 2. bereit sind, diese Kenntnis mit dem Fragesteller zu teilen. Beide Annahmen sind nicht über jeden Zweifel erhaben. Häufig versuchen politische Akteure das Ausmaß ihrer Macht zu verbergen. Das bedeutet, daß gerade die Personen, die am meisten wissen und diejenigen, die oft über die meiste Macht verfügen, am wenigsten bereit sind, das, was sie über die Verteilung der Macht in der Organisation wissen, weiterzugeben. Und die Frage nach der Macht kann, vor allem in Anbetracht der gesellschaftlichen Rationalitätsnormen, dazu führen, daß man in den Geruch kommt, ein Unruhestifter oder Machiavellist zu sein. Folglich wird die Reputation am ehesten in überdurchschnittlich politisierten Zusammenhängen als Indikator für Macht verwendet, denn dort wird der Faktor Macht am ehesten sichtbar und eine Auseinandersetzung mit dem Thema ist nicht tabu.

Repräsentation als Indikator von Macht

Die Bemessung der Macht entsprechend der Reputation ist nicht immer so zuverlässig, daß Informationen über die Machtverhältnisse ausschließlich mit Hilfe dieser Methode gesammelt werden könnten. Wie ich bereits angemerkt habe, treffen Fragen nach der Macht möglicherweise auf Mißtrauen, und die befragten Menschen sind womöglich nicht fähig oder bereit, genaue Informationen über die Machtverteilung in ihrer Organisation zu geben. Auch können auf Reputation beruhende Indikatoren für Macht und Einfluß nur unter gleichzeitiger Zuhilfenahme einer anderen Methode aufgespürt werden, will man ein akkurates Ergebnis erzielen; das heißt, will man beobachten, wie sich Macht und Einfluß innerhalb einer Organisation über einen gewissen Zeitraum hinweg verlagert haben, so muß man auch eine andere Vorgehensweise anwenden.

Repräsentationsindikatoren von Macht zeigen, welche politischen Untereinheiten in ausschlaggebenden Unternehmenspositionen – dazu gehören etwa die Mitgliedschaft in einflußreichen Gremien oder Ausschüssen oder in Administrations- beziehungsweise Exekutivpositionen – vergleichsweise überrepräsentiert sind. Solange der Hintergrund oder die Zugehörigkeit der Akteure aus den Unterlagen der Organisation hervorgehen, kann diese Information dazu verwendet werden, der Machtverteilung in Organisationen und der Herausbildung dieses Zustands auf die Spur zu kommen.

Repräsentationsindikatoren sind wertvolle Anzeichen von Macht, da einige Positionen ihren Inhabern spezifische und genau definierte Machtbefugnisse verleihen, ob es sich nun um die Kontrolle über Ressourcen oder über Informationen oder eine formale Autorität bei der Entscheidungsfindung handelt. Mit anderen Worten, die Inhaber einiger Positionen erhalten die Ermächtigung, ihre Macht gegenüber der Welt umfassend darzustellen oder zu demonstrieren. Wenn es uns gelingt, die ausschlaggebenden Rollen in einer Organisation ausfindig zu machen, so sind wir imstande zu erkennen, wer diese Rollen ausfüllt, und können mit Hilfe dieser Informationen die Machtverteilung durchschauen.

Als der Einzelkundenbereich bei E.F. Hutton seine Macht einbüßte, wurde die Veränderung in den Verwaltungspositionen auf höchster Ebene sichtbar – der Vorstandsvorsitzende wurde nicht länger von der Einzelkundenabteilung gestellt, und die Leute von der Einzelkundenabteilung verloren einige Positionen im Aufsichtsrat und weitere Verwaltungsposten auf der höchsten Ebene. Als sich die Macht in den größten öffentlichen Versorgungsbetrieben vom technischen Bereich hin zum Finanz- und Rechtswesen verlagerte, zeigte sich dies sowohl im beruflichen und persönlichen Hintergrund der höchsten Unternehmensvertreter als auch in der Zusammensetzung der wichtigsten Organisationsversammlungen und -ausschüsse. Die Tatsache, daß in Krankenhäusern unternehmerische Fähigkeiten an Bedeutung gewinnen, kann daran abgelesen werden, daß hohe Verwaltungspositionen in Krankenhäusern immer häufiger mit Leuten besetzt werden, die entweder Nicht-Mediziner oder Mediziner mit einer zusätzlichen Ausbildung in Wirtschaft oder Krankenhausverwaltung sind; auch setzen sich die Aufsichtsräte der Krankenhäuser zunehmend aus Personen zusammen, die über wirtschaftliche oder administrative Fähigkeiten verfügen, während andere Gruppen entsprechend weniger diese Positionen einnehmen. Die Machtverteilung zwischen den wissenschaftlichen Abteilungen einer Universität kann festgestellt werden, indem untersucht wird, inwieweit die einzelnen Abteilungen in wichtigen Universitätsausschüssen wie dem für Budgetverteilung und dem für Beförderungen und Berufungen vertreten sind.[14]

Auch ist die Abteilung nicht die einzige politische Untereinheit, deren Macht mit dieser Untersuchungsmethode festgestellt werden kann. Repräsentationsindikatoren geben auch nützliche Informationen über Alter, Rang und Ausbildung. Anfang der siebziger Jahre nahmen Assistenten an der University of Illinois in den gewählten Exekutivausschüssen der vier Abteilungen des College of Commerce and Business Administration sämtliche Positionen außer einer ein. Im Gegensatz dazu wurden die Ausschußmitglieder zur selben Zeit in Berkeley nicht gewählt, sondern vom Aufsichtsrat benannt, und Assistenten hatten keinen einzigen Sitz darin. Diese Fakten geben einigen Aufschluß über die relative Macht verschiedener Rangstufen und Altersgruppen in beiden Einrichtungen. Man wird Ihnen sagen, daß Apple Computer eine junge Gesellschaft ist (oder zumindest war). Diese Feststellung kann empirisch belegt werden, indem man sich die Altersstruktur des höheren Managements dieser Firma ansieht. Stehen Gesellschaften unter dem Einfluß der einen oder der anderen Schule? Eine Möglichkeit, die Bedeutung des Bildungshintergrunds festzustellen, besteht darin, den Hintergrund jener Leute zu untersuchen, die Schlüsselpositionen innehaben.

Nehmen wir ein genaueres Beispiel. Stellen Sie sich vor, sie wollten Ihre Annahme überprüfen, die Rechtsanwälte hätten in den Elektrizitätsunternehmen in den letzten Jahren an Macht gewonnen, so zum Beispiel bei Pacific Gas and Electric, jenem Unternehmen, welches das nördliche Kalifornien versorgt. Ohne irgendjemanden befragen zu müssen, könnten Sie anhand der Jahresberichte nachzählen, wieviele Rechtsanwälte Positionen auf leitender und Managementebene einnehmen, und feststellen, wie diese Zahl sich im Lauf der Jahre verändert hat. Die Daten für PG&E sind in Tabelle 3-1 aufgelistet.

Tabelle 3.1
Rechtsanwälte in leitenden und Management-Positionen bei Pacific Gas and Electric, 1950-1980

Jahr	Vorstands-vorsitzender	Stellvertre-tender Vorstands-vorsitzender	Andere Vorstands-mitglieder	Obere Füh-rungskräfte	Gehobene Führungs-kräfte	Rechtsbera-ter	Firmenan-walt	Gesamt
1950	0	0	0	0	1	1	1	3
1955	0	0	0	1	0	1	2	4
1960	0	0	0	1	0	1	2	4
1965	1	0	0	1	1	1	9	13
1970	0	0	1	1	2	0	9	13
1975	0	0	2	0	4	0	8	14
1980	1	0	0	5	3	0	9	18

Quelle: Geschäftsberichte der entsprechenden Jahre

Die Zahlen deuten darauf hin, daß sich zwischen 1950 und 1960 in der Führung der Gesellschaft nicht viel veränderte. Zwischen 1960 und 1970 jedoch gewannen Rechtsanwälte entscheidend an Macht im Unternehmen – diese Machtstellung hielten sie und bauten sie in den siebziger Jahren noch leicht aus. Darüber hinaus ist zu beobachten, daß die Rechtsanwälte auf zwei Wegen Macht erlangten: erstens erhielten sie Positionen in der Organisation, die zuvor von Ingenieuren und Betriebspersonal gehalten worden waren, zweitens wurden die Positionen, die sie automatisch besetzten, wie etwa die des Chefberaters, zahlenmäßig erweitert. Vergleichbare Daten über andere Werke ließen eine Aussage darüber zu, inwieweit sich der bei PG&E abgelaufene Prozeß anderswo wiederholte. Und selbstverständlich könnte man eine ähnliche Analyse für jede Organisation vornehmen, für die man die entsprechenden Daten hätte.

Die Feststellung von Macht durch die Beobachtung ihrer Konsequenzen

Macht wird gewöhnlich in Aktionen umgesetzt, und eine Möglichkeit festzustellen, wer Macht hat, besteht darin, zu untersuchen, wer in welchem Maß Nutzen aus Aktionen der Organisation zieht, und zwar vor allem aus umstrittenen Entscheidungen und Aktionen. Natürlich haben sowohl der Sieger als auch der Verlierer in Machtkämpfen innerhalb einer Organisation selten Interesse daran, ihren Erfolg oder ihr Scheitern bekannt zu machen. Für diejenigen, die in der Auseinandersetzung um Einfluß schlecht abgeschnitten haben, würde das Bekanntwerden ihres Versagens gleichbedeutend sein mit einer Bestätigung ihres Gesichtsverlusts, der durch eben diese Bestätigung obendrein festgeschrieben würde. Wer einen Kampf verliert, büßt Ansehen ein, und obwohl eine Kundmachung dieses Verlusts zur Mobilisierung von Verbündeten genutzt werden kann, gibt es doch durch ein offenes Eingeständnis der Niederlage wenig zu gewinnen. Selbst den Einflußreicheren, die in einer Auseinandersetzung um Ressourcen erfolgreich waren, nützt es wenig, ihren Erfolg publik zu machen. Es gilt als unschicklich, damit zu prahlen, und, was noch wichtiger ist: Wenn andere sehen, wie erfolgreich wir sind, schließen sie sich möglicherweise gegen uns zusammen oder verlangen zumindest ihren Anteil an der Beute. Daher kommt es häufig dazu, daß die Resultate der Einflußnahme in einer Organisation geheim gehalten werden, wodurch es schwieriger wird, die Machtverhältnisse auf diese Art festzustellen.

Trotz alledem sind viele der Ergebnisse von Machtausübung und politischer Aktivität in Organisationen sichtbar. Interessanterweise sind die Gehälter, insbesondere wenn sie zwischen den Organisationseinheiten schwanken, oftmals bekannt. Einer meiner Studenten erhielt einmal drei Angebote von verschiedenen Abteilungen eines großen Konsumgüterunternehmens. Die Angebote unterschieden sich beträchtlich von einander, zwischen dem höchstem und dem niedrigsten bestand ein finanzieller Unterschied von 50 Prozent. Diese Episode machte das für die Humanressourcen zuständige Team der Organisation möglicherweise nicht gerade glücklich, aber meinem Studenten verschaffte sie ein interessantes, anschauliches Bild von der unterschiedlichen Machtstellung der betreffenden Einheiten. Bei E.F. Hutton spiegelte sich der Machtzuwachs der Investmentbanking-Abteilung auf Kosten des traditionellen Einzelhandelsbereichs, der sich in den achtziger Jahren vollzog, in den Gehältern wieder:

> Huttons Finanzabteilung stellte zwar nicht gerade die Wall Street auf den Kopf, aber das hielt die leitenden Angestellten dieser Abteilung nicht davon ab, enorme Gehälter einzustreichen. So erhielt beispielsweise Jim Lopp [zuständig für Unternehmensfinanzen] im Jahr 1984 ein Gehalt von 262.461 Dollar zuzüglich eines Bonus von 800.000 Dollar, womit er auf Gesamteinnahmen von 1.062.461 Dollar kam. Zur selben Zeit verdiente Jerry Miller [zuständig für das Einzelkundengeschäft] . . . 665.000 Dollar.[15]

Das Gehaltsniveau ist auch hilfreich bei der Diagnose, über wieviel Macht die verschiedenen Ebenen in der Hierarchie einer Organisation im Verhältnis zueinander verfügen. Whisler und andere vertraten die Auffassung, die Konzentration der Gehälter in einer Organisation eigne sich als Ersatzmaßeinheit für die Machtkonzentration.[16] In Universitäten, wo die höchstbezahlten Fakultätsmitglieder in einer Abteilung etwa zwei bis dreimal so viel verdienen wie die am schlechtesten bezahlten, sind Macht und Autorität weniger konzentriert. Anders verhält es sich im Bereich von Unternehmen, wo es Unterschiede bis zum Hundertfachen gibt. Der Ansatz von Whisler und seinen Kollegen ist vielversprechend, und sofern Gehaltszahlen verfügbar sind, können diese zum Verständnis der Verteilung von Macht quer durch die politischen Untereinheiten beitragen.

Gehaltsunterschiede können uns wahrscheinlich dabei helfen, informellere Machtverteilungen innerhalb von Organisationen zu verstehen. Als sich bei Pacific Gas and Electric der Einfluß von den Ingenieuren auf die Rechtsanwälte verlagerte, spiegelte sich diese Verschiebung auch in den Gehältern wider. Im Jahr 1982 beispielsweise verdienten Rechtsanwälte mit dem Titel eines Abteilungsleiters durchschnittlich 148.755 Dollar, während Ingenieure im Amt eines Abteilungsleiters ein durchschnittliches Gehalt von 110.018 Dollar verdienten. Dies geht aus Unterlagen des kalifornischen Ausschusses für Elektrizitätsgesellschaften hervor. Darüber hinaus überschritt die Zahl der Rechtsanwälte in den höheren Gehaltsstufen von PG&E jene der Ingenieure in leitenden oder Managementpositionen in ähnlichen Gehaltsstufen ebenso wie die der Mitarbeiter mit anderem Hintergrund, und das, obwohl unter den insgesamt 25.000 Angestellten nur 90 Rechtsanwälte waren.

Einige Leser werden wahrscheinlich denken, Gehälter spiegelten das Wechselspiel der Marktkräfte wider, woraus sich die Frage ergibt, ob Gehälter besonders aufschlußreich in bezug auf die Machtverteilung in einer Organisation sein können. Der Schlüssel liegt in einem Vergleich der Gehälter quer durch verschiedene Organisationen, um einen Eindruck von der relativen Macht verschiedener Gruppen zu gewinnen. Betriebswirtschaftler verdienen bei ihrem Eintritt ins Berufsleben im Durchschnitt mehr als Absolventen von Hochschullehrgängen in Wirtschaftswissenschaften. Aber dieser Unterschied besteht nicht quer durch die Organisationen, und dort, wo Betriebswirtschaftler im Vergleich mehr verdienen, haben sie wahrscheinlich auch vergleichsweise mehr Einfluß und Macht. Mitarbeiter an Wirtschaftsfakultäten verdienen mehr als die meisten Lehrkräfte an humanistischen Fakultäten, da es verhältnismäßig weniger Wirtschaftsfakultäten gibt. Aber der Unterschied ist quer durch die verschiedenen Einrichtungen nicht gleichmäßig: An der University of California in Berkeley sind die Gehälter des Lehrkörpers der Wirtschaftsfakultät ein wenig höher als die der anderen Sozialwissenschaften, während der Unterschied an anderen Universitäten (vor allem an privaten wie Harvard und Stanford) größer ist. Zieht man daraus den Rückschluß, die Wirtschaftsfakultäten verfügten an diesen privaten Universitäten über vergleichsweise mehr Macht, so würde ich diesem Rückschluß beipflichten. An einigen Universitäten verdient der Trainer des Footballteams mehr als der Universitätspräsident. Obwohl das nicht notwendigerweise bedeutet, daß der Trainer mehr Macht besitzt als der Präsident, zeigt es doch seine vergleichsweise große Macht im Gegensatz zu niedriger bezahlten Footballtrainern an anderen Hochschulen.

Ich erinnere mich an ein Gespräch mit einem Kollegen, welcher in Stanford Fakultätsvertreter bei der universitären Basketballvereinigung NCAA war. Dieser Kollege war an der Verpflichtung eines Footballtrainers beteiligt. Er bemerkte, das vergleichsweise niedrige Gehalt in Stanford mache es schwer, Trainer anzulocken. Warum war das wohl so, fragte ich nach, wo die Trainer sich doch zusätzliches Einkommen durch Fernsehshows, Werbung, Produktvertretung, Vorträge und ähnliches sichern konnten, und wo derartige Einnahmen doch häufig weit über dem offiziellen Gehalt lagen? Die Bewerber wüßten das, antwortete mein Kollege, aber sie seien sich auch darüber im klaren, daß das Gehalt des Stanforder Footballcoachs (oder des sportlichen Leiters) im Vergleich zu anderen einigen Aussagewert in bezug auf die ihm zustehende Macht und Unabhängigkeit habe.

Gehälter sind selbstverständlich nicht die einzige Ressource, deren Verteilung Licht auf die Machtstellung verschiedener politischer Einheiten wirft. Die Zuteilung von Mitteln für Expansion, Kapitalbudgets, operative Budgets und ähnliche Bereiche enthalten sämtlich wichtige Hinweise darauf, welche Gruppen über den größeren Einfluß verfügen.

Symbole der Macht

Obwohl die Akteure oft zu verbergen suchen, wie sehr sich die Ausübung von Macht und Einfluß auf die Entscheidungen und Aktivitäten einer Organisation auswirkt, ist es meist schwer, die Symbole der Macht zu verstecken. Mit Hilfe dieser Symbole kann man der Machtverteilung in der Organisation nachspüren. Zum Beispiel bereitete ich einmal ein Treffen mit einem früheren Studenten vor, der zu dieser Zeit die Abteilung Managementtraining für eine große kalifornische Bank mit Hauptsitz in San Francisco leitete. Ich glaubte zu wissen, wo er saß – in jenem Hauptgebäude. Er gab mir jedoch eine andere Adresse, und ich traf ihn in seinem Büro in einem älteren Gebäude, das weit von dem Hauptgebäude entfernt lag. Mir war augenblicklich klar, daß Training zumindest zu jener Zeit sehr wenig Macht in dem Unternehmen hatte.

Die Räumlichkeiten gehören zu den leichter erkennbaren Machtsymbolen. Bei einigen Anbietern gehobener Dienstleistungen werden die Büros eher egalitär gestaltet, zumindest für die höheren Angestellten. Das spiegelt die kollegiale Interaktion wider, die ihre Umgebung charakterisiert. Aber in vielen Organisationen kommt der Größe, der Anordnung und dem Einrichtungskomfort der Büros einige Aussagekraft über die relative Machtstellung verschiedener Gruppen zu. Bei Salomon Brothers »lag die Aktienabteilung nicht im 41. Stock, wo alle wichtigen Handelsbereiche untergebracht waren, sondern ein Stockwerk tiefer. Im 40. Stockwerk waren die Decken niedrig, es gab keine Fenster, und es herrschte der Charme eines Maschinenraums.«[17] Nicht genug damit, war die Abteilung auch nur über separate Aufzüge zu erreichen. Eine noch augenfälligere Verkörperung findet die Unternehmenshierarchie in der Transamerica Pyramid, wo die Spitze schmal zusammenläuft und die höchsten Unternehmensvertreter einen Platz hoch oben im Gebäude einnehmen.

Als räumliche Machtindikatoren gelten die Höhe der Position in der Anlage, der Ausblick, die Größe und Einrichtung des Büros. Tatsächlich haben einige Firmen, um ständiges Gezänk zu vermeiden, Regeln und politische Normen aufgestellt, welche Status in Büroausstattung übersetzen. In einer Organisation in San Francisco wurden den Managern ab einem bestimmten Rang Teppiche auf dem Boden zugebilligt; unterhalb dieses Rangs mußten sie mit Linoleum vorliebnehmen. Einige Kollegen teilten sich Büros. Als in einem Fall ein Manager, der Anspruch auf einen Teppich hatte, aus einem solchen Büro auszog, und ein Kollege den Platz einnahm, dem dieses Recht nicht zustand, wurde der Teppich in dessen Hälfte des Raums vom Linoleum entfernt, so daß beide Büroinhaber den Bodenbelag hatten, der ihrem Rang angemessen war. Bei zahlreichen Gelegenheiten, bei denen ich diese Geschichte erzählte, meinten meine Gesprächspartner, ich müsse von ihrer Firma sprechen – diese Vorgangsweise ist also allem Anschein nach nicht selten. Bei PG&E besuchte ein Freund einen kurz zuvor ernannten Manager der Organisationsentwicklungsabteilung in seinem neuen Büro. Als er ihn einige Wochen später erneut besuchte, bemerkte er, daß einige der eleganteren Büromöbel entfernt worden waren und ein kleinerer, weniger eindrucksvoller Schreibtisch in dem Zimmer stand. Der neue Manager hatte nicht den selben Rang wie sein Vorgänger, und seine Status verlieh ihm keinen Anspruch auf die Büromöbel des Mannes, an dessen Stelle er getreten war.

Wir haben gesehen, daß bei PG&E in den sechziger und siebziger Jahren die Rechtsanwälte mehr Macht gewannen, während Techniker und Betriebspersonal einen Machtverlust erlitten. Diese Veränderung in der Machtverteilung manifestierte sich auch in den Räumlichkeiten. Im neuen, im Jahr 1971 bezogenen Hauptquartier der Gesellschaft erhielt die Rechtsabteilung das Stockwerk direkt unter jenem des Topmanagements. Dreizehn Jahre später hatte die Gesellschaft ihr gesamtes technisches und Konstruktionspersonal aus dem Hauptgebäude in eine neue Anlage verlegt, die am Stadtrand von San Francisco lag. Der Grund für diesen weiteren Statusverlust der Techniker war die wachsende Bedeutung der Finanz- und Rechtsabteilung, die mehr Raum im Hauptgebäude benötigten.

Selbstverständlich sind die Symbole der hierarchischen Macht oft auch Insignien wie etwa die beim Militär oder den Fluglinien verwendeten Abzeichen. Andere Machtsymbole sind Firmenlimousinen, Flugzeuge, Clubmitgliedschaften und ähnliches. Indem man feststellt, welche Einheiten oder welche Ränge Anspruch auf solche Machtsymbole haben, kann man einiges über den relativen Status verschiedener Gruppen in einer Organisation erfahren.

Die Verwendung multipler Indikatoren

Jeder Machtindikator, für sich genommen, ist in einem bestimmten Fall womöglich irreführend. Gehälter spiegeln möglicherweise eher die Marktkräfte wider als die interne politische Dynamik, und die Ämter in einem Unternehmen können sich unplanmäßig entwickeln oder aus einer vergangenen Ära übriggeblieben sein. Daher analysiert man die Machtverteilung in einer Organisation am besten, indem man eine Vielzahl von Indikatoren verwendet. Will man beispielsweise die relative Machtstellung von verschiedenen Abteilungen innerhalb einer Firma feststellen, könnte man auf folgende Indikatoren zurückgreifen:

- Vertretung der Abteilung in allgemeinen Managementpositionen; welchen Anteil an den gesamten Posten im Top-Management hat die Abteilung?
- Vertretung der Abteilung im Aufsichtsrat.
- Gehalt des Leiters jeder Abteilung.
- Anfangsgehalt, das in dieser Abteilung geboten wird.
- Welche Gehälter erhalten Mitarbeiter mit vergleichbarer Erfahrung in Positionen, die in sämtlichen Abteilungen vorhanden sind (z. B. Sekretariatsposten)?
- Ist die Abteilung im Hauptgebäude untergebracht?
- Unterbringung der Abteilung im Gebäude und durchschnittliche Größe der Büros für die Mitarbeiter der Abteilung.
- Personalzuwachs in jeder Abteilung in der jüngeren Vergangenheit.
- Stellung der Abteilung in der formalen Struktur.
- Vertretung der Abteilung in wichtigen gemeinsamen Arbeitsgruppen der Abteilungen, in Teams und Ausschüssen, die an der Entwicklung neuer Produkte, an Budgetierung und strategischer Planung beteiligt sind.
- Beförderungsrate unter den Mitarbeitern der Abteilung, verglichen mit der in anderen Abteilungen.
- Einflußreputation in der Firma.
- Budgetzuteilung.

Wenn Sie diese Fragen für Ihre eigene Organisation beantworten, werden Sie möglicherweise einige interessante Muster entdecken. Sie werden wahrscheinlich herausfinden, daß die verschiedenen Indikatoren in enger Beziehung zueinander stehen, wenn sie auch nicht vollständig miteinander verwoben sind, und daß sich für die einflußreichsten Untereinheiten ein anderes Muster ergibt.

Feststellung der Machtverteilung in unterschiedlichen Kulturen

Bei der Durchführung einer kulturübergreifenden Machtanalyse muß man sorgfältig darauf achten, die in den Vereinigten Staaten verwendeten Indikatoren nicht ohne Überprüfung auf andere Länder zu übertragen oder sie zumindest nicht in derselben Weise zu interpretieren. Die von Kotaro Kuwada, einem japanischen Kollegen, gesammelten Informationen beleuchten diesen Punkt sehr deutlich. Es ist allgemein bekannt, daß die Gehälter in großen japanischen Unternehmen im Verhältnis zu vergleichbaren US-Unternehmen stärker nivelliert sind. Dazu kommt, daß die Macht in japanischen Firmen breit gestreut ist. Daraus folgt jedoch nicht notwendigerweise, daß geringe Gehaltsunterschiede gleichbedeutend sind mit einer geringeren Machtkonzentration.

In der japanischen Gesellschaft und ebenso in japanischen Unternehmen ist der Anschein von Gleichheit ein bedeutender Wert, und Hinweise auf Macht und Einfluß sind tabu. In den Vereinigten Staaten stehen sowohl Macht als auch Gehalt in Beziehung zum Status und zu den Fähigkeiten des Einzelnen. French und Raven stellten fest, daß Expertenwissen eine Machtquelle sei; in einer Studie über die Einflußnahme in 33 Einkaufsentscheidungen von 11 Organisationen stellte sich Sachkenntnis als die zweitwichtigste Machtquelle heraus.[18] In japanischen Organisationen hingegen beruhen die Verteilung von Macht und Gehältern auf etwas anderen Kriterien und sind daher nicht so eng miteinander verknüpft. Die Höhe der Gehälter wird vor allem vom Alter, von der Anzahl der Dienstjahre und von den spezifischen Aufgaben des Einzelnen bestimmt, wobei die auf den Aufgabenbereichen beruhenden Gehaltsunterschiede eher gering sind. Die Machtstellung beruht in japanischen Unternehmen wie in den amerikanischen auf der fachlichen Kompetenz des Einzelnen. Das Ergebnis ist, daß ein älterer Angestellter in einer höheren Position, der über weniger Macht und Fachkenntnis verfügt, häufig mehr verdient als ein jüngerer Kollege, der über größere Fähigkeiten und mehr reale Macht verfügt. Der ältere Angestellte ist in dieser Situation mit seinem Gehalt und seinem Rang zufrieden, denn obwohl seine tatsächliche Macht nicht seiner scheinbaren Machtstellung entspricht, bewahrt er sein Gesicht. Auf der anderen Seite bezieht der jüngere Angestellte zwar weniger Gehalt, verfügt jedoch über mehr effektive Macht. Machtstellung und Gehalt stehen also nicht in einem direkten Zusammenhang, sondern dienen eher zur Ausbalancierung der Widersprüche, so daß alle Mitarbeiter sich verhältnismäßig gleich gestellt fühlen, wobei ihnen die Gleichheit auf verschiedene Arten vermittelt wird.

Auch die Verteilung der Räumlichkeiten findet in den meisten japanischen Organisationen analog zur Verteilung der Gehälter weitgehend unter dem Gesichtspunkt der Gleichheit statt; auch die Raumverteilung ist geeignet, die tatsächliche Machtverteilung zu verbergen. Der Raum hat in japanischen Unternehmen eine andere Bedeutung. Welche Machtstellung jemand hat, hängt in Japan von den spezifischen Gegebenheiten ab, vor allem davon, welche Beziehungen er zu anderen hat. Mit jemand anderem einen Raum zu teilen, ist daher ein Mittel der Identifikation. Dadurch, daß die Leute den Raum miteinander teilen, tauschen sie auch Informationen miteinander aus. Dies ist allerdings nur das Ergebnis der offenen Büroanordnungen, es war nicht ihr ursprünglich erklärtes Ziel. Die Faktenlage legt den Schluß nahe, daß die Ursache für die Gewohnheit, offene Büros zu bauen, zum einen in den hohen Grundstücks- und Büropreisen in Japan zu suchen ist, zum anderen aber von der Notwendigkeit herrührt, die eigene Rolle und Identität mittels der Beziehung zu anderen festzulegen. Indem der Raum zwischen Gleichen geteilt wird, wird die tatsächliche Machtverteilung verdeckt und erhält ein Gefühl der Gleichheit unter den Akteuren, wenn diese Gleichheit auch nicht wirklich besteht. Und der vom gemeinsamen Raum erleichterte offene Zugang zu den Informationen macht es den mächtigen Akteuren möglich, zu diesen Informationen zu gelangen, ohne auf formale Autorität zurückgreifen zu müssen.

Aufgrund dieser Umstände eignet sich die Untersuchung der in Gehalt, Rang oder Büroraum zutagetretenden formalen Unterschiede eher nicht zur Diagnose der Machtverteilung in japanischen Organisationen. Diese Faktoren sind alle weitgehend stabil, beruhen zumeist auf dem Alter oder den Dienstjahren und sind häufig bewußt eingeführt worden, um die tatsächliche Machtverteilung zu verdecken. Als bestes Werkzeug zur Diagnose dient vielmehr das Muster, nach dem die Interaktion der einzelnen an einer Entscheidung beteiligten Akteure stattfindet. Dies vor allem angesichts der Bedeutung der Beratungen bei der Entscheidungsfindung. Wer wird zu welchem Zeitpunkt zu den Beratungen beigezogen, und mit welchem Ergebnis gibt er Informationen darüber, wo die Macht liegt?

Die hier am Beispiel der USA und Japans aufgezeigten Unterschiede zwischen verschiedenen Kulturen verdeutlichen, wie wichtig die Verwendung mehrerer Machtindikatoren ist. Sie zeigen auch, daß es vor einer Analyse der Machtsituation in einer Organisation erforderlich ist, sich über die Unterscheidungen klar zu werden, die in verschiedenen Gesellschaften und Unternehmenskulturen bezüglich Macht und Status gemacht werden.

Analyse der Abhängigkeits- und Interdependenzmuster

Die Kenntnis der Machtstellung von verschiedenen Mitgliedern und Untereinheiten einer Organisation ist von großer Bedeutung. Ebenso wichtig ist es, zu wissen, wessen Hilfe wir benötigen, um unsere Ziele erreichen zu können. Gelingt es uns nicht, uns ein zutreffendes Bild von den Interdependenzmustern zu machen, so kann sich das sowohl auf uns selbst als auch auf unser Unternehmen nachteilig auswirken.

Erfolgreiche Verkaufsvertreter, deren Kunden andere Organisationen sind, wissen um die Bedeutung einer Analyse der politischen Strukturen jener Unternehmen, an die sie verkaufen. Will man die im Einkaufsprozeß ausschlaggebendenen Entscheidungsträger gezielt ansprechen, so muß man zunächst imstande sein, sie ausfindig zu machen. Die Xerox Corporation beispielsweise schult ihre Vertreter darin, herauszufinden, wer in der Kundenfirma Empfehlungen für die technische Ausstattung gibt und wer Einfluß auf die Verwendung des Kapitalbudgets hat. Ein für die technische Weiterentwicklung zuständiger Mitarbeiter oder eine bestimmte Abteilung in der Kundenfirma wünschen sich möglicherweise einen bestimmten Ausrüstungsgegenstand, aber der Vertreter erkennt, daß er jenen Mitarbeiter überzeugen muß, der dafür zuständig ist, die Mittel für die technische Ausrüstung zuzuteilen. Um dies zu erreichen, bemühen sich erfolgreiche Kundenberater festzustellen, von wem der für die Budgetverteilung zuständige Mitarbeiter beraten wird, um dann diese Berater im Sinne von Xerox zu beeinflussen.

Wie wichtig die Fähigkeit zur effektiven Diagnostizierung der Abhängigkeitsmuster und Machtgeflechte ist, läßt sich auch anhand des Express-Projekts verdeutlichen. Bei der »Koproduktion« einer Innovation in Zusammenarbeit mit einer Kundenfirma war Xerox darauf angewiesen, die Interdependenzmuster zu diagnostizieren, um treffsicher einschätzen zu können, wie sich die Einführung technologischer Neuerungen auf diese Organisation auswirken würde. Eine solche Diagnose war auch eine Voraussetzung dafür, daß jene Akteure identifiziert werden konnten, die vom Nutzen des Projekts überzeugt werden mußten, und daß die erforderlichen Finanzierungen und die Unterstützung seitens der Kundenfirma gewonnen werden konnte.

Ebenso wie Vertreter müssen auch Koproduzenten ein feines Gespür für die ausschlaggebenden Entscheidungsträger und die Abhängigkeiten im Kundenunternehmen haben. Arbeitet man auf der falschen Ebene, beschäftigt man sich mit Problemen, die von den für die Projektfinanzierung Verantwortlichen als nebensächlich angesehen werden, oder hat man kein Gespür für die Auswirkungen des Projekts auf die Machtdynamik, so kann ein Projekt zum Scheitern verurteilt sein.

Derartige Probleme traten endemisch beim Express-Projekt auf, in dessen Rahmen Xerox gemeinsam mit Syntex an einer Produktentwicklung arbeitete, deren Ziel die rasche Anpassung einer neuen Technologie an die Markterfordernisse war. Dem mit der Koproduktion betrauten Team gelang es nicht, die Interdependenzmuster bei Syntex treffend zu diagnostizieren. Das Ergebnis war, daß die Gruppe mit relativ machtlosen Mitarbeitern der EDV-Abteilung von Syntex zusammenarbeitete; auch orientierte sie sich an Kundenanforderungen, die nicht von höherrangigen Mitarbeitern kritisch überprüft worden waren. Der Express-Gruppe gelang es nicht, wichtige Machtbeziehungen bei Syntex aufzudecken – etwa, daß die klinische Datenverarbeitung bei Kapitalzuwendungen von der medizinischen Forschungsabteilung abhing. Express verstand auch nicht richtig, wie bei Syntex Entscheidungen gefällt wurden und welche organisatorischen Fragen den Top-Managern in der medizinischen Forschungsmannschaft am wichtigsten waren. Anstatt die Zusammenhänge zu analysieren, gingen sie in vielen Fällen einfach davon aus, Syntex sei Xerox ähnlich – sie betrachteten Syntex durch »Xerox-Brillen«. Obwohl das Projekt eine zukunftsträchtige technologische Lösung für ein Schlüsselproblem des Kunden hätte finden können, mißriet auf diese Art der Versuch, den ausschlaggebenden Entscheidungsträgern bei Syntex seine Bedeutung nahezubringen. Ohne deren Unterstützung war es jedoch schwierig, das Projekt weiterhin zu finanzieren und zu fördern.

Ähnliche Schwierigkeiten bei der Diagnose der Interdependenzmuster machen häufig die Implementierung neuer Informationssysteme für das Management zunichte. Fast jede Innovation, sei es eines Produkts oder eines Prozesses, verändert unweigerlich die Machtstrukturen und erfordert daher die Mobilisierung von Unterstützung. Innovatoren, die den Mustern der Interdependenz keine Aufmerksamkeit widmen, werden nur mit außergewöhnlichem Glück reüssieren. Will man das Interdependenzgeflecht durchschauen, so muß man eine Reihe recht deutlicher Fragen stellen:

1. Wessen Kooperation werde ich benötigen, um zu erreichen, was ich anstrebe; wessen Unterstützung wird nötig sein, damit die entsprechenden Entscheidungen getroffen und umgesetzt werden?
2. Wessen Opposition könnte mein Anliegen verzögern oder in die falsche Bahn lenken?
3. Wer wird von dem, was ich anstrebe, betroffen sein, sei es a) in seiner Macht oder seinem Status b) in der Einschätzung seines Wertes oder in seiner Bezahlung c) in der Art, in der er seinen Job tut?
4. Wer sind die Freunde und Verbündeten der von mir als einflußreich identifizierten Personen?

Seien Sie konservativ in Ihren Schätzungen; es ist besser, potentielle Abhängigkeiten zu überschätzen, als zu einem Zeitpunkt, da es schon zu spät ist, von einem Akteur oder einer Gruppe überrascht zu werden, mit der man nicht gerechnet hatte; die beste Überraschung ist gar keine Überraschung.

Die richtige Einschätzung des Interdependenzgeflechts, mit dem Sie konfrontiert sind, kann Ihnen dabei helfen, Schwierigkeiten rechtzeitig zu erkennen und aus dem Weg zu räumen. Ein Gutteil des Konfliktstoffs, der sich ansammelte, als E.F. Hutton sich mit Kommunalanleihen und Investmentbanking-Geschäften zu beschäftigen begann, hätte gar nicht erst entstehen müssen, wären die richtigen Fragen gestellt worden; das hätte helfen können, die Auswirkungen dieser neuen Aktivitäten auf andere Firmeneinheiten frühzeitig zu erkennen und in die Planung und Implementierung einzubinden.[19] Wären bei Apple Computer die Interdependenzen zwischen den verschiedenen Computern und die Randfaktoren richtig eingeschätzt worden, so wären die Konflikte innerhalb des Unternehmens womöglich geringer gewesen und die Produktentwicklung hätte effektiver gestaltet werden können. Die Unternehmenskultur von Apple, die seiner Theorie über die Maschine entsprach (jedem Menschen seinen Computer) und den Akzent eher auf Unabhängigkeit als auf wechselseitige Abhängigkeit legte, rief Probleme hervor, als die Firma in den Wettbewerb auf einem stärker systemorientierten Markt einstieg.

Der erste Teil des Buches beschäftigte sich mit der Frage, warum Macht wichtig ist, mit den Bedingungen, unter denen Macht und Einfluß in Organisationen die größte Bedeutung gewinnen, und mit den Möglichkeiten, politische Unterabteilungen, Interdependenzmuster und die Machtstellung einzelner Akteure in Organisationen offenzulegen. Die Aufgabe bestand darin, den Kontext beziehungsweise das Spiel zu verstehen, und die Spieler identifizieren zu können. Der folgende Teil des Buches behandelt die Frage, wo die Macht herkommt oder warum einige Akteure oder Untereinheiten über mehr Macht verfügen als andere. Damit enthält dieser Teil implizit einige Lehren darüber, wie wir Macht und Einfluß für uns selbst erlangen können.

Teil II

DIE QUELLEN DER MACHT

Macht gewinnt man, indem man sich am »richtigen« Ort befindet. Aber welches ist der richtige Ort? Günstige Orte oder Positionen bieten Ihnen: 1. Kontrolle über Ressourcen wie etwa Budgets, über Räumlichkeiten und über Positionen, die Sie benützen können, um sich Anhänger und Verbündete zu schaffen, 2. Kontrolle oder umfassenden Zugang zu Informationen – über die Aktivitäten der Organisation, die Präferenzen und Einschätzungen anderer, über die Vorgänge und deren Protagonisten; und 3. formale Autorität. Ob der Ort der richtige ist, hängt vor allem davon ab, ob Sie sich in der richtigen Untereinheit der Organisation befinden.

Wie kommt es, daß sich in einer Organisation manche Akteure in Positionen befinden, die für die Entwicklung und Ausübung von Macht günstig sind, und andere nicht? Grundsätzlich gefragt: Prägt die Person den Ort oder umgekehrt? Diese immer noch heiß diskutierte Frage ist wichtig für unser Bestreben, unsere Persönlichkeitsattribute zu verändern oder Situationen zu erkennen, in denen wir diese Attribute am wirkungsvollsten für die Erlangung von Macht einsetzen können. In dieser Frage können wir leicht in die Irre gehen, da wir in unserer Betrachtung der Welt grundlegenden kognitiven Vorurteilen verhaftet sind.

In diesem Kapitel, in dem es um die Quellen der Macht geht, wollen wir vor allem feststellen, ob die bedeutendste Machtquelle in den Persönlichkeitsmerkmalen oder in der Position zu suchen ist, die eine Person in einer Organisation einnimmt. So bedeutend die Persönlichkeitsmerkmale auch sein mögen – meiner Ansicht nach ist es wichtiger, zur richtigen Zeit am richtigen Ort zu sein. Nach einer Analyse dieser Frage werden wir im folgenden Kapitel auch die Faktoren beleuchten, auf die das Entstehen von Macht in einer Unternehmensposition zurückzuführen ist: Kontrolle über Ressourcen, Kontrolle über und Zugang zu Informationen und formale Position. Als nächstes werden wir darüber sprechen, wie jede dieser entscheidenden Machtquellen von der Untereinheit beeinflußt wird, in deren Bereich sie liegt. Zunächst werden wir uns mit der Frage auseinandersetzen, wie Menschen zu Macht kommen, um dann anhand dieser Einsicht herauszufinden, warum manche Einheiten mächtiger sind als andere und warum die darin tätigen Personen über mehr Macht verfügen.

Nicht alle Menschen sind gleich erfolgreich bei ihren Versuchen, das Optimum aus ihrer Position in der Firma herauszuholen oder sich überhaupt eine günstige Ausgangsposition zu schaffen. Abschließend beschäftigt sich dieses Kapitel daher mit den Persönlichkeitsmerkmalen, die es ermöglichen, in eine gute Position vorzudringen und das Optimum aus den verfügbaren Ressourcen herauszuholen.

4

Wie entsteht Macht?

Langzeitstudien, die quer über verschiedene Branchen von der Glas- und Zementindustrie bis hin zu PC-Firmen durchgeführt wurden, »zeigen, daß die erfolgreichsten Firmen über Jahre hinweg ein arbeitsfähiges Gleichgewicht aufrechterhalten . . . aber auch in der Lage sind, drastische, umfassende Änderungen durchzuführen . . . wenn sich ihr Umfeld verändert.«[1] Diese sogenannten diskontinuierlichen oder rahmensprengenden Veränderungen wirken sich immer auf die Machtverteilung aus. Folglich geht es bei Innovationen in einer Organisation oft, wenn nicht immer, darum, genügend Macht und Einfluß zu erreichen, um Widerstände überwinden zu können.

Um in diesem Prozeß erfolgreich zu bestehen, müssen wir wissen, woher Macht kommt. Es ist unerläßlich, die Macht der anderen Mitspieler einschätzen zu können, sowohl die der möglichen Verbündeten als auch die der potentiellen Gegenspieler. Wir müssen wissen, mit wem wir es zu tun haben. Wenn wir wissen, woher Macht kommt, können wir auch selbst besser Macht aufbauen und so unsere Handlungsfähigkeit stärken. Es ist nützlich zu wissen, daß die Einführung eines neuen Produkts von politischer Aktivität und von Machteinsatz begleitet sein kann, und wir müssen auch die Interdependenzmuster und die Standpunkte verschiedener Teilnehmer kennen. Aber um effektiv sein zu können, müssen wir auch wissen, wie man Machtquellen ausbaut und die auf diese Weise gewonnene Macht dann strategisch und taktisch einsetzt.

Wir alle haben unsere unausgesprochenen Theorien über die Herkunft der Macht, und gelegentlich handeln wir auch nach diesen Theorien. Vielleicht haben wir Bücher über »Kleidung als Machtfaktor« gelesen und folgen den darin enthaltenen Ratschlägen, indem wir uns beispielsweise mit der Frage herumschlagen, ob gelbe Krawatten nun »in« oder »out« sind oder ob Hosenträger Machtsymbole darstellen. Die Blüte der kosmetischen Chirurgie ist zumindest zum Teil darauf zurückzuführen, daß sich einige Spitzenmanager Sorgen machen, daß sie durch die sichtbaren Zeichen des Alterns weniger mächtig und dynamisch wirken könnten. Die Leute nehmen aus verschiedenen Gründen an Selbstbehauptungskursen teil, gehen zum Psychotherapeuten und nehmen an Rhetorikseminaren teil – aber ein Grund für diese Aktivitäten liegt sicherlich darin, daß sie mächtiger, dynamischer und wirkungsvoller auftreten wollen.

Viele unserer Theorien über den Ursprung der Macht betonen die Bedeutung persönlicher Attribute und Merkmale. Diese lassen sich allerdings nur mit übermenschlichen Anstrengungen verändern. Manchmal übersehen wir, wie wichtig situationsbedingte Faktoren sein können, Faktoren, die wir womöglich direkter beeinflussen können. Wenn wir in einer Organisation effektiv wirken wollen, müssen wir unsere Theorien über Machtquellen sorgfältig überprüfen und auch wachsam gegenüber verschiedenen anderen kognitiven Vorurteilen sein. In diesem Kapitel werden einige Fragen angeschnitten, über die wir nachdenken sollten, wenn wir uns ein Bild von der Welt machen und versuchen, Schlüsse über die Quellen der Macht zu ziehen. Weiters beinhaltet das Kapitel einige Denkanstöße zu persönlichen Attributen und situationsbedingten Faktoren, die in späteren Kapiteln behandelt werden.

PERSÖNLICHE ATTRIBUTE ALS MACHTQUELLEN

Wenn wir in eine Organisation kommen, nehmen wir zuerst Menschen wahr und erst in zweiter Linie Situationen. Menschen sprechen miteinander, bewegen sich und tun verschiedene Dinge. Die Menschen haben Persönlichkeiten, Eigenarten und Marotten, die unser Interesse erregen und unsere Aufmerksamkeit fesseln. Unsere intensive Beschäftigung mit der Lebendigkeit der Menschen führt zu einem Phänomen, das Psychologen mit dem Terminus »fundamentaler Zuordnungsirrtum« beschrieben haben – unsere Tendenz, die kausale Bedeutung der Menschen und ihrer Merkmale überzubewerten und die Bedeutung situationsbedingter Faktoren zu unterschätzen.[2] Dieses Phänomen ist allgegenwärtig, und es gibt viele Beispiele dafür. In einer von einer Kollegin durchgeführten experimentellen Studie zeigt sich eine überraschende Manifestation der Tendenz, bei der Einschätzung von Menschen die situationsbedingten Faktoren zu ignorieren.[3] Den Teilnehmern am Experiment wurde die Aufgabe gestellt, die Leistung eines Redners zu bewerten – eine Aufgabenstellung, die vieles mit einer Situation gemeinsam hat, in der man die Macht einer Person in einem Unternehmen beurteilen muß. In der Studie wurden Fragen gestellt, die entweder positiv oder negativ vorbelastet waren – und die Fragesteller waren sich dieser Vorurteile auch bewußt, als sie später danach gefragt wurden. Dennoch wurden die Fragesteller selbst von den Antworten beeinflußt, die sie durch ihre tendenziösen Fragen herausgefordert hatten. Sie »unterschätzten die potentiellen Auswirkungen ihres eigenen Verhaltens [der

Situation], indem sie Schlüsse aus potentiell vorbelasteten Antworten zogen«.[4] Anstatt den diagnostischen Wert des von ihnen bewirkten Verhaltens mit Vorsicht zu beurteilen, verwendeten die Fragesteller diese Informationen dazu, sowohl die Leistungen als auch (in anderen Studien) die Einstellungen anderer zu beurteilen. Mit anderen Worten: Auch wenn wir wissen, daß das von uns beobachtete Verhalten stark von situationsbedingten Faktoren beeinflußt wird, sind wir mit Zuweisungen und Bewertungen anderer aufgrund dieses Verhaltens nur allzu rasch bei der Hand.

Wir schreiben nicht nur den persönlichen Merkmalen eine zu große Bedeutung zu. Oft können die Persönlichkeitsmerkmale, die wir für Quellen der Macht halten, ebensogut deren Folgen sein. Anhand von Interviews mit 87 Managern verschiedener Ebenen (30 Vorstandsvorsitzende, 28 hochrangige Stabsmanager und 29 Supervisoren) in dreißig südkalifornischen Elektronikfirmen wurden Meinungen über die persönlichen Merkmale von Personen festgehalten, von denen angenommen wurde, daß sie mit Organisationspolitik und Macht effektiv umgehen könnten.[5] Die folgende Tabelle zeigt, welcher Prozentsatz der Teilnehmer jeweils welche Charakteristika angab.

Tabelle 4.1
Wichtige Charaktereigenschaft für effektives politisches Handeln

Eigenschaft	*Genannt von %*
Klare Ausdrucksfähigkeit	29,9
Sensibilität	29,9
Soziale Anpassungsfähigkeit	19,5
Kompetenz	17,2
Beliebtheit	17,2
Extrovertiertheit	16,1
Selbstbewußtsein	16,1
Aggressivität	16,1
Ehrgeiz	16,1

Quelle: Allen et al., S.80. Copyright 1989: The Regents of the University of California. Nachgedruckt aus California Management Review, Vol. 22. Mit freundlicher Genehmigung von The Regents.

Ohne für den Augenblick bestreiten zu wollen, daß diese Persönlichkeitsmerkmale mit Macht und politischer Effektivität verbunden sind, sollten wir doch bedenken, daß zumindest einige von ihnen sich mit dem Bewußtsein, Macht zu besitzen, entwickeln. Können wir uns nicht besser ausdrücken und sind wir nicht gelassener, wenn wir mehr Macht haben? Sind wir dann möglicherweise nicht auch beliebter? Liegt es nicht auf der Hand, daß wir ebenso mit zunehmender Macht extrovertierter werden, wie wir durch eine extrovertierte Persönlichkeit Macht gewinnen? Ist es nicht so, daß Menschen, die mächtiger und politisch effektiver sind, auch als kompetenter empfunden werden? Selbstverständlich können Macht und politische Fähigkeiten ein selbstbewußteres und sogar aggressives Verhalten bewirken. Und wenn wir daran denken, daß die Menschen ihre Ambitionen normalerweise dem Machbaren anpassen, so bedeutet das, daß mächtigere Personen wahrscheinlich ehrgeiziger werden und folglich auch so eingeschätzt werden.

Warum ist die kausale Reihung von einem mehr als akademischen Interesse? Die Antwort lautet, daß wir versuchen können, Eigenschaften zu entwickeln, die uns bei der Erlangung von Macht nützen – wenn sich diese Eigenschaften aber als ineffektiv oder disfunktional erweisen, kann es passieren, daß wir in Schwierigkeiten geraten. Die meisten von uns erinnern sich an Menschen, die »aus der Rolle fielen« und sich benahmen, als ob sie mächtiger und wichtiger wären als sie in Wirklichkeit waren. Ein solches Verhalten führt nur zum Ausbleiben von Unterstützung und in der Folge zu Ineffizienz, selbst wenn dasselbe Verhalten, von einem tatsächlich Mächtigen gezeigt, akzeptiert wird und dazu beiträgt, die Effektivität dieser Person zu erhöhen.

Beim Versuch, Rückschlüsse aus den persönlichen Eigenschaften zu ziehen, ergibt sich ein drittes Problem: die Tatsache, daß Menschen nur selten durch Zufall in bestimmte Situationen geraten. Externe Faktoren haben oft direkten Einfluß auf den Erfolg oder Mißerfolg einer Person – und trotzdem verabsäumen es viele Studien zum Thema Macht, solche Faktoren zu berücksichtigen. Denken wir nur an die Studie von David Winter, die sich mit den Auswirkungen beschäftigte, die drei Persönlichkeitsfaktoren – Machtstreben, Leistungswille und Bedürfnis nach Zugehörigkeit und Vertrautheit – auf verschiedene Indikatoren für die Effektivität einer Führungskraft haben; unter diesen Indikatoren findet sich ein Faktor, der in engem Zusammenhang mit einer gebräuchlichen Machtdefinition steht: die Fähigkeit, die eigenen Vorhaben mit Hilfe von Initiativen oder Ernennungen der richtigen Leute durchzusetzen.[6]

Winter untersucht in seiner Studie die Präsidenten der Vereinigten Staaten – also tatsächlich keine zufällige Auswahl. Die Charakterzüge jedes Präsidenten wurden bewertet, indem für die erste Rede nach der Amtseinführung Punkte für die Metaphorik vergeben wurden, die die zugrundeliegenden Motive verkörpert. Winters Ergebnisse stellen eine Korrelation zwischen der Punktezahl der Präsidenten bei den drei genannten Charakterzügen und verschiedenen praktischen Ergebnissen her, wie beispielsweise Wiederwahl, das Durchsetzen von Richteramtskandidaten und Kabinettsmitgliedern und das Vermeiden oder Beginnen von Kriegen.[7] In dieser Analyse bleibt die Möglichkeit unberücksichtigt, daß der Typ einer Person, die in ein Amt gewählt wird, nicht unabhängig ist von der Zeit und den Bedingungen, die bei der Wahl herrschten, und daß es vielleicht diese Faktoren und nicht nur die Motivprofile sind, die zur Erklärung von praktischen Ergebnissen wie Kriegseintritt oder Kriegsvermeidung beitragen können.

Solche Fehler sind an der Tagesordnung. So ist es beispielsweise oft der Fall, daß Studien, welche die Ergebnisse bedingter Haftentlassungen gegen Ehrenwort auswerten, die Tatsache unberücksichtigt lassen, daß die Häftlinge nicht nach ihrem eigenen Gutdünken und im Zufallsverfahren entlassen werden, sondern daß nur die weniger gefährlichen Straftäter in den Genuß dieser Vergünstigung kommen.[8] Das heißt, daß die bei den auf Ehrenwort Entlassenen festzustellende Tendenz, keine Straftaten mehr zu begehen, nicht unbedingt bedeutet, daß die Ergebnisse dieselben wären, würde man alle Gefangenen entlassen. Damit will ich sagen, daß wir feststellen und in unsere Überlegungen einbeziehen müssen, wie sich Menschen in verschiedenen Situationen verhalten, und daß wir diese Informationen zur Bewertung ihrer Macht und Effektivität nutzen sollten. Im allgemeinen sollten wir Vorsicht walten lassen, wenn wir persönliche Charaktereigenschaften als Quellen der Macht analysieren, vor allem dann, wenn wir aufgrund der dabei gewonnenen Einsichten auch handeln wollen.

DIE STRUKTURELLEN QUELLEN DER MACHT

Die Verfechter struktureller Betrachtungsweisen der Macht argumentieren, daß sich die Macht von der Position ableitet, die der Einzelne in der Arbeitsteilung und im Kommunikationssystem der jeweiligen Organisation einnimmt. Im Arbeitsteilungssystem jeder Organisation gibt es Untereinheiten und differenzierte Rollen, und alle Untereinheiten und Positionen entwickeln spezialisierte Interessen und Verantwortlichkeiten. Darüber hinaus stellt jede Subeinheit oder Position Ansprüche an die Ressourcen der Organisation.[9] Im Wettstreit um die Ressourcen haben diejenigen die Nase vorn, welche die in ihrem Besitz befindlichen oder von ihnen kontrollierten Ressourcen erfolgreich einsetzen und gute Beziehungen zu den Personen aufbauen, die für die Ressourcenzuteilung zuständig sind.[10] Die Kontrolle über die Ressourcen und die Bedeutung der Einheit in der Organisation ergeben sich aus der Arbeitsteilung, welche einigen Positionen oder Gruppen mehr Kontrolle über wichtige Aufgaben und einen besseren Zugang zu den Ressourcen ermöglicht als anderen.[11] Demnach ergibt sich die Macht aus der Kontrolle über die Ressourcen, aus den Beziehungen, die man zu anderen Mächtigen aufzubauen imstande ist, und aus der formalen Autorität, die man aufgrund seiner Position in der Hierarchie besitzt.

So gaben zum Beispiel die Befragten in einer Studie über 33 Ankaufsentscheidungen am häufigsten an, daß der Einfluß eines Akteurs auf eine Entscheidung damit zusammenhing, wie weit er selbst von dieser Entscheidung betroffen war.

> . . . ein Befragter in einem Unternehmen, das Musikinstrumente herstellt, meinte, daß die Entscheidung über den Ankauf eines Kleinlastwagens am stärksten vom Leiter der Transportabteilung beeinflußt werde. »Er muß mit der Situation leben, also muß er auch die Wahl haben«, sagte er.[12]

Auf wen sich eine Entscheidung auswirkt, richtet sich natürlich nach der Arbeitsteilung. Die Studie ergab, daß Personen, die für die Einheit, in der das Produkt verwendet werden sollte, oder für Leistung und Output des Produkts formal verantwortlich waren, ebenfalls als einflußreich betrachtet wurden. Obwohl die Studienteilnehmer um eine Beurteilung gebeten wurden, wer den größten Einfluß habe »unabhängig davon, bei wem die letzte Entscheidung liegt«, waren Autorität und Verantwortung oft genannte Einflußfaktoren bei derartigen Kaufentscheidungen.[13] Autorität und Verantwortung erlangt eine Person auch durch ihre Position in der formalen Struktur eines Unternehmens.

Oder denken wir daran, wieviel Macht oft von Einkaufsleitern ausgeübt wird.[14] Diese Leute stehen im Spannungsfeld zwischen den Abteilungen Konstruktion, Produktionsplanung und Marketing einerseits und Außendienstverkäufern andererseits. Manchen Einkaufsleitern gelingt es, diese Mittelposition zu nutzen, um ein beträchtliches Maß an Einfluß auf andere Abteilungen zu erlangen, die in vielen Fällen einen höheren formalen Status und größere Autorität besitzen als sie selbst. Mit Hilfe von oft selbstentwickelten Einkaufsregeln und -verfahren zwingen solche Einkaufsleiter die anderen Abteilungen dazu, sich ihrer Macht zu beugen – das zeigt sich auch in der Bereitschaft der anderen Abteilungen, den Mitarbeitern der Einkaufsabteilung für eine bevorzugte Behandlung Gefälligkeiten zu erweisen.

Das Interessante an situationsbezogenen Machtquellen ist, daß man einfach dadurch Macht bekommt, daß man zur richtigen Zeit am richtigen Ort ist – in einer Autoritätsposition, in einer Position, in der Unsicherheiten beseitigt werden, in einer Schlüsselposition, die zwischen verschiedenen Unterabteilungen und Außendienstverkäufern vermittelt – Positionen, für die die Persönlichkeitsmerkmale des Einzelnen kaum von Bedeutung sind. Autorität und Verantwortung werden auf Positionen übertragen, und die Vermittlungsfähigkeit des Einzelnen wird sehr stark davon beeinflußt, an welcher Stelle der Interaktionsstruktur er sich befindet. Natürlich sind nicht alle Akteure in der gleichen Situation auch gleich erfolgreich. So versuchten zum Beispiel alle Einkaufsleiter, Macht und Ansehen ihrer Abteilungen auszubauen; einige waren dabei jedoch viel erfolgreicher als andere. Zum Teil beruhten diese Unterschiede darauf, daß die politischen Fähigkeiten der Einkaufsleiter der verschiedenen Unternehmen sehr unterschiedlich waren. So groß der Einfluß der Situationen auch sein mag, die Fähigkeit, sich die Situation zunutze zu machen, ist ebenfalls von entscheidender Bedeutung.

DIE ABSTIMMUNG SITUATIONSBEZOGENER ERFORDERNISSE UND PERSÖNLICHER CHARAKTERZÜGE

Eine wichtige Quelle der Macht ist die Abstimmung zwischen Stil, Fähigkeiten und Möglichkeiten einerseits und den Erfordernissen der Situation andererseits. So wurden die Teilnehmer einer in einem Forschungs- und Entwicklungslabor durchgeführten Studie über die Einflußnahme in ihren Organisationen befragt. Es wurde gefragt, ob einflußreiche Personen primär 1. Stars der internen Kommunikation waren und über umfassende Kontakte im Labor verfügten, jedoch in keiner Verbindung mit externen Informationsquellen standen, 2. Stars der externen Kommunikation waren, ihre Informationen vor allem von außen bezogen und in ihrer eigenen Einheit nicht besonders gut verankert waren oder 3. grenzübergreifend wirkten, also sowohl in ihrer eigenen Einheit fest verankert waren als auch enge Kontakte mit externen Informationsquellen pflegten.[15] Der Einfluß wurde in bezug auf technische, budgetäre und personalpolitische Entscheidungen gemessen. Das wichtigste Ergebnis war, daß es von der Art des Projekts abzuhängen schien, wer am einflußreichsten war: bei technischen Serviceprojekten, bei denen die Aufgaben enger umrissen waren, hatten die internen Kommunikationsstars den größten Einfluß, während in den Einheiten der angewandten Forschung die grenzübergreifend wirkenden Persönlichkeiten am besten abschnitten.

Auch eine Untersuchung von 17 Organisationen, die vor kurzem einen Offsetdrucker gekauft hatten, illustriert die Zusammenhänge zwischen Situationen und Persönlichkeitsmerkmalen, die Einfluß mit sich bringen.[16] Für einige dieser Organisationen war der Kauf neu und daher gänzlich unvertraut; für andere ging es darum, ein altes Gerät zu ersetzen, und die dritte Gruppe schließlich erweiterte mit dem Kauf ihre bestehende Ausrüstung. Natürlich war der Grad der Unsicherheit unterschiedlich; die Gruppe, die zum ersten Mal Offsetdrucker anschaffte, hatte am meisten damit zu kämpfen, während die Firmen, die lediglich ein zusätzliches Ausrüstungsstück erwarben, am wenigsten Probleme hatten. Mit individueller Erfahrung war der Einfluß am ehesten in den Fällen verbunden, in denen ein zusätzlicher Ausrüstungteil erworben wurde. Die interne Kommunikationsfähigkeit und die Zahl der verschiedenen Informationsquellen waren im Falle neuer Kaufentscheidungen ausschlaggebend. Wenn es darum ging, ein zusätzliches Ausrüstungsstück zu kaufen, waren die Personen am einflußreichsten, denen es gelang, die Einschätzung der Bedürfnisse zu beeinflussen, während in Situationen, in denen eine neue Ausrüstung erworben wurde, diejenigen Personen am einflußreichsten waren, die Informationen von außen einholten. Diese beiden Studien und andere Forschungsarbeiten legen folgenden Schluß nahe:

Der Einfluß einer Unterabteilung oder einer Einzelperson auf eine Entschei-

> dung ist ein Ergebnis (1) der Art der Unsicherheit, mit der das Unternehmen konfrontiert ist, (2) des speziellen Merkmals oder der Fähigkeit, die eine Verringerung dieser Unsicherheit gestattet und (3) des Maßes, in dem eine bestimmte Unterabteilung [oder Einzelperson] dieses Merkmal besitzt. Ebenso wie Entscheidungen in verschiedenen Kontexten getroffen werden, gibt es auch verschiedene Unsicherheitsquellen in einer Organisation, und folglich sind auch die Grundlagen für Einflußnahme in den Entscheidungsfindungsprozessen einer Organisation verschiedener Natur.[17]

Die Notwendigkeit, Persönlichkeitsmerkmale auf Situationen abzustimmen, zeigt sich nicht nur in der Politik, sondern auch im Geschäftsleben. Ronald Reagan, ehemaliger Filmschauspieler und Präsident der Vereinigten Staaten, kam zu einer Zeit ins Amt, in der die Massenkommunikation durch das Fernsehen zu einem ausschlaggebenden Faktor geworden war. Reagan hatte wenig Geschick im Umgang mit Details, aber er war der »große Kommunikator«. Lyndon Johnson kam zu einem Zeitpunkt an die Macht, als das Fernsehen noch nicht so wichtig, die Parteiorganisationen hingegen noch stärker waren. Damals waren die Fähigkeit, auf kleine Details zu achten und der Wille, Kollegen und der Wählerschaft Gefälligkeiten zu erweisen, von entscheidender Bedeutung. Hätte Johnson zu Reagans Zeit und Reagan zu Johnsons Zeit kandidiert, wäre wahrscheinlich keiner von beiden jemals zum Präsidenten gewählt worden. Die Schwierigkeiten, die Johnson während seiner Amtszeit mit den aufstrebenden Medien hatte, beweisen, daß er in einer Ära der Massenkommunikation nicht an die Macht gekommen wäre. Und Reagan hätte große Probleme gehabt, ständig auf Details zu achten, wie dies in früheren Zeiten von Parteipolitikern verlangt wurde. Zu verschiedenen Zeiten und unter verschiedenen Umständen sind also nicht nur unterschiedliches Wissen und Können gefragt, sondern auch persönliche Charaktereigenschaften werden je nach Umfeld mehr oder weniger wichtig.

Ist Charisma übertragbar?

Charisma ist vielleicht das beste Beispiel für die Abstimmung von Situationen und persönlichen Charaktermerkmalen. Der Begriff »Charisma« kommt ursprünglich aus der Theologie, wo er »Gabe der göttlichen Gnade« bedeutet. Später wurde er von den Sozialwissenschaften übernommen.[18] Charismatische Führungspersönlichkeiten werden oft in krisen- oder streßbeladenen Zeiten groß. Sie stellen eine emotionale (anstelle einer rein technischen) Bindung zu anderen her; sie nehmen heroische Gestalt an und appellieren an die ideellen Werte ihrer Anhänger.[19] Präsident John Kennedy, Martin Luther King und Gandhi waren solche charismatischen Figuren.

Manche vertreten die Ansicht, daß Charisma ein individuelles Merkmal ist, das auf dem Streben einer Person nach Macht, Leistung und Zugehörigkeit beruht, aber auch auf ihren Hemmungen, Macht auszuüben.[20] Darüber hinaus werden Charisma und Persönlichkeit dazu herangezogen, die Effektivität von Führungspersonen zu erklären, beispielsweise die der amerikanischen Präsidenten.[21] Eine sorgfältige Langzeitstudie über eine Schulinspektorin in Minnesota brachte einige interessante Ergebnisse in bezug auf die Interaktion zwischen charismatischen Eigenschaften und situationsbedingten Zwängen.[22]

Die Inspektorin arbeitete in einem vorstädtischen Schulbezirk in Minnesota und bewies dabei sowohl Charisma als auch Effektivität. Ihre Arbeit zog die Aufmerksamkeit der Medien und des Gesetzgebers auf sich. Sie »erhielt viel Beifall für ihr massives Reformprogramm für die Grundschulen, in dessen Rahmen sie das Budget um 2,4 Millionen Dollar kürzen und dabei gleichzeitig ein »Ausbluten« vermeiden wollte.«[23] In Interviews wurde sie vom Schulpersonal als »Macherin, Aktivistin und Aufrüttlerin« beschrieben, die »in einschneidender, noch nie dagewesener Weise Einfluß auf den Bezirk genommen hatte. Die Leute hielten sie für überdurchschnittlich begabt.«[24] Im Gegensatz zu ihren Vorgängern baute sie sich eine extrem loyale Anhängerschaft auf. Sie band viele Leute in den Veränderungsprozeß des Bezirks mit ein, indem sie Arbeitsgruppen zur Analyse der Bezirkspolitik und der Budgetprobleme einsetzte, Berater einstellte, die in Workshops Zukunftsvisionen entwickelten, und indem sie die Arbeitsplätze umgestaltete und die administrative Struktur des Bezirksamtes umstellte. Die Auswirkungen auf den Bezirk waren verblüffend:

> Die Budgetkürzungen wurden ohne scharfe Debatten beschlossen. Nach einer nur kurzen Diskussion genehmigte die lokale Schulbehörde die Budgetkürzungen der Inspektorin einstimmig. Die Lehrer bereiteten ihr trotz ihres Eintretens für eine Kürzung von Hilfslehrerposten und Lehrprogrammen stehende Ovationen. Vom Bezirkspersonal kam eine Flut neuer und innovativer Ideen . . . Am Ende ihrer zweijährigen Amtsperiode als Inspektorin waren beim Bezirksamt über 300Vorschläge für Innovationen eingegangen.[25]

Dann wurde sie vom Gouverneur von Minnesota zur Bildungsministerin des Bundesstaates ernannt. In diese neue Position brachte sie denselben Modus operandi ein, mit dem sie in ihrer Position als Inspektorin gearbeitet hatte: »Beginne mit einer Darstellung deiner Ziele und deiner Vision, zeige, wohin du gehen willst; erzeuge an der Basis Begeisterung und Unterstützung für deine Vision; . . . schaffe im Bildungsministerium eine Struktur für Veränderungen, mit deren Hilfe die Interessen und Energien in innovative Programme gelenkt werden können.«[26] Während ihres ersten Jahres als Bildungsministerin besuchte sie fast alle 435 Schulbezirke des Landes. In 388 Schulbezirken initiierte sie Gemeindeversammlungen, an denen insgesamt etwa 15.000 Bürger teilnahmen. Sie sponserte Meinungsumfragen und tauschte die fünf obersten Hilfsinspektoren durch ihr eigenes Team von neun Leuten aus, von denen vorher niemand im Bildungsministerium gearbeitet hatte[27] Und wie sahen die Ergebnisse all dieser Aktivitäten aus?

Wie man sich leicht vorstellen kann, trafen die Bemühungen, das Bildungsministerium umzustrukturieren und das Personal auszutauschen, auf den unmittelbaren Widerstand derjenigen, die sich durch die bestehenden Strukturen gut abgesichert fühlten. Fünf der neuen Hilfsinspektoren wurden entweder hinausgeworfen oder legten ihr Amt innerhalb des ersten Jahres zurück.[28] Die Presse bekam bald Wind von Motivationsproblemen, Kündigungen von Schlüsselmanagern der mittleren Ebene und von der allgemeinen Verwirrung über die Verteilung von Routineaufgaben und Jobs. Statt sich auf langfristige Veränderungen konzentrieren zu können, fand sich die Ministerin nun »verstrickt in den täglichen Kleinkrieg, der mit dem Aufbau einer bürokratischen Ordnung einhergeht.«[29] Offensichtlich gelang es ihr weder, ihr Charisma, das auf Bezirksschulebene so hell gestrahlt hatte, auf die neue staatliche Position zu übertragen, noch konnte sie es ihrem Wunsch entsprechend aufbauen.

Die Beamtin war erfolgreicher in ihrer Rolle als Inspektorin, weil sie hier eine größere Autonomie und mehr Kontrolle in Bildungsfragen hatte. Auf der lokalen Ebene gelang es ihr auch, engere, persönlichere Beziehungen zu den Menschen herzustellen, auf die sie Einfluß nehmen wollte. Als der Gouverneur sie berufen hatte, mußte sie darauf Rücksicht nehmen, welche politischen Auswirkungen ihre Handlungen auf ihn haben würden. Als Leiterin einer großen staatlichen Behörde war sie »eingebettet in ein viel komplexeres Netz von Beziehungen zwischen Gesetzgeber, staatlichen Behörden, Wählern, Interessengruppen und Netzwerken sowie staatlichen und bundesstaatlichen Bildungsvereinigungen.«[30] Ihr Handlungsspielraum war beschränkt, und ihre persönlichen Kontakte waren plötzlich viel weniger wert. Kurz gesagt, sie war nun stärker auf bürokratische Politik angewiesen und konnte sich nicht mehr so gut auf ihre emotionale Wirkung stützen wie zuvor.

Wenn sich die situationsbedingten Faktoren ändern, ändern sich auch die Eigenschaften, die man benötigt, um einflußreich und effektiv zu sein. Aus diesem Grund ist es wichtig, nicht nur eine Position zu finden, für die man die richtigen Fähigkeiten und Interessen mitbringt. Man sollte auch seine Handlungen den Umständen anpassen, mit denen man es zu tun hat. Wir können jedenfalls sagen, daß die Quellen der Macht vor allem in den individuellen Persönlichkeitsmerkmalen, in den von der Situation gebotenen Vorteilen und in der Abstimmung zwischen unserer Persönlichkeit und unserem Umfeld zu suchen sind.

5

Ressourcen, Verbündete, und die Neue Goldene Regel

Vor einigen Jahren brachte das Life Magazine eine Serie von Bildreportagen über die hundert einflußreichsten Personen des zwanzigsten Jahrhunderts. Darunter waren Roosevelt, Churchill, Gandhi, Einstein und andere wichtige Persönlichkeiten aus Politik, Wissenschaft und Kunst – unter anderem aber auch ein Kommissar der Park- und Brückenbaubehörde namens Robert Moses. Wenn ich Sie bitten würde, eine Position anzugeben, in der Sie Ihrer Meinung nach enorme Macht ausüben könnten, würden Sie höchstwahrscheinlich nicht die Position eines Kommissars für öffentliche Parks nennen. Aber Robert Moses war nachweislich der mächtigste Bundesbeamte der Vereinigten Staaten im zwanzigsten Jahrhundert. In seiner 44jährigen Karriere veranlaßte er die Errichtung von 12 Brücken, 35 Autobahnen, 751 Spielplätzen, 13 Golfplätzen, 18 Schwimmbädern und Parks im Staat New York mit einer Gesamtfläche von mehr als 8000 Quadratkilometern. Bedingt durch seine öffentlichen Bauprojekte wurden über 500.000 Menschen umgesiedelt.[1] In Tabelle 5-1 werden einige seiner bekanntesten Projekte angeführt. Abgesehen von seinen eigenen Leistungen beeinflußte er in Amerika und in der ganzen Welt mehrere Generationen von Stadtplanern und Stadtentwicklungsspezialisten. So wurden weltweit öffentliche Bauprojekte von seinem Denken beeinflußt.

Ebenso wie die anderen mächtigen Persönlichkeiten, über die wir in diesem Kapitel sprechen wollen, erkannte Robert Moses die Gültigkeit der sogenannten Neuen Goldenen Regel: Wer zahlt, bestimmt die Regeln. Diese Menschen erkennen, daß im Kampf um die Macht verschiedene Ressourcen, darunter auch Verbündete, von lebenswichtiger Bedeutung sind. Das klingt vielleicht nicht wie eine umwerfende Erkenntnis. Sie ist jedoch entscheidend, wenn sie mit dem Wissen verbunden ist, wie Ressourcen geschaffen werden, wie man sie kontrolliert und aufrechterhält, und schließlich, wie man wachsende oder zeitweilig freie Ressourcen einsetzt, um Macht aufzubauen.

Tabelle 5.1
Eine Teilliste der von Robert Moses errichteten öffentlichen Bauten

Öffentliche Gebäude

Lincoln Center für künstlerische Aufführungen
Hauptquartier der Vereinten Nationen
Shea Stadium
New York Coliseum
Anlagen der New Yorker Weltausstellung 1939
Anlagen der New Yorker Weltausstellung 1964

Brücken und Tunnel

Triborough-Brücke
Verrazano-Narrows-Brücke
Brooklyn Battery-Tunnel
Henry Hudson-Brücke
Bronx-Whitestone-Brücke
Queens Midtown-Tunnel
Robert Moses-Autobahn

Straßen

Cross-Bronx-Schnellstraße
Cross-Island-Schnellstraße
Henry Hudson-Parkstraße
Long Island-Schnellstraße
Major Deegan-Schnellstraße
Grand Central-Parkstraße
Southern State-Parkstraße
Staten Island-Schnellstraße
Van Wyck-Schnellstraße

Strände

Coney Island
Rockaway
Jones Beach
Orient Beach

WIE MAN RESSOURCEN AUFBAUT

Im Lauf meiner beruflichen Tätigkeit habe ich die Fähigkeit mancher Personen bewundern gelernt, Ressourcen praktisch aus dem Nichts herbeizuzaubern. Der

Schlüssel zu diesem Phänomen scheint in der Fähigkeit zu liegen, zu erkennen, welche fundamentalen Dinge die Menschen in einer bestimmten Situation wollen und brauchen, und dann eine Ressource zu schaffen, durch die man Zugang zu diesen Dingen und Kontrolle darüber erlangt. Für diese Fähigkeit gibt es viele Beispiele. Eines von ihnen illustriert diese Fähigkeit, etwas aus dem Nichts zu zaubern, besonders anschaulich: Wie Lyndon Johnson den sogenannten »Kleinen Kongreß« ausbaute und für seine Zwecke benutzte.

Als Johnson im Jahr 1931 als Sekretär des Kongreßabgeordneten Richard Kleberg nach Washington kam, war der Kleine Kongreß eine praktisch wertlose Institution.

> Der Kleine Kongreß war eine todgeweihte Organisation. Er war im Jahr 1919 nach dem Vorbild des Repräsentantenhauses gegründet worden, um den Sekretären eine Rhetorikausbildung zu geben und ihnen die parlamentarischen Vorgänge näherzubringen. Die dort stattfindenden Debatten orientierten sich an den Regeln des Repräsentantenhauses. Aber die Institution war zu einem besseren Gesellschaftsklub degeneriert, an dessen planlosen Sitzungen ... nicht mehr als ein paar Dutzend Sekretäre teilnahmen.[2]

Aber Lyndon Johnson sah die Möglichkeiten, die in dieser Einrichtung schlummerten. Die Presseleute versuchten immer, Vorausinformationen über die Entscheidungen der wichtigsten Tagesfragen zu bekommen. Schließlich befand man sich in der Talsohle der Großen Depression, und es wurde über viele wichtige Gesetze beraten. Die Politiker waren natürlich erpicht auf Presseberichte und Publicity. Viele Sekretäre von Kongreßabgeordneten strebten, auch wenn sie nicht so aggressiv und ehrgeizig waren wie Johnson, nach beruflichem Aufstieg und Prestige.

Als ersten Schritt ließ sich Johnson zum Sprecher des Kleinen Kongresses wählen. An dieser Position waren ohnehin nur wenige interessiert, also war es ihm ein leichtes, die Wahlsitzung mit seinen Verbündeten zu durchsetzen und die Wahl zu gewinnen. Sobald er gewählt war, machte er sich daran, den Kleinen Kongreß und seine eigene Position als Sprecher in eine viel wichtigere Ressource zu verwandeln. Anstatt einmal im Monat fanden die Sitzungen nun jede Woche statt, und man diskutierte nicht nur über aktuelle politische Fragen, sondern es wurden auch Reden von »Prominenten« gehalten.[3] Indem er prominente Politiker einlud, Reden zu halten, bot er ihnen ein Forum und verschaffte sich gleichzeitig, was noch wichtiger war, einen ausgezeichneten Vorwand, selbst mit ihnen zu sprechen. Er organisierte formelle Debatten über Gesetzesvorlagen, lud Redner beider Parteien ein, führte die Debatten nach den Regeln des Repräsentantenhauses, ließ am Ende Probeabstimmungen über die Gesetzesvorlagen durchführen und lud die Journalisten ein, über die Debatten zu berichten. Die Presse erkannte bald, daß sie aus den Debatten Rückschlüsse auf die Haltung des Kongresses zu bestimmten politischen Fragen ziehen konnte. Die Anwesenheit der Presse machte es Johnson leicht, die Kongreßabgeordneten zum Kommen zu bewegen und immer mehr Leute für die Mitarbeit in der Einrichtung zu interessieren.

> Bald drängten sich jede Woche 200 oder mehr Abgeordnetensekretäre im Fraktionsraum . . . In bemerkenswert kurzer Zeit . . . war es Lyndon Johnson gelungen, sich durch eine Organisation, in der das Vorwärtskommen zuvor von Ausdauer und Zähigkeit abhängig gewesen war, markant von der anonymen Menge der Abgeordnetensekretäre abzuheben.[4]

Unter Johnson wurde der Kleine Kongreß zu einer wichtigen Ressource und zur Ausgangsbasis für die Errichtung seiner Macht. Allerdings war diese Position immer noch kaum geeignet, eine genügend große Machtwirkung zu erzielen. Johnson hatte erkannt, daß die Presse Informationen und Zugangsmöglichkeiten suchte, die Politiker Berichte und die Sekretäre Publicity und das Gefühl, dabei zu sein. Er suchte einen Weg, den Kleinen Kongreß so einzusetzen, daß er die Früchte der Publicity und die Vorteile ernten konnte und alle trotzdem das bekamen, was sie wollten.

Aber wie konnte Robert Moses, der als Parkkommissar begonnen hatte, eine solche Fülle von Macht und Einfluß anhäufen? Zuerst sammelte er Posten, die ursprünglich von geringer Bedeutung schienen. In den Jahren nach dem zweiten Weltkrieg bekleidete Moses folgende Positionen, oft gleichzeitig: 1. Vorsitzender des Parkbeirats des Staates New York; 2. Vorsitzender der Parkkommission des Staates Long Island; 3. Vorsitzender der Parkstraßenverwaltung von Jones Beach; 4. Vorsitzender der Bethpage-Parkverwaltung; 5. Kommissar der Parkabteilung der Stadt New York; 6. Mitglied der Planungskommission der Stadt New York; 7. Vorsitzender der Triborough Brücken- und Tunnelbauverwaltung; 8. Bautenkoordinator der Stadt New York; 9. Vorsitzender der Elektrizitätsgesellschaft des Staates New York; 10. Präsident der Weltausstellung 1964–1965; 11. Direktor des Entwicklungsprojekts Lincoln Center Area und 12. Vorsitzender des Federal Title I Wohnbauprogramms. In all diesen Ämtern ging es um Bauten – und wenn gebaut wird, müssen Aufträge für die tatsächlichen Bauarbeiten vergeben, Versicherungspolizzen und Leistungsgarantien abgeschlossen und Anwälte und Banken eingeschaltet werden. Kurz: Es geht um riesige Summen öffentlicher Gelder. Darüber hinaus konnte Moses mit seinem Insiderwissen über die Trassenführung von Straßen oder den Abriß von Slums einen Bauunternehmer reich machen, wenn er ihm sein Wissen weitergab. Niemals in seiner ganzen Laufbahn tauschte Moses Informationen oder Aufträge gegen Geld für sich selbst – er hinterließ bei seinem Tod ein sehr kleines Vermögen – sondern er tauschte sie gegen Macht. Das Heer der Gewerkschaftsmitglieder, Baufirmen, Anwaltsbüros und Banker, die von seiner Großmut abhängig waren, war nur allzu gern bereit, ihm jeden Wunsch von den Augen abzulesen. Zumindest einige dieser Posten, etwa der bei der Triborough

Brückenverwaltung, brachten ihm direkte Kontrolle über Ressourcen – die Mautgebühren der Brücken und Tunnels und auch die Berechtigung, Schulden zu machen, die er dazu nutzte, riesige Kredite aufzunehmen. Da Moses so viele Posten mit so vielen verschiedenen Machtquellen innehatte, zögerten seine Gegenspieler, ihn in irgendeiner Position anzugreifen, weil sie wußten, daß er es ihnen auf einem anderen Schauplatz heimzahlen konnte. Sein Genie lag darin, daß er die Chance erkannte, die darin lag, die Ausgaben enormer Geldsummen für Parks, Straßen und Brücken zu kontrollieren und diese Entwicklungsressourcen dazu zu nutzen, eine im öffentlichen Leben noch nie dagewesene Machtfülle zu erlangen.

Die Parkverwaltung und der Kleine Kongreß hatten einige Dinge gemeinsam. Zu dem Zeitpunkt, an dem sie zum Aufbau von Macht genutzt wurden, waren sie politisches Hinterland, für das sich die Mächtigen kaum interessierten. Auf den Produktmärkten bedeutet eine effektive Strategie oft, dorthin zu gehen, wo es keine Konkurrenz gibt. Für den politischen Markt gilt dasselbe Prinzip: mit dem Aufbau einer Machtbasis beginnt man in einer Nische, die einem kaum jemand streitig macht. Wenn man dann in einer Organisation eine einflußreiche Position erlangt hat, überlegt man sich, wie man diese Organisation zur Schaffung gewichtigerer und substantiellerer Ressourcen benutzen kann. Dazu muß man sich überlegen, wie Ressourcen entstehen und wie man andere Akteure in ihren Bedürfnissen abhängig macht.

Ähnliche Abläufe finden auch in Unternehmen statt. Für einen uninformierten Beobachter ist es nicht offenkundig, daß bei einem Automobilhersteller die Finanzabteilung die einflußreichste Abteilung ist. Die Finanzabteilung konstruiert die Autos nicht, sie ist weder für das Design oder für Problemlösungen in der Herstellung noch für den Vertrieb oder den Verkauf zuständig. Und letzten Endes hat sich die Dominanz der Finanzabteilung für Unternehmen wie Ford und General Motors auch als ziemlich ungesund erwiesen.[5] In beiden Unternehmen gelangte sie deshalb an die Macht, weil es ihr als erster Abteilung gelang, sich die Kontrolle über die Prozesse von Planung, Budgeterstellung und Verfahrensforschung zu verschaffen und anschließend die anderen davon zu überzeugen, daß diese Funktionen von entscheidender Bedeutung für das Unternehmen seien. Als Ford in den 50er Jahren an die Börse ging und die Kartellgesetze zur selben Zeit Du Pont dazu zwangen, seine beträchtliche Beteiligung an General Motors zu verkaufen, argumentierte die Finanzabteilung, daß die Unternehmen sich um die Anleger bemühen müßten, um Kapital von außen anzulocken und die Aktienpreise zu halten.

Ressourcen können nahezu alles sein, was als wertvoll betrachtet wird – von Bauaufträgen über Presseartikel bis hin zur Kontrolle über Systeme und Analysen. Als Xerox einmal mit Produktionsverzögerungen, Qualitätsproblemen und beträchtlichen Budgetüberschreitungen zu kämpfen hatte, lautete die Antwort: Mehr Planung, mehr Budgets, mehr Revisionen und mehr Zeitpläne. Alle diese

Prozesse wurden von der Finanzabteilung oder von Personen in deren Dunstkreis kontrolliert.[6] Beim Werkzeugmaschinenhersteller Burgmaster Machine Tools hatte man das Problem, Maschinen zu bauen, die sich zu einem hohen Preis gut verkauften, und darüber hinaus gab es Probleme bei der Einhaltung der Lieferfristen. Man versuchte, das durch die Einführung ausgefeilter Materialplanungs- und Kostenkontrollsysteme in den Griff zu bekommen.[7] Diese Systeme wurden von Personen erstellt und implementiert, die größtenteils noch nie in ihrem Leben Werkzeugmaschinen gebaut oder eine Fabrik geführt hatten, und die Systeme schienen, zumindest in diesem Rahmen, mehr Schaden als Nutzen zu bringen. Trotzdem trug die Fähigkeit, einen Kreis von Außenstehenden für eine bestimmte Ressource zu interessieren, dazu bei, vergleichsweise Unwichtiges – Budgets, Systeme und Planungsrevisionen, nicht das produzierte und verkaufte Produkt – in eine entscheidende Ressource zu verwandeln. Und diese Verwandlung steigerte den Einfluß derjenigen Personen, die diese Ressource kontrollierten, enorm.

KONTROLLE ÜBER ZUTEILUNG UND EINSATZ DER RESSOURCEN

Der Anspruch auf Verfügung über Ressourcen ist eine wichtige Machtquelle, aber nur insoweit, als man diese Ressourcen und deren Einsatz auch tatsächlich kontrolliert. So wird beispielsweise der Staatssekretär für Sozialversicherung kaum zu den mächtigsten Beamten der Vereinigten Staaten gezählt. Trotzdem sind die Sozialversicherungsbeiträge eine der wichtigsten staatlichen Einnahmequellen, die Treuhandmittel der Sozialversicherung und die Frage der zukünftigen Finanzierung der Sozialversicherungsleistungen stehen in der politischen Tagesordnung an oberster Stelle, und – was vielleicht am wichtigsten ist – die Ausgaben für die Sozialversicherung sind einer der größten Ausgabenposten des Bundesbudgets. Ein weiteres Beispiel: In den Jahren 1984 und sogar noch 1985 kam bei Apple Computer ein Großteil der Umsätze und Gewinne aus der Abteilung, die den Apple II herstellte. Trotzdem war die Macintosh-Abteilung viel mächtiger als Apple II, wo die Mitarbeiterfluktuation aufgrund der schlechten Machtposition und des geringen Ansehens der Abteilung eklatant war. In vielen Unternehmen entfällt zwar ein Großteil der Ausgaben auf die Personalkosten, aber es kommt nur selten vor, daß die Personal- oder die Humanressourcenabteilung am mächtigsten sind.

In jedem Fall muß eine Abteilung beträchtliche Machteinbußen hinnehmen, wenn sie die ihr zugeteilten Ressourcen nicht kontrollieren kann. Die Leistungen der Sozialversicherung richten sich nach gesetzlichen Bestimmungen, und obwohl der Kommissar Herr über eine ausgedehnte Bürokratie ist, hat diese Organisation doch nur geringe Verfügungsgewalt über die riesigen Geldsummen, die durch ihre Kanäle fließen. Ähnlich verhält es sich bei den Humanressourcen- und Gehaltsabteilungen, die oft nur wenig Kontrolle über die Ausgaben für Gehälter haben; so entschloß sich die Apple II-Abteilung nicht dazu, die Kontrolle über die Umsätze und Gewinne aus diesem Gerät zu beanspruchen und auszuüben, wenn dies überhaupt möglich gewesen wäre. Damit Ressourcen zu einer Quelle der Macht werden, müssen mehrere Voraussetzungen erfüllt sein, aber eine der wichtigsten ist die Kontrolle darüber. Eine Ressource kontrollieren zu können, setzt mehrere Dinge voraus:

> Eine Voraussetzung für die Kontrolle über eine Ressource ist, sie zu besitzen . . . Allerdings . . . ist die Eigentümerschaft eine Form des indirekten Bestimmungsrechtes, und zwar insofern, als sie von einem soziopolitischen Begriff und einem durchsetzbaren sozialen Konsens abhängig ist . . . Eine weitere Grundlage für die Kontrolle über eine Ressource ist der Zugriff darauf. Es ist möglich, diesen Zugriff zu steuern, ohne eine Ressource zu besitzen . . . Eine weitere Voraussetzung für die Kontrolle über eine Ressource ist deren tatsächliche Verwendung und die Frage, wer die Verwendung kontrolliert . . . Schließlich hängt die Kontrolle auch von der Fähigkeit ab, Regeln aufzustellen oder Besitz, Zuteilung und Einsatz der Ressourcen durch andere Regelungen zu steuern und diese Regelungen auch durchzusetzen.[8]

Da es für die Erlangung von Macht so wichtig ist, Ressourcen nicht nur zu besitzen, sondern auch zu kontrollieren, erhebt sich in vielen Organisationen Heulen und Zähneknirschen, wenn es darum geht, wer das Verfügungsrecht über eine Ressource haben soll. In den Pionierzeiten der großen amerikanischen Firmen hatten die Vorarbeiter das Recht, Personal nach ihrem Gutdünken einzustellen und hinauszuwerfen, und sie setzten auch die Gehälter völlig willkürlich fest. Sie verwendeten ihre Kontrolle über eine überaus begehrte Ressource – Jobs – um Freunde und Verwandte zu bevorzugen und andere Personen, die auf der Suche nach einer gut bezahlten Beschäftigung waren, gelegentlich zu Bestechungen oder anderen Gefälligkeiten zu veranlassen. Die Arbeiter hatten oft das Gefühl, daß der Vorarbeiter seine Macht willkürlich und nach seiner Laune ausübte, und ihre Unzufriedenheit beschleunigte die Gründung von Gewerkschaften und anderen Formen der Gegengewalt.[9] Die Eigentümer andererseits machten sich Sorgen darüber, daß die Vorarbeiter ihr Entscheidungsrecht nicht unbedingt zum Vorteil des Unternehmens einsetzten. Der »Verkauf« von Jobs und hohen Gehältern kam den Vorarbeitern zugute, aber er führte dazu, daß die Mitarbeiter der Firma weder gut ausgebildet noch besonders motiviert waren. Diese Sorge führte zur Entwicklung einer Personalpolitik und der Installierung von Personalspezialisten, die Regeln und Vorschriften aufstellten, durch die das Entscheidungsrecht der Vorgesetzten der niedrigeren Ebenen beschnitten wurde.[10] Bis auf den heutigen Tag geht es in vielen Arbeitskämpfen um das Entscheidungsrecht über die Arbeitsvergabe – wie die Auftragsvergabe an Außenstehende – und um Disziplinarfragen. Die Entwicklung dieser sogenannten bürokratischen Kontrolle gab den Arbeitern mehr Sicherheit und Stabilität in ihrem Arbeitsleben und den Eigentümern eine effektivere Kontrolle über das Unternehmen. Die Vorarbeiter, die ihre Sonderprivilegien nicht verlieren wollten, leisteten anfangs heftigen Widerstand. Heute stehen die Vorarbeiter zwischen Eigentümern und Arbeitnehmern, und sie verdienen vergleichsweise weniger als am Ende des 19. Jahrhunderts.

Die gesetzlichen Regelungen für den öffentlichen Dienst machen es den Politikern schwerer, ihren Freunden Jobs zu vermitteln oder durch den Aufbau eines Netzes von Verpflichtungen Protektion auszuüben. Es überrascht daher nicht, daß die Einführung formalisierter Einstellungsverfahren sowohl im Staatsdienst als auch in privaten Organisationen oft bei denjenigen Personen auf heftigen Widerstand stößt, die aufgrund des neuen Systems das Entscheidungsrecht über die wichtige Ressource »Jobs« verlieren. Viele Jahre lang war der Generaldirektor der amerikanischen Post einer der mächtigsten Bundesbeamten. Die Post mit ihren über 750.000 Mitarbeitern war (und ist) einer der größten staatlichen Arbeitgeber Amerikas. Als man einen Job bei der Post noch durch Beziehungen bekam, verfügte der Generaldirektor über riesige Ressourcen und eine enorme Machtfülle.

Die Kontrolle über Räumlichkeiten ist eine weitere Ressource, durch die man große Macht erlangen kann. In einem Unternehmen haben die für die Gebäude und Anlagen zuständigen Personen, gemessen an ihrem formalen, hierarchischen Status, oft nicht viel Macht, aber sie sind aufgrund ihrer Kontrolle über große Baubudgets und die Zuteilung und Verwendung der Gebäude oft sehr einflußreich. Mir ist eine Organisation bekannt, die ihre Kosten zu senken beschloß, indem sie einen Gutteil ihrer administrativen Tätigkeiten aus dem Zentrum San Franciscos in die Vorstädte verlagerte. Natürlich sollte die Firmenzentrale, die Visitenkarte des Unternehmens, im Stadtzentrum verbleiben. Als die Zeit für den Umzug gekommen war, stellte sich heraus, daß nicht alle Abteilungen, die für den Verbleib im Zentrum ausersehen waren, tatsächlich Platz im Hauptgebäude hatten. Bei der Entscheidung, welche Funktionen in diesem Gebäude verbleiben und welche in gemietete Büros in irgendeinem anderen Stadtteil übersiedeln sollten, spielten die für die Gebäude zuständigen Personen eine wichtige Rolle.

Wie die Kontrolle über Räumlichkeiten eingesetzt werden kann, um Macht aufzubauen, wird sehr gut von den Maßnahmen illustriert, die Jim Wright ergriff, als er im Jahr 1986 Sprecher des Repräsentantenhauses wurde.[11] »Als erstes machte sich Wright daran, Besitz von seiner räumlichen Umgebung zu ergreifen.«[12] Der Sprecher des Repräsentantenhauses übte eine direkte oder indirekte Kontrolle über den dem Repräsentantenhaus zugeteilten Trakt des Kapitols aus, da er über alle Zimmer, Eingangshallen bis hin zum letzten Kasten sowie über fünf Bürogebäude auf dem Capitol Hill verfügte.

> Die Kontrolle über die Liegenschaften ist ein mehr als rein symbolischer Beweis für die Macht des Sprechers; sie bedeutet reale Macht, da Information Macht ist und sich die Nähe zu der Etage, in der sich der Sitzungssaal des Repräsentantenhauses befindet, auf den Informationsfluß auswirkt . . . Nur die Führung und die wichtigsten Ausschußvorsitzenden haben Büroräume im Kapitol selbst, in der Nähe des Sitzungssaals . . . Das Repräsentantenhaus befindet sich im zweiten Stock des Kapitols, und alle Büros bis auf eines in diesem zweiten Stockwerk . . . auf der gesamten Ostfront des Trakts der Kammer in diesem riesigen Gebäude mit der Länge eines ganzen Straßenzuges sind das Reich des Sprechers.[13]

Die früheren Sprecher hatten nicht all diese Räume kontrolliert, aber Wright, der entschlossen war, seine Macht auszubauen, faßte den Entschluß, dies zu tun. Er übernahm Räume, in denen zuvor das Büro des Fraktionsgeschäftsführers untergebracht gewesen war und »besetzte sie mit den Mitarbeiters des Politischen Lenkungsausschusses der Demokraten, also mit Leuten seines Vertrauens, die . . . zuvor in Räumen untergebracht gewesen waren, die eine Viertelmeile entfernt lagen.«[14] Wright übernahm auch Räume des Geschäftsordnungsausschusses – kurz, er achtete darauf, daß seine Untergebenen und die von ihm kontrollierten Funktionen in den Räumen untergebracht waren, die dem Sitzungssaal des Repräsentantenhauses am nächsten lagen. Er setzte die Ressource »Raum« zum Aufbau seiner Macht ein:

> All das – die Gebäude und die darin arbeitenden Menschen – verliehen der Person Wrights größeres Gewicht, dienten als Vorposten für Informationen und Betrieb, für Gedanken und Nachrichten, für Augen und Ohren. Sie waren die Grundfesten und Nervenfasern von Wrights Herrschaft.[15]

Als Moses unter Gouverneur Al Smith Kommissar für die Staatsparks von Long Island war, kontrollierte er außer den offiziell in seinen Bereich fallenden Ressourcen noch viele weitere. So gelang es ihm beispielsweise, einige Kontrolle über Mitarbeiter anderer Behörden auszuüben, weil Smith seine Parkprojekte unterstützte. Als Staatsbeamter hatte er Zugang zu Macht und Ressourcen des Staates, vor allem zu juristischen Ressourcen. Einer der Gründe dafür, daß er in Rechtsstreitigkeiten mit den Gegnern seiner Pläne meist die Oberhand behielt, lag darin, daß er die Verfahren hinauszögern und unendlich lang prozessieren konnte, da er die Anwaltsgebühren ja aus staatlichen Mitteln und nicht aus seiner eigenen Tasche bezahlte. Da für den Kampf gegen ihn andererseits persönliche Ressourcen aufgewendet werden mußten, ging seinen Gegnern bald die Luft aus, und sie gaben auf. Das Wichtige an den Ressourcen ist also, effektive Kontrolle über sie auszuüben; diese Kontrolle steht nicht immer in direktem Zusammenhang mit der Eigentümerschaft über die Ressourcen oder mit der offiziellen Verantwortung dafür. Darüber hinaus sind Menschen, die beim Aufbau und bei der Ausübung von Macht am effektivsten vorgehen, sensibel bezüglich der von ihnen kontrollierten Ressourcen, und sie setzen sie in ihrem Bestreben, ihre Vorhaben durchzusetzen, entschlossen ein.

Macht entsteht dadurch, daß andere von uns abhängig sind, und diese Abhängigkeit ergibt sich daraus, wie sehr andere die von uns kontrollierte Ressource benötigen, und wie viele Alternativen es für diese Ressource gibt.[16] Daraus ergibt sich eine weitere Strategie für den Aufbau von Macht – nämlich sicherzustellen, daß es zu wichtigen von uns kontrollierten Ressourcen keine alternativen Zugangsmöglichkeiten gibt. So besaßen früher zum Beispiel in vielen Unternehmen die EDV-Abteilungen aufgrund ihres Einflusses auf die Rechner- und Informationssysteme enorme Macht. Als dann die Buchhaltung und die Datenbanken auf Großrechner übertragen wurden und als der Betrieb dieser Rechnerressourcen und der Zugang zu ihnen von einer zentraler Stelle kontrolliert wurden, waren die EDV-Abteilungen von beherrschender Bedeutung, vor allem in Unternehmen, in denen die EDV und das Datenbankmanagement wichtig für den Erfolg waren. Mit der Einführung kleinerer, im Betrieb verteilter Rechnereinheiten in Form von PCs und Netzwerken verringerte sich die Macht der zentralen EDV-Einheiten. Aus diesem Grund wehrten sich die zentralen EDV-Abteilungen anfangs gegen die PCs, und als sie ihnen aufgezwungen wurden, versuchten sie, die Kontrolle über den Kauf von Hard- und Software zu behalten. Ein ähnliches Phänomen war in den Reprographieabteilungen zu beobachten, als Macht und Bedeutung der zentralen Kopiereinheiten durch kleinere, billigere Kopiergeräte beschnitten wurden. Interessant daran ist, daß weder der EDV- noch der Kopierbereich an Bedeutung verloren haben, sondern daß es vielmehr aufgrund technologischer Veränderungen nun alternative Möglichkeiten gibt, diese Aufgaben zu bewältigen, ohne sich dabei auf die Zentrale verlassen zu müssen, die diese Funktionen zuvor kontrollierte.

Wie Ressourcen wichtig werden

Wir haben bereits erwähnt, daß man Macht nicht einfach erlangt, indem man sich die Kontrolle über eine Ressource aneignet, sondern daß es auch nötig ist, den Ressourcen, die man kontrolliert, mehr Bedeutung zu verschaffen. Grundlegend für das Verständnis der Bedeutung von Ressourcen innerhalb einer Organisation sind die Budgetpolitik und das sozialpsychologische Phänomen der Verpflichtung. Diese Theorien helfen uns beispielsweise zu erklären, wie eine kleine Geldsumme, strategisch eingesetzt, beim Aufbau einer effektiveren Kontrolle über viel größere Ressourcenvorräte helfen kann.

Budgets haben die Tendenz zu wachsen. Der beste Indikator für das aktuelle Budget ist das des Vorjahrs – diese Erkenntnis bestätigt sich immer wieder, von staatlichen bis hin zu universitären Budgets.[17] Die Macht des Vorjahresbudgets ist tatsächlich so groß, daß sie zu eigenartigen organisatorischen Auswüchsen führt. So teilen beispielsweise die meisten Organisationen ihren Abteilungen ein Budget für Gehaltserhöhungen zu, normalerweise auf der Grundlage eines Prozentsatzes der aktuellen Gehälter. Innerhalb dieser budgetären Grenzen werden dann den verschiedenen Mitarbeitern der Abteilungen ihre Gehaltserhöhungen zuerkannt. Aber was geschieht, wenn die vom Unternehmen vorgesehene Summe für Gehaltserhöhungen nicht ausreicht, um all die ausgezeichneten Mitarbeiter einer bestimmten Abteilung adäquat für ihre Leistungen zu belohnen? In vielen Fällen ist die Begrenzung für Gehaltserhöhungen verbindlich. Wenn jedoch jemand neu in die Organisation eintritt, wird normalerweise die Erlaubnis erteilt, mit den Angeboten der Konkurrenz Schritt zu halten, vor allem, wenn es darum geht, ein zumindest gleich hohes Gehalt wie der letzte Arbeitgeber zu bezahlen. Auch wenn der Abteilung insgesamt budgetäre Schranken auferlegt sind, ist das hier nicht so häufig der Fall, und die Grenzen sind häufig weniger strikt gezogen. Das heißt, daß eine Abteilung, die ihren Mitarbeitern auf dem Wege der Gehaltserhöhungen Gehälter in einer bestimmten Höhe nicht zu bezahlen imstande wäre, neu eingestellten Mitarbeitern sogar höhere Gehälter bezahlen könnte, solange diese von außen kämen und zu den marktüblichen und konkurrenzfähigen Sätzen bezahlt würden. Einerseits deutet dies darauf hin, die Unternehmen seien in irgendeiner Art von Perversion eher darauf bedacht, Mitarbeiter anzulocken, als diese dann auch zu halten. Und dieser Schluß trifft wahrscheinlich teilweise zu. Aber es trifft eben auch zu, daß die Budgets nach ihrem Anstieg beurteilt werden, und irgendwie scheint eine 10%ige Gehaltserhöhung ein größeres Übel zu sein als dieselbe Summe, wenn sie für die Einstellung neuer Mitarbeiter von außerhalb des Unternehmens verwendet wird. Da das Vorjahresbudget so mächtig ist, gewinnt die Diskussion darüber, was nun im Grundbudget (im Gegensatz zu einem zeitweiligen Bonus, einmaligen Zuteilungen usw.) enthalten ist und was nicht, einige Bedeutung, und aufgrund der Macht gemeinsamer Interessen ist es unbedingt erforderlich, für eine kontinuierliche Erhöhung seiner Basis zu sorgen.

Für unsere Untersuchung ist die Tatsache wichtig, daß jede Einheit in einer Organisation ihre derzeitige budgetäre Grundausstattung als das absolute Minimum betrachtet, das sie akzeptieren kann. Kahneman und Tversky sind in ihrer Arbeit über Risiko und Entscheidungsfindung zu dem Ergebnis gekommen, daß eine Verringerung der aktuellen Budgetbasis als Verlust zu betrachten wäre und eine Steigerung als Gewinn.[18] Darüber hinaus zeigt die Arbeit, daß der Schmerz beim Verlust einer gegebenen Summe doppelt so groß wäre wie die Freude beim Gewinn derselben Summe. Gewinne und Verluste werden nicht in derselben Weise empfunden, und folglich ist es sehr schwierig, Ressourcen umzuverteilen – denn dies bedeutet ja, sie denjenigen wegzunehmen, die derzeit noch in ihrem Genuß sind. Aus diesem Grund besteht die einzige Möglichkeit, neuen Aktivitäten wachsende Ressourcen zuzuteilen, häufig darin, neue Ressourcen in das System einzubringen, deren Maß alle Erwartungen übersteigt. Man kann es auch so sagen: Es ist viel leichter, neue Ressourcen einzubringen als alte abzuziehen. Dies gilt immer, ob es nun um Gehälter, Personal oder Budgets geht.

Diese Beobachtung legt den Schluß nahe, daß die wertvollste Ressource jeder Organisation eine zusätzliche, noch nicht beanspruchte Ressource ist, die sodann zur Lösung der aktuellen Probleme der Organisation verwendet werden kann – der Probleme, die mit den derzeitigen Ressourcen aufgrund der Konflikte, die mit einer Reallokation einhergehen würden, nicht so leicht in Angriff genommen werden können. Bei meinen Studien über die Machtstrukturen in Universitäten bin ich wiederholt zu dem Schluß gekommen, daß staatliche Zuschüsse die besten Indikatoren für die Macht einer Abteilung sind, vor allem bei staatlichen Universitäten.[19] Dies ist selbst bei Organisationen der Fall, in denen Beihilfen und Aufträge gegenüber staatlichen Zuteilungen oder Einnahmen aus Studiengebühren nur einen kleinen Teil des Gesamtbudgets ausmachen. Der Grund dafür, daß Beihilfen und Aufträge so wichtig sind, liegt darin, daß sie Gemeinkosten abdecken in Form eines Anteils, der von der zentralen Administration abgezogen wird, bevor die Mittel an die eigentlichen Forschungsteams zur Durchführung ihrer Forschungsarbeiten weitergegeben werden. Dieser Gemeinkostenanteil ist natürlich frei verfügbar. Er steht zur Weiterverteilung an andere Einheiten zur Verfügung und ist daher für ein gut Teil der organisatorischen Ineffizienz verantwortlich. Aus demselben Grund freuen sich Universitäten viel mehr über freie Drittmittel als über zweckgebundene. Freie Mittel können von den Personen, die die Finanzen kontrollieren, nach deren Gutdünken für neue Initiativen eingesetzt werden. Die meisten Universitäten sehen es lieber, daß diese Entscheidungsgewalt der Verwaltung vorbehalten ist, anstatt einer externen Organisation oder auch nur einer universitätsinternen Abteilung. Die beste Quelle für ungebundene Mittel sind Stiftungen, vor allem, wenn sie aus Nachlässen oder aus Treuhandfonds kommen. Wenn eine Stiftung einmal eingerichtet ist, bietet sie eine Kapitalbasis, deren Kontrolle nicht länger dem Spender vorbehalten ist. Noch besser ist es, wenn die Mittel aus einem Nachlaß stammen, da eine Überwachung dann noch unwahrscheinlicher ist.

Aus diesem Grund ist es durchaus möglich, die Operationen einer viel größeren Einheit zu kontrollieren oder zumindest erheblich zu beeinflussen, solange man Kontrolle und Entscheidungsgewalt über eine Quelle hat, aus der wachsende Ressourcen sprudeln. Bevor ich aber Beispiele anführe, sollten wir uns mit dem zweiten Bestandteil der Ressourcenaufwendungen befassen, nämlich mit ihrem verpflichtenden Charakter. Wie die meisten von uns im Laufe ihres Lebens gelernt haben, wird bald zur Selbstverständlichkeit, was einmal Luxus war. Dasselbe Prinzip läßt sich auch auf Organisationen anwenden. Eine zusätzliche Geldquelle wird anfangs als Geschenk des Himmels empfunden, das zum Beispiel den Ankauf neuer Ausrüstung, die Einstellung zusätzlicher Mitarbeiter, die Inangriffnahme neuer Aktivitäten oder die Verwirklichung von Möglichkeiten gestattet, von denen man bis dahin nicht einmal zu träumen wagte. Aber bald – tatsächlich sehr bald – werden diese neuen Mittel und die mit ihnen finanzierten Ausrüstungen, Mitarbeiter, Aktivitäten und Initiativen als absolute Notwendigkeit betrachtet, ohne die die Organisation keinesfalls überleben könnte. Die Organisation wird, wenn man so will, süchtig nach diesen neuen Mitteln. Das bedeutet, daß die Person oder Organisation, von der diese zusätzlichen Gelder kommen, eine enorme Macht über die Empfängerorganisation erlangen kann. Diese Macht hält so lange vor, als der Spender die Entscheidungsgewalt über die Ressourcen behält.

Zwei Beispiele, eines aus dem Universitätsbereich und eines aus der Wirtschaft, sollen zur Veranschaulichung dieses Phänomens dienen. Das erste Beispiel zeigt, wie es der Bundesregierung gelungen ist, die relative Größe und Entwicklung der verschiedenen akademischen Lehrkörper zu beeinflussen. Eine Universität wie Stanford beispielsweise, die sehr forschungsorientiert ist, bestreitet rund 50% des jährlichen operativen Budgets aus Studiengebühren und, von Jahr zu Jahr schwankend, zwischen 20 und 30% aus Stiftungsfonds und jährlichen Spenden. Nur etwa ein Viertel des Budgets wird durch Bundeszuschüsse und Aufträge abgedeckt, wobei die Overheads offensichtlich einen noch geringeren Teil des Budgets ausmachen. Bei den meisten anderen Universitäten ist der Beitrag der staatlichen Forschung zum operativen Jahresbudget weitaus niedriger, und viele Universitäten haben überhaupt keine nennenswerten Forschungsbudgets. Wie Forscher schon vor einiger Zeit erkannt haben, deutet jedoch vieles darauf hin, daß die finanzielle Ungerechtigkeit, die durch die Bevorzugung bestimmter naturwissenschaftlicher Studienrichtungen (vor allem solcher, die mit der Landesverteidigung zusammenhängen) durch die Regierung gegenüber den Sozialwissenschaften und anderen naturwissenschaftlichen Zweigen entsteht, durch die interne Zuteilung nicht zweckgebundener Ressourcen eher verschlimmert als verbessert wird.[20] Darüber hinaus ist dieser Effekt auch bei Universitäten zu beobachten, die nahezu keine Bundesmittel bekommen. Di Maggio und Powell sprechen von mimetischer Isomorphie – ein hochgestochener Ausdruck für Imitation oder Nachahmung –, um zu beschreiben, wie Organisationen in institutionalisierten Umgebungen, in denen oft objektive Kriterien fehlen, ihre Entscheidungen treffen, indem sie einander nachahmen.[21] Große, angesehene und forschungsorientierte Universitäten dienen als sichtbare Modelle für andere, und folglich übt die Bundesfinanzierung – ein winziger Teil der Gesamtausgaben für höhere Bildung – einen überproportionalen Einfluß auf die internen Finanzierungsprioritäten und selbst auf die von zahlreichen wissenschaftlichen Bereichen gewählten Forschungs- und Entwicklungsinhalte aus.

Und dort endet der Einfluß nicht. Ursprünglich betrachtete die Bundesregierung ihre Unterstützung der universitären Forschung als einen Weg, die Forschungskapazitäten der Universitäten und damit die technologischen Grundlagen der Gesellschaft zu entwickeln und aufzubauen. Mit der Zeit setzte man den Einkauf von Forschung immer mehr dem Kauf irgendwelcher anderer Güter von einer externen Quelle gleich. Forschung wird heute als Beschaffungsproblem betrachtet, und das Ziel liegt darin, eine bestimmte Quantität und Qualität wissenschaftlicher Forschung zu einem möglichst geringen Preis zu erwerben. Folglich begann die National Science Foundation, die Gehaltssummen, die durch Stiftungen abgedeckt wurden, in einer Höhe von etwa $75.000 jährlich einzufrieren, und die Bundesbehörden begannen intensiv über die indirekte Kostendeckungsrate zu verhandeln, die bei Stiftungen und Aufträgen angewandt werden könnte. Die erste Grenze ist ein zusätzlicher Anreiz für die Universität, die Gehälter der Professoren zu begrenzen. Durch den zweiten Eingriff werden die Universitäten motiviert, ihre administrativen Overheads stark zu verringern. Folglich kündigte Stanford als Reaktion auf die Besorgnis über seine steigende indirekte Kostendeckungsrate im Frühling 1990 ein Budgetkürzungsprogramm im Umfang von 22 MillionenDollar an (bei einem Ausgangsbudget von etwa 175 Millionen Dollar). Der Lehrkörper hatte sich darüber beklagt, daß sich die Overheadkosten, die von der Universität festgelegt wurden und automatisch auf alle von der Universität vorgelegten Aufträge und Bundeszuschüsse umgelegt wurden, im Wettstreit um Forschungsmittel negativ auswirkten.

Ich bin kein Freund der administrativen Overheadkosten, und ich habe oft festgestellt, daß die Verwaltung bei geringem Wachstum des Lehrkörpers und gleichbleibenden Studentenzahlen enorm anschwoll. Das Interessante an diesem Schritt ist jedoch nicht, daß sich endlich irgendjemand Sorgen über die Größe des Verwaltungsapparates von Colleges und Universitäten zu machen begann, sondern daß Stanford (und zahlreiche andere Universitäten) durch den Druck der Regierung, der auf indirekte Weise durch die Verhandlungen über die Kostendeckungsrate ausgeübt wurde, zur Umstrukturierung und Neuorganisation ihrer internen Administration gezwungen wurden und dabei bisweilen auch Dienstleistungen für die Studenten gekürzt wurden. Auf diese Weise ist es möglich, durch die Kontrolle eines vergleichsweise geringen Anteils des Gesamtbudgets eine enorme, wenn auch oft indirekte, Hebelwirkung auf die Operationen und Budgets großer Institutionen zu erreichen.

Ein Beispiel aus der Wirtschaft ist OPM Leasing Services. Robert Gandossi ist Autor eines Buches, in dem er die umfangreichen Betrügereien beschreibt, die Myron Goodman und Mordecai Weissman von OPM Leasing begingen.[22] OPM (die Abkürzung für »Other People's Money« – Anderer Leute Geld) war eine Computer-Leasingfirma, die laut ihren Büchern von Anfang an nicht rentabel war. Zu dem Zeitpunkt, zu dem die Betrugsvergehen (sie erhielten z. B. Kredite von mehreren Banken für den Kauf ein- und desselben Computers im

Rahmen desselben Leasingvertrages und stellten OPM-Leasing als Leasing von tatsächlichen Computer-Leasinggebern dar) aufgedeckt wurden, »wurde OPM von neunzehn Finanzinstitutionen und etlichen ihrer Kunden betrügerischer Handlungen mit einer Schadenssumme von über 200 Millionen Dollar beschuldigt. Weitere 100 Millionen Dollar waren Schulden gegenüber Dritten, die sich aus dem Konkurs ergaben.«[23] Natürlich wird man sich wundern, wie eine so fragwürdige Institution so große Macht über ihre Wirtschaftsprüfer, Investmentbanker (darunter waren Lehman Brothers und Goldman, Sachs) und sogar über Kunden wie Rockwell International ausüben konnte. Diese Firmen verliehen OPM überhaupt erst Legitimität, und gaben folglich auch den Ausschlag dafür, daß OPM im Geschäft bleiben und weiterhin betrügerische Transaktionen tätigen konnte.

Das Muster war stets dasselbe: Zuerst wurde nach und nach eine Abhängigkeit erzeugt, die sich Schwachstellen in der anderen Organisation zunutze machten. Als OPM zum Beispiel 1975 mit dem Ansinnen an Goldman, Sachs herantrat, einen Kreditgeber für das Computerleasinggeschäft auszuwählen, befanden sich nicht nur Goldman, Sachs, sondern die gesamte Investmentbankbranche mitten in einem tiefgreifenden Umgestaltungsprozeß.[24] 1973 hatte die Investmentbank-Industrie 50 Millionen Dollar verloren, und der traditionelle Schwerpunkt auf Verkauf und Handel mit Wertpapieren verlagerte sich rapide auf Fusionen und Akquisitionen, in den Immobilienbereich und in die private Effektenplazierung. Zwischen Oktober 1975 und März 1987 »erhielten Goldman, Sachs nahezu 2,4 Millionen Dollar an Honoraren von OPM und . . . OPM wurde zu einem der größten Effektenplazierungskunden der Investmentbanker.«[25] Was als Einzeltransaktion begonnen hatte, entwickelte sich zu einer Beziehung, die OPMs Investmentbanker beträchtliche Einnahmen in einem wichtigen neuen Wachstumsmarkt bescherte.

Ein ähnliches Bild ergibt sich, wenn man das Verhältnis von OPM zu seinen Wirtschaftsprüfern untersucht. Die erste Wirtschaftsprüfungsfirma, Rashba & Pokart, hatte betrügerische Leasinggeschäfte entdeckt und sich geweigert, für das Jahr 1974 einen bestätigten Finanzbericht zu erstellen. Daraufhin wandte sich OPM an Fox & Company, die elftgrößte Wirtschaftsprüfungsfirma in den Vereinigten Staaten. »Zu diesem Zeitpunkt wollte Myron . . . ein großer Fisch im kleinen Teich sein . . . Es mußte also eine mittelgroße Firma sein, etwas unterhalb der ‘großen Acht› angesiedelt.«[26] Mit anderen Worten: OPM war auf der Suche nach einer Wirtschaftsprüferfirma, die groß genug war, um weitum Ansehen zu genießen, zugleich jedoch so klein, daß die Honorare einen erheblichen Teil ihrer Einnahmen ausmachen würden, wodurch man sich auf die Dauer Abhängigkeit versprach und die Bereitschaft, gewisse Transaktionen nicht allzu genau unter die Lupe zu nehmen. Von 1976 bis 1981 erhielt Fox von OPM mehr als 1 Million Dollar an Honoraren, »und die Leasingfirma wurde zu einem ihrer größten New Yorker Kunden.«[27]

Wie OPM seine Machtstrukturen aufbaute, können wir am deutlichsten an dem Beispiel eines seiner größten Kunden erkennen, Rockwell International. Das Unternehmen war Anfang der 70er Jahre durch eine Fusion von Rockwell Manufacturing und North American Aviation entstanden und führte in seiner Aufbauphase ein für Fusionsunternehmen typisches Kosteneinsparungsprogramm durch. Die Computerkosten wurden zu einem größeren Budgetposten, da sich die Weltraumaktivitäten der Firma, z. B. beim B1-Bomber, sehr stark auf Computer stützten. Rockwell hatte Sydney Hasin beauftragt, intern die Computerbeschaffungspraktiken des Unternehmens zu untersuchen. Aufgrund schlechter Leistungen in einer Tochtergesellschaft, die Informationssysteme herstellte, war sein Gehalt soeben gekürzt worden, also versuchte er einen Weg zu finden, um seinen Status im Unternehmen wieder aufzumöbeln. Er empfahl, die Computerausrüstung zu Kosteneinsparungszwecken nicht zu kaufen, sondern zu leasen, und OPM machte ihm Angebote, die zu gut klangen, um wahr zu sein. OPM bot Leasingverträge mit einer Kündigungsfrist von nur dreißig Tagen und mit einer Standardlaufzeit zwischen sieben und acht Jahren an, um die Zahlungen niedrig zu halten, und das bei einer Ausrüstung, die womöglich nach nicht einmal einem Jahr veraltet sein würde, wenn IBM eine neue Computerserie herausbrachte. »In einem Memo schrieb Hasin, daß Rockwell durch die Leasinggeschäfte mit OPM Einsparungen erzielen konnte, die um mindestens 760.000 Dollar höher lagen als beim Angebot des zweitgünstigsten Anbieters ... und gegenüber der vergleichbaren IBM-Miete für den Projektzeitraum eine Einsparung von nahezu 2,5 Millionen Dollar bedeuten würden.«[28] Man gab Hasin eine hübsche Belohnung für seine gute Arbeit und übertrug ihm immer mehr Verantwortung für den Computerbereich von Rockwell. Das Problem bei der Sache war nur, daß bei einem Leasingvertrag der Leasinggeber die letzte Sicherheit bereitstellt:

> Aber es war Rockwell, nicht OPM, die bei diesen Leasinggeschäften gegenüber den Kreditgebern haftete. Der Bank war es einerlei, welche Nebenvereinbarungen zwischen OPM und Rockwell getroffen worden waren, solange sie von Rockwell gemäß den Finanzierungsdokumenten bezahlt wurde ... Rockwell hätte sich mehr um die Zahlungsfähigkeit von OPM kümmern sollen.[29]

Nach Gandossis Meinung lag einer der Gründe, warum OPM so lange und in so großem Umfang betrügerische Geschäfte machen konnte, darin, daß die 70er Jahre als wirtschaftlich schwierige Zeit galten. »Die Firmen im Einzugsbereich von OPM waren von der schlechten Wirtschaftslage schwer in Mitleidenschaft gezogen. Ihre zunehmende Abhängigkeit von der Leasingfirma veranlaßte sie, die Ereignisse günstig oder neutral zu beurteilen oder einfach wegzusehen.«[30] In jedem Fall wurde das Abhängigkeitsverhältnis schrittweise aufgebaut, aber einmal gefestigt, bot es wie eine Sucht kaum mehr einen Ausweg.

Obwohl wir uns in den beiden letzten Beispielen auf Abhängigkeiten konzentriert haben, die über die Grenzen einer Organisation hinausgehen, gelten viele dieser Prinzipien auch für den Aufbau von Ressourcenabhängigkeiten innerhalb von Organisationen. Stabsabteilungen wie Unternehmensplanung, internes Consulting, Buchhaltung und Informationssysteme bieten ihre Dienste ohne interne Verrechnung an und unterstützen Projekte verschiedenster Art. Mit der Zeit nimmt die Abhängigkeit von diesen internen Ressourcen zu, und die betroffenen Einheiten erlangen Macht über die Kunden, so wie OPM Macht über die Firmen erlangte, die von ihr abhängig wurden.

Sehen Sie sich an, wie die Forschungsabteilung in einem Unternehmen wie Xerox Macht über Aktivitäten zur Entwicklung neuer Produkte erlangt. Die Forschungsabteilungen verfügen oft über mehr frei verfügbare oder ungebundene Ressourcen als die Marketing- und Entwicklungsabteilungen, die durch kontinuierliche Projekte in ihrem Bewegungsspielraum eingeschränkt sind. Einige Entwicklungseinheiten bei Xerox hatten sich schon bis zu zwei Jahre im voraus auf spezifische Projekte festgelegt. Dadurch wird es für solche Gruppen schwierig, ohne die Zuteilung neuer Ressourcen kurzfristig neue Projekte zu übernehmen. Bemühungen, die Forschungseinheiten zur Investition frei verfügbarer Mittel in gemeinsame Entwicklungsprojekte zu bewegen, zielen daher vielleicht nicht so sehr auf eine Zusammenarbeit mit der Forschungsabteilung ab, sondern stellen einen Versuch dar, finanzielle Mittel für Aufgaben aufzutreiben, die die Entwicklungseinheiten sonst nicht übernehmen könnten. Indem ein Unternehmen seiner Forschungsabteilung frei verwendbare Mittel zur Verfügung stellt, zwingt es also die anderen Einheiten, die Forschung stärker in die Entwicklung- und Marketingaktivitäten einzubinden.

FOLGERUNGEN FÜR DEN AUFBAU VON MACHT

Die bis jetzt behandelten Beispiele und Gedankengänge lassen recht klare Folgerungen in bezug darauf zu, wie man in Organisationen Macht und Einfluß gewinnt. Am wichtigsten ist es, sich Kontrolle über Ressourcen zu verschaffen, und offensichtlich verleiht die Neue Goldene Regel denjenigen Einheiten und Personen enorme Macht, die die Budgets und andere substantielle Ressourcen kontrollieren. Eine Studie der Gehälter von Lehrkörpermitgliedern ergab, daß Personen, die Zuschüsse und Aufträge brachten, sowohl höhere Gehälter erhielten, als auch größeren wirtschaftlichen Gewinn aus ihrer Forschungsproduktivität zogen als diejenigen, die über keine Finanzmittel von außen verfügten.[31] Diese Auswirkungen ergaben sich auch, wenn verschiedene andere Gehaltsdeterminanten untersucht wurden, was darauf hinweist, daß die Fähigkeit, Ressourcen einzubringen, eine autonome und wichtige Quelle der Macht ist.

Daneben ist es häufig möglich, Macht aufzubauen und auszuüben, indem noch brachliegende Ressourcen aufgespürt werden. Eher als durch das Ringen um Budgethoheit baut man Macht möglicherweise auf, indem man sich die operative Kontrolle über Einrichtungen, Ausrüstungen, Zeit und Zeitpläne, aber auch andere, noch weniger sichtbare Ressourcen erkämpft. Mit anderen Worten: Macht kann oft ausgebaut werden, indem man zu wenig genutzte Ressourcen entdeckt und sie für sich nutzt.

Ressourcen sind für die Entwicklung und Ausübung von Einfluß nur in dem Maße nützlich, in dem man das Verfügungsrecht über sie besitzt und die Abhängigkeit anderer von diesen Ressourcen verstärken kann. Um diesen zweiten Schritt durchführen zu können, ist es häufig erforderlich, Schritt für Schritt Verpflichtungen zu schaffen und zu erkennen, wie man die Ausgangsmöglichkeiten ausweiten kann, damit Ressourcen entstehen, welche für die Schlüsselpersonen, die man beeinflussen möchte, unerläßlich sind. Dazu muß man fähig sein zu erkennen, was für welche Klientel wichtig ist, welche derzeit ungenutzten Ressourcen verfügbar sind und wie man Abhängigkeitsverhältnisse aufbaut.

Auf der anderen Seite können wir uns auf diese Grundsätze stützen, um nicht von Ressourcen abhängig zu werden, die womöglich von Personen kontrolliert werden, denen wir nicht vertrauen, und um wachsam gegenüber der Macht zu sein, die andere möglicherweise aufbauen. Abhängigkeitsverhältnisse haben nicht nur im sozialen Leben ihren festen Platz, sondern natürlich auch in Organisationen. Im sozialen Interaktionsprozeß wenden wir uns immer an andere um Rat, Informationen und andere Ressourcen. Wenn wir aber auf die Abhängigkeitsmuster und die potentiellen Vorhaben der Mächtigen achten, können wir zumindest verhindern, von irgendwelchen Machtspielen überrascht zu werden.

VERBÜNDETE

Eine der wichtigsten Ressourcen für Mitglieder einer Organisation sind Verbündete oder Anhänger. Organisationen sind oft große, interdependente und komplexe Systeme, in denen man Vorhaben nur schwer auf sich allein gestellt durchsetzen kann. Man braucht loyale, vertrauenswürdige Verbündete, die einem bei der Durchführung der eigenen Pläne helfen. Das scheint eine Binsenweisheit zu sein, allerdings sehe ich nur allzu oft Manager aller Ebenen, welche die Bedeutung unterstützender Koalitionen mißachten und es daher verabsäumen, sich Verbündete zu schaffen. Bei der Auseinandersetzung mit diesem Thema sind folgende Fragen von Bedeutung: Wie findet man Koalitionspartner, wie baut man durch Einstellungs- und Beförderungsentscheidungen Allianzen auf, wie schafft man sich durch Bereitstellung von Ressourcen und Gefälligkeiten Verbündete, wie und warum können diese Verbündeten abhanden kommen, und mit welchen Konsequenzen müssen Manager rechnen, die nicht so viele Freunde haben, wie ihnen dies lieb wäre?

Die Nachfolge bei Nissan: Der Aufstieg von Kawamata

Ende der 40er und Anfang der 50er Jahre lag die japanische Wirtschaft bedingt durch den Krieg und seine Auswirkungen immer noch am Boden. Viele Führungskräfte der Industrie waren von den Alliierten aus ihren Positionen entfernt worden, viele Fabriken waren beschädigt und die Industrie lag großteils darnieder. Darüber hinaus hatten die Alliierten ein Beziehungssystem zwischen den Sozialpartnern nach amerikanischem Muster eingeführt, und eine energische Arbeiterklasse organisierte sich in mächtigen Gewerkschaften, die der geschwächten Industrie die Stirn bot.[32] Dies war die Situation, der sich Nissan gegenübersah. Der Firmengründer, Yoshisuke Ayukawa, war wegen der Rolle, die er bei der Kolonisierung der Mandschurei gespielt hatte, aus seiner Position entfernt worden. Mehrere andere Unternehmensführer teilten sein Schicksal. Die Führung der Fabriken lag in den Händen einer linkslastigen Gewerkschaft von Nissan-Arbeitern unter der Führung von Tetsuo Masuda.

Im Jahr 1947 sah sich der damalige Vorstandsvorsitzende von Nissan, Taichi Minoura, mit schwerwiegenden Problemen konfrontiert, für deren Lösung ihm die Mittel fehlten. Daher ersuchte er die japanische Industriebank, ihm einen Finanzfachmann zur Verfügung zu stellen. Die Bank entsandte den damals 42jährigen Katsushi Kawamata, der nicht nur keine Ahnung von der Führung einer großen Produktionsanlage hatte, sondern nicht einmal einen Führerschein besaß.[33] Er kannte sich allerdings mit Geld aus, und wie sich bald herausstellen sollte, wußte er sich auch Macht zu verschaffen, indem er Verbündete gewann. Durch seine Zusammenarbeit mit der Industriebank konnte er auf ein gewisses Maß an Einfluß zurückgreifen, da die Bank gemeinsam mit dem Außenhandels- und Industrieministerium großen Einfluß auf den industriellen Wiederaufbau Japans hatte. Bei seiner Kampagne gegen die Macht der Gewerkschaft konnte er auf die Unterstützung der Bank zählen, selbst wenn es galt, lange und gewalttätige Streiks »auszusitzen«. Die Bank konnte mit Hilfe ihrer Regierungskontakte eine Allianz mit anderen Produktionsunternehmen und Automobilherstellern aufbauen, die gewillt waren, ihm in seinem Kampf gegen die Gewerkschaft zur Seite zu stehen. Diese Unterstützung war besonders wertvoll, weil sie bedeutete, daß Kawamata nicht damit rechnen mußte, daß die Konkurrenz versuchen würde, während der Arbeitsunruhen Marktanteile an sich zu ziehen.

Kawamata begann mit dem Ausbau seiner Macht, indem er sich die Unterstützung der japanischen Industriebank gegen einen Streik verschaffte, der im Jahr 1949 nach der Entlassung von fast 2.000 Beschäftigten fast sicher schien.[34]

Auf den vierzigtägigen Streik antwortete das Management mit einer noch härteren Gangart, und durch einen Kredit in Höhe von 220.000 Dollar bei der Industriebank und zwei lokalen Banken gelang es Kawamata und Nissan, diese Geldinstitute noch enger an sich zu binden. Sie hatten ihn unterstützt und ihm Geld geliehen, nun würden sie auch zu ihm stehen müssen.

Als 1951 ein neues Vorstandsmitglied gewählt werden sollte, ergriff Kawamata Partei für Asahara, einen schwachen Mann, der ihm keinesfalls im Wege stehen würde. Beim weiteren Ausbau seiner Macht stützte sich Kawamata vor allem auf zusätzliche Allianzen, sowohl im Unternehmen als auch außerhalb.

> Kawamata ließ alle Welt wissen, daß er die Bank war und daß die Bank Macht über das Unternehmen hatte . . . Bald machte sich Kawamata daran, seine eigenen Leute zu installieren. Die jungen Manager hatten eindeutig das Gefühl, daß sich ein Team um Kawamata bildete . . . er begann, Rundgänge durch die Fabrik zu machen und den Arbeitern, die sich zu Überstunden bereit erklärten, kleine Geldgeschenke zu überreichen . . . Diese Führungspersönlichkeit ließ die Untergebenen spüren, daß er der wichtigste Mann war.

Um seine Stellung im Unternehmen weiter zu festigen und die Macht der Gewerkschaft zu brechen, entwickelte Kawamata eine brillante Strategie. Er griff die alte Gewerkschaft nicht einfach an, sondern er unterstützte die Gründung einer zweiten Konkurrenzgewerkschaft, die er förderte und dadurch zu seinem Verbündeten machte:

> Als Kawamata nach einer zweiten Gewerkschaft Ausschau hielt, hatte sich bei Nissan gerade eine unter der Führung eines Mannes namens Masaru Miyake formiert. Irgendwie hatte Kawamata nach einem Mann wie Miyake gesucht, und umgekehrt war es genauso. Sie fanden einander im Frühling 1953.[36]

Hinter den Kulissen von Kawamata unterstützt, bauten Miyake und sein Verbündeter Ichiro Shioji eine starke Gewerkschaft auf und erdrückten die Gewerkschaft Masudas. Durch diese erfolgreiche Strategie katapultierte sich Kawamata in eine Position, in der er die Kontrolle über Nissan übernehmen konnte:

> Bis zum Streik war er bei Nissan eine etwas einsame Gestalt gewesen, ein von der Bank gesandter Außenseiter . . . Aber wie sich herausstellte, war es Kawamata gelungen, eine Gewerkschaft zu zerschmettern und gleichzeitig . . . die ganze Firma unter seine Kontrolle zu bringen. Seine Machtbasis war die Miyake-Gewerkschaft . . . sie waren Gewerkschaftsführer, aber auch Manager der mittleren Ebene, deren Ehrgeiz im Managementbereich lag . . . Ihre Loyalität galt in hohem Maße Kawamata. Manche waren von ihm

> ermutigt worden, der Gewerkschaft beizutreten, andere hatten sich selbst an ihn gewandt ... Nun begann Kawamata, wichtige Jobs in allen Unternehmensbereichen mit ihnen zu besetzen. Sie bildeten einen Kader, der in erster Linie ihm gegenüber loyal war.[37]

Kawamata gelang es, seine Position jahrelang aufrechtzuerhalten, indem er seine Allianz mit Shioji beibehielt, und dieser hielt seinerseits mit Hilfe der Allianzen mit dem Nissan-Management seine Machtposition in Gewerkschaft und Unternehmen. Beide Seiten erhielten ihre Macht aufrecht und genossen deren Früchte als Gegenleistung dafür, daß sie dem anderen, manchmal auch im geheimen, hilfreich zur Seite standen.

Aus der Geschichte des Aufstiegs von Kawamata bei Nissan lassen sich viele wertvolle Erkenntnisse darüber ziehen, wie man sich Verbündete schafft. Eine der wichtigsten Voraussetzungen dafür ist, andere Personen mit gemeinsamen Interessen ausfindig zu machen und langfristige Beziehungen zu ihnen aufzubauen. »Koalitionen halten sich oft über lange Zeit, da beide Parteien gleichermaßen ein Interesse an ihnen haben. Geschäfte sind dagegen einmalige Transaktionen, die keiner Seite irgendwelche Verpflichtungen für die Zukunft auferlegen.«[38] Kawamata erkannte diesen Unterschied, und so wurde sein meisterhafter Umgang mit Koalitionen zur Quelle seines Erfolgs im Unternehmen.

Wie man sich durch Ernennungen und Beförderungen Verbündete schafft

Eine der Methoden, wie wir uns Verbündete und Koalitionen schaffen können, besteht darin, den Personen, mit denen wir Bindungen eingegangen sind, zu Machtpositionen zu verhelfen. Diese Bindungen können sich aus früheren Arbeitsverhältnissen oder davon herleiten, daß diese Personen ihre Jobs und Positionen der Tatsache verdanken, daß sie von uns eingestellt oder befördert wurden. Obwohl wir geneigt sind zu glauben, daß der Einstellungs- und Beförderungsprozeß vor allem auf objektiven Faktoren beruht, wissen ehrgeizige Manager sehr gut, wie wichtig es ist, daß die Firma großflächig mit Leuten durchsetzt ist, die ihnen zu Dank verpflichtet sind.

Als Nabisco mit der von Ross Johnson geleiteten Firma Standard Brands fusionierte, machte sich Johnson daran, seine Macht in der neuen Organisation zu konsolidieren. Er achtete darauf, seine Leute in einflußreichen Positionen unterzubringen, auch wenn er offiziell nicht Vorstandsvorsitzender war:

> Johnson ernannte den Standard Brands-Mann Dean Posvar zum Planungsdirektor, ein Job, in dem Posvar – und damit Johnson – für die Durchführung von Aufsichtsratsitzungen zuständig war; auf diese Weise hatten Johnsons Mitstreiter die Möglichkeit, die Diskussionen des Aufsichtsrates festzulegen und damit zu kontrollieren. Johnsons alter Mitstreiter Mike Masterpool

übernahm die Öffentlichkeitsarbeit und verschaffte sich damit die Kontrolle über die hinausgehenden Informationen, während Posvars Planungssgruppe und der Finanzapparat den internen Informationsfluß regelten ... Innerhalb von drei Jahren waren einundzwanzig der vierundzwanzig Top-Manager des Unternehmens Standard Brands-Leute.[39]

Als Jim Wright seine Macht als Sprecher des Repräsentantenhauses zu konsolidieren begann, benutzte er dazu Ernennungen und Neueinstellungen. Seine eigenen Mitarbeiter wählte er vor allem nach dem Gesichtspunkt der persönlichen Loyalität und nicht nach ihrem intellektuellen Potential oder anderen Fähigkeiten:

> Wright betrachtete seine Mitarbeiter als verlängerten Arm seiner selbst und nicht als Berater ... Loyalität war die wichtigste Voraussetzung, um eingestellt zu werden. Tatsächlich verfügte nur einer seiner leitenden Mitarbeiter über eine abgeschlossene vierjährige Collegeausbildung.[40]

Er achtete auch darauf, daß die von ihm bestellten Ausschußmitglieder wußten, wem sie ihre Jobs zu verdanken hatten. So kontrollierte er beispielsweise Ernennungen in Ämter des mächtigen Geschäftsordnungsausschusses:

> Der Geschäftsordnungsausschuß war einer der drei »exklusiven« Ausschüsse. Das bedeutete, daß seine Mitglieder nur in diesem Ausschuß arbeiteten. Jeder, der daraus entfernt und in einen anderen versetzt wurde, verlor todsicher an Status ... einige Tage vor der Vorbesprechung, bei der Wright die Mitglieder des Geschäftsordnungsausschusses formell ernennen sollte, gab er ein Essen für demokratische Ausschußmitglieder. Er erklärte, daß er beabsichtige, den Ausschuß als Werkzeug zu benutzen, und daß er manchmal Gehorsam einfordern würde. Dann sagte er: »Ich nehme an, Sie wollen alle wiederbestellt werden.«
>
> Einen Augenblick lang herrschte Stille. Sie würden nicht mehr vergessen, wer sie ernannt hatte.[41]

Wright ernannte auch Mitglieder anderer Ausschüsse, brachte seine Verbündeten in anderen Führungspositionen unter und »nahm Ernennungen von Mitgliedern von mehr als hundert Ausschüssen vor. Jede Ernennung hatte ihren Zweck und diente seiner Sache. Es waren die kleinen Details, auf denen seine Macht beruhte.«[42]

Sehr ähnlich war auch die Vorgangsweise der Finanzabteilung von General Motors, als sie in den späten 50er Jahren ihre Machtposition mit Hilfe eines Systems ausbaute, das John De Lorean die »Beförderung eines nicht naheliegenden Kandidaten« nannte:

> Dabei wird jemand ernannt, der eigentlich gar nicht als Bewerber für den Posten gilt. Durch eine solche Vorgangsweise kann man nicht nur »den

> Mann seiner Wahl« in die gewünschte Position hieven, sondern man sichert sich auch seine immerwährende Loyalität, da er einem sein Leben in der Firma verdankt. Der »nicht naheliegende Kandidat«, der nichts aufzuweisen hat, was ihn als beförderungswürdige Führungskraft auszeichnen würde, wird stets ein ergebener Gefolgsmanm des Systems sein . . . Sobald sich ein durch das System beförderter Manager in einer Machtposition befindet, wird er unsicher, weil ihm bewußt oder unbewußt klar ist, daß es nicht seine Managementfähigkeiten und seine Kenntnis des Unternehmens waren, denen er diese Position zu verdanken hat.[43]

De Lorean beschreibt detailliert, welche Rolle die Loyalität spielt und wie Führungskräfte »nicht naheliegenden Kandidaten« zu Amt und Würden verhalfen, um einen Kader loyaler, dankbarer Verbündeter in Schlüsselpositionen des Unternehmens zu installieren. Eine vor einigen Jahren durchgeführte Studie ergab, daß die Ernennung einer von außen kommenden Führungskraft von größeren Umwälzungen in den oberen Etagen begleitet wird als eine Besetzung der Spitzenposition mit einem Mitarbeiter der Firma.[44] Genau dieses Ergebnis ist auch zu erwarten, denn der Outsider will und muß naturgemäß seine eigenen Leute unterbringen.

Wie man sich durch Gefälligkeiten Verbündete schafft

Verbündete gewinnt man nicht nur, indem man seine Leute an strategisch wichtigen Positionen unterbringt. Man sollte auch solchen Personen Gefälligkeiten erweisen, deren Unterstützung man sucht und braucht. Hier geht es darum, sich das Prinzip der Gegenseitigkeit zunutze zu machen, welches besagt, daß wir verpflichtet sind, uns für Gefälligkeiten, Geschenke, Einladungen und so weiter erkenntlich zu zeigen.[45] Dies ist eine wichtige Norm für das gesellschaftliche Leben, denn sie trägt zur Vereinfachung der zwischenmenschlichen Angelegenheiten über die Zeit hinweg bei. Daß sich diese Norm herausbildete, bedeutete, daß jemand einem anderen solche Dinge wie Nahrung, Unterkunft oder Hilfe zur Verfügung stellen kann, ohne sich Sorgen machen zu müssen, daß ihm Ressourcen verloren gehen könnten, da für die Gegenleistung gesorgt war. So wurde ein günstigeres Klima für Zusammenarbeit und Austausch geschaffen, das der größeren Gemeinschaft zugute kam.

Man sollte das Prinzip der Gegenseitigkeit allerdings nicht mit direkteren Austauschbeziehungen verwechseln. Wenn ich Ihnen Geld gebe und dafür ein Produkt wie beispielsweise einen Staubsauger bekomme, so beruht dies nicht auf dem Gegenseitigkeitsprinzip, sondern es handelt sich dabei um eine Markttransaktion. Wenn Robert Moses also den mächtigen republikanischen Politikern von Long Island Aufträge und Insiderwissen im Tausch gegen Unterstützung für seine Parkprojekte bot, ging es um einen direkten Tausch.[46] Wenn man sich aber durch das Prinzip der Gegenseitigkeit Verbündete schafft, kommen folgende Faktoren dazu: 1. die Gefälligkeiten werden vom Begünstigten nicht eingefordert und oft nicht einmal gewünscht; 2. das Ausmaß der entstehenden Verpflichtung ist zu dem Zeitpunkt der Gefälligkeit nicht definiert; 3. aus diesem Grund entsteht durch die Gefälligkeit keine spezifische Erwartung (wie eine Wählerstimme im Tausch gegen Geld), sondern eine diffuse, allgemeine Verpflichtung.

Als Ross Johnson stellvertretender Vorstandsvorsitzender von Nabisco war, war Robert Schaeberle Vorstandsvorsitzender. Johnson bestand nicht nur darauf, daß die Firma die Mitgliedsbeiträge beim Country Club für Schaeberle bezahlte, sondern er sorgte auch dafür, daß Schaeberle ein teures Auto zur Verfügung gestellt wurde, und forderte hohe Gehälter für Schaeberle und sich selbst. Johnson »ordnete sich Schaeberle in jeder Beziehung unter und sprach ihn bei allen Sitzungen unterwürfig mit ›Herr Vorsitzender‹ an . . . Johnson spendete der Pace University 250.000Dollar, um einen Robert M. Schaeberle-Lehrstuhl für Rechnungswesen einzurichten.«[47] Obwohl die Einrichtung des Lehrstuhls und das neue Forschungszentrum, das Johnson auf den Namen »Robert M. Schaeberle Technology Center« taufte, von der Firma bezahlt wurden, »war Schaeberle gerührt«.[48] Johnson erhielt den Titel eines Vorstandsvorsitzenden von Nabisco.

Ähnlich beruhte auch die Fähigkeit William Agees, aus dem Kampf mit einer ihm feindlich gesinnten Gruppe von Aufsichtsräten siegreich hervorzugehen, auf sozialen Bindungen zu anderen Aufsichtsräten und den Gefälligkeiten, die er ihnen erwiesen hatte.

> Das Anwaltsbüro von Jack Fontaine, Hughes, Hubbard & Reed, erhielt 1981 von Bendix beinahe 600.000 Dollar an Honoraren. Jonathan Scott . . . ist ein alter Bekannter von Agee aus Iowa, und Agee saß gemeinsam mit Scott im Aufsichtsrat von A&P. Hugo Uyterhoeven, 50, ein Professor der Harvard Business School . . . erhielt 1980 von Bendix Direktoren- und Beratungshonorare von mehr als 40.000 Dollar. In Anbetracht der durchschnittlichen Leistungen von Equitable schien Eklund (der Vorstandsvorsitzende) jedwede Unterstützung zu benötigen . . . Inzwischen sitzt Agee in verschiedenen Equitable-Aufsichtsratsausschüssen, einschließlich des Gehaltsausschusses, wo die Pensionspakete für die scheidenden Führungskräfte des Unternehmens ausgehandelt werden.[49]

Im Gegensatz zu Agee und Johnson, die ihre Verbündeten durch Gefälligkeiten bei der Stange hielten, vermied Tylee Wilson alle Gefälligkeiten für Aufsichtsratsmitglieder, während er Vorstandsvorsitzender von RJ Reynolds Industries war. Das machte ihn nach der Fusion von Nabisco und Reynolds verwundbar gegenüber den Versuchen Johnsons, ihn zu stürzen. Paul Sticht, der frühere Vorstandsvorsitzende von Reynolds, war zum Beispiel Aufsichtsratsmitglied:

> Auch nach seiner Pensionierung war Sticht immer noch ein mächtiges Aufsichtsratsmitglied – vielleicht das mächtigste überhaupt . . . Wilson setzte alles daran, ihn kaltzustellen. Stichts Leben spielte sich großteils in Firmenflugzeugen ab. Wenn Wilson das Gefühl hatte, daß die Reisen privater Natur waren, sorgte er dafür, daß Sticht sie selbst bezahlen mußte. Ein pensionierter Vorsitzender hatte das Recht auf ein Büro . . . und Sticht bekam auch eines – aber in der alten Zentrale in der City.[50]

Die anderen Aufsichtsräte wurden von Wilson nicht viel besser behandelt. Vernon Jordan, ehemaliger Leiter der Urban League, war nun in eine große Washingtoner Anwaltskanzlei eingetreten. Als er auf mehr juristische Aufträge drängte, »antwortete Wilson kühl, daß er als Nicht-Jurist nicht beurteilen könne, ob irgendwelche passenden Aufträge vorhanden seien. Er verwies Wilson an den Hauptanwalt von Reynolds.«[51] John Macomber, Vorstandsvorsitzender von Celanese, war ebenfalls Aufsichtsrat. Obwohl Reynolds jährlich etwa 25 Millionen Dollar für Zigarettenfiltermaterial bezahlte, forderte Macomber ein noch größeres Volumen. Wilson wies ihn ab. Als es schließlich zur Konfrontation mit Ross kam, mußte Wilson erkennen, daß er nur wenige Freunde im Aufsichtsrat hatte. Johnson hatte sich aufgrund der Gefälligkeiten, die er seinen Kollegen erwiesen hatte, ein Netz von Affinität und positiven Verpflichtungen geknüpft. Da sich Wilson immer dagegen gesträubt hatte, anderen Gefälligkeiten zu erweisen, stand er in diesem politischen Wettkampf weitgehend allein.

Es ist leicht, den Aufbau eines Unterstützungsnetzwerks durch gezielte Einsetzung, Beförderungen oder persönliche Gefälligkeiten als irgendwo sittenwidrig oder zumindest unpassend zu bezeichnen. Eine solche Sichtweise ist jedoch zumindest einseitig. Wenn man in einer Organisation Macht zu erlangen und auszuüben sucht, so will man damit etwas bewirken. Die Natur einer Organisation – ein unabhängiges, komplexes System mit vielen Akteuren und vielen verschiedenen Standpunkten – bringt es zwangsläufig mit sich, daß es oft schwierig ist, etwas durchzusetzen. Wenn Mängel bei der Implementation auftreten, so bedeutet dies fast immer, daß es keine erfolgreichen Koalitionen gibt. Obwohl Netze von Verbündeten natürlich auch mißbraucht werden können, sind sie dennoch unerläßlich, wenn man etwas erreichen will. Es ist von entscheidender Bedeutung, sich mit allen verfügbaren Mitteln Verbündete zu schaffen.

Wie Verbündete verloren gehen

Wie wichtig Verbündete sind, kann man unter anderem anhand solcher Fälle erkennen, in denen die Manager nicht die erforderlichen Schritte setzten, um Unterstützungskoalitionen aufzubauen und aufrechtzuerhalten. In den meisten

Fällen führte dieses Versäumnis dazu, daß die betroffenen Manager ihre Posten verloren. Eines wissen wir mit Sicherheit: Wenn eine Führungskraft ihren Posten in einer Organisation verliert, gehen der Organisation Wissen, Erfahrung und Fähigkeiten des Betroffenen verloren. Einfach ausgedrückt bedeutet das, daß Sie, wenn Sie etwas erreichen wollen, Ihren Job auch behalten müssen. Und dazu brauchen Sie Unterstützung in Ihrer Firma.

Steve Jobs, Mitbegründer und über lange Zeit Vorsitzender und technischer Leiter von Apple Computer, war nicht nur ein technischer Visionär, sondern er besaß auch die Fähigkeit, andere zu motivieren. Aber diese Fähigkeiten gingen seiner Firma verloren, als er zum Rücktritt gezwungen wurde. In diese Situation war er hauptsächlich durch seine eigene Arroganz und seine Unfähigkeit oder Abneigung gekommen, sich Unterstützung in der Firma und vor allem im Aufsichtsrat zu sichern:

> Während einige der Aufsichtsräte . . . ein väterliches Interesse an Steve zeigten, war seine ohnehin durch Ruhm und Geld komplizierte Beziehung zu ihnen alles andere als eine Sohn-Vaterbeziehung. Er war mindestens zwanzig Jahre jünger als alle anderen, ausgenommen Markkula und Sculley . . . Er hörte auf ihren Rat; aber in strategischen Fragen . . . machte er, was er wollte. Darüber hinaus gab er sich niemals Mühe, die Beziehung zu ihnen zu pflegen, ihnen zu schmeicheln oder sich in ihre Gruppe zu integrieren . . . Es gelang ihm irgendwie, in ihrer Gegenwart gehemmter zu sein als er dies gegenüber den meisten anderen Leuten war.[52]

Oft liegt das Problem im Ego begründet. Um etwas erreichen zu können, muß man sich häufig ein wenig aus dem Scheinwerferlicht zurückziehen. Menschen, denen dies schwerfällt, haben oft Probleme beim Aufbau von Koalitionen. Man braucht nichts weiter zu tun, als die Frage zu stellen: »Möchten Sie mit mir zusammenarbeiten, mir bei meinem Projekt helfen und meinen Erfolg erreichen, oder möchten Sie lieber mit einer Gruppe ein kollektives Ziel erreichen und den Erfolg teilen?« Die meisten Kollegen möchten, daß ihr Ego bestätigt wird und freuen sich, wenn man sie miteinbezieht, an Erfolgen teilhaben läßt und ihnen das Gefühl gibt, wichtig und in einer sicheren Position zu sein.

Peter Peterson kam 1973 zu Lehman Brothers und stieg innerhalb einiger Monate zum geschäftsführenden Gesellschafter auf. Seine große Fähigkeit bestand darin, der Firma neue Geschäfte zu verschaffen, und er führte Lehman in unerreichte Höhen. Allerdings tat er kaum etwas dazu, innerhalb der Firma, vor allem bei seinen Partnern, Allianzen aufzubauen, und so war er angreifbar, als es zu einem Machtkampf mit Lew Glucksman kam:

> Peterson, der seinen Kunden alle Aufmerksamkeit entgegenbrachte, ließ diese gegenüber seinen Partnern meist vermissen. Seinen Untergebenen

> gegenüber war er viel zugänglicher ... Er scheute nicht davor zurück, seine Partner zu jeder Tages- und Nachtzeit anzurufen, sie in seinem Oldsmobile mit dem Chauffeur an die Wohnperipherie bringen zu lassen und sie dann stehenzulassen, während er telefonierte oder ein Memo durchging. Viele seiner Partner empfanden ihn als egozentrisch, hochmütig, gefühllos und gleichgültig ...
> Peterson ist ein Mann von vielen Talenten, aber nur wenige seiner Partner würden sagen, daß Sensibilität gegenüber Menschen zu diesen Talenten zählt. Es war ihm nicht bewußt, daß viele seiner Partner, einschließlich derjenigen, denen er sich nahe fühlte, ihn zwar respektierten, aber nicht mochten. Sie waren der einseitig geführten Gespräche einfach überdrüssig.[53]

Vergleichen Sie nun Petersons Verhalten mit dem Katsuhi Kawamatas oder Ross Johnsons, die beide darauf bedacht waren, Unterstützungskoalitionen aufzubauen und aufrechtzuerhalten. Ansehen, Kompetenz und Intelligenz reichen einfach nicht aus. Man braucht Freunde und Verbündete, um Implementationen in all ihren Details, welche die Kapazitäten einer Person oft übersteigen, erfolgreich durchführen zu können. Man braucht auch Verbündete, um Angriffe von Machtrivalen abwehren zu können. Wenn man etwas bewirken will, ist es unerläßlich, Unterstützungskoalitionen aufzubauen und Ressourcen aufzuspüren und zu entwickeln. Verbündete und Ressourcen sind wichtige Quellen der Macht und sollten als solche nicht verschwendet werden.

6

Die Position im Kommunikationsnetzwerk

Ein altes Sprichwort besagt, daß Wissen Macht ist. Dies trifft sicherlich auf Organisationen zu. Das Wissen, das in Organisationen Macht schafft, schließt nicht nur technisches Wissen über den Arbeitsprozeß an sich ein, sondern auch die Kenntnis des sozialen Beziehungssystems der Firma. Ob jemand über das soziale Geflecht Zugang zu Informationen hat, hängt davon ab, welchen Platz er in den Netzwerken der Kommunikation und der sozialen Interaktion einnimmt. Personen, die im Kommunikationsnetz an zentraler Stelle sitzen, sind meist auch die mächtigsten und einflußreichsten. Auch über wertvolle soziale Verbindungen innerhalb der Organisation zu verfügen, ist von Vorteil. Es heißt, daß mächtige Leute mächtige Freunde haben, einerseits, weil sie Ratschläge und Hilfe anbieten können, andererseits, weil wir aus der Beobachtung anderer lernen. Wir können also sagen, daß sich Macht aus der Position einer Person in den Kommunikations- und Sozialbeziehungsnetzwerken ergibt, wobei diese Position nicht einfach nach der Zentralität ihrer Lage in der Struktur bewertet wird, sondern auch nach der Macht der Menschen, mit denen man in Verbindung steht.

Die Positionsbestimmung in der Kommunikationsstruktur ist sowohl von theoretischer als auch von praktischer Bedeutung. Über die Zentralität in Netzwerken wurden zahlreiche verschiedene Theorien aufgestellt. So beschreibt Freeman drei miteinander in Beziehung stehende Konzepte der Zentralität: Zwischenposition, Verbundenheit und Nähe oder enge Verbundenheit.[1] Die Zwischenposition ist ein besonders aussagekräftiger Indikator der Informationskontrolle; sie zeigt, wo sich ein Akteur zwischen zwei anderen Personen auf dem sie verbindenden Kommunikationsweg befindet. Verbundenheit beschreibt einfach, mit wievielen anderen Akteuren man in Kontakt steht; dieses Konzept dient nur zur Bemessung der Kommunikationsaktivitäten und nicht der Zentralität einer Person im Netzwerk. Die Nähe schließlich mißt die Distanz zwischen der zentralen Person und allen anderen Personen des

Kommunikationsnetzes anhand der kürzesten zwischen ihnen bestehenden Verbindungswege. Die Nähe beschreibt, welche Mitglieder einer Gruppe von Personen alle anderen mit der geringstmöglichen Anzahl von Schritten erreichen können, und Freeman meint, daß Nähe als Indikator für Unabhängigkeit zu betrachten ist, da jemand, der allen anderen im Kommunikationsnetz nahe ist, in seinem Zugang zu diesen anderen Akteuren nicht so leicht von jemand anderem kontrolliert werden kann.[2]

FORSCHUNGSERGEBNISSE ÜBER KOMMUNIKATIONSSTRUKTUREN

Man weiß schon seit langem, daß die Position im Kommunikationsnetzwerk von großer Bedeutung ist. Dieses Thema wurde vor einiger Zeit von Bavelas und Leavitt in einer Studie untersucht.[3] Bei diesen frühen Experimenten stellte man Personen in eine vom Versuchsleiter geschaffene Kommunikationsstruktur. Einige übliche Strukturen werden in Abb. 6-1 gezeigt. Dabei wurden die Auswirkungen dieser Strukturen auf die Fähigkeit der Gruppe zur Aufgabenlösung sowie auf den Einfluß verschiedener Gruppenmitglieder untersucht. Die Ergebnisse zeigten, daß 1. die zentralisierteren Strukturen eine effizientere Bewältigung gutstrukturierter Aufgaben ermöglichten, während Multikanalnetzwerke besser für unstrukturierte Aufgaben geeignet waren; und 2. die Person mit der am stärksten ausgeprägten strukturellen Zentralität meist zu Führungsrollen tendierte, vor allem bei den strukturierten Aufgaben, und von den anderen Gruppenmitgliedern als einflußreicher empfunden wurde.

Spätere Forschungsarbeiten zeigten, daß die Strukturen selbst von der Natur der Aufgabe bestimmt wurden.[4] Eine Gruppe, die sich selbst organisieren konnte, würde bald eine zentralisierte Struktur wie die Sterngruppe entwikkeln, wenn man sie mit einer Routinearbeit konfrontierte, für die keine komplexen Informationsabläufe erforderlich waren; wenn eine komplexere Aufgabe zu bewältigen war, würde sich dieselbe Gruppe zu einer Struktur formieren, die in etwa dem Multikanalmodell entspräche.

Die Theorie, daß sich zentralisierte Systeme besser für Routineaufgaben eignen und dezentralisiertere Strukturen effizienter funktionieren, wenn es um die Bewältigung komplexer Aufgaben geht, welche die aktive Beteiligung einer größeren Zahl von Personen erfordern, wird auch in der Literatur über Organisationsformen oft vertreten.[5] Die vorherrschende Einschätzung lautet, daß sich stärker hierarchisch ausgerichtete zentralisierte Organisationen für Situationen eignen, in denen keine besonderen Kapazitäten zur Informationsverarbeitung nötig sind, während komplexere, ungewissere Aufgaben Strukturen erfordern, die den Umgang mit Informationen erleichtern, wie beispielsweise Einrichtungen zur lateralen Koordinierung, Projektgruppen und Teams.[6]

Daß strukturelle Zentralität und Kontrolle über die Kommunikationsvorgän-

Abbildung 6.1
Kommunikationsnetze

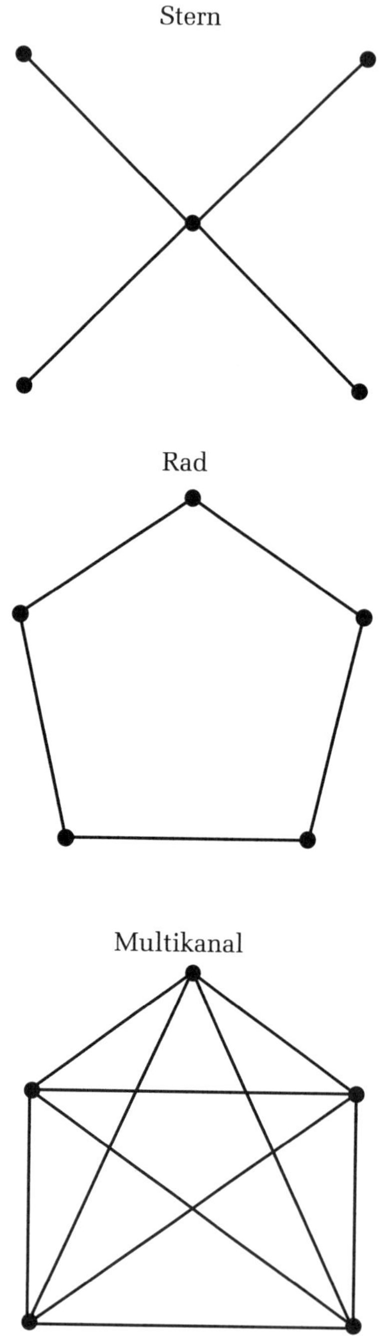

ge Macht bedeuten, wurde bereits in verschiedenen Kontexten nachgewiesen. Hickson und seine Mitautoren argumentieren, daß eine bestimmte Abteilung ihre Macht nicht nur erlangte, weil sie mit Unsicherheiten fertigwerden konnte, sondern auch, weil sie im Arbeitsprozeß der Organisation an zentraler Stelle stand.[7] Andrew Pettigrew untersuchte in seiner Studie einer Firmenentscheidung über den Ankauf eines bestimmten Computersystems Fragen der Kommunikation und der Einflußnahme. In der untersuchten Firma hatte der Aufsichtsrat das formale Entscheidungsrecht. Jim Kenny, Leiter der Managementserviceabteilung, war auch Aufsichtsrat, und ihm unterstanden die Systemabteilung und ihr Leiter sowie die Programmierabteilung und deren Leiter. Die Managementserviceabteilung hatte die Aufgabe, anhand einer Dokumentation und Analyse eine Empfehlung abzugeben, welcher der Computerhersteller den Auftrag erhalten sollte:

> Wie sich herausstellen sollte, artete der Entscheidungsprozeß innerhalb der Managementserviceabteilung zu einem Machtkampf zwischen Kenny und seinem Systemmanager Reilly und zwischen Reilly und dem Programmierungsmanager Turner aus . . . Innerhalb von drei Monaten, nachdem die Entscheidung auf die Tagesordnung gesetzt worden war, hatten sich Kenny, Reilly und Turner jeweils für einen anderen Computerhersteller entschieden . . . Kenny hatte einen entscheidenden strategischen Vorteil in den Machtkonflikten aufgrund seiner Position als »Torwächter« zweier Kommunikationskanäle: . . . Erstens an dem Kanal, der die ihm unterstehenden Techniker und den . . . Aufsichtsrat verband, zweitens an dem zwischen den Computerherstellern und dem . . . Aufsichtsrat. Da Kenny an der Schnittstelle der Kommunikationskanäle zwischen seinen Untergebenen, den Herstellern und dem Aufsichtsrat saß, konnte er die Meinungsbildung zugunsten seiner eigenen Wünsche beeinflussen und im Aufsichtsrat gleichzeitig negative Informationen über die Wunschfabrikate seiner Gegner einschleusen.[8]

Pettigrew zeigte darüber hinaus in einer Analyse der tatsächlich im Laufe des Entscheidungsprozesses verwendeten Dokumente, daß Kenny den von ihm bevorzugten Hersteller öfter erwähnte als die anderen, und daß das Verhältnis zwischen positiven und negativen Kommentaren sich sehr stark zugunsten des von Kenny favorisierten Bewerbers verschob. Da Kenny die Kommunikationskanäle kontrollierte, über die alle Informationen bezüglich der Entscheidung liefen, gelang es ihm, die Ergebnisse des Entscheidungsfindungsprozesses wesentlich zu beeinflussen.

Bei einer Untersuchung ähnlicher Fragen studierte Brass die Mitarbeiter eines Zeitungsverlages, die in untergeordneten Positionen tätig waren. Er stellte fest, daß sich die Positionen der Mitarbeiter innerhalb dreier sozialer Netzwerke befanden: »(1) des Arbeitsfluß-Netzwerks, (2) des informellen Kommunikationsnetzwerks und (3) des Freundschaftsnetzwerks.«[9] Er kam auch zu der Erkenntnis, daß es »für den Aufbau von Einfluß wichtiger ist, in das informelle Informationsnetz und das Freundschaftsnetz der Vorgesetzten und Führungskräfte eingebunden zu sein, als in Netzwerken von Nicht-Führungskräften an zentraler Stelle zu stehen.«[10] Brass verwendete drei Indikatoren zur Bemessung der Einflußstärke – die Beförderung in eine übergeordnete Position und die Bewertung des Einflusses der betreffenden Person, einerseits durch Vorgesetzte und andererseits durch Kollegen – und konnte nachweisen, daß die Position in der Kommunikationsstruktur ausgesprochen wichtig ist, wenn es um die Gewinnung von Einfluß geht. Er kam zu der Erkenntnis, daß es »für die Beförderung überaus wichtig ist, sich in einer Position zu befinden, in der man die Kommunikation innerhalb der Abteilung kontrollieren kann.«[11] Da die Grenze zwischen Freundschafts- und anderen Arten von Netzwerken so verschwommen ist, war es in dieser Studie nicht möglich, die Auswirkungen von aufgabenbezogener und sozialer Kommunikation zu trennen. Grundsätzlich können wir annehmen, daß solche Netzwerke einander oft weitgehend überschneiden, und wir sollten uns nicht so viele Gedanken darüber machen, in welchen Arten von Kommunikationsnetzen wir zentrale Positionen anstreben sollten, sondern lieber daran denken, daß praktisch alle Arten von Netzwerken miteinander verbunden sind und Quellen des Einflusses darstellen.

Krackhardt untersuchte die Machtdeterminanten in einem kleinen Unternehmen, das sich mit Verkauf, Installation und Wartung von Informationssystemen und Kommunikationsausrüstung für Kundenorganisationen befaßte. Er stellte fest, welche Positionen die einzelnen Akteure sowohl in den Beratungs- als auch in den Freundschaftsnetzwerken innehatten, und welche Auswirkungen sich daraus auf die Machtreputation ergaben, welche die betreffenden Akteure in den Augen aller anderen Firmenangehörigen genossen. Bei der Überprüfung der formalen hierarchischen Position fand er heraus, daß die Zentralität im Freundschaftsnetzwerk (der wichtigste Einzelindikator für Macht) in engem Zusammenhang mit der Machtposition stand, während die Position im Beratungsnetzwerk keine Rolle spielte. Obwohl die zentrale Position im Beratungsnetzwerk in keinem Zusammenhang mit der Zentralität im Freundschaftsnetzwerk stand (die Korrelation betrug nur 0,22), war die Zentralität im Beratungsnetzwerk eng mit der formalen Position in der Organisation verbunden – das ist wahrscheinlich auch der Grund dafür, daß die Zentralität im Beratungsnetzwerk keine unabhängigen Auswirkungen auf die Macht einer Person in diesem Zusammenhang hatte.

Die Position in der Kommunikationsstruktur kann sich auch auf das Gehalt und die wirtschaftlichen Gegenleistungen auswirken, die man aufgrund anderer produktiver Attribute wie Leistung und Ausbildung erhält. In einer Studie, in der die Festsetzung des Gehalts bei einer großen Zahl von Universitätslehrern untersucht wurde, kamen Alison Konrad und ich zu der Erkenntnis, daß

Personen, die intensiver mit anderen Kollegen und Universitäten kommunizierten, höhere Gehälter bekamen und auch für ihre Forschungsproduktivität und Erfahrung besser belohnt wurden (so war beispielsweise ein zusätzliches Jahr Erfahrung mehr wert für jemanden, der umfassende Kontakte mit Kollegen im selben Bereich pflegte). Obwohl wir anhand der Daten die strukturelle Zentralität nicht präzise messen konnten, stimmt die Erkenntnis, daß Personen mit mehr und intensiveren Kontakten höhere Gehälter bekommen, auf alle Fälle mit dem Argument überein, daß die Position in den Netzwerken eine wichtige Quelle der Macht ist.

Gelegentlich kann bereits eine zentrale Position im Kommunikationsfluß für sich allein ausreichend sein, um ansonsten machtlosen Einheiten oder Personen mehr Einfluß zu verschaffen. Die Humanressourcenabteilungen sind, zumindest traditionellerweise, nur selten mächtig. In einem Unternehmen wie Apple Computer, das in seinen Anfängen vor allem von Ingenieuren und später von Marketingleuten und (in geringerem Maße) von der Finanz- und Produktionsabteilung beherrscht wurde, sollte die Humanressourcenabteilung erwartungsgemäß wenig einflußreich sein. Viele der dort beschäftigten Führungskräfte waren von außen zum Unternehmen gestoßen, und diese Tatsache wirkte sich zusätzlich negativ auf ihre Macht aus. Trotzdem gelang es dieser Abteilung, ein beträchtliches Maß an Macht zu gewinnen, vor allem während der turbulenten Phasen nach John Sculleys Eintritt in die Firma. Das war vor allem auf die zentrale Position der Abteilung im Kommunikationsfluß und auf die Tatsache zurückzuführen, daß die Humanressourcenleute zu einer Zeit, in der die Kommunikation zwischen den einzelnen Abteilungen aufgrund von Rivalitäten sehr gestört war, regelmäßig miteinander sprachen und über eine gemeinsame Perspektive verfügten. All das gab der Abteilung mehr Macht, als unter normalen Voraussetzungen zu erwarten gewesen wäre:

> Die Humanressourcenabteilung von Apple war viel mehr als eine der papierwälzenden Personalbürokratien, wie man sie aus den meisten anderen Unternehmen kennt . . . Auf jeden leitenden Manager des Unternehmens kam ein meist weiblicher Humanressourcenmanager, wodurch eine Art Schattenmanagement entstand, das die Aufgabe hatte herauszufinden, was das wirkliche Management und die für dieses arbeitenden Leute dachten.[14]

Nachdem Jobs im Kampf gegen Sculley unterlegen war und das Unternehmen gründlich umstrukturiert wurde, wobei es zu zahlreichen Entlassungen kam, spielte die Humanressourcenabteilung eine noch wichtigere Rolle. Chef dieser Abteilung war Jay Elliot, und Leiterin der Humanressourcenabteilung in der Macintosh-Gruppe war zu dieser Zeit Mary Fortney:

> Da sie an der Spitze eines Netzwerks standen, das sich bis in den letzten Winkel der Organisation erstreckte, wußten Jay Elliot und Mary Fortney und

> ihre Pendants in der Apple-II- und Verkaufsabteilung alles, was ringsherum vor sich ging – wer unglücklich oder eifersüchtig war oder wer was zu wem gesagt hatte ... Bei den Meetings wurden penible Mitschriften angefertigt, die an die Humanressourcenabteilung weitergeleitet wurden. Mary brachte alles auf den Punkt ... sie steuerte den Prozeß, wie eine Psychologin, die im Hintergrund bleibt, aber mit subtilen und gut getimten Bemerkungen Kontrolle ausübt.[15]

In seiner Biographie über die frühen Jahre Lyndon Johnsons zeigt Caro, welch wichtige Rolle Johnsons persönliche Kontakte und seine zentrale Position in der Kommunikationsstruktur spielten, als er sich daranmachte, seinen Einfluß in Washington auszubauen. Als Johnson noch Richard Klebergs Kongreßsekretär war, pflegte er Bekanntschaften und Freundschaften zu einflußreichen Persönlichkeiten in der Roosevelt-Administration.

> Es war nicht nur so, ... daß Johnson einflußreiche Männer kannte, die in einer Position waren, in der sie ihm helfen konnten, sondern diese Beamten kannten auch ihn ... und wollten ihm helfen. Ein Maß für diese Bereitschaft war die große Anzahl von Jobs, die er über Beziehungen bekommen hatte ... Solche Jobs wurden im allgemeinen ... je nach der Bedeutung eines Kongreßabgeordneten zugeteilt. Das Büro eines durchschnittlichen Kongreßabgeordneten erhielt vielleicht vier oder fünf solcher Jobs, das eines dienstälteren ... Kongreßabgeordneten vielleicht zwanzig ... Dem Büro von Richard Kleberg, der weder besonders lange im Kongreß saß, noch besonders mächtig war, standen fünfzig zur Verfügung.[16]

Die Geschichte der ersten Jahre Lyndon Johnsons ist vor allem die Geschichte seiner Bemühungen um eine Person: Sam Rayburn, ebenfalls Texaner, Junggeselle und ein sehr einsamer Mann, den die Johnsons oft zu sich nach Hause einluden. Durch seine Verbindung zu Rayburn wurde Johnson auch zu informellen Treffen hochrangiger und sehr mächtiger Kongreßabgeordneter eingeladen. Seine Freundschaft mit Rayburn verlieh ihm auch mehr Einfluß im politischen Establishment. Als Freund eines so mächtigen Mannes wurde Johnson selbst zu einer herausragenden Figur, die mit Respekt zu behandeln war. Sowohl im Umgang mit anderen Sekretären im Dodge House, wo sie zuerst untergebracht waren, als auch in seinen Kontakten mit dem Verwaltungspersonal und den Kongreßabgeordneten bemühte sich Johnson unermüdlich darum, andere kennenzulernen und dafür zu sorgen, daß auch sie ihn kannten. Dieser Bekanntheitsgrad war ihm oftmals in seinem Bestreben dienlich, Macht zu erlangen und etwas zu bewirken.

Auch die Geschichte von E.F. Hutton ist ein Beispiel, wie wichtig die Bekanntschaft mit den richtigen Personen als Machtquelle sein kann. Im Jahr 1983 wurde Tom Lynch, zuvor Leiter der Finanzabteilung, zum Vorstandsmitglied der E.F. Hutton-Gruppe, der Holdinggesellschaft von Huttons Tochtergesellschaften, ernannt. Man möchte meinen, daß Lynch in einem einzelkundenorientierte Unternehmen, das seine Gewinne bis dahin vor allem aus dem Einzelkundengeschäft bezogen hatte und nun seine Investitionsbanking- und Handelsaktivitäten ausweitete, in einer Stabsposition über ein nur geringes Maß an Macht verfügte. Doch Lynch war ein enger Freund und Berater Robert Fomons, des Vorstandsvorsitzenden von E. F. Hutton. Darüber hinaus waren in der Unternehmensstruktur von Hutton 17 Personen Fomon direkt unterstellt. Dadurch war Lynch, der häufige und enge Kontakte zu Fomon pflegte, in einer ausgesprochen mächtigen Position:

> In dem bestehenden bunt zusammengewürfelten System setzte sich Lynch mit Bob zusammen, und sie trafen gemeinsam Entscheidungen . . . Lynch hatte außerordentlich großen Einfluß auf Fomon . . . oberflächlich betrachtet, wirkte er kaum wie ein Makler der Macht. Er war jedoch über Jahre hinweg der zweitmächtigste Mann bei Hutton: eine Macht, die er aus seiner Freundschaft zu Fomon bezog.[17]

Räumliche Position und Zentralität

Es gibt viele Gründe, warum bestimmte Personen oder Organisationen zentralere Plätze in Kommunikationsnetzen einnehmen. Einer der wichtigsten ist wohl die räumliche Position in der Organisation. Als ich die University of California verließ, um nach Stanford zu gehen, wurde Charles O'Reilly, ein Freund und Kollege, mein Nachfolger. Viele Leute vertreten die Meinung, daß Charles eines der einflußreichsten Fakultätsmitglieder in Berkeley ist. Die Quellen seiner Macht sind zahlreich, darunter seine Bereitschaft, der Universität Zeit und Energie zu opfern, seine akademische Reputation, seine Beliebtheit als Lehrer und sein persönlicher Stil. Aber man sollte auch nicht übersehen, daß sein Büro im sechsten Stock von Barrows Hall gegenüber der Herrentoilette liegt. Die Berkeley Business School hat Büroräume im dritten, fünften und sechsten Stock, und im fünften Stock gibt es keine Herrentoilette. Das heißt, daß Charles nichts weiter zu tun braucht, als bei offener Tür in seinem Büro zu sitzen – im Laufe eines Tages kommen alle männlichen Fakultätsmitglieder von Berkeley (also die meisten, da es nur wenige Frauen gibt), an seiner Tür vorbei, ausgenommen die mit sehr starken Nieren. Daß sich diese räumlich zentrale Position auch auf die Zentralität im Kommunikationsnetz auswirkt, wissen wir zumindest intuitiv so genau, daß die meisten von uns Wert auf die Lage ihrer Büros und ihre Nähe zur Zentrale legen.

Der räumliche Standort ist zum Teil eine Erklärung für das hohe Maß an Macht, das Leute in Stabs- oder Assistenten-Positionen oft haben. Obwohl diese Personen nicht unbedingt mit formaler Autorität ausgestattet sein müssen, sind sie aufgrund räumlicher Gegebenheiten mächtig. Henry Kissinger schreibt: »Nähe ist ein wichtiger Faktor. Die Möglichkeit, den Präsidenten mehrmals am Tag sprechen zu können, ist oft von entscheidender Bedeutung und viel wichtiger als der Vorsitz in Ausschüssen oder das Recht, Vorschläge vorzulegen . . . Es scheint, als ob alle Präsidenten seit Kennedy mehr Vertrauen in ihre Sekretäre im Weißen Haus als in ihre Kabinette gesetzt hätten . . . vielleicht ist es nichts anderes als die psychologische Sicherheit, die man dadurch gewinnt, daß jemand nur ein paar Schritte den Gang hinunter sitzt.«[18]

Heute wird allgemein großes Augenmerk darauf gelegt, daß die Manager amerikanischer Unternehmen auch Auslandserfahrungen sammeln. Allerdings schafft die Frage des räumlichen Standortes hier ein Paradoxon. In Übersee zu arbeiten, ist zwar vom persönlichen Entwicklungsstandpunkt aus betrachtet sehr vorteilhaft, aber man entfernt sich dadurch weit vom Zentrum der Macht, was oft zu dem »Aus den Augen, aus dem Sinn«-Syndrom führt. Wenn keine bewußten Anstrengungen unternommen werden, um diese Auswirkung der Zentralität auf den Einfluß und damit auf die Beförderungschancen zu überwinden, wird die Arbeit in Übersee bald als Einbahnstraße betrachtet werden, und die Leute werden das Interesse daran verlieren. Wenn den amerikanischen Firmen jedoch die Erfahrungen entgehen, die man in solchen Jobs machen kann, wird es ihnen schwerfallen, das erforderliche Fachwissen zu entwickeln, um in der Konkurrenz auf den zunehmend internationalisierten Märkten bestehen zu können.

Die Auswirkungen des räumlichen Standorts auf Macht und Einfluß helfen uns auch, jene Einstellung gegenüber der Produktion zu verstehen, die heute in den amerikanischen Firmen vorherrscht. Ein großer Teil der Absolventen unserer Wirtschaftshochschulen will keinen Job in der Produktion, und die Produktionsabteilung hat in vielen Unternehmen nur wenig Macht.[19] Dabei geht es nicht nur um die relative Bedeutung der Funktion der Produktionsabteilung in einer Firma; sogar in Firmen, in denen die Produktion für den Erfolg entscheidend ist, ergibt sich ein zusätzliches Problem – die Produktion erfolgt in Anlagen und Einrichtungen, die oft sehr weit von der Zentrale entfernt liegen. Mit Ausnahmen einiger Fälle wie Lincoln Electric, wo die Zentrale in der Produktionsanlage untergebracht ist, bedeutet dies meist, daß die Produktionsfunktion und deren Führungskräfte räumlich vom administrativen Kern der Organisation abgeschnitten sind. Die Abteilungen Finanzen, Buchhaltung, Informationssysteme, die Rechtsabteilung und andere Stabsfunktionen sind oft im Zentralgebäude in der Nähe der Spitzenmanager des Unternehmens untergebracht; diese räumliche Nähe verleiht ihnen in eventuellen Kämpfen um Macht und Einfluß einen Vorteil.

Zentrale räumliche Positionen verleihen Macht durch Nähe. Abgelegene Standorte hingegen schneiden die Leute vom Fluß der Ereignisse ab und sind ein Symbol dafür, wie nebensächlich ihre Arbeit in den Augen der Organisation ist. Als Robert Smith 1974 zum Abteilungsleiter der Finanzabteilung von General Motors bestellt wurde, kam er zu der traurigen Erkenntnis, daß sich die Firma sehr weit von ihrem Markt entfernt hatte. Dem konnte unter anderem dadurch abgeholfen werden, daß die strategische Planung des Unternehmens verbessert wurde, eine Funktion, die bis dahin mehr schlecht als recht von verschiedenen Abteilungen wahrgenommen worden war. Smith und Mike Naylor, ein Ingenieur in der Abteilung Transportsysteme, der zum Leiter eines speziellen Planungsteams ernannt worden war, waren von der Bedeutung der strategischen Planung für das Unternehmen überzeugt. Smith pflegte zu sagen: »Ich will keine Seifenkistenfirma führen, wenn doch das Automobil erfunden wurde!«[20] Das Problem lag darin, daß sich Smith und Naylor nicht genügend auf die Notwendigkeit eingestellt hatten, politische Unterstützung für die Veränderungen zu bekommen, und es war ihnen auch nicht bewußt, welch ausschlaggebende Rolle dem Standort der Planungsgruppe zukam:

> Beide [Smith und Naylor] glaubten, daß sie die Organisation mit der richtigen Formel . . . überzeugen könnten, den Plan zu akzeptieren. Naylors Planungsgruppe bestand aus Akademikern und Computerspezialisten – eine Elite, die bei den »normalsterblichen« Angestellten nur wenig Ansehen genoß. Sie arbeiteten im Keller des GM-Gebäudes . . . Dieser Ort war aus »Sicherheitsgründen« gewählt worden, da die Gruppe mit streng vertraulichen Geschäftsinformationen zu tun hatte. Aber die symbolische Tatsache, daß die kleine Computerelitetruppe in den Keller verbannt wurde, erleichterte es den anderen Führungskräften, auf sie harabzuschauen.[21]

Ihr Standort erschwerte es der Gruppe auch, sich in die laufenden Arbeitsprozesse der Organisation einzugliedern.

Sehr oft liegt das prestigeträchtigste Büro in der letzten Etage oder an einer Ecke, wo man den besten Ausblick hat. Der Preis, den man für diesen abgeschiedenen und entlegenen Raum zu bezahlen hat, ist die Abkapselung von den Informationsflüssen. Es kann entscheidend für den Erfolg sein, ob jemand imstande ist, das Prestige eines Bürostandorts gegen die Nähe zum Informationsfluß abzuwägen. Ich kannte einen Mann, der Leiter der technischen Entwicklung bei Genrad Semiconductor Test Equipment in Milpitas in Kalifornien war. Die Abteilung war zu jener Zeit in einem typischen kalifornischen Forschungs- und Entwicklungsgebäude untergebracht – ein offenes Büro zu ebener Erde, eingeschossig und horizontal weit ausgedehnt. Seine beiden Vorgänger waren zum Rücktritt gezwungen worden, es war also klar, daß es sich bei der Position um eine Herausforderung handelte. Der Abteilungsleiter und seine Spitzenmanager hatten eigene Büros an einer Seite des Gebäudes. Nachdem der neue Entwicklungschef den Grundriß des Gebäudes eingehend studiert hatte, entschloß er sich, nicht in sein Büro im sogenannten Managerkorridor einzuziehen. Er hatte erkannt, daß viele Leute im Lauf des Tages ins Café und zu den Toiletten gingen. Nun stellte er fest, wo sich die beiden Routen kreuzten – etwa in der Mitte des offenen Büroraums – und wählte diesen Platz als Standort für sein Büro. Diesem einfachen Schritt schreibt er einen Großteil seines Erfolges zu, da er so besseren Zugang zu den Vorgängen in seiner Abteilung hatte. Auf diese Weise konnte er den aktuellen Verlauf der Projekte verfolgen, informelle Fragen beantworten und allgemein viel mehr Einfluß auf die Aktivitäten der Einheit ausüben als in einem abgeschlossenen Büro.

Wenn es um die Erleichterung oder Behinderung von Interaktionen geht, sollte man niemals die Bedeutung der räumlichen Faktoren unterschätzen. Die Lage des Büros hat großen Einfluß auf Zahl und Inhalt der Interaktionen seines Inhabers,[22] und davon wiederum hängt ab, was man weiß, wen man kennt und welche Beziehungen man zu anderen hat.

INTERDEPENDENZ DER AUFGABEN

Die zentrale Position im Kommunikationsprozeß wird nicht nur durch die räumliche Lage, sondern auch in hohem Maß von der Natur der Aufgaben und der aufgabenbezogenen Interaktion beeinflußt. Viele Leute haben Jobs, die nur ein geringes Maß an Interaktion mit anderen erfordern und bei denen sie sich auf ihre eigenen Fähigkeiten verlassen müssen. Andere Jobs wiederum erfordern häufige Kontakte mit anderen innerhalb der Organisation.[23] Die Jobs unterscheiden sich nicht nur nach dem Grad der Abhängigkeit von anderen, sondern natürlich auch nach der Wahrscheinlichkeit, mit der ihre Inhaber eine zentrale Stelle im Kommunikationsnetz erobern können. Ein Job, der eine große Abhängigkeit von anderen mit sich bringt, kann oft schwierig sein, andererseits ist er deshalb wertvoll, weil er seinen Inhaber zwingt, häufig mit anderen zu interagieren und sich Zugang zu mehr und besseren Informationen über die Vorgänge innerhalb der Organisation zu verschaffen.

Ehrgeizige Menschen beurteilen einen Job oft nach seinem Potential, sie in Kontakt mit anderen Mitgliedern der Organisation zu bringen, vor allem mit mächtigen. So erschien zwei Absolventen der Harvard Business School, die eben erst ins Berufsleben eingetreten waren, die Möglichkeit, an einer neuen Publikation, TV-Cable Week bei Time Inc., mitzuarbeiten, besonders attraktiv.[24] Schließlich würde die Herausgabe eines neuen Magazins diese sehr jungen Angestellten in Kontakt mit Führungskräften bringen, die für die endgültigen Entscheidungen über die Herausgabe zuständig waren, aber auch mit Leuten aus Marketing, Produktion und Redaktion, die am Design der Zeitschrift und an den Analysen über Durchführbarkeit und Entwicklungspotential des Projekts mitarbeiten würden.

Das Gefährliche an diesen Jobs, die ihre Inhaber oft in Kontakt mit anderen bringen und sich daher positiv auf ihre Zentralität im Kommunikationsprozeß auswirken, besteht darin, daß es gerade diese Jobs sind, in denen der Erfolg nicht so sehr von den eigenen Bemühungen und Fähigkeiten abhängt, sondern eher davon, was die anderen tun und wozu man sie bewegen kann. So kommt es oft vor, daß sich jemand einen Job mit einem geringen Maß an Interdependenz sucht, um mehr Kontrolle über seine eigenen Leistungen zu haben. Das Problem an solchen Jobs ist, daß sie kaum zum Aufbau von Beziehungen beitragen, die wiederum den Einfluß des Jobinhabers vergrößern.

In Rechtsanwaltsbüros schwankt der Grad der Interdependenz von Fachbereich zu Fachbereich. Im Steuerrecht ist sie relativ gering, während Straf- und Wirtschaftsrecht eine größere Interdependenz mit anderen Bereichen sowohl innerhalb als auch außerhalb der Firma mit sich bringen. Daher würde man erwarten, daß jene Fachbereiche mit den meisten Kontakten über die Abteilungen hinweg – vorausgesetzt, alle anderen Bedingungen wären gleich – aufgrund ihrer zentraleren Rolle in der Kommunikationsstruktur einen größeren Einfluß in der Firma entwickeln würden.

Auch durch Mitarbeit in einer Projektgruppe, in einem Team oder einem Ausschuß kann man das Netzwerk seiner Kontakte ausbauen und enger knüpfen. Es überrascht daher nicht, daß solche Aufgaben gern übernommen werden, weil sie nicht nur Entwicklungsmöglichkeiten bieten, sondern auch für Sichtbarkeit sorgen. Der einzige Zweck von Projektgruppen, Teams oder Ausschüssen besteht oft darin, Menschen aus den verschiedenen Teilen der Organisation zusammenzubringen. In diesem Licht betrachtet, lassen sich die gelegentliche Ineffizienz und die augenscheinliche Zeitverschwendung bei solchen Gelegenheiten leichter in Kauf nehmen. Wenn es in Wirklichkeit darum geht, andere Menschen und Teile der Organisation kennenzulernen und zu verstehen, verliert die vordergründige Aufgabe an Bedeutung.

DER WEG INS ZENTRUM

Ein Teil unserer Zentralität und daher auch unserer Macht und unseres Einflusses ergibt sich aus Faktoren, auf die wir nur beschränkt Einfluß nehmen können – beispielsweise die Lage unseres Büros oder die uns zugeteilte Arbeit. Aber manchmal können wir wählen, wo wir sitzen und arbeiten wollen, und um welche Art von Projekten wir uns bemühen und welche wir vermeiden. Die Auswirkungen solcher Entscheidungen auf die Zentralität im Kommunikationsprozeß und in der Folge auf Macht und Einfluß müssen nun untersucht werden.

Es gibt auch Dinge, die wir aus eigenem Antrieb tun können, um uns in dem Netz sozialer Beziehungen, das eine Organisation kennzeichnet, besseren Zugang zu einflußreichen Personen zu verschaffen. Ich sage manchmal, daß mir meine Arbeit als Universitätsprofessor, in der es vergleichsweise wenig Interdependenz gibt, die Freiheit gibt, mit meinen Freunden zu Mittag zu essen. Damit meine ich, daß es mir das geringe Maß der in diesem Job nötigen Interaktion gestattet, meinen Umgang selbst zu bestimmen. Die meisten Leute in Wirtschaft und Politik hingegen können sich diesen Luxus nicht leisten, und niemand, der nach Macht und Einfluß strebt, kann ihn sich erlauben. Wenn wir Einfluß entwickeln wollen, müssen wir einen Platz in der Kommunikations- und Interaktionsstruktur finden, und das bedeutet, alle Interaktionen, auch soziale, nach einem strategischen Gesichtspunkt zu wählen. Obwohl Lyndon Johnson in dieser Hinsicht etwas extrem gewesen sein mag – er tanzte mit den Frauen der Kongreßabgeordneten, spielte die Rolle des perfekten Sohnes, sprach stundenlang mit beinahe allen, die da waren – so ist es doch dieses extreme Verhalten, nicht das normale, das ihn von anderen abhebt. Die Pflege sozialer Beziehungen und der Wettlauf sowohl um soziale als auch um räumliche Positionen ist etwas, das ich oft bei Leuten beobachte, die nach Macht streben, und zwar einfach, weil es wichtig ist, sich so zu verhalten.

So kannte ich zum Beispiel eine Frau, die in der Humanressourcenabteilung bei Apple Computer beschäftigt war. Damals befand sich die Firma gerade in größeren Turbulenzen. Die Apple-II-Abteilung verbrauchte in weniger als 18 Monaten sogar mehr als 5 Abteilungsleiter. Als Fachfrau für Humanressourcen ohne technische Ausbildung, deren Aufgabe es unter anderem war, dem Abteilungsleiter zu helfen, mußte sie sich schnell einleben und sich Einfluß verschaffen. Also setzte sie für jeden Mittwoch morgen ein Treffen an, bei dem sie vier Leute verschiedener Ebenen und Einheiten der Abteilung zu einem informellen Gespräch bei Kaffee und Croissants einlud. In etwa 10 Wochen lernte sie auf diese Weise 40 Leute der Abteilung kennen, die sie um Rat fragen konnte, und gleichzeitig hatte sie zahlreiche Informationen über die Probleme der Abteilung zusammengetragen. John De Lorean tat auf einer viel höheren Ebene mehr oder weniger dasselbe, als er die Chevrolet-Abteilung übernahm.[25] Indem er sich mit den Managern der Abteilung in ihrem eigenen Bereich traf, anstatt sie zu sich ins Büro zu zitieren, und indem er zuhörte, was sie zu sagen hatten, gelang es ihm, ihnen wirkungsvoll mitzuteilen, daß er an ihren Meinungen interessiert war. Auch konnte er so ein engeres Kontaktnetz aufbauen, als dies sonst der Fall gewesen wäre.

Für Menschen oder Gruppen, die normalerweise über wenig Einfluß verfügen, ist es um so wichtiger, nach Zentralität zu streben. So gibt es beispielsweise umfangreiche Dokumentationen über Diskriminierung von Frauen.[26] Das bedeutet, daß Frauen viel mehr Wert auf Netzwerke und Nähe legen und aktiv versuchen sollten, die Hindernisse und Nachteile zu überwinden, mit denen sie konfrontiert sind.

Sehen wir uns den Fall einer Neurochirurgin an, die gleichzeitig auch Professorin für Chirurgie an der Stanford University war. Als sie ihre Facharztausbildung machte, gab es nur wenige weibliche Chirurgen. Sie zog sich mit den Krankenschwestern um, und daher entging ihr ein großer Teil der formalen Interaktion während des Umziehens vor und nach den Operationen. Als sie Nachtdienst hatte, gab es keinen Schlafraum für sie – also schlief sie in dem Zimmer, in dem sonst Frakturen gerichtet wurden. Durch die Tatsache, daß sie sich in anderen Räumen umziehen und schlafen mußte, hatte sie nicht nur in medizinischer Hinsicht Nachteile, sondern sie konnte auch nicht so viel Einfluß entwickeln wie andere. Als sie Assistenzprofessorin an der Stanford University wurde, kandidierte sie sehr bald für den Fakultätssenat. Dieser Job war nicht besonders begehrt, aber sie gelangte dadurch in eine Position, in der sie erfuhr, was in der medizinischen Ausbildung vor sich ging. Die Folge war, daß sie zur Vorsitzenden des Senats gewählt wurde und an zahlreiche Ausschüssen teilnahm. Wenn man sie heute über diese Aktivitäten befragt, antwortet sie, daß es wichtig war, sich Zugang zu Informationen zu verschaffen und sich einen einflußreichen Platz in der Kommunikationsstruktur zu sichern.

Ein weiteres Beispiel: derzeit wird das Krankenhaus der Stanford University, eine große Klinik, von einer Frau geleitet, die zuvor die Krankenschwesternschule leitete. Auch sie weiß, wie wichtig es ist, sich an Ausschüssen und Projektgruppen zu beteiligen und im allgemeinen Dinge zu tun, die sie in Kontakt mit vielen verschiedenen Angehörigen des Krankenhauses, der medizinischen Fakultät und des breiteren Umfeldes bringen. Als das Krankenhaus erweitert und umstrukturiert wurde, war sie Mitglied des Planungsausschusses. Darin saß auch David Korn, zum damaligen Zeitpunkt Leiter der pathologischen Abteilung und heute Vorstand der medizinischen Fakultät. In Ausschüssen tätig zu sein, bedeutet meist zusätzlichen Arbeitsaufwand neben ohnehin anstrengenden Tagesabläufen, aber diese Art, Sichtbarkeit zu erlangen, ist enorm wichtig, vor allem für Leute, die sonst leicht übersehen werden.

Soziale Netzwerke sind demnach Strukturen, die willkürlich errichtet werden können, und wir können selbst bestimmen, welchen Platz wir im Kommunikationsnetzwerk einnehmen. Wir können wählen, ob wir uns auf die Zahlen konzentrieren sollen oder auf das, was sich auf den Gängen abspielt – oft ist die zweite Option die bessere.

7

Formale Autorität, Reputation und Leistung

Am 6. Februar 1968 überraschte Henry Ford die Autowelt, indem er S. E. Knudsen, damals vierthöchster Manager bei General Motors, zum Vorstandsmitglied von Ford Motor ernannte. Neunzehn Monate später, am 11. September 1969, feuerte Ford Knudsen. Der Blitz schlug ein zweites Mal ein, als Henry Ford am 14.Juli 1978 Lee Iacocca aus dem Vorstand entließ, ungeachtet beträchtlichen Widerstands seitens der Aufsichtsräte, Händler und sogar einiger Mitglieder der eigenen Familie. »Niemals jammern, niemals etwas erklären«, sagt Henry Ford II. Da er den Namen Ford trägt, muß er das üblicherweise auch nicht.«[1] Zwar hatte Ford aufgrund seiner Kontrolle über die Ressourcen Macht, aber es waren seine Position als Vorstandsvorsitzender sowie seine Reputation und seine Leistungen aus seiner Zeit als Unternehmensleiter, die ihm die Macht verliehen, mit der Firma und deren Top-Managern zu verfahren, wie er dies für richtig hielt. Wie sehr die Macht von der Position, von früherem Einfluß und vergangenen Leistungen abhängt, zeigt auch das Beispiel William Paleys von CBS:

> Trotz seines schrumpfenden Anteils an der Firma – etwa 11 Prozent – spielte Paley den allmächtigen Besitzer. Wenn er etwas erklären wollte, dann tat er es. Wenn nicht, ließ er es bleiben . . . Aufgrund seines befehlshaberischen Verhaltens betrachteten ihn die Leute automatisch als Boß.[2]

Ihr Ansehen in der Firma ist eine wichtige Machtquelle; es wird danach bemessen, wie gut Ihre Leistungen in Ihrer derzeitigen und in früheren Positionen waren, vor allem in bezug darauf, Dinge durchzusetzen und vorhandene Macht aufrechtzuhalten. Ihre Position in der formalen Organisationsstruktur ist hier auf jeden Fall hilfreich – es ist einfach besser, der Boß zu sein. Aber die durch die Position bedingte Macht und deren Gebrauch ist mehr als rein formale Autorität. Es gehört die Fähigkeit dazu, sich eine Reputation der Effektivität zu schaffen, weiters die Fähigkeit, Dinge in die Tat umzusetzen.

Ohne diese beiden Komponenten kann es vorkommen, daß die durch eine Position entstandene Macht mit der Zeit abblättert.

In diesem Kapitel wird jene Macht beschrieben, die man durch formale Positionen erlangt, und es wird erklärt, wie und warum sich Autorität in sozialen Systemen entwickelt. Danach untersuchen wir den Prozeß der Entstehung von Reputation und der Bewertung von im Beruf erbrachten Leistungen.

FORMALE POSITION UND AUTORITÄT

Eine wichtige Quelle formaler Macht ist die Position. Vor einigen Jahren arbeitete ich in einer Firma, die Kühltürme herstellte, wie sie in Elektrizitätswerken verwendet werden. Zur damaligen Zeit war die Firma Bestandteil eines größeren Konzerns, dessen Zentrale im Mittleren Westen lag. Die Kühltürmefirma war ein relativ kleiner Zweig des Gesamtkonzerns. Sie war nach funktionalen Gesichtspunkten organisiert und verfügte über eine Verkaufs- und Marketingabteilung, eine technische Abteilung, eine Produktionsabteilung, in der die Standardteile für die Bauprojekte hergestellt wurden, und eine Verwaltungsabteilung, die Rechnungswesen und Humanressourcen umfaßte. Das Unternehmen wurde von der technischen Abteilung beherrscht, zum Teil deshalb, weil dieser Unternehmenszweig von Ingenieuren geführt wurde, und zum Teil, weil Entwicklung und Konstruktion der Projekte die wichtigsten und problematischsten Bestandteile ihrer Arbeit waren. Sogar die Auftragsakquisition war weniger wichtig als die zeitgerechte und die Kunden zufriedenstellende Fertigstellung der Arbeit – denn das war der sicherste Weg zu weiteren Aufträgen.

Die Firma hatte ein Problem mit der Koordination zwischen den verschiedenen Abteilungen. Die Marketingabteilung nahm zum Beispiel einen Auftrag entgegen, aber es kam vor, daß die Konstruktionsabteilung erst an dem Projekt zu arbeiten begann, wenn der Liefertermin schon in gefährliche Nähe gerückt war. Darüber hinaus wurde die Konstruktionsabteilung häufig von den Spezifikationen überrascht, die bei der Entgegennahme des Auftrags zugesagt worden waren. Und wenn die Konstruktionsabteilung die Entwicklungsarbeit einmal beendet hatte, zeigte sich die Produktionsabteilung oft überfordert von den Materialerfordernissen und dem Tempo, das man von ihr erwartete. Die Folge waren größere Lieferverzögerungen und Budgetüberschreitungen bei den Projekten und Beschwerden der Kunden. Den meisten Leuten in der Firma war klar, daß man irgendeine Art von Projektmanagement benötigte.

Die höheren Manager der Abteilung diskutierten in einer Sitzung die verschiedenen Optionen für eine Veränderung. Offensichtlich boten sich zwei Möglichkeiten an: Man konnte entweder in Richtung einer Matrixstruktur gehen oder eine Form des Projektmanagements anstreben. Diese Veränderungen würden zwar zu einer verbesserten Koordination der einzelnen Abteilungen führen, gleichzeitig aber auch die Macht der Konstruktionsabteilung beschneiden. Zu Beginn der Sitzung schien der Leiter der Konstruktionsabteilung trotz der Bedrohung seiner Macht den Vorschlägen nicht ablehnend gegenüberzustehen. Er stimmte der Diagnose des Problems zu und räumte ein, daß eine Veränderung nötig sei. Als sich gegen Ende der Sitzung jedoch ein Konsens über eine bestimmte Strukturoption abzuzeichnen begann, machte der Abteilungsleiter einige Bemerkungen über den Vorschlag, die diesen oberflächlich gesehen unterstützten, in Wirklichkeit jedoch zu Fall brachten. »Ich teile die Einschätzung, daß wir ein großes Problem mit der Koordination der einzelnen Abteilungen haben«, sagte er, »und der strukturelle Änderungsvorschlag kann uns vielleicht helfen, dieses Problem zu lösen. Allerdings – Sie wissen ja, wie die Zentrale ist. Dort sitzen sehr konservative, altmodische Leute, die ein klare Abgrenzung der Autorität und Verantwortung wollen. Ich glaube nicht, daß die Zentrale unserem Plan zustimmen wird, das heißt, ich bin eigentlich sicher, denn ich habe mich vor einigen Tagen mit meinem Ansprechpartner dort ganz allgemein über die Idee unterhalten, und er hat sich ganz offen gegen diese neumodischen Auffassungen von Verwaltung ausgesprochen. Das heißt, daß die Maßnahme zwar richtig sein mag, daß wir sie aber niemals durchbringen werden.« Dann stellte er ganz beiläufig einen Plan vor, dessen Kernaussage darin bestand, der Konstruktionsabteilung, also seiner eigenen, ein gewisses Maß an Verantwortung für die gesamte Projektkoordination zu übertragen. Auch sollte sie stärker in die Bemühungen um neue Aufträge sowie in die Planung und Kontrolle der Produktion eingebunden werden. Mit dieser Idee ging er als Sieger aus der Sitzung hervor.

Bis zum heutigen Tag weiß ich nicht, ob der Mann 1. tatsächlich jemals mit irgendjemandem in der Zentrale gesprochen hatte, 2. ob die Leute in der Zentrale die vorgeschlagene Veränderung begrüßt oder abgelehnt hatten, und 3. ob sie sich überhaupt darum kümmerten, solange die Untereinheit selbst etwas zu tun gewillt war, um ihre Koordinationsprobleme zu lösen und ihre Rentabilität zu steigern. Ich bin aber sicher, daß die Strategie »der Boß wird das nie genehmigen« oder »die Zentrale wird dagegen sein« oft verwendet und selten angefochten wird.

Die Tatsache, daß diese Strategie funktioniert, impliziert, daß mit formalen Positionen Macht einhergeht. Der Vorstandsvorsitzende, sein Stellvertreter und der Aufsichtsratssitzende – alle haben aufgrund ihrer formalen Position in der Organisationshierarchie Macht. Wir befolgen die Anweisungen von Personen, die mit formaler Macht ausgestattet sind, oder wir denken zumindest lange darüber nach, wenn wir uns dafür entscheiden, sie nicht zu befolgen. Wir denken nur selten daran, daß formale Autorität dann, und nur dann, eine Quelle der Macht ist, wenn wir uns ihr unterwerfen. Mitarbeiter der niedrigeren Ebenen einer Organisation haben ebenfalls Macht – die Macht, Widerstand zu leisten oder sich den Anweisungen ihrer Vorgesetzten zu widersetzen.[3] Und tatsächlich: wenn sich eine genügend große Zahl widersetzt, bleibt den Vorgesetzten überhaupt keine Macht mehr. Sehr anschaulich wird dieser Prozeß, wenn auch in einem größeren Kontext, anhand der Ereignisse in Osteuropa und in der früheren Sowjetunion. Solange die Mehrheit der Menschen, und natürlich die Armee und der Sicherheitsapparat, die Autorität der kommunistischen Führer akzeptierten, war deren Herrschaft gesichert – die wenigen Dissidenten konnten ins Gefängnis geworfen oder anderweitig ausgeschaltet werden. Wenn jedoch die überwältigende Mehrheit der Staatsbürger die Autorität der aktuellen politischen Führung zurückweist, büßt diese ihre Legitimität ein, und selbst in den totalitärsten Regimes haben die Führer bald keine wirkliche Macht mehr.

Die einer bestimmten formalen Position inhärente Macht besteht also in jener Macht, die dieser Position von allen (oder zumindest den meisten) Mitgliedern der sozialen Organisation zugewiesen wird, deren Bestandteil die Position ist. »Das Einverständnis der Regierten« ist ein Terminus, der nicht nur in Demokratien Geltung hat, sondern auch in jeder anderen Organisationsform, Unternehmen und andere Bürokratien eingeschlossen. Die Macht, andere einzustellen, hinauszuwerfen oder zu belohnen, die mit vielen höheren Managementpositionen einhergeht, kann nur in dem Maß ausgeübt werden, in dem sie unangefochten bleibt. Wenn die Personalabteilung jemanden nicht tatsächlich hinauswirft, die Lohnverrechnung das Gehalt weiterhin auszahlt, die Sicherheitsabteilung diesen Mitarbeiter nicht am Betreten des Gebäudes hindert und die Kollegen weiterhin mit ihm zusammenarbeiten, dann findet dieser Hinauswurf in der Realität nicht statt. John Gardner hat im Zusammenhang mit Führungsqualitäten geschrieben: »Führungspersonen können ihre Autorität nicht aufrechterhalten . . . es sei denn, ihre Untergebenen sind bereit, diese Autorität anzuerkennen. In einem gewissen Sinn hängen Führungspositionen von den Untergebenen ab.«[4]

Wenn die Macht, die sich von Positionen und formaler Autorität herleitet, etwas ist, was der Inhaber der Position anderen verdankt, lautet die nächste Frage: Wodurch werden soziale Organisationen und ihre Mitglieder dazu bewegt, solche Macht zu gewähren? Warum gehorchen die meisten Menschen, anstatt der Autorität zu widersprechen, sie in Frage zu stellen oder zu ignorieren – oder warum tun sie dies zumindest meistens? Der Gehorsam gegenüber Autorität nimmt häufig recht krasse Formen an. Im zweiten Weltkrieg beteiligten sich deutsche Bürger zu Tausenden an der Abschlachtung unschuldiger Menschen, viele davon Frauen und Kinder, einfach, weil man es ihnen befohlen hatte. Wenn man Leute mit solchen Erzählungen konfrontiert, sind sich die meisten ziemlich sicher, daß sie sich anders verhalten würden. Um zu zeigen, daß dies nicht der Fall ist, aber auch, um die Grundlagen eines solchen Gehorsams gegenüber Autoritäten zu erforschen, führte Stanley Milgram, ein Sozialpsychologe an der Yale University, eine Reihe von berühmten Experimenten durch, die heute bereits als klassisch gelten.[5] Man rekrutierte Teilnehmer für eine Studie, die angeblich die Auswirkungen von Strafen auf Lernvorgänge untersuchen sollte. Nach einem Zufallsverfahren (das allerdings gesteuert war, so daß die Teilnehmer immer die Lehrerrolle zugewiesen bekamen) stellte man den Teilnehmern die Aufgabe, einer anderen Person (in Wirklichkeit ein Mitarbeiter des Experimentleiters) sinnlose Silben in verschiedenen Kombinationen vorzulesen. Dann sollte der Lernende die Silben wiederholen, und die Testperson sollte ihm jedes Mal, wenn er einen Fehler machte, einen Elektroschock versetzen, der bei jedem Versagen eine Stufe höher zu schalten war. Der Testteilnehmer beklagte sich über die Schmerzen, begann zu bitten, aus dem Experiment entlassen zu werden usw., bis er schließlich einen markerschütternden Schrei ausstieß (die »Opfer« kamen nämlich aus der Schauspielschule von Yale) und sich nicht mehr regte. Wenn die Teilnehmer den Experimentleiter befragten, sagte dieser nur, daß das Experiment fortzusetzen sei. Sie wurden nicht zum Weitermachen gezwungen, und auch das bescheidene Entgelt, das sie für die Teilnahme an dem Experiment erhielten, war wohl kaum entscheidend dafür, daß sie mit der Verabreichung der Elektroschocks fortfuhren. Trotzdem setzte ein Großteil der Teilnehmer die Schocks bis zur höchsten Stufe fort. Obwohl dieses Experiment zeigt, daß neben dem Gehorsam gegenüber Autoritäten noch weitere Einflußfaktoren bestehen (wie die zunehmende Verpflichtung gegenüber einem einmal begonnenen Handlungsverlauf), so beweist es doch, daß Menschen nur allzu gern bereit sind, ganz unerhörte Anweisungen von praktisch fremden Autoritätsfiguren zu befolgen.

Der Gehorsam gegenüber Autoritäten wird bereits in der frühen Kindheit geformt und bringt in den meisten Situationen zahlreiche Vorteile sowohl für die Gesellschaft als auch für den Einzelnen mit sich. Denken Sie zum Beispiel an ein Football-Team. Stellen Sie sich vor, daß jeder Spieler, anstatt die vom Spielmacher, dem Quarterback, angesagten Spielzüge durchzuführen, für sich selbst entscheiden würde, wie zu spielen sei. Oder was würde geschehen, wenn die Spieler in der Startaufstellung vor dem Spielzug, im sogenannten »Getümmel«, darüber diskutieren würden, welches der angemessene Spielzug sei? In beiden Fällen wäre das Ergebnis eine unkoordinierte oder schlecht getimte Aktion und ein sehr schlechtes Spielresultat. Die meisten Aktivitäten, bei denen es um interdependente Aktionen geht, mißlingen, wenn diese Aktionen unkoordiniert sind. Folglich überrascht es nicht, daß unsere Erfahrung uns lehrt, unsere Aktivitäten mit denen anderer zu koordinieren, und daß wir uns einer Autorität unterordnen, die eine solche Koordination gewährleistet.

Darüber hinaus lernen wir schon früh im Leben, daß Personen, die Autorität haben, mehr wissen als wir selbst. Eine der fundamentalen Säulen von Webers bürokratischem Modell der Organisationen ist die Beförderung aufgrund von Kompetenz und Erfahrung.[6] Soweit Beförderungen auf Verdiensten beruhen, ist es wahrscheinlich, daß Personen in höheren Positionen mehr Wissen, Erfahrungen und Fähigkeiten haben als ihre Untergebenen. Das bedeutet, daß die Befolgung ihrer Anweisungen für die Organisation als Ganzes gut ist. Wenn wir Menschen gehorchen, die offensichtlich mit Autorität ausgestattet sind, reduzieren wir darüber hinaus unseren Bedarf an Informationsverarbeitung. Wir brauchen das Rad kein zweites Mal zu erfinden, sondern können mit einem gewissen Automatismus arbeiten.

Natürlich gehorchen wir nicht nur der Autorität, wir gehorchen Menschen, die mit den Symbolen der Autorität ausgestattet sind. Das ist der Grund, warum Sicherheitsdienste ihre schlecht bezahlten Mitarbeiter in Uniformen stecken, die oft Ähnlichkeit mit Polizeiuniformen haben. Vielleicht wird man ihnen wie Polizisten gehorchen, wenn sie wie Polizisten aussehen. Kleidung gilt als Indikator für Autorität und auch für andere spezielle Fähigkeiten. Ich kenne eine Neurochirurgin, die im Rahmen des Sloan-Programmes in Stanford studierte. Ich blieb mit ihr in Verbindung, weil ich mich für Frauen interessiere, die in einer typisch männlichen Umgebung Macht ausüben. Auf ihre Einladung hin sah ich ihr und einigen ihrer männlichen Kollegen bei Operationen zu. Einmal kam ich vor ihr in den Operationssaal, natürlich in einem der grünen Mäntel, wie man sie in Operationsräumen trägt. Nachdem man mich einigen Anwesenden als Dr. Pfeffer (ich bin Doktor der Philosophie) vorgestellt hatte, setzte ich mich in einigem Abstand vom Patienten hin. Eine Krankenschwester (die nicht wußte, wer ich war), sagte: »Hier herüber, Herr Doktor«, und wollte mir ein Skalpell in die Hand drücken. Glücklicherweise konnte ich meinen Wunsch, Doktor zu spielen, sehr leicht unterdrücken, und wir lachten alle herzlich über den Zwischenfall. Aber es gibt dokumentierte Fälle, in denen Nicht-Mediziner Operationen durchführten, Nicht-Juristen als Anwälte werkten und einfache Geschäftsleute sich zumindest kurzfristig in hochkarätige Führungskräfte verwandelten. In den meisten Fällen machen wir uns nicht die Mühe, jemandes Titel zu überprüfen oder nachzuforschen, ob er wirklich über die für seine Position erforderlichen Kenntnisse und Fähigkeiten verfügt – die Position selbst impliziert bereits Kompetenz, und wir behandeln ihren Inhaber entsprechend.

Als Transamerica, das damals ein Firmenkonglomerat war, United Artists kaufte, hatte der Vorstandsvorsitzende von Transamerica, John Beckett, die Autorität, Anweisungen zu erteilen, obwohl er ausgesprochen wenig vom Filmgeschäft verstand und das auch zugab. Im Jahr 1970, als United Artists zum ersten Mal einen Verlust hinnehmen mußte, »ging die Anweisung hinaus: ›Alle Akquisitionen haben zu unterbleiben, bis wir ein Managementsystem etabliert haben, das wir verstehen und das uns Frühwarnungen geben kann.‹«[7] Nachdem die Führungskräfte von United Artists das Unternehmen verlassen und Orion gegründet hatten – zum Teil aufgrund der von ihnen als Einmischung empfundenen Tätigkeit eines Managements, das nichts vom Filmgeschäft verstand – wurde Andreas Albeck, ein Vorstandsmitglied von United, zum Vorstandsvorsitzenden der Tochtergesellschaft ernannt. Albeck war in der Branche praktisch unbekannt, obwohl er viele Jahre in diesem Bereich gearbeitet hatte. Obschon er keine besondere Reputation genoß, gab ihm sein Titel so viel Macht, daß er die Geschäfte von United Artists führen konnte, und er konnte dies tun, ohne daß seine Autorität allzu sehr herausgefordert worden wäre. Seine Entscheidungen führten schließlich dazu, daß die Firma als separate Einheit ausgegliedert wurde, aber bis dahin konnte er aufgrund der mit seiner Position in der Unternehmenshierarchie verbundenen Macht nach Belieben schalten und walten.

Die Hierarchie und die Befehlskette werden derart automatisch anerkannt, daß eine Zuwiderhandlung Aufsehen erregt. Man befolgt Befehle und beugt sich der Autorität, zum Teil deshalb, weil anderenfalls Instabilität oder sogar Chaos entstehen könnten. Man folgt der Autorität auch deshalb, weil es nahezu unvorstellbar ist, es nicht zu tun. Die Macht von Führungskräften und Chefs ist institutionalisiert, deshalb stellt man sie nicht in Frage und denkt meist nicht einmal darüber nach. Wenn wir verstehen wollen, woher diese blinde Unterwerfung kommt, müssen wir etwas über den Prozeß der Institutionalisierung in Organisationen wissen.

Institutionalisierung

Wie die von der Position verliehene Autorität werden standardisierte Handlungsweisen automatisch als soziales Faktum akzeptiert. Zucker schrieb über den Prozeß der Institutionalisierung:

> . . . einmal institutionalisiertes Wissen besteht als Faktum, als Teil der objektiven Realität und kann auf dieser Basis direkt übertragen werden. Bei in hohem Maße institutionalisierten Handlungen reicht es aus, daß eine Person einer anderen einfach mitteilt, dies sei der Weg, etwas zu tun. Jeder Einzelne ist motiviert, sich daran zu halten, weil anderenfalls seine Handlungen und die anderer im System nicht verstanden werden können.[8]

Bestimmte Methoden des Vorgehens werden nicht nur deshalb institutionalisiert, weil neue Mitglieder der Organisation ihre Kollegen nachahmen, sondern auch, weil diese Methoden durch das Gewicht der Autorität sanktioniert werden. Die betreffende Autorität kann entweder ein in der Hierarchie der Organisation höherstehender Akteur sein oder die verallgemeinerte Autorität der Tradition in der Organisation selbst.

Zuckers Studie über die Übertragung einer im Rahmen eines Experiments entstandenen zufälligen Mikrokultur zeigt drastisch, wie groß die Macht der Autorität ist. Ein Beispiel: Wenn man auf einen unbeweglichen Lichtpunkt in einem verdunkelten Raum starrt, scheint sich dieser Lichtpunkt zu bewegen. Jacobs und Campbell führten eine Studie durch, in der als Testpersonen getarnte Mitarbeiter des Experimentleiters anfänglich extreme Bewegungsdistanzen des Lichtpunktes angaben.[9] In darauffolgenden Experimenten (als Generationen bezeichnet) wurde ein Mitarbeiter nach dem anderen durch eine ahnungslose Testperson ersetzt. Die Frage war, wie lange die extrem hoch geschätzten Entfernungen – die kulturelle Norm – bei fortschreitender Verringerung der Mitarbeiterzahl unter den Testpersonen aufrechtzuerhalten waren. Zucker modifizierte die Bedingungen des Experiments nur geringfügig, indem er die Originalbedingung des einfachen Austauschs der Mitarbeiter durch die Schaffung eines Organisationskontextes und eines Büroumfelds ergänzte.

Im Organisationskontext erhielten die Versuchspersonen folgende Instruktionen:

> In dieser Studie geht es um Problemlösungen in Modellorganisationen. Sie werden gemeinsam mit einem anderen Mitglied der Organisation daran teilnehmen . . . Die meisten großen Organisationen bestehen fort, auch wenn einzelne Mitglieder oder sogar ganze Abteilungen entfernt werden . . . Die Modellorganisation, an der Sie teilnehmen, ist ebenfalls durch dieses Merkmal gekennzeichnet . . . Das heißt, daß die Leistungen eines einzelnen Mitglieds kein besonderes Gewicht für die Organisation haben, so lange die Arbeit geschieht.[10]

In der Bürosituation wurden die für die Organisation gegebenen Instruktionen durch folgende zusätzliche Anweisungen ergänzt:

> Große Organisationen setzen ihre Mitglieder oft an verschiedene Positionen, je nach Zeitdauer, die sie in der Organisation verbracht haben. Die Modellorganisation, an der Sie teilnehmen werden, hat dieses Merkmal ebenfalls – das Mitglied, das schon am längsten bei der Organisation ist, wird der Lichtmeister . . . Zur Vereinfachung der Aufzeichnungsverfahren wird der Lichtmeister immer zuerst um seine Meinung gefragt.[11]

Die Ergebnisse der Studie waren auffällig. Der durchschnittliche Teilnehmer, der seine Aufgabe allein erledigte, schätzt, daß sich der Lichtpunkt um kaum mehr als 10 cm bewegt. Als »Kultur« (Entfernungsschätzung) wurden anfangs 27 cm festgelegt. Unter der Bedingung einer einfachen Einflußnahme der Personen untereinander, bei der die neuen Teilnehmer ihre Entfernungsschätzung zuletzt abgaben und dann im Zimmer blieben, als der leitende Teilnehmer hinausging, dauerte es nur sechs Generationen, bis die Schätzungen wieder mit den Schätzungen zufällig ausgewählter Testteilnehmer übereinstimmten, die diese Aufgabe selbständig gelöst hatten. Unter der Bürobedingung jedoch waren die Distanzschätzungen nach sechs Generationen lediglich auf 25 cm zurückgegangen, und die hochgerechneten Daten ließen den Schluß zu, daß es 36 Generationen gedauert hätte, bis die Schätzungen auf den Wert von etwa 15 cm zurückgegangen wären. Auch im Organisationskontext hatten die ursprünglichen Distanzschätzungen Bestand, allerdings nicht so lange wie unter der Bürobedingung.

Das bedeutet nichts anderes, als daß man jemanden bereits dadurch zu einer anderen Handlungsweise bewegen kann, daß man ihm erzählt, er trete einer Organisation bei, sei es auch einer künstlichen, und ihm einen Titel verleiht, auch wenn es sich um einen offensichtlich irrelevanten wie »Lichtmeister« handelt. Genau gesagt paßten sich die Versuchsteilnehmer viel stärker den Scheinnormen an, die sie in der künstlichen Organisation selbst aufgestellt hatten. Wenn wir diese Erkenntnisse auf normale Organisationen anwenden, in denen Kulturnormen eine viel größere Rolle spielen, können wir leicht ermessen, wie es kommt, daß die Autorität so weitreichende Auswirkungen auf unser Verhalten hat.

REPUTATION

Wir haben gesehen, daß formale Positionen Macht mit sich bringen, aber wir müssen uns auch mit der Dynamik beschäftigen, durch die man in solche Positionen vordringt. Im Prozeß der Erlangung von Macht, sowohl durch tatsächliche Beförderung als auch durch die informelle Anerkennung der Autorität durch andere, wirken sich Reputation und Leistung entscheidend aus. Jeder möchte den Ruf haben, verläßlich und berechenbar zu sein, etwas zu bewegen und Macht und Einfluß zu besitzen – denn der Ruf, Macht zu haben, bringt weitere Macht.

Wenn jemand als mächtig oder einflußreich gilt, kann dies sein Verhalten verändern. Es gibt sehr viel Literatur über das Phänomen der sich selbst erfüllenden Prophezeiung, die sich mit den Auswirkungen von Erwartungen auf das Verhalten beschäftigt.[12] Menschen, von denen Erfolg erwartet wird, sind im allgemeinen auch erfolgreich, während jene, von denen Versagen erwartet wird, tatsächlich schlechte Leistungen erbringen. Ein möglicher Grund für diesen Effekt ist ein als »Verteidigungsversuch« bezeichneter Mechanismus. Wenn man nicht damit rechnet, eine bestimmte Aufgabe gut lösen zu können, strengt man sich vielleicht von vornherein nicht so sehr an – warum sich vergeblich verausgaben? Wenn Sie dementsprechend überzeugt sind, wenig Macht zu haben (und die anderen dasselbe glauben), werden Sie wahrscheinlich nicht versuchen, andere zu beeinflussen, oder wenn Sie es tun, dann halbherzig. Sich in einer Position der Machtlosigkeit zu befinden, vor allem, wenn es um viel geht, kann auch Angst auslösen. Angst oder Spannungen können ablenkend wirken und Ihren Aktivitäten die Wirksamkeit rauben, die sie anderenfalls hätten.

Ein weiterer Grund dafür, daß subjektive Einschätzungen sich in Realität verwandeln können, liegt darin, daß Einschätzungen Einfluß darauf haben, wie andere mit uns interagieren, und daß wir entsprechend reagieren. Mark Snyder faßte eine Reihe sozialpsychologischer Experimente zusammen, die diesen

Punkt deutlich beleuchten.[13] Wenn einer Versuchsperson beispielsweise gesagt wird, sie werde ein Telephongespräch mit einer Person des jeweils anderen Geschlechts führen, die sehr attraktiv sei, wird er oder sie sich anders verhalten und auf diese Weise auch bei der Person am anderen Ende der Leitung andere Verhaltensweisen auslösen. Oder wenn man Ihnen sagt, daß Sie die Arbeit von jemandem zu überwachen hätten, der nicht kompetent sei, werden Sie ihn viel genauer überwachen und autoritärer mit ihm umgehen, wodurch dann auch bei der überwachten Person ein anderes Verhalten ausgelöst wird.[14] Wenn es darum geht, Einfluß auszuüben, wird man Sie nicht so stark herausfordern, angreifen oder bekämpfen, wenn Sie als einflußreich gelten. Das hat zur Folge, daß Sie sich weniger anstrengen müssen, um etwas durchzusetzen, und daß Sie mehr erreichen werden. Dies wird sich wiederum auf Ihre Reputation – die Reputation einer mächtigen und einflußreichen Person – positiv auswirken.

Rosabeth Kanter hat die Auffassung vertreten, daß Menschen in Organisationen womöglich deshalb schwierig, streitsüchtig und launisch sind, weil sie sich in Positionen der Machtlosigkeit befinden, in denen die von ihnen verlangten Leistungen die ihnen zugeteilten Ressourcen und ihre Kapazitäten überschreiten.[15] Einer der Gründe, warum viele von uns lieber für mächtige Leute arbeiten und mit ihnen zusammenarbeiten, ist der, daß diese normalerweise einfach freundlicher sind – nicht von Natur aus, sondern weil ihnen ihre Reputation und ihre reale Macht mehr Entscheidungsfreiheit und die Möglichkeit zu vermehrter Delegation an andere einräumen.

Die Reputation eines mächtigen Akteurs kann nicht nur unser eigenes Verhalten und die Interaktionen anderer mit uns verändern, sondern hat auch Einfluß auf die Zuteilung der realen Ressourcen, wodurch wiederum Reputation in Realität umgewandelt wird. Vor einigen Jahren wurde eine Gruppe von Managern der American Telephone and Telegraph in einer Studie über einen Zeitraum von fünf Jahren beobachtet. In der Studie wurde untersucht, inwieweit die Leistungsbeurteilungen am Ende des ersten Jahres Schlüsse auf die Leistungsbeurteilungen nach fünf Jahren zuließen.[16] Die Studie ergab eine starke Korrelation zwischen den Beurteilungen zu beiden Zeitpunkten. Eine mögliche Erklärung für dieses Ergebnis lautet, daß sich das System der Leistungsbeurteilung sehr gut zur Einschätzung der wirklichen Fähigkeiten der Person eignete, so daß die Beurteilung nach einem Jahr so viele wertvolle und genaue Informationen enthielt, daß die Ergebnisse nach fünf Jahren nicht mehr stark abwichen. Eine andere, plausiblere Erklärung ist allerdings die, daß die Beurteilungen Folgen für die weitere Karriere der betroffenen Personen hatten. Leute mit besserer Reputation haben bessere Chancen, interessante und herausfordernde Positionen zu erobern, Positionen, die ihnen ein größeres Potential für Entwicklung, Weiterbildung, Spezialausbildung, bessere Beratung und Anleitung durch höherrangige Manager sowie weitere Möglichkeiten bieten, aufgrund derer sie dann auch tatsächlich bessere Leistungen erbringen.

Die Karriere von Roger Smith bei General Motors zeigt deutlich, wie eine Reputation entsteht und welche Elemente in diesem Prozeß wichtig sind. In den 31 Jahren, in denen er die Karriereleiter bis zum Vorstandsvorsitzenden emporkletterte, erwarb er sich den Ruf, effizient und fleißig zu sein:

> Er unterstütze eine Idee nicht nur in der Diskussion begeistert, sondern setzte auch alles daran, sie rascher und perfekter umzusetzen als irgendjemand sonst. »Was immer die Firmenleitung wollte – er verwirklichte es«, erklärte ein früherer Kollege gegenüber dem Magazin Fortune . . . Er war allzeit bereit und steckte seine Umgebung, was den Arbeitseifer anbelangte, in die Tasche. Er stellte sich in den Dienst von GM und erwarb sich den Ruf eines jungen Machers, der für das Unternehmen einfach alles tun würde.[17]

Smith entwickelte auch die Fähigkeit, die Dinge zu erledigen, ohne damit die Anerkennung zu schmälern, die seine Bosse für Leistungen erhielten, für die eigentlich er verantwortlich war. Seine Bereitschaft, hart zu arbeiten, sowohl gegenüber seinem Boß als auch gegenüber der Firma loyal zu sein, und seine Fähigkeit, die Dinge rasch zu erledigen, verschafften ihm bald einen mächtigen Mentor, Thomas Murphy, der sein Vorgänger als Vorstandsvorsitzender war.

> Durch seinen Instinkt, in der Firma der »gute alte Junge« zu sein, lenkte er erstmals die Aufmerksamkeit Thomas Murphys auf sich, . . . der bald wie die anderen erkannte, daß er sich auf Smith verlassen konnte. »Ich erkannte bald, daß ich mich auf Roger verlassen konnte, wenn es darum ging, etwas zu erledigen, das rechtzeitig und zuverlässig durchgeführt werden mußte«, erinnert sich Murphy . . . »Er war jemand, der sich für keine Arbeit zu gut war, wann immer man sie von ihm verlangte, und der die Arbeit gut machte.«[18]

Wenn jemand eine Reputation wie jene von Smith hat, werden ihm auch andere Leute Arbeit anbieten und ihn auf ihrem Weg die Karriereleiter hinauf mitziehen. Auch die Reputation schafft Möglichkeiten zur Erweiterung von Kompetenz und Einflußbereich.

Frank Stanton, der unter William Paley zum Vorstandsmitglied von CBS aufsteigen sollte, machte in vielerlei Hinsicht eine ähnliche Karriere wie Smith bei General Motors. Er begann seine Karriere bei CBS im Jahr 1935 und »beeindruckte seine Kollegen bald als fleißiger, engagierter und detailbewußter Arbeiter.«[19] Er arbeitete beinahe ohne Unterbrechung und beanspruchte nur wenig Zeit für sein Privatleben oder andere Tätigkeiten. Stantons Operationsbasis war die Forschungsabteilung. Er führte neuartige Studien durch, mit denen er herauszufinden versuchte, wer welchen Radiosender hörte und wer welche Programme bevorzugte, und er sammelte neue Fakten über den Markt und die Wettbewerbsposition der einzelnen Sender. Seine Abteilung und sein Ansehen wuchsen:

Stanton hatte diese winzige Forschungsabteilung, die Fakten und Ziffern ausspuckte, mit deren Hilfe Anzeigenkontakter dann versuchten, Werbeeinschaltungen und ausgewählte Regionalsender von NBC anzulocken. Mit präzisen Methoden installierte er sich selbst als Führungskraft . . . Jedermann nannte Stanton »Doc« . . . Über kurz oder lang wurden seine Forschungsarbeiten bei CBS für fast alle Zwecke verwendet – um Werbeeinschaltungen und Publikum anzulocken, Sendungen auszuwählen und zu gestalten und Regionalsender dazu zu bewegen, von NBC zu CBS zu wechseln. Bereits im Jahr 1938 war er Forschungsdirektor mit 100 Mitarbeitern.[20]

Stanton bezog einen Großteil seiner Informationen aus dem World Almanach, der potentiell jedermann zur Verfügung stand. Trotzdem gelang es ihm, sich durch harte Arbeit, Insiderwissen und die Bereitschaft, sich Informationen zu verschaffen, unentbehrlich zu machen. »Stantons stehender Satz bei CBS war: ›Laßt es uns herausfinden.‹ Wo immer ein Vakuum entstand, war Stanton zur Stelle, um es mit Begeisterung und Hingabe auszufüllen.«[21] Es erübrigt sich zu sagen, daß das immer öfter der Fall war, da sich sein Ruf, ein »Macher« zu sein – in diesem Fall durch Analysen – verbreitete. Im Jahr 1942 war Stanton bereits Abteilungsleiter und nicht nur für die Forschungsabteilung zuständig, sondern auch für »Werbung, Verkaufsförderung, PR, Anlagen, Betrieb und Wartung und die Überwachung der sieben Radiostationen, die im Besitz von CBS standen oder von ihr geführt wurden.«[22]

Die Reputation, mächtig zu sein, ist beinahe ebenso wichtig wie der Ruf von Loyalität und Kompetenz, da, wie wir gesehen haben, der Eindruck von Macht zur Entstehung von Macht beitragen kann. Zu Beginn der ersten Amtszeit Nixons ließ sich Henry Kissinger mit dem Außenministerium in eine Auseinandersetzung darüber ein, wer die Strukturen der Entscheidungsfindung im Bereich der Außenpolitik kontrollieren sollte. »Das Ministerium wollte die interministerielle Maschinerie kontrollieren und bestand auch auf dem Recht, Streitigkeiten mit anderen Ministerien beizulegen und Streitfälle vor den Nationalen Sicherheitsrat zu bringen.«[23] Kissinger hatte ein System für die Einschaltung des Nationalen Sicherheitsrates vorgeschlagen, das ihm mehr Macht und Kontrolle über diesen Prozeß einräumen würde. Nixon schlug sich auf Kissingers Seite, und dieser setzte seinen Plan durch. Dieser Sieg über die Verwaltung sollte weitreichende Auswirkungen auf Kissingers Karriere haben:

> Dieser Vorfall war weniger für die tatsächliche Macht von Relevanz, sondern viel mehr ein Symbol dafür, wie der Präsident zu seinen wichtigsten Beratern stand. Die Tatsache, daß der Konflikt mit einer Regelung endete, die als Sieg meiner Person aufgefaßt wurde, half mir schon früh, meine Autorität zu festigen.[24]

Ein ähnlicher Kampf fand zu Beginn der Regierung Kennedys in den frühen 60er Jahren statt. Wieder waren die Kontrahenten der Außenminister, Dean Rusk, und der Sonderberater des Präsidenten für nationale Sicherheitsfragen, McGeorge Bundy:

> Es dauerte nicht lange, bis Kennedy mit dem Außenministerium nicht mehr zufrieden war, und Bundy, der das Vakuum erkannte, machte sich sofort daran, es auszufüllen. Er begann mit dem Aufbau seiner eigenen Macht und machte sich auf die Suche nach hochkarätigen Mitarbeitern ... Sie wurden mit der Papierarbeit rasch fertig, was dem Außenministerium nie gelungen war, und konnten sich mit Hilfe eines informellen Netzwerks in Verteidigungsministerium und CIA systematisch Freunde schaffen und ein informelles Netzwerk innerhalb der Regierung aufbauen.[25]

Rusk war eifersüchtig auf die Profilierung und den Machtgewinn Bundys und beschwerte sich oft darüber. Diese Beschwerden kamen allerdings Bundy nur entgegen:

> ... [Bundy] kümmerte sich nicht um die Gerüchte über seinen wachsenden Einfluß und seine Macht. Er genoß sie, weil er wußte, daß sich die Reputation eines wichtigen Mannes aus sich selbst nährt und ihn nur noch mächtiger macht.[26]

Aus diesen Erläuterungen über die Reputation und die Bedeutung, die sie für den Aufbau von Macht in Organisationen hat, ergeben sich zwei deutliche Schlüsse. Erstens ist es entscheidend, was am Anfang geschieht. Denken Sie daran, daß sowohl Bundy als auch Kissinger ihren Rivalen, das Außenministerium, in einem sehr frühen Stadium ins Visier nahmen und sich so die Reputation von Siegern schufen. Roger Smith und Frank Stanton begannen sehr früh in ihrer Karriere, sich einen Ruf als loyale, hart arbeitende »Macher« zu verschaffen. Unser Ansehen entsteht sehr bald nach unserem Eintritt in eine Organisation. Daher ist es wichtig, von Anfang an den richtigen Weg einzuschlagen.

Zweitens implizieren unsere Betrachtungen die Frage, wie lange man für eine verlorene Sache kämpfen sollte. Da die Reputation eine Quelle der Macht und ein Hebel für den Aufstieg in höhere Positionen ist, kann ich folgende Frage, die mir oft gestellt wird, ziemlich leicht beantworten: Soll ich für eine bestimmte Sache, von der ich überzeugt bin und von der ich weiß, daß sie richtig ist, weiterkämpfen, auch wenn ich auf verlorenem Posten stehe? Meine Antwort lautet fast immer: Nein. Wenn man auf der Verliererseite steht, vor allem, wenn es wiederholt vorkommt, so kommt man in den Ruf, ein Verlierer zu sein. Ein derartiges Image läßt sich mit Macht und Einfluß nicht vereinbaren. So wie jemand als Besitzer seiner Firma bekannt ist, werden wir nach den Angelegenheiten beurteilt, mit denen wir in Zusammenhang gebracht werden, und danach, was mit diesen Angelegenheiten geschieht, wenn über sie entschieden wird.

Beachten Sie auch, daß die Frage, sowie sie ausgesprochen wird, bereits voraussetzt, daß Sie unabhängig von dem, was sie tun, verlieren werden, und daß Sie das im vorhinein wissen. Wenn Sie zugeben, daß Sie in dieser Frage Differenzen mit anderen haben und eine vernünftige Erklärung für Ihre Meinung geben, sich aber dann entschließen, sich der Meinung Ihrer Kollegen anzuschließen, werden Sie für Ihre Bereitschaft zur Zusammenarbeit und Teamfähigkeit punkten. Noch wichtiger jedoch ist, daß Sie die anderen zu irgendeiner Art der Gegenleistung – vielleicht zu einer Unterstützung Ihrer Meinung beim nächsten Mal – zwingen, wenn Sie ihnen klarmachen, daß Sie eine Konzession gemacht haben. Wenn Sie aber andererseits einfach Ihren Widerstand aufrechterhalten, werden Ihnen die anderen an der Entscheidung Beteiligten keinen Dank schulden, sondern Ihnen eher Ihre andauernde Opposition übelnehmen.

Schließlich erfahren wir aus der sozialpsychologischen Literatur, daß die meisten Leute glauben möchten, die Welt sei geordnet und gerecht. Aus diesem Grund trifft man häufig die Auffassung an, daß jemand, dem ein Unglück widerfährt, auch wenn es sich um Schicksalsschläge wie einen Autounfall oder eine schwere Krankheit handelt, wohl irgendwie selbst daran schuld sein muß.[27] Bei einer Sachentscheidung zu unterliegen, kann wohl kaum als zufälliges, unkontrollierbares Ereignis betrachtet werden, vor allem, wenn man offen auf der Verliererseite gekämpft hat. Folglich wird der Verlierer um so leichter als jemand angesehen, der seine Niederlage irgendwie verdient haben muß. Wenn wir in einer bestimmten Frage auf der Verliererseite kämpfen, können wir einen Prozeß der sozialen Wahrnehmung in Gang bringen, der genau das ungünstigste Ergebnis zeitigen wird – eine Abwertung unserer Fähigkeiten und unserer Bedeutung.

Jim Wright war sich in seiner Position als Sprecher des Repräsentantenhauses bewußt, welchen Schaden öffentliche Niederlagen seinem Ruf zufügen konnten. In seinen Querelen mit der Reagan-Administration über Steuer- und Budgetpolitik und die Unterstützung der Contras in Nicaragua drängte Wright seine demokratischen Kollegen dazu, deutlich Position zu beziehen, zusammenzustehen und Unterstützung für Gesetzesvorlagen zu mobilisieren, auch wenn diese später auf Reagans Veto stoßen würden. Eine der schwierigsten Debatten drehte sich um das vom 100. Kongreß zu verabschiedende Budget. Das Defizit stieg rapide an. Reagan hatte sich gegen neue Steuern ausgesprochen, und die Verantwortung für ein neues Budget lag bei einem Kongreß mit einem demokratischen Vorsitzenden, der weder Mittel für die Lieblingsprogramme der Demokraten kürzen noch politischen Selbstmord begehen wollte, indem er die Steuern erhöhte. Wright begab sich aufs politische Glatteis, indem er der demokratischen Führung sein eigenes Anliegen aufzwang, aber er war sich stets des Risikos bewußt, zu verlieren.

> Was würde ein Verlust bedeuten? Wenn er nicht einmal mit einem Budget aus dem Ausschuß käme, würden er und die Partei zum allgemeinen Gespött. Sollte das Repräsentantenhaus das Budget ablehnen, stünden die Dinge auch nicht viel besser. Seine Macht beruhte auf seiner Reputation, mächtig zu sein. Einschätzungen waren etwas Fragiles. Wenn er in den Geruch käme, keine Macht zu haben, würde er sie auch tatsächlich bald verlieren.[28]

Die Bedeutung der Reputation verlangt von uns, unsere Handlungen sorgfältig zu planen und sensibel auf unser Auftreten zu achten. Dies gilt vor allem für unsere erste Zeit in einer neuen Organisation oder in einer neuen Position – Jim Wright mußte also in seiner ersten Zeit als Sprecher des Repräsentantenhauses besonders sorgfältig auf seine Reputation achten.

LEISTUNG

Stellung und Reputation sind unter anderem deshalb Machtquellen, weil sie etwas über die Fähigkeit einer Person aussagen, ihren Job effektiv auszufüllen. Und umgekehrt tragen effektive Leistungen im Job dazu bei, formale Autorität und eine Reputation aufzubauen. Das heißt, daß Position, Reputation und Leistung eng miteinander verknüpft sind, und wenn einer dieser Bereiche in einem gutem Licht erscheint, werden auch die anderen positiv beeinflußt.

Es ist jedoch wichtig zu erkennen, was Leistung ist und was nicht. In einem Sport wie Baseball zum Beispiel ist es recht einfach, die Leistung zu bewerten.[29] Regelmäßig erscheinen Bücher, die Statistiken über nahezu jeden Aspekt des Spiels enthalten, und es sind große Anstrengungen unternommen worden, die Leistungen sowohl der Werfer als auch der anderen Spieler zu messen. Darüber hinaus ist Baseball ein Spiel, in dem sich die Beiträge der einzelnen Spieler durch die vergleichsweise geringe Interdependenz verhältnismäßig leicht messen lassen. In Organisationen liegen die Dinge meist ganz anders. Oft ist nicht klar, welches die spezifischen Ziele sind und in welchem Maße die Aktivitäten des Einzelnen zu diesen Zielen beitragen oder auch nicht.

In den meisten Organisationen bedeutet Leistung folglich, über Wissen zu verfügen, etwaige Kritik vom Chef abzulenken und Dinge zu erreichen, durch die die Untereinheit und der Chef in einem günstigen Licht erscheinen. Wir können zwar hoffen, daß sich unsere Handlungen langfristig positiv auf die Organisation auswirken, aber wie ich bereits in Kapitel 1 erläutert habe, ist es oft recht problematisch, die Qualität von Entscheidungen zu beurteilen. Es ist leichter, sich auf Indikatoren wie kurzfristige, praktische Ergebnisse oder Problemlösungsfähigkeiten zu stützen.

Einige Zeitgenossen von Robert Moses haben versucht, die Quelle seiner Macht unter dem Bürgermeister LaGuardia zu beschreiben und dabei seine Fähigkeit unterstrichen, Probleme zu lösen und die Dinge voranzubringen:

> Richter Jacob Lutsky, der nicht nur unter Bürgermeister LaGuardia tätig war, sondern auch einer der wichtigsten Berater der Bürgermeister O'Dwyer, Impellitteri und Wagner war, meinte: »Sie müssen verstehen – jeden Morgen, wenn der Bürgermeister zur Arbeit kommt, liegen hundert Probleme auf dem Tisch, die auf eine Lösung warten. Viele dieser Probleme sind so umfangreich und komplex, daß sie unlösbar erscheinen. Und wenn er dann jemand um einen Rat bittet – was passiert? Meistens bekommt er keinen. Und wenn tatsächlich Vorschläge gemacht werden, sind sie oft unrealistisch oder undurchführbar – oder ganz einfach dumm . . . Wenn Sie aber mit einem Problem zu Moses kommen, steht er am nächsten Morgen vor Ihnen – mit einer Lösung, ausgefeilt bis ins kleinste Detail, mit ausgearbeiteten Reden, die Sie halten können, um das Problem der Öffentlichkeit darzulegen, mit Entwürfen für Presseaussendungen, Entwürfen für staatliche Gesetze, die Sie dafür brauchen, mit einem Rat, wer die Gesetzesvorlage einbringen und welchen Ausschüssen sie vorgelegt werden soll, mit Entwürfen für den Gemeinderat und Resolutionen für die Gremien, welche für die Veranschlagung der Kosten zuständig sind. Wenn es irgendwelche Verfassungsfragen gibt, hat er auch eine Liste der relevanten Präzedenzfälle zur Hand – und ein komplettes Finanzierungsmodell. Er hatte immer Lösungen, wenn sonst niemand sie hatte.«[30]

Hoffentlich waren die Lösungen auch gut, so daß die öffentlichen Gebäude an den richtigen Orten errichtet wurden. Aber solche Überlegungen treten in den Hintergrund gegenüber der Fähigkeit, Antworten zu geben und die Unsicherheit zu überwinden. Darüber hinaus war sich Moses bewußt, daß ein Park, der nach 20 und nicht erst nach 26 Monaten fertiggestellt war, für einen Bürgermeister (und Gouverneur), der sich alle zwei Jahre der Wiederwahl stellen mußte, viel wertvoller war.

Unsere Einstellung zu Entscheidungen und Wahlmöglichkeiten in Organisationen wird viel zu sehr vom Streben beherrscht, das Richtige zu tun und korrekte Entscheidungen zu treffen. Hier handelt es sich um ein Relikt aus unserer Schulzeit, als unsere Noten von der Fähigkeit abhingen, die »richtige« Antwort zu geben. In einem solchen Denkrahmen wird Leistung als Konsequenz unserer Handlungen definiert und an einem objektiven Standard der richtigen Entscheidung gemessen. Aus dieser Perspektive sind wir nicht fähig zu erkennen, wie und warum manche Personen durch ihre Handlungen weiterkommen und Macht erlangen, denn für uns sieht es vielleicht so aus, als setzten sie die falschen Dinge durch.

Diese Auffassung von Leistung ist in mehrerlei Hinsicht problematisch. Erstens ist die Geschichte oft mehrdeutig.[31] Der Zusammenhang zwischen den Handlungen und ihren Konsequenzen ist häufig unklar. Der zeitliche Abstand, der zwischen einer Entscheidung und ihren Konsequenzen liegt, kann so groß sein, daß die betroffenen Menschen zu dem Zeitpunkt, da die Konsequenzen sichtbar werden, entweder die Organisation bereits verlassen haben oder in eine höhere Position befördert wurden. Noch wichtiger aber ist, daß sich oft mehrere Personen die Verantwortung für eine Entscheidung teilen, so daß der Erfolg oder Mißerfolg nicht einem einzelnen Akteur zugeschrieben werden kann.

Zweitens bedeutet die Tatsache, daß ein Ergebnis zahlreiche Determinanten hat, daß es nicht besonders sinnvoll ist, eine Person nur nach den Konsequenzen ihres Handelns zu beurteilen, wie John Gardner anmerkte:

> Führungspersonen bewegen sich im Strom der Geschichte. Während sie daran arbeiten, ein Ergebnis zustandezubringen, sind jenseits ihrer Kontrolle, oft sogar jenseits ihres Bewußtseins, zahlreiche Kräfte am Werk, die das Ergebnis fördern oder behindern. So läßt sich nur selten ein kausaler Zusammenhang zwischen den spezifischen Entscheidungen einer Führungskraft und den sich daraus ergebenden Ereignissen nachweisen. Die Folgen einer Handlung sind kein zuverlässiges Maß für die Qualität der Führung.[32]

Und, so würde ich hinzufügen, diese Folgen sind auch kein zuverlässiges Maß für die Qualität der Leistung.

Darüber hinaus werden nur selten Informationen über solche Folgen gesucht und manchmal sogar bewußt vermieden. Nur wenige Bildungsprogramme führen ihre Studenten bewußt darauf hin, festzustellen, welche Auswirkungen das jeweilige Programm auf ihr Leben hat. Nur wenige Ärzte machen sich Aufzeichnungen über die Erfolge, die sie bei der Behandlung ihrer Patienten erzielen. Und die Installation von Informationssystemen in Organisationen dient oft ebensogut dem Nachweis der guten Absicht zur Messung der Leistungen wie Versuchen, sie tatsächlich zu messen.[33]

Leistung ist eine wichtige Machtquelle in Organisationen. Aber wir müssen die Leistung als das sehen, was sie im allgemeinen ist – die Fähigkeit, Einfluß auszuüben und die Dinge voranzutreiben. Auch sollten wir uns ein wenig von der Einschätzung lösen, richtiges Vorgehen sei das Maß für die Leistung. Korrekt zu sein ist nicht immer dasselbe wie Probleme für den Chef und die Organisation zu lösen – aber genau das ist es, was in den meisten Organisationen tatsächlich die Leistung definiert.

EINIGE IMPLIKATIONEN FÜR DEN AUFBAU VON MACHT

Formale Positionen sind bedeutsam, weil sie Kontrolle über bestimmte Ressourcen und die Möglichkeit mit sich bringen, bestimmte indirekt erforderliche oder genau definierte Maßnahmen zu setzen. Wie ich im vorhergehenden Kapitel bemerkt habe, spielen die Ressourcen im Kampf um die Macht eine entscheidende Rolle. Das heißt, daß Positionen mit Kontrolle über Ressourcen und mit tatsächlicher Entscheidungsautorität für den Aufbau und die Ausübung von Macht interessanter und erstrebenswerter sind. In diesem Sinne sind Linienpositionen im allgemeinen Stabspositionen vorzuziehen, obwohl verschiedene Stabspositionen, interne Berater- und Assistentenjobs interessanter, abwechslungsreicher oder intellektuell anspruchsvoller sein können. In den Schlachten innerhalb einer Organisation braucht man eine Armee und Nachschub, und die Kontrolle über die Ressourcen ist wichtig für die Sicherung der Macht.

Da die Reputation durch die ersten Eindrücke beeinflußt wird, ist es wichtig, zu einem frühen Zeitpunkt für eine gute Nachrede zu sorgen. Wenn Sie einen schwachen Start hingelegt haben, werden Sie vielleicht in eine andere Abteilung oder sogar in eine andere Organisation wechseln müssen, um Ihrer Karriere einen neuen Schub zu geben. Da Reputation, Leistung und Position so eng miteinander verknüpft sind, wird es mit der Zeit immer schwieriger, sich aus einem Tief herauszuarbeiten. Es ist besser, an einer anderen Stelle von vorne zu beginnen, vorausgesetzt, daß man gelernt hat, wie man sich in Zukunft geschickter verhalten kann.

Strategisches Verhalten, das bewußt darauf abzielt, Leistung zu demonstrieren und eine Reputation aufzubauen, ist von Nutzen im Streben nach Macht. Roger Smith, Frank Stanton, McGeorge Bundy, Henry Kissinger, Robert Moses und Jim Wright wußten alle, wie wichtig es war, ihre Reputation und ihre Leistungen bereits zu einem frühen Zeitpunkt ihrer Karriere durchzusetzen. Eine der Lehren, die wir aus Biographien von Persönlichkeiten aus Politik und Wirtschaft ziehen können, ist die, daß Personen, die über längere Zeit hinweg Macht und Einfluß aufrechterhalten, dazu in der Lage sind, weil sie um den Aufbau von Macht und um ihre Quellen wissen und daran arbeiten, sich diese Quellen durch geplante Anstrengungen zu erschließen und zu erhalten.

8

Die Bedeutung der richtigen Einheit

Bei Salomon Brothers hatte man in den 80er Jahren einen Nachteil, wenn man in der Aktienabteilung anstatt in der Rentenabteilung arbeitete:

> Mit wachsender Bedeutung des Rentenmarktes hatten die Aktienverkäufer und -händler im Vergleich stark an Geltung verloren. Sie verdienten ein bißchen Geld und hatten ein bißchen Spaß, aber längst nicht in dem Ausmaß wie die Rentenleute ... Ein Investor konnte bei Salomon IBM-Akten kaufen, aber das konnte er ebenso gut bei vierzig anderen Börsenmaklern ... Bei bestimmten Rentenmärkten jedoch hatte Salomon beinahe eine Monopolstellung.[1]

Dieses Beispiel zeigt sehr deutlich, daß die Untereinheit oder Organisation, in der jemand tätig ist, eine wichtige Quelle der Macht ist. Nicht alle Personen, aber auch nicht alle Gruppen und Einheiten innerhalb einer Organisation sind gleich einflußreich. Die meisten von uns erkennen intuitiv, daß sie durch die Mitgliedschaft in einer mächtigen Gruppe auch selbst mächtiger werden. Absolventen von Wirtschaftshochschulen, die sich auf die Suche nach einem Job begeben, versuchen festzustellen, welche Position in der Organisation ihres künftigen Arbeitsgebers die besten Startchancen bietet, und dazu gehört es oft, herausfinden, welche Abteilungen am meisten Macht haben. In der Bundesregierung oder den Regierungen der einzelnen Bundesstaaten sind mit dem Posten eines Ausschußvorsitzenden unterschiedliche Grade von Macht verbunden, je nach Macht und Einfluß des betreffenden Ausschusses. In Organisationen agieren wir oft als Repräsentanten unserer Untereinheiten, wenn wir an Projektgruppen mitarbeiten oder Beförderungen, Budgets oder Ressourcen für uns selbst oder unsere Kollegen befürworten. Der Erfolg dieser Bemühungen wird zum Teil davon abhängen, ob die von uns vertretene Untereinheit mehr oder weniger Macht hat.

Nachdem wir kurz besprochen haben, daß die Mitgliedschaft in einer mächtigen Einheit nachweisbar Einfluß bringt, werden wir uns in diesem Kapitel damit befassen, welche Faktoren für das unterschiedliche Maß an Macht und Einfluß in Untereinheiten von Organisationen verantwortlich sind und wie die Macht von Untereinheiten entsteht. Macht, die sich von der Mitgliedschaft in einer Untereinheit oder der Identifikation mit ihr ableitet, basiert auf der Position einer Person in der Sozialstruktur und der Arbeitsteilung. In diesem Sinn ähnelt sie der Macht, die man aufgrund seiner Position im Kommunikationsnetzwerk oder dank der formalen Autoritätsposition innehat.

Obwohl es auf der Hand zu liegen scheint, daß die Zugehörigkeit zu einer Untereinheit eine wichtige Einflußquelle ist, wurde dieser Bereich bisher noch kaum erforscht. Es gibt jedoch einige Studien, in denen untersucht wurde, welche Auswirkungen die Macht von Untereinheiten auf Gehälter und andere Karrierefaktoren hat. Vor einigen Jahren führten William Moore und ich eine Untersuchung über die Auswirkungen der Macht der Untereinheiten auf die Geschwindigkeit durch, mit der sich einzelne Personen durch das fast beamtenmäßige Gehaltsschema des Lehrkörpers der University of California bewegten. Die Studie umfaßte Universitätslehrer verschiedener Abteilungen zweier Universitätsstandorte.[2] Erwartungsgemäß stellten wir fest, daß die Mitglieder mächtigerer Abteilungen rascher befördert wurden, auch wenn die Größe der Abteilungen und der Grad der akademischen Qualität statistisch kontrolliert wurden. Vor kurzer Zeit führten Alison Davis-Blake und ich eine leicht abgewandelte Studie zu einem parallelen Thema durch.[3] Wir untersuchten, ob bestimmte hochrangige akademische Verwaltungsposten (wie Entwicklungs- oder Sportdirektor oder PR-Leiter) besser bezahlt wurden, wenn sie unter den gegeben Umständen eine wichtigere Rolle spielten. Auch hier kamen wir zu dem nicht überraschenden Ergebnis, daß Positionen, die für private Colleges und Universitäten wichtiger waren (wie die des Entwicklungsdirektors) unter diesen Gegebenheiten besser bezahlt wurden, weil dieser Tatsache mehr Gewicht beigemessen wurde als anderen Faktoren, die in der Gehaltsfrage eine Rolle spielten; Positionen, die eine größere Bedeutung für öffentliche Colleges und Universitäten hatten (wie etwa die des Sportdirektors) wurden dort besser bezahlt.

In einer weiteren Studie wurden 338 Manager untersucht, die ihre Laufbahnen im Zeitraum zwischen 1977 und 1987 in einer großen staatlichen Energiegesellschaft begonnen hatten.[4] Die Studie ergab, daß sich die Macht der Abteilung, in der ein Manager seine Karriere begonnen hatte (von Firmenangehörigen als große, durchschnittliche oder geringe Macht eingestuft) sowohl auf den Gehaltsanstieg als auch auf die Verweildauer in der jeweiligen Position auswirkte, wobei sich diejenigen Personen, die ihre Karriere in einer mächtigen Abteilung begonnen hatten, rascher durch die Organisation bewegten. Die Manager schnitten auch besser ab, wenn sie im Rahmen eines formellen Trainee-Programms in die Firma gekommen waren. Ein solches Programm ist als Indikator für das Karrierepotential eines Kandidaten zu betrachten. Aus der Studie ging hervor, daß der Ausgangspunkt der Karriere große Auswirkungen auf die darauffolgenden Karriereschritte hatte, und daß die Macht der Einstiegsabteilung großen Einfluß auf die Gehalts- und Karrierefortschritte hatte.

All diese Ergebnisse lassen darauf schließen, daß der Einstieg in einer mächtigen Abteilung einer Organisation günstige Auswirkungen hat. In diesem Kapitel geht es um die Faktoren, welche die Macht mancher Abteilungen stärken; weiters wollen wir untersuchen, wie die Leiter und Mitglieder dieser Untereinheiten zur Macht ihrer Abteilungen beitragen und damit auch ihren eigenen Einfluß in der Organisation vergrößern können.

EINHEIT: MIT EINER STIMME SPRECHEN

Untereinheiten, zum Beispiel Abteilungen, bestehen aus mehreren Einzelpersonen, von denen jede die Einheit zu bestimmten Zeiten gegenüber ihrer Umgebung vertreten und an ihren Entscheidungen teilhaben kann. In organisatorischen Einheiten ist die Geschlossenheit von Perspektiven und Handlungen oft ein Problem. Als ich noch Professor an der University of California in Berkeley war, wurde mir einmal über die Probleme des Instituts für Anthropologie berichtet. Zur damaligen Zeit schien es in der Anthropologie fünf verschiedene Richtungen zu geben – biologische Anthropologie, kulturelle Anthropologie und so weiter – und im Institut kam es zu keiner Einigung darüber, auf welche dieser Richtungen gesetzt werden sollte. Man versuchte den Konflikt zu lösen, indem man gleichzeitig fünf Institutsleiter einsetzte, obwohl diese, da die Universität nur eine Stelle anerkannte, einander in kurzen Abständen ablösen mußten. Es liegt auf der Hand, daß es einer solchen Abteilung schwerfallen mußte, ihren Forderungen nach Ressourcen Nachdruck zu verleihen. Wenn sich die Institutsmitglieder nicht einmal untereinander zu einigen imstande waren, wie sollte man sie dann ernst nehmen können? Wenn eine Untereinheit intern gespalten ist, wird sie im Wettstreit um Ressourcen und Status schlecht abschneiden.

Einheitliches Auftreten ist vielleicht eine Erklärung dafür, daß einige Staaten im amerikanischen Kongreß gemessen an der Anzahl ihrer Vertreter über unverhältnismäßig große Macht verfügen. Ein Beispiel: »Über ein halbes Jahrhundert lang hatten die texanischen Abgeordneten jede Woche ein formelles Essen abgehalten, bei dem hinter verschlossenen Türen die bestehenden Differenzen ausgeräumt wurden. Die daraus resultierende Einheit war ein Grund für die Macht ihres Staates.«[5] Im Gegensatz dazu waren die kalifornischen Parlamentarier oft zersplittert, und zwar nicht nur in Demokraten und Republikaner, sondern sogar innerhalb der beiden Parteien. Die Tatsache, daß sich die kalifornischen Abgeordneten mit Ausnahme seltener Fälle (wie etwa unmittelbar nach dem Erdbeben von San Francisco 1989) als unfähig erwiesen, gemeinsam aufzutreten, hat zur Folge, daß die Macht ihres Staates geringer ist als dies eigentlich möglich wäre, denn die kalifornische Delegation ist die größte im Repräsentantenhaus.

In der wissenschaftlichen Literatur zur Soziologie gibt es den Begriff des Niveaus der Paradigmenentwicklung. Dieser Begriff ist für diese Diskussion nützlich und wichtig. In einer Studie über die Lehrkörper von 80 akademischen Abteilungen aus vier Wissenschaftsgebieten wurde die Frage gestellt, inwieweit Konsens über den Inhalt von Vorlesungen und Lehrplänen, über Forschungsprobleme und -methoden herrschte.[6] Die Studie ergab, daß das Maß an Konsens über diese Fragen in den einzelnen Bereichen extrem unterschiedlich war. Hochentwickelte Paradigmen stehen für größere Sicherheit in bezug auf die verwendeten Technologien, die dafür sorgen, daß allen Betroffenen klarer ist, was zu tun ist und wie es zu geschehen hat. In Bereichen mit höher entwickelten Paradigmen sind die Ergebnisse von Handlungen – hier Forschung und Lehre – besser zu prognostizieren und sicherer.

Konsens und technologische Gewißheit können eine Reihe von Auswirkungen haben, welche die Macht der Untereinheit vergrößern. Erstens werden die Forderungen einer Abteilung nach Ressourcen eher ernst genommen, wenn die Abteilung prognostizierbare und sichere Ergebnisse vorzuweisen hat. Die für die Ressourcenzuteilung zuständigen Personen sind bestrebt, ihr Risiko gering zu halten; sie wollen auch wissen, was sie als Gegenleistung für ihr Geld bekommen. Lodahl und Gordon haben beispielsweise herausgefunden, daß die Naturwissenschaften mit ihren besser entwickelten Paradigmen von der öffentlichen Hand und aus der universitätsinternen Allokation weitaus mehr Mittel erhielten als die sozialwissenschaftlichen Abteilungen.[7] In einer Studie über Ressourcenzuteilung an wissenschaftliche Institute zweier Campus' der University of California fanden William Moore und ich heraus, daß der Grad der Paradigmenentwicklung der Institute sich statistisch relevant auf die oben beschriebenen unterschiedlichen finanziellen Zuwendungen auswirkte, wobei die Abteilungen mit ausgeprägteren Paradigmen mehr Mittel erhielten.[8] Dieser Effekt war auch dann zu beobachten, wenn andere Indikatoren der Ressourcenzuteilung wie Studentenzahlen und akademisches Prestige der Abteilung berücksichtigt wurden.

Zweitens erleichtern Konsens und Sicherheit sowohl die interne als auch die externe Kommunikation. Eine effektivere interne Kommunikation verringert die Kosten der Koordination und erleichtert eine gemeinsame Vorgangsweise. Sie verbessert auch die Kommunikation mit der Außenwelt, indem sie der Organisation hilft, nach außen hin ein einheitliches Bild zu bieten und eine gemeinsame Botschaft zu vermitteln. Rosabeth Kanter hat die Auffassung vertreten, ein Zweck der in Organisationen oft beobachteten »homosozialen Reproduktion« bestehe darin, ein Vertrauensverhältnis zwischen den Managern aufzubauen und ihnen eine effiziente Kommunikation zu ermöglichen.[9] Manager sind schon aufgrund der Natur ihrer Arbeit oft mit Unsicherheit konfrontiert und stehen vor Aufgaben, deren Erfüllung nur schwer zu bewerten und zu überwachen ist. Sicherheit ist ebenso wie eine effiziente, reibungslose Kommunikation sehr begehrt. Wenn Macht darauf beruht, mit einer Stimme zu sprechen, so gibt es einen weiteren Grund dafür, Leute einzustellen, die wie wir sind: die daraus resultierende Einheitlichkeit der Perspektive ist geeignet, die Macht der Subeinheit zu vergrößern.

Daß hochentwickelte Paradigmen einer effizienten Kommunikation dienlich sind, haben schon mehrere Studien bewiesen, wiederum im wissenschaftlichen und universitären Bereich. Zwei Studien ergaben, daß in stärker paradigmatisch entwickelten wissenschaftlichen Bereichen Dissertationen in kürzerer Zeit fertiggestellt werden.[10] Vor kurzem haben Alison Konrad und ich herausgefunden, daß die wissenschaftlichen Publikationen in Bereichen mit stärker entwickelten Paradigmen eher in Form von Artikeln erscheinen, während in weniger paradigmatischen Bereichen verhältnismäßig mehr Bücher verfaßt werden.[11] Längere Dissertationen, theoretische Abhandlungen und bücherfüllende Forschungsarbeiten deuten darauf hin, daß aufgrund mangelnden Konsenses über wichtige Forschungsprobleme, Methoden und sogar Terminologien mehr Zeit und Raum nötig ist, um anderen ein Verständnis der Ergebnisse zu ermöglichen.

Wenn Konsens die Kommunikation innerhalb der Einheiten verbessert, drängt sich der Schluß auf, daß es den Angehörigen der Einheit leichter fallen wird, gemeinsam aufzutreten und zu handeln. Das ist sowohl für die internen Angelegenheiten der Einheit von Vorteil als auch für die Interaktionen mit der Außenwelt. Beyer und Lodahl schrieben in einer Studie über die Führung britischer und amerikanischer Universitäten:

> . . . bei stärkerer Entwicklung der Paradigmen und damit einhergehender besserer Prognostizierbarkeit ist oft ein größerer Konsens bezüglich der Mittel festzustellen, mit denen bestimmte Ziele erreicht werden sollen . . . Dadurch können Konflikte innerhalb der Abteilung gering gehalten werden, und das Potential für Konflikte und Mißverständnissse mit der Verwaltung verringert sich. Zweitens können die Lehrkräfte, wenn unter ihnen Konsens herrscht, stärkere und effektivere Koalitionen bilden als ihre Kollegen in Forschungsfeldern, in denen interne Konflikte schwelen.[12]

Untersuchungen haben ergeben, daß Institute in stärker paradigmatisch entwickelten Bereichen meist längere Kursreihen mit zusammenhängendem Lehrstoff zustandebringen. Um eine Kursreihe festzulegen – wobei ein Kurs die Voraussetzung für den darauffolgenden darstellt, dieser wieder für den nächsten usw. – muß eine Abteilung imstande sein, sich auf die Schlüsselbereiche ihres Tätigkeitsgebietes sowie auf die Aufteilung dieser Ideen und Wissensgebiete auf die verschiedenen Kurse zu einigen. In anderen Worten: In Einheiten, in denen eine größere Sicherheit besteht, fällt es den Mitgliedern leichter, gemeinsam zu agieren und so mehr zu leisten.

Jene Einheiten, die sich auf einen Konsens stützen können, haben jedoch noch weitere Vorteile: Fluktuation und Konflikte nehmen ab. Die durchschnittliche Amtszeit der Vorstände wissenschaftlicher Institute war in jenen Einheiten länger, die Teil paradigmatisch hochentwickelter akademischer Disziplinen waren.[13] Das ist auch völlig logisch, vor allem, wenn man sich unser Beispiel des anthropologischen Instituts in Erinnerung ruft. Wenn innerhalb der Abteilung Konsens über die Forschungsmethoden, den Inhalt der Lehrpläne und ähnliche Fragen besteht, ist die Person des Institutsvorstands nicht mehr so wichtig, da die Ansichten der Kollegen untereinander weitgehend übereinstimmen; in der Folge herrscht weniger Konkurrenz um die Führungsposition, und der Konfliktstoff nimmt allgemein ab. Natürlich hat eine solche Einheit auch Vorteile im Umgang mit anderen Abteilungen. Es herrscht größere Stabilität, und der Institutsvorstand weiß, daß seine Position mehr oder weniger unumstritten ist. Bei Verhandlungen zwischen Arbeitgebern und Arbeitnehmern stellen wir oft fest, daß Vertreter der Arbeitnehmerseite, wenn sie sich ihrer Position nicht sicher sind, viel größere Schwierigkeiten haben, wirkungsvoll mit dem Management zu verhandeln, als wenn dies nicht der Fall ist. Das ist auch der Grund dafür, daß die Manager bei Streiks oft versuchen, Zwietracht in den Reihen der Gewerkschaftsvertreter zu säen und dadurch deren Fähigkeit zu untergraben, für die gesamte Organisation zu sprechen.

Ich komme immer mehr zu der Überzeugung, daß Einheit, Konsens und technologische Sicherheit sich nicht von selbst ergeben – weder in Universitätsinstituten noch in Untereinheiten irgendwelcher anderen Organisationen. Das Verhalten der Angehörigen von Untereinheiten kann die Einheit einer Organisation zementieren oder unterminieren. Eine der häufigsten Verhaltensweisen besteht darin, andere innerhalb der Einheit an die Bedrohungen von außen und an die potentiellen Konkurrenten um Ressourcen und politische Erfolge zu erinnern. Einheiten, die von internen Diskussionen zerrissen sind, sind häufig Einheiten, die sich den politischen Gegebenheiten ihres weiteren Umfeldes nicht richtig gestellt haben. Wenn man einmal von der Außenwelt abgeschnitten ist, schrumpfen unvermeidlich die Perspektiven.

Wie eine Einheit besetzt ist, beeinflußt auch ihre Tätigkeit. Ich trete zwar nicht für die Praxis ein, neue Mitarbeiter danach auszuwählen, ob sie wie wir selbst sind, aber natürlich wird einheitliches und kohärentes Handeln wahrscheinlicher, wenn alle Beteiligten ähnliche Perspektiven und einen ähnlichen Hintergrund haben. Aber ebenso wichtig ist es vielleicht, Schritte zu setzen, um den Konsens innerhalb der Gruppe zu stärken. Wie für viele andere Aspekte des Organisationslebens gilt auch hier die traurige Regel, daß es meist die Reichen sind, die noch reicher werden. Nehmen Sie zum Beispiel die naturwissenschaftlichen Institute der meisten Universitäten. Da sie über besser entwickelte Paradigmen verfügen, werden ihnen mehr Forschungsmittel zur Verfügung gestellt. Natürlich werden diese zusätzlichen Mittel nicht verschwendet, sondern in die Forschung gesteckt, wodurch wiederum neue Ergebnisse erzielt werden, die ihrerseits Beiträge zu den Erkenntnissen und Technologien des jeweiligen Bereichs liefern. Unter Hinweis auf ihre erfolgreichen Aktivitäten fällt es diesen Instituten leicht, noch mehr Geld zu verlangen, da ihre Forschungsarbeit immer besser vorausgeplant werden kann. Wenn ein Institut im Gegensatz dazu über keine ausreichenden Mittel verfügt, wird es wahrscheinlich auch seine Erkenntnisse über die grundlegenden Prozesse nicht verbessern können und auf diese Weise nie in eine Position gelangen, in der es mit ähnlicher Vehemenz zusätzlich Mittel verlangen könnte.

Eine ähnliche Dynamik beherrscht den Alltag in den verschiedensten Organisationen. Einer der Gründe, warum die Finanzabteilung bei General Motors derart viel Macht anhäufen konnte, lag darin, daß es ihr durch die anfängliche Eroberung von Ressourcen gelungen war, eine ausreichende Zahl der besten und fähigsten Mitarbeiter einzustellen, um ausgefeilte und umfassende Finanzberichtssysteme zu installieren. Sobald diese Systeme einmal etabliert waren und funktionierten, entwickelten sie sich von selbst weiter, da sie Ziffern und Analysen produzieren konnten, wie dies anderen Abteilungen ohne Zugang zu ebensolchen Ressourcen niemals gelingen konnte. Eine ähnliche Dynamik habe ich bei Computer- und Informationsabteilungen beobachtet. Eine mit unzureichenden Mitteln ausgestattete Abteilung kann keine Ergebnisse produzieren, was wiederum zu einer Schwächung ihrer Position in der Organisation führt und bewirkt, daß sie im Wettlauf um Mitarbeiter und Ressourcen immer weiter zurückbleibt. In diesem Sinn kann der Aufbau von Einheit und Konsens innerhalb der Abteilung der entscheidende erste Schritt in ihrer Strategie zum Machtgewinn sein.

DIE LÖSUNG ENTSCHEIDENDER PROBLEME

Dave Hickson und seine Kollegen haben die Auffassung vertreten, daß die Fähigkeit, organisatorische Unsicherheiten zu bewältigen, einer Einheit Macht verleiht.[14] Der Schluß trifft zu. Alle Organisationen sind mit bestimmten Problemen oder Fragen konfrontiert, die dringlicher sind als andere. Durch die Arbeitsteilung innerhalb der Organisation sind einige Abteilungen für diese wichtigen Fragen zuständig, während sich andere mit weniger wichtigen oder Routineangelegenheiten befassen. Die für die wichtigen Bereiche zuständigen Abteilungen verfügen über ein beträchtliches Machtpotential. Inwieweit sie es auch umsetzen können, hängt bis zu einem gewissen Grad davon ab, ob sie die wichtigen Probleme, für die sie zuständig sind, auch tatsächlich bewältigen können. Diese Probleme verändern sich nicht nur mit der Zeit, sie sind auch in allen Organisationen verschieden. Das bedeutet, daß sich die Machtverteilung je nach Zuständigkeit für die wichtigen Fragen verlagern kann, und sie kann sich auf mehrere Einheiten einer Organisation verteilen, je nachdem, welche speziellen Probleme auftreten.

So hat zum Beispiel der Krankenhausbereich in den letzten Jahren gewaltige Machtumwälzungen erlebt, weil Kostenbegrenzung und Patientenservice stark an Bedeutung gewannen – ersteres aufgrund der zunehmenden Beteiligung des Staates an der Finanzierung des Gesundheitswesens, letzteres aufgrund der Überkapazität an Krankenhausbetten, die eine intensivere Konkurrenz um die Patienten zur Folge hatte. In Krankenhäusern, die mit gutem Patientenservice werben und ihre Kosten begrenzen müssen, sind die Pflegeeinheiten normalerweise sehr mächtig. Wie bereits zuvor bemerkt, war die Betriebsleiterin des Krankenhauses der Stanford University zuvor Leiterin der Krankenpflege und selbst Krankenschwester. Daß die Wahl auf sie fiel, ist folgerichtig, wenn man bedenkt, daß Ärzte keine Angestellten des Krankenhauses sind, sondern für ihre Arbeit lediglich dessen Einrichtungen benützen. Krankenschwestern sind die größte Einzelgruppe von Krankenhausangestellten. Sie stellen etwa die Hälfte des Personals und beanspruchen auch etwa die Hälfte der Mittel. Aus diesem Grund besitzt die Leiterin der Krankenpflege großen Einfluß auf die Budgetmittel und kontrolliert auch den größten Teil der Mitarbeiter. Je wichtiger die Fragen der Kosten des Gesundheitswesens und des Patientenservice wurden, desto größer wurde die Macht der Krankenpflege, und in Zukunft dürfte sie noch weiter wachsen.

Das Argument, daß die Bewältigung entscheidender organisatorischer Probleme Machtgewinn mit sich bringt, scheint für alle Kulturkreise zuzutreffen. Eine in den frühen 80er Jahren von einem japanischen Wissenschaftler durchgeführte Studie sammelte Daten über die Organisation der Rechtsabteilungen in 36 der größten Tochtergesellschaften japanischer Produktions- und Handelsgesellschaften in den Vereinigten Staaten.[15] Setsuo Miyazawa bemaß die Macht der Rechtsexperten anhand von drei Faktoren: anhand der Anzahl der im Hause tätigen amerikanischen Anwälte, anhand des Prozentsatzes amerikanischer Anwälte der Tochtergesellschaft am gesamten Rechtspersonal, und anhand der Frage, ob der Leiter der Rechtsabteilung ein im Hause tätiger amerikanischer Anwalt war.[16] Große japanische Firmen haben in ihrem Mutterland nur selten eine eigene Rechtsabteilung, und es ist auch nur selten der Fall, daß eine Abteilung von einem Anwalt geleitet wird. In den USA jedoch ist beides relativ häufig. Der Schluß lautet nun, daß die Rechtsabteilungen japanischer Tochtergesellschaften, die mit typisch amerikanischen Problemen konfrontiert sind, mit größerer Wahrscheinlichkeit mächtigere und professionellere juristische Mitarbeiter haben. »Kartellgesetze und Produkthaftung scheinen die Bereiche zu sein, in denen die juristischen Gegebenheiten als stark von den entsprechenden japanischen Regelungen abweichend empfunden werden, und man geht davon aus, daß Amerikaner eher als Japaner geneigt sind, rechtliche Schritte zu ergreifen.«[17] Die Studie, die anhand der Freizeitbranche ermittelte, welche Rechtsfragen in welchem Umfang am häufigsten auftraten, ergab eine Bestätigung des Arguments, daß die Organisation der Rechtsabteilung die Sachzwänge und Probleme widerspiegele, denen sich eine Firma gegenübersieht.

Welche Frage für eine Organisation wichtig ist und welche nicht, ist natürlich eine Sache der Interpretation. Aber machtbewußte Firmenangehörige achten darauf, daß sich ihre Abteilung mit wichtigen Fragen auseinandersetzen darf und daß auch den anderen bewußt ist, wie wichtig die in ihrem Einflußbereich behandelten Fragen wirklich sind. Diese unternehmerische Aktivität läßt sich nirgends besser darstellen als am Beispiel John Deans, der als Berater von Präsident Nixon arbeitete. Als er seinen Job am 27. Juli 1970 antrat, hatte das Büro des Präsidentenberaters relativ wenig Macht – und Dean wußte das.

> Mein Büro konnte nach sämtlichen Kriterien des Weißen Hauses als schäbig bezeichnet werden. Die Wände mußten dringend gestrichen werden, und die Möbel sahen aus wie vom Militär ausrangiert . . . Aus meinem Fenster blickte ich auf einen asphaltierten Innenhof, der mit Lieferwagen vollgeparkt war . . . und auf die Lüftungsschächte der Air Conditioner der anderen Büros.[18]

Deans Plan war, die Macht seiner Einheit durch Vereinnahmung von Themenkreisen zu vergrößern, die für die Nixon-Regierung wichtig waren.

> Der Schlüssel zum Erfolg lag in unserer Aufgabe, uns mit Interessenkonflikten auseinanderzusetzen . . . Die Arbeit war schwierig und langweilig, aber ich erkannte bereits, daß sie mir neue Bereiche eröffnen würde . . . »Wenn du wirklich über die persönliche finanzielle Situation eines Menschen informiert bist . . . und dann mit ihm offen über seinen Job hier sprichst und darüber, ob irgendwelche Konflikte bestehen könnten, wird er dir wahrscheinlich bald vertrauen, wenn du richtig an die Sache herangehst. Und sobald er dir sein Vertrauen geschenkt hat, bist du im Geschäft.«[19]

Darüber hinaus hatte Dean bald erkannt, daß sein Büro Nachrichtendienste für das Weiße Haus übernehmen könnte. Diese Regierung war derart besessen von Informationsbeschaffung, daß sie schließlich in die Watergate-Affäre schlittern sollte. Dean hatte also klar erkannt, daß ihm der Nachrichtenbereich in seinem Bestreben, die Macht seiner Einheit zu vergrößern, gute Dienste leisten konnte.

> Bei unseren Nachforschungen über potentielle Interessenkonflikte hatten wir bereits diese Rolle übernommen. Und wir hatten Jack Caulfield, der in diesen Gewässern zu navigieren verstand. Wir machten Werbung für unser Büro als einen Ort, wo Fragen beantwortet würden. Ich unterstützte diese

> neue Spezialität, weil ich dachte, daß die Politiker Nachrichtendienste höher schätzen würden als eine trockene Rechtsberatung. Im Jahr 1971, meinem »Aufwärmjahr«, wurden wir ständig mit nachrichtendienstlichen Anfragen bombardiert. Ich lernte viel über einige Dinge, an denen meine Vorgesetzten interessiert waren.[20]

Dean setzte das Gelernte in die Tat um, stellte zusätzliche Mitarbeiter ein und zog auch, was für ihn besonders wichtig war, die Aufmerksamkeit Ehrlichmans und Haldemans, der beiden ranghöchsten Berater Präsident Nixons, auf sich. Obwohl Dean damals erst Anfang Dreißig war, bewies er außergewöhnliche Geschicklichkeit, wenn es darum ging, Macht und Ansehen seiner Abteilung zu vergrößern und auch einzusetzen, um seine Position innerhalb der Administration zu stärken.

UNENTBEHRLICH SEIN

Die Macht einer Untereinheit beruht auf geschlossenem Auftreten, auf der Fähigkeit, mit entscheidenden organisatorischen Problemen umzugehen, und auf dem alleinigen Besitz der Fähigkeit, solche Probleme zu lösen. In den ersten Arbeiten, die sich mit der Entstehung von Macht befaßten, wurde betont, daß Macht nicht nur auf der Tatsache beruht, daß man etwas hat, was andere wollen oder brauchen, sondern auch auf der Kontrolle über den Zugang zu dieser Ressource, so daß keine alternativen Quellen zur Verfügung stehen.[21] So wie eine Monopolstellung auf Produktmärkten Firmen mächtig macht, gibt ein Monopol auch Einheiten Macht, die auf dem Markt für Informationen um Einfluß ringen.

Michel Crozier verdeutlicht uns diesen Zusammenhang sehr schön in seiner Studie über eine französische Tabakfabrik;[22] in dieser Studie wird auch die These untermauert, daß die Fähigkeit zur Problemlösung eine wichtige Machtquelle darstellt. Die Fabrik arbeitete unter dem Schutz des staatlichen Tabakmonopols, so daß weder Nachfrage noch Finanzierung ein besonderes Problem darstellten (die Studie stammt aus der Zeit vor der Privatisierung staatlicher Unternehmen, als Tabak auch noch nicht als gesundheitsschädlich galt). Die einzige wirkliche Unsicherheit oder Notlage, mit der die Fabrik jemals konfrontiert war, war der Zusammenbruch der weitgehend automatisierten Zigarettenproduktionsanlagen. In dieser Situation erlangten die Techniker aufgrund ihrer Fähigkeit, die Maschinen zu reparieren, enorme Macht. Diese schwoll derart an, daß es ihnen schließlich sogar gelang, die Entlassung eines Betriebsleiters zu erreichen. Es stellt sich natürlich die Frage, ob das Wartungspersonal seine Macht mißbrauchte. Warum stellte man nicht einfach andere Maschinisten, Mechaniker und Ingenieure ein? Bei dieser Vorgangsweise gab es ein einziges

Problem – sie war undurchführbar. Auf irgendeine geheimnisvolle Art und Weise waren die Handbücher und technischen Zeichnungen für die Maschinen einem »Feuer« oder irgendeinem anderen Unfall zum Opfer gefallen. Einige der Maschinen waren schon älter, viele waren irgendwie modifiziert worden, und nur die vorhandenen Wartungstechniker wußten, wie man sie reparieren konnte – vor allem, wie man sie effizient reparieren konnte. Wenn neue Wartungstechniker in die Firma kamen (z. B. bei Todesfällen oder Pensionierungen), erhielten sie mündliche Instruktionen. Obwohl sie sich während ihrer Ausbildung Notizen machen durften, legte man ihnen nahe, diese Unterlagen zu vernichten, sobald sie mit der Kunst der Reparatur dieser Maschinen vertraut waren. Mit dieser Strategie gelang es den Technikern, sich für ihre Arbeitgeber unentbehrlich zu machen.

Viele Jahre lang konnten die Computer- und Systemabteilungen in Organisationen ihre Macht nach demselben Prinzip aufrechterhalten. Für spezifische wichtige Anwendungen wurden spezielle Softwareprogramme geschrieben, und es war kaum genügend Zeit vorhanden, diese Software ausreichend zu dokumentieren. Viele Organisationen wollten die für eine solche Dokumentation erforderlichen Mittel nicht aufwenden, und außerdem waren auch viele Programmierer nur an ihrem nächsten Programm interessiert, nicht jedoch daran, bereits fertiggestellte Programme zu dokumentieren. Die Funktionsweise bestimmter Systeme wurde oft in mündlicher Form von Generation zu Generation weitergegeben und zum Teil auch durch Trial-and-error erlernt. Auf diese Weise waren die Computer- oder Systemabteilungen in einer guten Position, wenn es darum ging, Budgeterhöhungen oder die völlige Autonomie zu verlangen. Die Macht dieser Abteilungen beruhte auf der Tatsache, daß sie wichtige Unsicherheitsbereiche kontrollierten, aber auch darauf, daß sie praktisch nicht zu ersetzen waren – zumindest nicht zu vertretbaren Kosten.

Der Wunsch, unersetzlich zu sein (oder zumindest zu erscheinen) hilft uns zu verstehen, warum die einzelnen Einheiten innerhalb einer Organisation außenstehenden Beratern oft argwöhnisch die kalte Schulter zeigen und gern den Eindruck erwecken, als ob ein Zugang nur über sie möglich wäre. Diese Einheiten bauen ihre Macht aus, indem sie ein Monopol auf Information und Fachwissen zu haben scheinen. Ich entsinne mich zum Beispiel, daß vor einigen Jahren der für die Managementschulung in einer großen amerikanischen Firma zuständige Mann mit der Bitte an mich herantrat, bei einem internen Schulungsprogramm für Führungskräfte einen Vortrag zu halten. Auf der Suche nach Vortragenden für sein Programm hatte er einige bekannte Wirtschaftsuniversitäten angerufen, Schulungskataloge externer Veranstalter durchgeblättert und Listen von Wirtschaftshochschulen durchgesehen. All das hätte jedermann mit Leichtigkeit tun können. Er jedoch erweckte den Eindruck, als ob es (im Gegensatz zu einfachen, in solchen Fällen üblichen Verhandlungen) eine besondere Leistung sei, diese Vortragenden zu gewinnen, und er sorgte dafür, daß alle Kontakte ausschließlich über ihn liefen. Wenn mich beispielsweise jemand als Berater für ein Projekt gewinnen wollte, das nicht mit den Schulungsprogrammen für Führungskräfte in Zusammenhang stand, wurde der Kontakt dennoch über den Schulungsleiter hergestellt. Schließlich machte ich gegenüber einem leitenden Mitarbeiter im Programm eine Bemerkung darüber, wie verwickelt dieses System doch sei und bot ihm einen direkten Kontakt an. Ich brauche wohl nicht zu erwähnen, daß ich dort nie wieder als Vortragender zu einem Führungskräfteprogramm eingeladen wurde. Ich habe versucht, daraus zu lernen und bitte nun immer um Erlaubnis, wenn ich in einer meiner Kundenfirmen mit jemand anderem als der Person sprechen möchte, die mich dort eingeführt hat. Und bei jeder öffentlichen Gelegenheit sorge ich dafür, daß alle über meine besondere Beziehung zu dieser Person im Bilde sind und lasse sie wissen, daß ich nur für sie arbeiten würde!

Eine der Machtquellen Robert Moses', unter Bürgermeister LaGuardia deutlich sichtbar, lag in seiner Kontrolle über nahezu alle Planungs- und Baufachleute der Stadt New York. Wenn ein öffentliches Bauprojekt durchgeführt werden sollte, mußten Pläne gezeichnet und technische Arbeiten geleistet werden. Da Moses über die Mitarbeiter für diese Arbeiten verfügte, konnte er bestimmen, was gebaut wurde und was nicht. Seine Monopolstellung bei Stadtplanern und Ingenieuren – ein hart arbeitendes und kompetentes Team – war einer der Gründe dafür, daß Moses unentbehrlich war. Caro hat die Situation wie folgt beschrieben:

> . . . der Bürgermeister hatte keine vergleichbare Kontrolle über die Errichtung öffentlicher Bauten der Stadt . . . die Bundesregierung bezahlte den Löwenanteil dieser öffentlichen Bauten, und sie war vor allem an Geschwindigkeit interessiert, damit sie für ihre Ausgaben etwas vorweisen konnte . . . Da der rasche Fortgang der Bauarbeiten von der Existenz detaillierter Pläne abhängig war, . . . brauchte der Bürgermeister Pläne, und zwar schnell . . . Robert Moses entschied, welche Projekte das sein würden . . . Moses ließ die »große, stabile Planungsmannschaft« der Ingenieure dazu ausbilden, städtische öffentliche Bauten mit der neuen extremen Höhe zu entwerfen . . . LaGuardia versuchte fortdauernd, dieses Handicap zu überwinden. »Er drängte immerfort andere Abteilungen, Pläne auf den Tisch zu legen«, erinnert sich Windels. »Aber sie brauchten so lange dafür.« Und wenn die Pläne dann da waren, gab es oft keine Arbeiter; Moses . . . hatte sie alle in Projekten der Parkabteilung gebunden.[23]

Da Moses die öffentlichen Bauprojekte kontrollierte, konnte er Macht über den Bürgermeister ausüben, nicht nur, weil der Bereich Öffentliche Bauten in der Depression eine wichtige Ressource darstellte, sondern auch, weil LaGuardias eigene Ziele ebenfalls in diesem Bereich lagen. Das einzige Problem war, daß Moses und nicht der Bürgermeister über den Standort der Bauten bestimmte:

> ... Der Bürgermeister hatte zwanzig neue Feuerwehrwachen geplant; drei konnte er bauen ... es ging um Schulen, Gefängnisse und Polizeistationen – aber auch um Krankenhäuser, Kläranlagen, Abwasserkanäle und Untergrundbahnen. La Guardia mußte seine Bauprojekte für fast alle Projekte beschneiden, mit Ausnahme von Parks ... und Brücken ... und Straßen.[24]

Wer unentbehrlich bleiben will, muß Ressourcen monopolisieren, den Zugang zu Fachkenntnissen kontrollieren, und, wie wir am Beispiel der französischen Wartungstechniker gesehen haben, auch dafür sorgen, daß sein Fachwissen für andere nicht ohne weiteres zugänglich ist. Eine probate und oft angewandte Taktik besteht darin, eine Sprache oder einen Jargon zu verwenden, der für andere nicht leicht verständlich ist. In vielen Berufszweigen wird eine spezialisierte Sprache verwendet, damit der Zugang zum Fachwissen für Außenseiter schwieriger wird. In Bereichen, in denen die Sprache eine weniger wichtige Rolle spielt, kann man den Zugang zum Fachwissen durch Beschränkung der Ausbildungsmöglichkeiten kontrollieren. Das Baugewerbe (aber auch andere Berufszweige) erhielt seine Macht jahrelang aufrecht, indem es die Ausbildung, die nur im Rahmen einer vom Baugewerbe kontrollierten Lehre absolviert werden konnte, monopolisierte. Diese und viele andere Fälle zeigen, daß Unersetzbarkeit eine Schlüsseldeterminante dafür ist, daß einige Organisationseinheiten mächtig sind und andere nicht.

DIE ÜBERZEUGUNGSKRAFT VON AKTIVITÄT UND ENGAGEMENT

Eine Einheit baut ihre Macht nicht nur aus, indem sie sich unentbehrlich macht, sondern auch, indem sie ihre Aktivitäten innerhalb der Organisation überzeugend darstellt.[25] Wie wir in Kapitel 6 gesehen haben, verleiht ein zentraler Platz in der Kommunikationsstruktur einer Untereinheit zusätzliche Macht. Eine weitere, wichtige Machtquelle ist das Engagement in vielen verschiedenen Aktivitäten der Organisation. Wenn man versteht, wie wichtig Überzeugungskraft ist, bekommt man eine Vorstellung davon, wie solche Einheiten wie die Finanz- und Rechtsabteilung in vielen Organisationen zu ihrem großen Einfluß kommen. Der Schlüssel zum Erfolg besteht darin, in administrative und Entscheidungsprozesse einbezogen zu werden, die auf den ersten Blick nicht viel mit dem normalen Wirkungskreis der Einheit zu tun haben mögen.

Nehmen wir das Beispiel Pacific Gas and Electric. Obwohl die Energieversorgung der Kunden operativen Einheiten obliegt, die entsprechend der Energieform (z. B. Gas oder Strom) nach geographischen Gesichtspunkten organisiert sind, wird der Großteil der Entscheidungen in der Zentrale der Gesellschaft getroffen. Das Betriebspersonal ist geographisch zerstreut und in seinem

Aktionsradius stark eingeschränkt; seine Rolle besteht einfach darin, gemäß den Richtlinien und Verfahren, die in den von der Zentrale erstellten Handbüchern vorgegeben sind, ein qualitativ hochwertiges Kundenservice zu bieten. Aufgrund dieser geographischen Streuung und der unterschiedlichen sozialen Herkunft und Ausbildung sowie der in relativ routinierten Bahnen verlaufenden, planmäßigen Arbeit hat das Betriebspersonal nur beschränkten Zugang zum Top-Management. So ist die Kontrolle bei PG&E zentralisiert, und die wirklich relevanten Machtfragen liegen in Händen der Zentrale.

Wie verlagerte sich die Macht der Zentrale von der technischen in die Rechts- und Finanzabteilungen? Zum Teil dadurch, daß jene Schlüsselkompetenzen neu festgelegt wurden, die ausschlaggebend dafür waren, daß sich die Gesellschaft in ihrer Umgebung zurechtfand. So hatte beispielsweise eine teilweise Deregulierung des Erdgassektors, verbunden mit den Ölpreisschocks und den zunehmenden Schwankungen der Energiepreise, zur Folge, daß die Beschaffung von Erdgas im Lauf der letzten 30 Jahre an Bedeutung gewann und schwieriger wurde. Für die Gasbeschaffung war traditionell eine Abteilung zuständig. Der Status dieser Funktion verbesserte sich im Jahr 1971, als John Sproul, ein Rechtsanwalt, auf den neuen Posten eines Leiters der Gasversorgungsabteilung berufen wurde. Gleichzeitig überging man den Manager der Abteilung für langfristige Gasversorgung, Robert Brooks, der vom Maschinenbau kam. Man konnte natürlich argumentieren, daß der für die Gasbeschaffung zuständige Mann imstande sein müsse, Vertragsverhandlungen zu führen, und daß ein Rechtsanwalt dazu eher befähigt sei. Auf alle Fälle gab es Rechtsstreitigkeiten (obwohl nicht nur PG&E davon betroffen war) über die Durchsetzbarkeit langfristiger Verträge, die vor den drastischen Preiserhöhungen mit Gaslieferanten unterzeichnet worden waren, und Konflikte über die Beziehungen zu Pipeline-Unternehmen, die das Gas transportierten. So können sich entscheidende Fähigkeiten verlagern, und man kann argumentieren, daß die rechtliche Perspektive wichtiger ist, wenn es um die Sicherung von Gasversorgung und -lieferungen geht.

Aber die Gasbeschaffung war nicht die einzige »Front«, an der die Rechts- und Finanzabteilungen Einfluß gewannen. Historisch betrachtet war die Beschaffung von Kapital für öffentliche Versorgungsgesellschaften beinahe eine Routinesache – die Nachfrage nach Strom und Gas stieg ständig und in vorhersagbarer Weise, und die Regulierung der Energiepreise sorgte für einen adäquaten Ertrag neuer Einrichtungen. In den 50er und 60er Jahren war die Kapitalbeschaffung Aufgabe von Personal mit geringem Status und Ansehen, das kaum Kontakt mit dem Top-Management hatte. Anfang der 70er Jahre wurde die Kapitalbeschaffung aufgrund der steigenden Inflation schwieriger. Die Umweltbewegung und die steigenden öffentlichen Interventionen in den regulatorischen Abläufen machten die Tarifverhandlungen schwieriger, und die Frage neuer Energiequellen rückte zunehmend in den Brennpunkt öffentlicher und gesetzgeberischer Aufmerksamkeit. So gab es beispielsweise bei der Finanzierung des Atomkraftwerks Diablo bis zuletzt Unsicherheiten darüber, welcher Anteil der Baukosten auf den Grundtarif umgelegt werden dürfe – und ob eine solche Vorgangsweise überhaupt möglich sei. Als die Baukosten überschritten wurden, bestand Unsicherheit, welcher Anteil dieser Überschreitungen von den Anteilseignern getragen würde und welchen die Verbraucher über höhere Tarife zu bezahlen haben würden. Zur gleichen Zeit wurden auch die Kapitalmärkte komplexer und wettbewerbsorientierter. Stanley Skinner, ein Rechtsanwalt, der auch über ein abgeschlossenes Wirtschaftsstudium verfügte, wurde 1973 zum Leiter der Finanzabteilung bestellt. Innerhalb von vier Jahren war er zum Vorstandsmitglied aufgestiegen, und ein Jahr darauf zum stellvertretenden Vorstandsvorsitzenden, alles in seiner Funktion als Finanzexperte.

In den 60er und 70er Jahren fand eine weitere Veränderung in der Umwelt der Unternehmen statt: die Konsumentenrechte und der Konsumentenschutz wurden zu wichtigen Einflußkräften. Pacific Gas and Electric verfügte über eine Abteilung, die sich mit den Konsumentenkontakten beschäftigte. Die Bedeutung dieser Abteilung wuchs ständig. John S. Cooper, ein Rechtsanwalt, der zuvor Leiter der Abteilung für Energieversorgung und -sparmaßnahmen gewesen war, wurde Ende der 70er Jahre zum Leiter der Kundenbetreuung ernannt. Ebenfalls im Jahr 1979 wurde ein weiterer Rechtsanwalt, Mason Willrich, von der Rockefeller Foundation abgeworben und mit der neu geschaffenen Position eines Leiters der Unternehmensplanung betraut. Daran, daß die Juristen weiterhin die Aufsichtsfunktionen dominierten, können wir sehen, daß die juristische Funktion bei PG&E eine überragende Stellung eingenommen hatte und die Bereiche Finanz, Planung, Kundenbetreuung, Beziehungen zu den Aufsichtsbehörden und Gasbeschaffung kontrollierte. Allerdings schienen die Ingenieure die Kontrolle über einige wichtige Funktionen, so über die Anlagenplanung sowie über Beschaffung und Betrieb, aufrecht zu erhalten.

Aber dieser Kontrolle sollte nur eine kurze Lebensdauer beschieden sein. Sobald das neue Managementteam eingesetzt war, wurde ein Unternehmensberater engagiert, der Vorschläge für ein neues Unternehmensplanungsinstrument, das Planning Support System, entwickeln sollte. Das System sollte aus zusammenhängenden Simulationsmodellen bestehen, die aufgrund verschiedener Kombinationen von Kapitalbudgets und operativen Plänen Pro-forma-Finanzergebnisse produzieren sollten. Dieses System sollte auch als Ergänzung eines neuen »Verantwortungs-Budgetierungssystems« dienen, das sich gerade in Entwicklung befand. Obwohl einige Einzelheiten des vorgeschlagenen Systems niemals implementiert wurden, und ein Vorschlag, die Autorität über einige Bereiche formell in die Finanz- und Rechtsabteilungen zu verlagern, abgelehnt wurde, hatte sich der Verantwortungsbereich der Finanzfunktion doch stark ausgedehnt. Die Entwicklung des Budgetierungssystems wurde dem Büro des Controllers unterstellt, und die Planungsabteilung, in der bereits ein

Rechtsanwalt namens Willrich arbeitete, übernahm die Entwicklung des neuen Planungsunterstützungssystems. Da die juristische Funktion nun die Kontrolle über Budgets, Planung und Finanzprognosen erlangt hatte, war es ihr gelungen, der technischen Funktion die Kontrolle über die Anlagen, vor allem über die neuen, zu entreißen. Es waren die Budgets der Rechtsanwälte, die die Ziele und Verantwortlichkeiten vorgaben, und es waren ihre Planungsmodelle, die für die Prognostizierung der Auswirkungen der neuen Anlagen auf die Finanzlage der Gesellschaft herangezogen wurden. Die Überzeugungskraft, welche die Anwälte kraft ihres Einflusses hatten, stieg ständig und brachte ihnen noch mehr Macht. Anfang 1981 veranlaßte Skinner, der Finanzchef der Gesellschaft, zur Demonstration seiner Macht die Stillegung eines großen Kohlekraftwerks und gab damit der technischen Abteilung ein klares Signal, daß die wichtigen Anlagenentscheidungen von nun an vom Finanzbereich getroffen würden.

Bei dieser Machterweiterung spielte die Tatsache eine große Rolle, daß die Rechtsanwälte durch ihren Background und ihre Bekanntschaft untereinander verbunden waren und daher gemeinsam auftraten. Ähnliche Expansionsszenarien und Beispiele für die Machtübernahme durch die Beteiligung an zahlreichen Aktivitäten und Entscheidungen in der gesamten Organisation finden sich in der Geschichte von Firmen wie General Motors, Xerox und Ford Motor. Die Bandbreite der Operationen sowie der Stellenwert der kontrollierten Funktionen verleihen Subeinheiten innerhalb einer Organisation Macht.

ZUSAMMENFASSUNG

Die Position innerhalb der Organisationsstruktur ist eine wichtige Quelle der Macht. Nicht alle Untereinheiten sind gleich mächtig – manche sind einflußreicher als andere. Die Macht einer Untereinheit hängt von ihrer Fähigkeit ab, einheitlich und geschlossen aufzutreten, von ihrer Zuständigkeit für wichtige Fragen sowie von ihrer Fähigkeit, diese Fragen zu lösen und mit Hilfe ihres Fachwissens und ihrer Leistungen bei der Problemlösung eine Monopolstellung zu gewinnen. Das Beispiel von PG&E zeigt uns jedoch, daß entscheidende Fragen Diskussionen unterliegen und nur in politischer Interaktion gelöst werden können. Der Leser könnte jederzeit ein Alternativszenario entwerfen, in dem der Erfolg von PG&E nicht als Ergebnis seiner ausgezeichneten Planungs-, finanzanalytischen, aufsichtsrechtlichen und juristischen Fähigkeiten gesehen würde, sondern als Ergebnis seiner technischen Leistungen und der Fähigkeit, kostengünstig Energie zu liefern. Andere Abteilungen hätten in der Gesellschaft die Oberhand gewonnen, und andere Personen wären an die Macht gekommen. Dieses Alternativszenario könnte auch andere Implikationen für die Entwicklung der Organisation und ihre Fähigkeit zu technischer Innovation und effektiver Arbeit geboten haben.

Tatsächlich entstand ein genau solches Alternativszenario bei Southern California Edison, einer Stromversorgungsgesellschaft ähnlicher Größe, die im gleichen gesetzlichen und wirtschaftlichen Umfeld operierte; der einzige Unterschied war, daß die Gesellschaft in Süd- und nicht in Nordkalifornien angesiedelt war. Etwa um dieselbe Zeit wie PG&E (Anfang bis Mitte der 80er Jahre) war ein Techniker Vorstandsvorsitzender von Southern California Edison, ein Rechtsanwalt war stellvertretender Vorstandsvorsitzender und ein weiterer Rechtsanwalt Abteilungsleiter und Rechtsberater. Ein Techniker und ein Ökonom waren Vorstandsmitglieder, sieben andere Techniker Abteilungsleiter; weitere sieben Abteilungsleiter kamen aus anderen Berufsgruppen. Von den 20 Spitzenpositionen waren nur zwei, darunter die des allgemeinen Beraters, mit Juristen besetzt. In 124 anderen großen Elektrizitätsgesellschaften gab es, wie aus Dun und Bradstreets Reference Book of Corporate Management, 1982/1983, hervorgeht, 1.311 Positionen im Rang eines Abteilungsleiters oder darüber. Lediglich 132 oder 10% dieser Positionen waren von Anwälten besetzt, obwohl sie etwa ein Viertel aller Vorstandsvorsitzenden stellten. Der Kontrast zu PG&E, wo 18 Spitzenpositionen von Anwälten besetzt waren, ist augenfällig. Dieser Gegensatz zeigt uns, daß Veränderungen im gesetzlichen und wirtschaftlichen Umfeld, so bedeutend sie auch sein mögen, für sich genommen keine ausreichende Erklärung für die Machtverlagerungen innerhalb einer Organisation bieten. Da die Anwälte bei PG&E so gut zusammenarbeiteten, erreichten sie ein Maß an Macht, das sie in anderen Organisationen, in denen aus verschiedenen Gründen die Koordination nicht so gut war, niemals erlangten.

9

Persönliche Attribute als Quelle der Macht

Von den 435 Abgeordneten des amerikanischen Kongresses wird nur einer zum Sprecher gewählt, und nur wenige Abgeordnete erreichen im Laufe ihrer Karriere jemals diese Position. Es hat viele Präsidentenberater gegeben, aber kaum einer war so geschickt wie John Dean darin, rasch zu Macht zu kommen. Es gab Legionen von Sekretären von Kongreßabgeordneten, von denen sicher viele eine bessere Bildung, einen stärkeren Intellekt und ein sichereres Auftreten als Lyndon Johnson hatten – aber nur wenigen war in der Politik so großer Erfolg beschieden wie ihm. Sowohl bei CBS als auch bei General Motors gab es genügend junge Führungskräfte, aber bei CBS machte vor ihm und nach ihm niemand eine solche Karriere wie Frank Stanton, und Roger Smith ließ auf seinem Weg an die Spitze von GM viele andere hinter sich. Der Weg zur Macht steht vielen offen, aber nur wenige gehen ihn mit Erfolg. Was unterscheidet Menschen, die zu großer Macht kommen, von denen, die es nicht tun?

Vom wissenschaftlichen Standpunkt aus betrachtet genügt es nicht, sich nur mit den Menschen zu befassen, deren Streben nach Macht erfolgreich war, und aus ihrem Werdegang abzuleiten, welche Persönlichkeitsmerkmale dazu erforderlich sind. Wenn man feststellen will, was hervorragendes Management ausmacht, beschränkt man sich ja auch nicht darauf, erfolgreiche Firmen zu analysieren. Um zweifelsfrei sagen zu können, daß ein Persönlichkeitsmerkmal für die Erlangung von Macht ausschlaggebend ist, müssen wir feststellen, daß dieses Merkmal bei mächtigen Menschen häufiger vorkommt oder ausgeprägter ist als bei relativ einflußlosen Menschen. In Studien, die sich mit der Frage beschäftigten, welche Eigenschaften beim Aufbau von Macht eine wichtige Rolle spielen, wurden oft Merkmale wie Machtbewußtsein, Leistungsstreben und der Wunsch, sich mit anderen zusammenzuschließen, genannt. Mir scheinen dies jedoch nicht die individuellen Charakteristika zu sein, die den entscheidenden Unterschied ausmachen.

Nach meinen Erfahrungen, Forschungsarbeiten und Beobachtungen sind vor allem folgende Persönlichkeitsmerkmale für den Aufbau und die Erhaltung einer großen Machtfülle in Organisationen ausschlaggebend: 1. Energie, Ausdauer und körperliche Vitalität; 2. die Fähigkeit, seine Energie gezielt einzusetzen und nicht zu verschwenden; 3. Sensibilität, die einem hilft, andere zu verstehen und sich in sie einzufühlen; 4. Flexibilität, vor allem in bezug auf die Wahl der Mittel, mit denen man seine Ziele anstrebt; 5. die Bereitschaft, sich nötigenfalls Konflikten und Konfrontationen zu stellen, mit anderen Worten, ein gewisses Maß an persönlicher Härte; 6. die Fähigkeit, das eigene Ego zumindest zeitweise hintanzustellen, in die Rolle des guten Untergebenen oder Teamspielers zu schlüpfen und sich so die Hilfe und Unterstützung anderer zu verschaffen. Gewiß sichern einige dieser Merkmale mehr soziale Zustimmung als andere, aber alle scheinen Personen zueigen zu sein, die ein substantielles Maß an Macht zu erwerben und auszuüben imstande sind.

ENERGIE UND KÖRPERLICHE VITALITÄT

Im sogenannten Informationszeitalter sollten erwartungsgemäß in einer Liste der persönlichen Attribute, die mit Macht und Einfluß assoziiert werden, eher großes Genie oder Intellekt als Begriffe wie Stärke, Energie und Ausdauer ganz oben stehen. Aber eine solche Gewichtung wäre fehl am Platz, denn es ist oft der Fall, daß die Ausdauer über die Klugheit triumphiert. In einer Studie über Spitzenmanager der Industrie berichtete John Kotter, daß viele von ihnen zwischen 60 und 65 Stunden pro Woche arbeiten – das sind mindestens sechs Tage zu 10 Arbeitsstunden.[1] Die Fähigkeit und Bereitschaft, Tag und Nacht zu arbeiten, ist für viele mächtige Menschen charakteristisch. Christopher Matthews, der einmal Sprecher des Repräsentantenhauses war und heute als politischer Kolumnist und Schriftsteller arbeitet, schrieb, daß Ed Muskie unter anderem deshalb so viel durchsetzen konnte, weil er körperlich so vital war:

> »Muskies größte Stärke lag darin, daß er ... den Raum nie verließ«, erinnert sich Matthews. »Ich will damit sagen, daß er niemals zur Toilette ging. Er kam um neun Uhr morgens und ging erst um eins. Alle anderen wurden hungrig. Wenn es einen Phototermin gab, gingen die Kongreßabgeordneten ein und aus, ließen sich photographieren, sagten ein paar Worte und gingen wieder. Muskie aber blieb – das war's. Das ist eine große Stärke . . . Und wenn Sie hungrig sind und er nicht, um so besser. Er wird bis ein Uhr bleiben, und wenn Sie um zwölf essen gehen wollen, kein Problem, lassen Sie eine Vollmacht da. Er wird Ihre Vollmacht nehmen, und er macht dann um halb zwei Schluß, und bis dahin hat er seine Resolution.«[2]

Auch Lyndon Johnson verfügte über enorme Energie und körperliche Ausdauer. Die Frau, die mit ihm im Büro des Kongreßabgeordneten Kleberg zusammenarbeitete, erzählte, daß er stets im Laufschritt unterwegs war: ». . . jedesmal, wenn sie Lyndon Johnson den Weg zum Capitol Hill heraufkommen sah, lief er.«[3] Er kam früher zur Arbeit als die anderen Sekretäre der Kongreßabgeordneten und machte keine Mittagspause. Obwohl die meisten Büros um 16.30 Uhr schlossen, arbeiteten Johnson und seine Mitarbeiter oft bis nach acht.[4] Nachdem ihn seine erste Assistentin verlassen hatte, stellte Johnson zwei junge Männer, die er aus Texas kannte, als Assistenten ein und nahm sie noch härter an die Kandare. Johnson spornte sie durch sein eigenes Beispiel dazu an, Überstunden zu machen und Außergewöhnliches zu leisten:

> Sie standen um fünf Uhr auf, weil auch ihr Chef um diese Zeit bereits wach war, und wenn sie im Morgengrauen den Weg zum Capitol Hill hinauftrotteten, ging ihr Chef neben ihnen her. Die Tage, die sie an ihre Schreibmaschinen gefesselt waren, verbrachte er am Telefon . . . Und wenn sie sich spätabends schließlich in ihr kleines Zimmer zurückzogen und todmüde ins Bett fielen, hörten sie, wie sich der Chef noch rastlos im Bett hin- und herwälzte. »Er arbeitete härter als irgendjemand sonst«, sagt Latimer. »Er war noch rastlos, wenn wir anderen schon längst alle Viere von uns streckten.«[5]

Robert Moses stellte ebenso harte Anforderungen an sich und seine Mitarbeiter. Wenn er eine Besprechung mit Gouverneur Smith und seinen Beratern hatte, verließ er seine New Yorker Wohnung um 6 Uhr früh und nahm einen Morgenzug nach Albany. »Die Sitzungen waren meist erst lange nach Mitternacht beendet, wenn der letzte Zug zurück schon längst gefahren war. Dann bat Moses Smith um einen Dienstwagen mit Chauffeur . . . Wenn er sofort nach Hause fuhr, würde er schon am Morgen wieder arbeiten können.«[6] Frank Stanton, der unter William Paley zum Vorstandsmitglied von CBS aufstieg, war ebenfalls ein Getriebener, der rund um die Uhr arbeitete. Harte Arbeit war eine Voraussetzung, um bei CBS erfolgreich zu sein:

> Seine Vorstellung von Erholung bestand darin, am Sonntag im Sportsakko ins Büro zu kommen. Er kam mit wenig Schlaf aus, normalerweise brauchte er nicht mehr als fünf Stunden pro Nacht . . . Stanton kam jeden Morgen zwischen 7.30 und 8 Uhr ins Büro, und wenn die anderen irgendwann zwischen neun und zehn eintrudelten, war er ihnen bereits um Lichtjahre voraus.[7]

Energie und Stärke sind von großem Vorteil für diejenigen, die Macht aufzubauen versuchen. Erstens können Sie damit ihre Konkurrenz »aussitzen« oder andere, die vielleicht intelligenter oder geschickter sind, einfach durch harte Arbeit ausstechen. Zweitens sind Energie und Ausdauer ein Rollenmodell für andere; sie werden durch Ihr Beispiel inspiriert, ebenfalls härter zu arbeiten. Wenn Sie selbst lang und hart arbeiten, zeigen Sie Ihren Untergebenen nicht nur, daß solche Anstrengungen im Rahmen des Möglichen liegen, sondern Sie demonstrieren auch, wie wichtig die zu bewältigende Aufgabe ist. Wenn Sie bereit sind, selbst so viel in Ihren Job zu investieren, muß er es doch wert sein.

John Gardner schrieb in seinem Buch über Führungsqualitäten: »Wenn man die Leute fragt, welche persönlichen Attribute ihrer Meinung nach für Führungspersönlichkeiten charakteristisch sind, werden sie wahrscheinlich kaum körperliche Ausdauer und einen hohen Energiepegel nennen. Aber gerade diese Eigenschaften sind ausschlaggebend.«[8] Ein Mangel an Ausdauer und Durchhaltevermögen schmälert den Wert anderer Eigenschaften und Fähigkeiten.

FOKUS

Wir alle verfügen nur über ein beschränktes Leistungspotential. Wie groß unsere Energien und Fähigkeiten auch sein mögen, sie sind niemals unbegrenzt. Menschen, die großen Einfluß ausüben, neigen dazu, ihre Energien und Bemühungen auf bestimmte ausgewählte Ziele zu richten. In unserer Jugend haben wir wahrscheinlich alle mit einem Vergrößerungsglas experimentiert, indem wir damit Sonnenstrahlen bündelten und versuchten, trockenes Gras in Brand zu stecken. Dieses einfache Experiment zeigt, daß wir die Kraft der Sonnenstrahlen vervielfachen können, wenn wir sie fokussieren und gezielt einsetzen.

Die Geschichte Lyndon Johnsons ist die Geschichte des geradlinigen, gezielten Strebens nach einem bestimmten Ziel – nach der Präsidentschaft der Vereinigten Staaten. Obwohl Johnson in seiner Jugend in Armut gelebt hatte und daher stets auf finanzielle Sicherheit bedacht war, lehnte er ein Angebot ab, sich an der Gründung einer lukrativen Ölgesellschaft zu beteiligen, weil er befürchtete, daß ein solches Engagement seiner Karriere schaden könnte. Das war zu Beginn der 40er Jahre; zu jener Zeit war er bereits Kongreßabgeordneter. Der Besitz von Aktien einer Ölgesellschaft hätte die Wiederwahl eines demokratischen Politikers in Texas, wo die Mandatare, vor allem die Demokraten unter ihnen, sich ihres Sieges einigermaßen sicher waren, wahrscheinlich nicht behindert.[9] Auch wenn bekannt geworden wäre, daß Johnson ein Freund der Ölindustrie war, hätte dies wahrscheinlich kaum seine Chancen geschmälert, zum Senator von Texas gewählt zu werden, das ja schließlich ein Ölstaat war (und ist). Nur bei einer Präsidentschaftskandidatur konnte Johnson durch seine Verbindung mit dem Ölgeschäft Schaden nehmen. Wir sehen also, daß Johnson sich bereits in diesem frühen Stadium seiner Karriere auf ein klares Ziel konzentrierte und bereit war, seine anderen Interessen diesem Ziel unterzuordnen. Auch in Johnsons sozialem Leben zeigte sich dieses klare Zielbewußtsein.[10] Als er in Washington gesellschaftliche Funktionen übernahm, nutzte er sie als Forum zur Pflege politischer Kontakte und umschiffte die Möglichkeit, mit in Frage kommenden jungen Damen bekannt gemacht zu werden. Er machte seiner Frau schon beim ersten Rendezvous einen Heiratsantrag. Angeblich interessierte ihn an ihr hauptsächlich das Geld ihres Vaters, das sich in seinen ersten Wahlkampagnen als nützlich erweisen sollte.

Auch Robert Moses war ausgesprochen zielstrebig. In seinen insgesamt mehr als 40Jahren im öffentlichen Leben befaßte er sich hauptsächlich mit Parks und in zweiter Linie mit anderen öffentlichen Bauprojekten. Er übernahm keine gewählten Ämter, trat nicht in die Bundesregierung ein und beteiligte sich auch nicht an Geschäften. Seine Machtbasis war der Staat New York und dessen Umgebung, und dort setzte er auch seine Energien gezielt ein. Er verbrachte seine gesamte Zeit damit, über seine Projekte nachzudenken, und seine Familie hatte die Wahl, sich entweder an den mit seiner Arbeit zusammenhängenden Aktivitäten zu beteiligen oder ignoriert zu werden. »Wenn er nicht so oft zu Hause bei Frau und Kindern sein konnte, wie er das wollte, brachte er sie einfach ins Büro mit.«[11]

Kotters Studie über 15 erfolgreiche Vorstandsvorsitzende ergab, daß diese dazu tendierten, ihre Bemühungen auf eine Branche und ein Unternehmen zu konzentrieren.[12] Er schloß daraus, daß das »allgemeine« Management durchaus nicht allgemein ist und daß das spezifische Fachwissen, das man sich durch die Konzentration auf einen schmalen Ausschnitt der geschäftlichen Fragen aneignet, dabei hilft, eine Machtbasis aufzubauen und erfolgreich zu werden. Es ist auch hilfreich, seine Karriere auf eine einzelne Branche und auf eine oder wenige Organisationen zu konzentrieren, weil man so seine Energien nicht verschwendet und seine Aufmerksamkeit einigen wenigen Sorgen und Problemen widmen kann.

Während seines Aufstiegs bei CBS und nachdem er Vorstandsmitglied geworden war, konzentrierte sich Frank Stanton vollkommen auf seine Firma und seinen Job. Das hieß, daß er sich auf Aktivitäten konzentrierte, die ihn in die Lage versetzen würden, mehr und effektivere Arbeit zu leisten; und offensichtlich gelang es ihm auf diese Weise, größere Macht zu erlangen. Folgender Vorfall zeigt, wie sehr sich Stanton auf seine Tätigkeit bei CBS konzentrierte:

> CBS war Frank Stantons Leben . . . Wenn eine Episode zeigt, wie sehr sich Stanton CBS unterordnete, so war es jene am Silvesterabend 1952. In der Weihnachtszeit hatte der Bühnenautor George S. Kaufman in einer Comedyshow von CBS eine Bemerkung gemacht, die der Sponsor, die American Tobacco Company, als Sakrileg empfand. American Tobacco verlangte die Entfernung von Kaufman, aber Stanton wollte ihn halten . . . Es war Silvester . . . Stanton und seine Frau machten sich auf den Weg nach New Hampshire, wo sie ihren 20. Hochzeitstag feiern wollten. Als sie die Hälfte der achtstündigen Fahrt hinter sich gebracht hatten, fiel Stanton plötzlich

eine mögliche Lösung ein: CBS würde American Tobacco einfach die betreffende Sendezeit wegnehmen und Kaufman weiterhin in der Sendung belassen, während man nach einem neuen Sponsor Ausschau hielt. Nach einer verunglückten Feier kehrte das Ehepaar am nächsten Tag zurück, damit Stanton sich mit den Anwälten von CBS zusammensetzen konnte.[13]

Ein Bestandteil der Fokussierung und des gezielten Energieeinsatzes ist eine geradezu besessene Beschäftigung mit Einzelheiten. Das Interesse für Details ist von entscheidender Bedeutung, wenn man die Dinge voranbringen will. Diese Eigenschaft vermisse ich oft bei den Studenten und Managern, denen ich begegne. Viele sind gescheiter als ihnen guttut, das heißt, sie sind so intelligent und haben so weitgespannte Interessen, daß sie ihre Energie nicht gezielt auf eine einzige Sache oder einige wenige Dinge richten können. Sie verschwenden ihre Energien, indem sie sie zu breit streuen, und übersehen oft Details, die für den Aufbau von Macht und Einfluß von großer Bedeutung sein können. Als Jim Wright im Weißen Haus Karriere machte, war ihm bewußt, wie wichtig es war, sich mit den Details zu befassen und die eigenen Energien gezielt einzusetzen:

> Jede Kleinigkeit hatte Bedeutung. Die Abgeordneten glaubten, eine Funktion der Führerschaft . . . sei, daß ihnen ebenso gedient werde wie sie ihrer Wählerschaft dienten. Diese Dienste wurden in winzigen Kleinigkeiten gemessen. Wright war durch diese Kleinigkeiten groß geworden, er hatte seine Bereitschaft unter Beweis gestellt, seinen Kollegen kleine Gefälligkeiten zu erweisen, und zwar nicht nur im Ausschuß für öffentliche Bauprojekte oder bei einer Fahrt in einen Wahlbezirk. Jahrelang hatte er sich die Namen und die Gesichter der frisch ernannten Mitglieder eingeprägt, so daß er sie mit ihren Namen begrüßen konnte. Verschiedene Abgeordnete erinnerten sich, daß Wright der erste Kollege war, der bei ihrer Ankunft in Washington auf sie zugekommen war.[14]

So hilfreich eine Konzentration auf das Wesentliche beim Aufbau von Macht und Einfluß ist, so hinderlich wirkt sich mangelnder Fokussierung auch auf die lobenswertesten Unterfangen aus. Peter McColough, Vorstandsvorsitzender von Xerox, erkannte bereits im Jahr 1970, daß Xerox seine Produktpalette über die Kopiergeräte hinaus erweitern müsse. Mit der Zeit würden die Patente ablaufen oder technisch veralten, und das Wachstum des Kopiersektors würde sich verlangsamen; man mußte also neue Wachstums- und Entwicklungsmöglichkeiten finden. McColough war sich bewußt, daß der größte Vorteil von Xerox in seinem gut entwickelten Forschungs- und Entwicklungsbereich und in der Präsenz der Firma in den Büros Amerikas und der ganzen Welt lag. Auch war er vorausblickend und erkannte, daß Informationen in Zukunft eine Schlüsselrolle in der Wirtschaft spielen würden. Er ahnte, daß das Büro der 80er oder 90er Jahre nicht mehr viel mit dem der 70er Jahre zu tun haben würde.

Seine Vision der zukünftigen Rolle von Xerox zeigte viel Weitblick und wäre geeignet gewesen, die Mitarbeiter zu motivieren:

> »Der grundlegende Unternehmenszweck von Xerox besteht darin, den besten Weg zu finden, um mehr Ordnung und Struktur in die Information zu bringen. Unsere grundlegende Stoßrichtung und unser gemeinsamer Nenner bestehen also darin, eine führende Rolle in der sogenannten ›Informationsarchitektur‹ zu übernehmen.«[15]

Das Zusammenwirken von zwei Umständen war dafür verantwortlich, daß diese große Vision nicht Wirklichkeit wurde – und beide standen mit dem gezielten Einsatz der Energie in Zusammenhang. Erstens wurde Xerox Anfang der 70er Jahre von der Regierung wegen Verletzung der Anti-Trust-Gesetze verklagt. Dieser Rechtsstreit, dessen Beilegung jahrelang dauerte, nahm die Aufmerksamkeit des Managements in Anspruch und legte die Planungsprozesse innerhalb der Organisation praktisch lahm. Zweitens engagierte sich McCologh in zahlreichen anderen Aktivitäten außerhalb von Xerox:

> Er opferte seine Zeit und Energie zahlreichen Organisationen wie United Way, dem Kuratorium der University of Rochester, dem Council on Foreign Relations, dem U.S./U.S.S.R. Trade and Economic Council, dem Overseas Development Council, dem International Executive Service Corps, dem Business Committee for the Arts, der National Urban League und dem United Negro College Fund . . . 1973 wurde er zum Schatzmeister der Demokratischen Partei ernannt . . . Der Eindruck, McColough sei eine »abwesende« Führungsperson, verstärkte sich mit den zunehmenden juristischen Problemen von Xerox. Zusätzlich zu seiner starken öffentlichen Präsenz und seiner Botschafterfunktion für Xerox bei externen Interessengruppen bürdete sich McColough die Aufgabe auf, Xerox persönlich aus seinen Kartellkämpfen herauszuführen.[16]

SENSIBILITÄT GEGENÜBER ANDEREN

Wer Macht hat, übt Einfluß auf andere aus; Führerschaft beinhaltet die Fähigkeit, »eine Gruppe von Personen dazu zu bewegen, die von der Führungsperson oder ihren Anhängern vorgegebenen oder getragenen Ziele zu verfolgen.«[17] In dem Bemühen, andere zu beeinflussen, ist es auf jeden Fall sinnvoll, auch die Persönlichkeiten dieser Leute, ihre Interessen und Standpunkte zu verstehen und zu wissen, wie man sie am besten anspricht. Das meine ich, wenn ich davon spreche, wie wichtig es ist, anderen gegenüber sensibel zu sein und Menschen richtig »lesen«, richtig einschätzen zu können.

Natürlich kann mit sensiblem Verhalten anderen gegenüber nicht gemeint sein, daß man sich in den Dienst ihrer Interessen stellt, immer freundlich ist oder in ihrem Namen handelt. Sensibilität bedeutet hier einfach, die anderen zu verstehen, ihre Standpunkte in bestimmten Fragen zu kennen und zu wissen, wie man am besten mit ihnen kommuniziert und sie beeinflußt. Bei Verhandlungen zeigt sich besonders deutlich, wie wichtig diese Fähigkeit ist. In der Literatur über die Beilegung von Streitigkeiten liest man sehr häufig die Empfehlung, über Interessen und nicht über Positionen zu verhandeln.[18] Das bedeutet nichts anderes, als daß man herausfinden sollte, was die andere Verhandlungspartei wirklich will oder braucht, und woher ihre Bedürfnisse kommen. Das Ziel ist, die unterschiedlichen Bedürfnisse dann – wo möglich – in einer Weise miteinander in Einklang zu bringen, wie sich dies der Verhandlungspartner vorher keineswegs vorgestellt hatte. Für eine solche Vorgangsweise ist es von Vorteil, in die Haut des anderen schlüpfen zu können, für einen Augenblick seine Rolle zu übernehmen und die Welt aus seinem Blickwinkel zu betrachten. Das ist eine Fähigkeit, die oft zu einer Einigung beiträgt – wenn eine Basis für eine solche Einigung besteht.[19]

Gardner merkt in seinem Buch über die persönlichen Attribute von Führungskräften an, daß »eine Führungspersönlichkeit die verschiedenen Interessengruppen verstehen muß, mit denen sie es zu tun hat . . . Die grundlegende Fähigkeit im Umgang mit Menschen ist das soziale Wahrnehmungsvermögen – also die Fähigkeit, die positive Einstellung oder den Widerstand der Untergebenen genau einzuschätzen . . . die vorhandenen Bestrebungen so weit wie möglich für sich nutzbar zu machen und zu wissen, wo die sensiblen Punkte liegen.«[20] Viele Menschen denken an manipulatives Verhalten, wenn die Rede von Politikern ist, und das stimmt auch zum Teil. Aber um die Manipulation erfolgreich anwenden zu können, muß man wissen, wo und wie man ansetzen soll.

Jim Wright war sensibel. Er war »aufmerksam und merkte sich alles; er konnte die Bedürfnisse und Schwächen eines Kollegen und seiner Wählerschaft spüren. Er wußte, auf wen seine Kollegen hörten und wie man am besten an diese Personen herantrat.«[21] Ein ähnlich ausgeprägtes Wahrnehmungsvermögen hatte ein weiterer Sprecher des Repräsentantenhauses, Tip O'Neill:

> Zum Teil gründete O'Neills Erfolg sich darauf, daß er die menschlichen Schwächen so genau kannte. In einem auf gegenseitiger Abhängigkeit beruhenden System kommt jemand, der mit der Natur menschlicher Schwächen nicht vertraut ist, nicht sehr weit . . . Wie er gerne sagt: Man bringt die Leute zusammen, Job für Job, Gefälligkeit für Gefälligkeit – und am Ende steht ein Programm, eine Gesetzesvorlage, ein politisches Projekt.[22]

In der wirtschaftlichen Arena ist Frank Stanton als sensibler, geschickter »Leser« anderer Menschen zu nennen; vor allem wußte er William Paley einzuschätzen, mit dem er so lange Zeit zusammenarbeitete. Stanton und Paley hatten wenig gemeinsam.[23] Paley war jähzornig und feuerte seine Mitarbeiter oft ohne Vorwarnung. Um so lange bei CBS überleben zu können, mußte Stanton Paley sowohl verstehen als auch zu lenken wissen. »Beide benutzten den jeweils anderen für ihre eigenen Zwecke. Stanton strebte die operative Kontrolle über CBS an, und Paley suchte jemanden, der diese Funktion übernahm, ihm jedoch die letzte Autoritätsinstanz überließ.«[24] Und Stanton hatte erkannt, wie wichtig es war, Paley niemals öffentlich zu kritisieren oder zu bedrohen und ihm das Gefühl zu geben, er habe alles unter Kontrolle:

> Obwohl Stanton nur sieben Jahre jünger war als Paley, hatten die beiden ein Vater-Sohn-Verhältnis, das in Anwesenheit ihrer Untergebenen . . . vor allem durch Stantons unerschütterlichen kindlichen Respekt gekennzeichnet war . . . Bei Sitzungen unterdrückte Stanton sein Ego und vermied es grundsätzlich, sich mit Paley anzulegen. Mit wachsender Erfahrung lernte er, einen gegensätzlichen Standpunkt zur Sprache zu bringen, indem er diesen jemand anderem in den Mund legte . . . Wenn Stanton selbst eine Meinung äußerte, dann nur, um seinem Chef zuzustimmen.[25]

Sensibilität gegenüber anderen erfordert ein nahezu klinisches Interesse für ihr Verhalten. Das erfordert nicht nur Aufmerksamkeit in bezug auf sich selbst, sondern, was viel wichtiger ist, Aufmerksamkeit in bezug auf andere. Diese Dinge lernt man nicht in der Schule und nur sehr selten in Managementkursen. An der Stanford Business School bieten zwei Kollegen einen Kurs an, der unter dem Spitznamen »Spür mich-berühr mich« bekannt ist. Dort lernen die Studenten in Gruppen, wie sie auf andere wirken und wie sie eingeschätzt werden. Die meisten Studenten, mit denen ich spreche, verfolgen in diesem Kurs allerdings hauptsächlich persönliche Ziele – sie wollen lernen, sich selbst besser zu verstehen und erfahren, wie sie auf andere wirken. Wenige sagen spontan, daß sie lernen wollen, anderen effektiver zuzuhören oder sich in sie einzufühlen. Anderen gegenüber sensibel zu sein bedeutet, zumindest einen Augenblick lang aufzuhören, an sich selbst und seine eigenen Bedürfnisse und Überzeugungen zu denken. Irgendwie mutet es ein wenig wie Ironie an, daß es gerade diese Fähigkeit zur Identifikation mit anderen ist, die letzten Endes darüber entscheidet, ob man Dinge für sich selbst erreichen kann.

FLEXIBILITÄT

Sensibilität gegenüber anderen ist für sich allein genommen noch nicht viel wert, wenn Sie die so gewonnenen Informationen nicht dazu nutzen, Ihr Verhalten zu ändern. Ein erfolgreicher Verkäufer präsentiert zum Beispiel ein und denselben Wagen einem prestigebewußten Kunden als Luxuslimousine und einem anderen, eher praktisch orientierten, als wirtschaftliches, sicheres Modell mit hohem Wiederverkaufswert. Für Politiker ist Flexibilität eine wichtige Voraussetzung für den Erfolg. Um in der Politik erfolgreich bestehen zu können, ist es vor allem erforderlich, ein Amt zu erringen und es zu halten; und das macht es öfter erforderlich, seine Position dem herrschenden Klima anzupassen. Als Präsident machte sich Lyndon Johnson für Bürgerrechte stark. Derselbe Lyndon Johnson, der das Stimmrechtgesetz von 1965 und das Bürgerrechtsgesetz von 1964 unterstützte, welches die Einrichtung der Gleichbehandlungskommission veranlaßte und die Diskriminierung am Arbeitsplatz unter Strafe stellte, derselbe Lyndon Johnson, der das Büro für die Einhaltung bundesstaatlicher Verträge einrichtete, um die Vertragspartner der Regierung zur Durchführung von Affirmative Action-Programmen zu zwingen, derselbe Lyndon Johnson, der 1965 Truppen der Bundesarmee in den Süden schickte, um die friedlichen Proteste der Bürgerrechtsaktivisten zu schützen – dieser Lyndon Johnson war ein ganz anderer als jener, der im Jahr 1948 zur Senatorenwahl antrat:

> Texas wollte sich 1948 von den USA abspalten. In diesem Jahr legte Präsident Harry S. Truman dem Kongreß ein Bürgerrechtsprogramm vor – einschließlich der Vorlage eines Bundesgesetzes gegen das Lynchen . . . Lyndon Johnson benutzte die Eröffnungsrede seiner Wahlkampagne von 1948 für eine offene Attacke auf dieses Programm. »Das Bürgerrechtsgesetz ist eine Farce und eine Schande – es ist der Versuch, einen Polizeistaat einzurichten«, sagte er.[26]

Elf Jahre lang stimmte Lyndon Johnson, der später mehr Gesetze zum Schutz von Schwarzen, Frauen und anderen Minderheiten durchsetzen sollte als jeder andere Präsident, gegen jede Bürgerrechtsgesetzesvorlage, einschließlich des Anti-Lynch-Gesetzes.

Obwohl der Begriff der Flexibilität oft negative Konnotationen trägt, ist Flexibilität ein wichtiges Instrument für jeden, der nach Macht strebt. Sie versetzt einen Menschen in die Lage, Kurskorrekturen vorzunehmen und neue Denkansätze zu verfolgen, anstatt sich an funktionsuntüchtig gewordene Verfahren zu klammern. Flexibilität hilft auch dabei, Verbündete zu finden, und erleichtert es, verschiedene Interessen unter einen Hut zu bringen. John Gardner bemerkte:

> Von Kemal Atatürk, der größten Persönlichkeit der modernen türkischen Geschichte, sagte man, daß er eine schlechte Taktik mühelos und ohne lange zu überlegen über Bord werfen und gegen eine andere, erfolgversprechendere Vorgangsweise austauschen konnte; und wenn diese nicht funktionierte, ging er sofort zu einer anderen über . . . In seinen Zielen war er stabil, aber in seiner Taktik flexibel.[27]

In einer Fernsehsendung über David Rockefeller setzte sich Bill Moyers mit dem Begriff der Flexibilität auseinander. Rockefeller hatte als Vorsitzender der Chase Manhattan Bank Geschäftsbeziehungen mit verschiedenen Ländern, darunter mit einigen, in denen totalitäre Regime herrschten. Einer der größten Kunden der Bank war der Schah des Iran. Rockefeller hatte es so eingerichtet, daß dem Schah nach seiner Flucht aus dem Iran wegen einer Krebsbehandlung die Einreise in die Vereinigten Staaten gestattet wurde, was zur Besetzung der amerikanischen Botschaft in Teheran und zur mehr als ein Jahr dauernden Geiselhaft der dort anwesenden Amerikaner führte. Wie war es möglich, so fragte sich Moyers, mit einem Land Geschäftsbeziehungen zu unterhalten, das einen Polizeistaat aufgebaut hatte und seine politischen Gegner durch Folter auszuschalten versuchte? Rockefellers Antwort lautete, daß man »weniger Freunde hätte als einem lieb wäre«, wollte man versuchen, nur mit Leuten Geschäfte zu machen, die dieselbe Meinung hätten wie man selbst. Verbindungen – Verbündete – zu haben, ist sehr wichtig für den Aufbau und die Ausübung von Einfluß. Dazu muß man – sowohl buchstäblich als auch im übertragenen Sinn – mit Menschen aus den verschiedensten politischen Systemen ins Geschäft kommen, gleichgültig, welche Überzeugungen sie vertreten.

Wie wichtig Flexibilität ist, läßt sich zum Beispiel anhand einer Krise demonstrieren, in der es daran mangelte – nehmen wir Frank Lorenzos Kampf gegen die Wartungstechniker und gegen Charlie Bryan bei Eastern Airlines. Lorenzo und seine texanische Luftfahrtgesellschaft hatten Eastern im Februar 1985 gekauft. Bis zu seinem Rücktritt 1990 führte Lorenzo mit seinen Wartungstechnikern ständige Kämpfe, die bald in einen persönlichen Rachefeldzug gegen die Gewerkschaft und deren Vorsitzenden Bryan ausarteten. Über dieser Auseinandersetzung verlor Lorenzo offensichtlich seine wirtschaftlichen Ziele aus den Augen und wurde immer besessener von der Idee, einen bedingungslosen Sieg zu erringen:

> Sogar viele überzeugte Anhänger Lorenzos meinten, er habe über das Ziel hinausgeschossen. Was als Wirtschaftsstrategie begonnen hatte, endete als grimmiger Kampf. Lorenzo war derart besessen von der Idee, die Gewerkschaft zu besiegen, daß sich rationale wirtschaftliche Entscheidungen in Chaos aufgelöst hatten. Eastern hatte ganze zwei Jahre lang täglich etwa eine Million Dollar verloren, während Lorenzo nichts anderes im Sinn hatte, als den Kampfgeist seiner Wartungstechniker zu brechen. Die Einsparungen, die sich Lorenzo davon erhoffte, betrugen gerade 150 Millionen Dollar im Jahr.[28]

Lorenzo mußte seine starre Haltung mit einem Verlust von 365 Millionen Dollar pro Jahr bezahlen, und das alles nur, um 150 Millionen Dollar einzusparen. Schließlich ging die Fluglinie daran zugrunde.

In einer Studie über die Persönlichkeit von Menschen, die politisch sehr gewandt sind – sogenannte hochgradige Machiavelli-Typen – machten die Forscher folgende Beobachtung:

> Alle Unterschiede im Wesen . . . werden als Konsequenz der kühlen Distanz des hochgradigen Machiavelli-Typs betrachtet . . . Auch wenn ihre zur Schau getragene Kühle tatsächlich nicht sehr tief geht, so scheinen sie doch dickhäutig genug, um den Verlockungen oder Gefahren zwischenmenschlicher Beziehungen und Verwicklungen, die mit der Erfüllung ihrer Aufgaben in Konflikt geraten könnten, zu widerstehen . . . Als mögliche Erklärung wurde genannt, daß die Grundlage für die kühle Haltung der hochgradigen Machiavelli-Typen in ihrer Neigung besteht, sich auf klare, kognitive Definitionen der betreffenden Situation und auf die Strategien zu konzentrieren, die zum Sieg führen.[29]

Die Belege aus einer Reihe von Quellen scheinen ein klares Bild zu zeichnen: Flexibilität, welche auf der Konzentration auf übergeordnete Ziele und auf der Fähigkeit beruht, emotionellen Abstand zu der jeweiligen Situation zu halten, ist eine wichtige Charaktereigenschaft, die zum Aufbau von Macht beiträgt. Besonders deutlich tritt ihre Bedeutung im Kontrast zu ihrem Gegenteil zutage. Es liegt auf der Hand, daß Rigidität sowohl den Aufbau von Unterstützungsnetzen behindert als auch die Fähigkeit hemmt, Taktiken und Denkansätze zu modifizieren, wenn dies für die Erreichung von Zielen erforderlich ist. Theoretisch schätzen wir die Charaktereigenschaft der Flexibilität vielleicht nicht immer sehr hoch ein, aber recht häufig gefällt uns, was sie zu bewirken imstande ist.

KONFLIKTBEREITSCHAFT

Macht wurde als die Fähigkeit zur Überwindung von Widerständen definiert, als die Fähigkeit, andere dazu zu bringen, das zu tun, was man will.[30] Diese Definition von Macht schließt die Annahme ein, daß Uneinigkeit eine der konstanten Realitäten der sozialen Welt ist. Uneinigkeit kann über die zu erreichenden Ziele oder über die Verbindung von Mittel und Zweck oder über beides bestehen.[31] Macht wird daher in Situationen ausgeübt, in denen Konflikte bestehen. Wenn sich alle darüber einig wären, was zu geschehen hat und wie, müßte niemand Macht ausüben oder versuchen, andere zu beeinflussen. Da Macht nur in Situationen benötigt wird, in denen Uneinigkeit herrscht, ist eines der persönlichen Attribute mächtiger Menschen die Bereitschaft zur Austragung von Konflikten mit anderen.

Nicht alle Menschen können mit Konflikten und Meinungsverschiedenheiten gleich gut umgehen. Die Botschaft »Nur nicht anecken« wird uns oft schon in unserer Kindheit eingeimpft. Viele, wenn nicht die meisten Menschen erleben Konflikte als unangenehm und abstoßend. Konflikte sind eine Ursache von Streß in Organisationen. Robert Kahn und seine Kollegen haben Rollenkonflikte und Rollenambiguität untersucht.[32] Sie berichteten, daß verschiedene Arten von Rollenkonflikten – so etwa einander widersprechende Forderungen verschiedener Personen, mit denen man interagiert, oder Forderungen, die mit dem Druck anderer Personen außerhalb der Organisation in Konflikt gerieten, sowie Forderungen, die dem Selbstverständnis der Testpersonen widersprachen – allesamt als streßauslösend empfunden wurden. Um solchen Streß zu vermeiden, beugen sich manche Menschen den Wünschen anderer, oder sie vermeiden es, den Konflikt offen anzusprechen, und hoffen, daß er sich von selbst lösen wird, wenn sie ihn ignorieren.

Wenn Sie Konflikte scheuen, werden Sie sich wahrscheinlich nicht sehr oft durchsetzen. Wenn Sie jedoch im Gegenteil bereit sind, Ihre Ansichten durchzusetzen, selbst wenn Sie dabei mit Ellbogentechnik arbeiten müssen, können Sie in vielen Situationen Macht erlangen – wenn dafür gelegentlich auch langfristig ein Preis zu bezahlen ist. Nachgiebigkeit bringt Ihnen vielleicht mehr echte Sympathien bei Ihren Kollegen ein. Aber es ist nicht so, daß Menschen, die bei anderen wegen ihres freundlichen Charakters besonders beliebt sind, unbedingt auch die meiste Macht haben oder sich am besten durchsetzen können.

Konflikte sind eine Form der Abschreckung. »Abschreckung . . . heißt, die Wahlmöglichkeiten einer anderen Partei zu beeinflussen, und das geschieht, indem man ihre Erwartungen bezüglich unseres Verhaltens beeinflußt.«[33] Andere abzuschrecken heißt, ihnen mitzuteilen, daß es unangenehme Folgen für sie haben wird, wenn sie nicht tun, was wir wollen – und da viele Menschen Konflikte scheuen, ist unsere Bereitschaft, für unsere Ziele einen Kampf zu riskieren, ein starker Anreiz für sie, sich mit uns zu einigen. Smith schrieb über die Ausübung von Macht in Washington und berichtete von einem Interview mit Christopher Matthews, dem Pressesprecher von Tip O'Neill, dem Sprecher des Abgeordnetenhauses:

> »Der Schlüssel ist, ein Stachelschwein zu sein – den Ruf eines schwierigen Menschen zu haben«, erklärte mir Matthews. »Man darf nicht als netter Kerl bekannt sein – das nützt einem nichts . . . Ich habe . . . drei Jahre lang für Ed Muskie gearbeitet. Er war der beste von allen, der absolut beste, weil sich niemand mit ihm anlegen wollte. Sie wissen schon – warum sich mit dem Kerl anlegen und sich den ganzen Tag verderben? Die meisten Menschen funktionieren im großen und ganzen nach dem Prinzip der Nützlichkeit; sie versuchen, so glücklich wie möglich zu werden. Wozu soll man sich also den ganzen Tag ärgern?[34]

Die Bereitschaft zu kämpfen und schwierig zu sein war auch für Averell Harriman eine Quelle der Macht. Darin unterschied er sich von Chester Bowles, einem anderen überaus intelligenten Mann, der insbesondere im Außenministerium eine steile Regierungskarriere machte.

> Averell Harriman mochte zwar für dieselbe Politik stehen wie Bowles, aber er gab keine gute Zielscheibe ab; er war ein heimtückischer, fast fanatischer, brutaler Nahkämpfer, und jeder, der sich mit ihm anlegte, tat dies in dem vollen Bewußtsein, daß sich Harriman daran erinnern und zurückschlagen würde ... Bowles gab eine viel bessere Zielscheibe ab. Seine Karrieremöglichkeiten in der Regierung waren beschränkt, weil seine potentiellen Gegenspieler wußten, daß sie ihn angreifen konnten, ohne daß er zurückschlagen würde.[35]

Eine Machtquelle für Robert Moses war seine Bereitschaft – man könnte sogar sagen: sein Eifer – sich mit anderen, die nicht seiner Meinung waren, anzulegen. Seine Konfliktbereitschaft zeigte sich am deutlichsten in seiner Auseinandersetzung mit Bürgermeister LaGuardia über die von der Stadt betriebene Fähre über den East River: Die Rockaway überquerte den Fluß alle zwanzig Minuten. LaGuardia hatte sich bereit erklärt, die Fähre stillzulegen, damit das Grundstück, auf dem ihre Anlegestelle lag, »für die East River-Zufahrt zur [Triborough-] Brücke verwendet werden konnte. Damit wären die Autofahrer, die die Fähre benutzt hatten, gezwungen gewesen, stattdessen über die Brücke zu fahren und Mautgebühren an die Behörde zu bezahlen.«[36] Die Fähre hatte jedoch auch ihre Anhänger, nicht zuletzt jene 1.700 Personen, die sie jeden Tag benutzten. Sie schätzten nicht nur ihren Charme, sondern auch die Tatsache, daß sie beträchtlich billiger war als die Mautgebühr für die Brücke. LaGuardia schlug einen Kompromiß vor. Das Fährhaus sollte der Betreiberbehörde der Triborough-Brücke übertragen werden, gleichzeitig sollte jedoch der Fährbetrieb noch 60 Tage lang aufrechterhalten werden, so daß die Benutzer Zeit hätten, sich nach anderen Transportmöglichkeiten umzuschauen. Moses hingegen wollte weder 60 Tage noch überhaupt warten:

> Er setzte sich über den Bürgermeister hinweg und beschloß, den Fährbetrieb sofort einzustellen – indem er einfach die Anlegestelle niederreißen ließ ... Am 21. Juli wartete er, bis die Rockaway ... zu einer ihrer ... Fahrten vom Manhattan-Ufer abgelegt hatte ... und dann ... gab er den Befehl, die Schleppkähne in der Fährschlippe zu vertäuen, ... so daß die Rockaway bei ihrer Rückkehr keinen Platz zum Anlegen mehr vorfinden würde. Und er befahl, die Schlippe mit Ramme und Kran zu demolieren ... Er teilte Arbeitergruppen ein, ... um ... die Pflastersteine vor dem Fährhaus herauszureißen und die Anlegestelle von allen Zufahrtswegen abzuschneiden.[37]

LaGuardia war gezwungen, die Polizei zu rufen, um die Demolierungsarbeiten zu stoppen. Er beauftragte Arbeiter der Stadtverwaltung mit der Behebung aller

Schäden, die im Laufe des Tages entstanden waren. Caro notierte, daß »die Leser der New York Times am 23. Juli 1936 ... eine Schlagzeile mit dem Titel BÜRGERMEISTER RUFT POLIZEI, UM DEMOLIERUNG DER FÄHRE DURCH MOSES ZU STOPPEN serviert bekamen.« Aber sobald die Schlagzeile verblaßt war, konnte Moses den endgültigen Sieg für sich verbuchen; am 31.Juli gegen Mitternacht wurde die Anlegestellte, diesmal mit LaGuardias Einverständnis, endgültig niedergerissen.[38]

In diesem Konflikt ging es darum, wer im Zusammenhang mit Parks, Parkstraßen und Brücken, also in Moses' Interessensgebieten, das endgültige Sagen haben sollte. Indem er zeigte, daß er weder vor der Autorität des Bürgermeisters noch vor einer öffentlichen Auseinandersetzung mit diesem zurückschreckte, gelang es Moses, in diesem Konflikt die Oberhand zu behalten und erheblich an Macht zu gewinnen.

Geschmack an Konfrontationen ist nicht nur im öffentlichen Leben eine Quelle der Macht. Harold Geneen von ITT war dafür bekannt, daß er seine Manager bei den monatlichen Meetings zur Überprüfung der Finanzgebarung einzuschüchtern pflegte. De Lorean berichtet von einem hohen Manager bei General Motors, der andere durch seine Häßlichkeit und seinen bösartigen Blick einschüchterte. Kämpfertypen behalten in Organisationen möglicherweise einfach deswegen die Oberhand, weil die anderen zurückweichen, anstatt sich zu stellen und zu kämpfen. Wer also die Nerven hat, sich Konflikten zu stellen, hat in jeder Organisation eine Machtquelle zu seiner Verfügung.

Ross Johnson, der schließlich Vorstandsvorsitzender von RJR Nabisco werden sollte, zeigte während seines gesamten Aufstiegs durch die Managementebenen, daß er vor einem Kampf nicht zurückscheuen würde. Seine Konfliktbereitschaft war eine Quelle seines Einflusses. Der erste Kampf fand bei Standard Brands statt. Er begann als Vorstandsmitglied einer kanadischen Tochtergesellschaft, wurde 1973 zum Leiter der Internationalen Operationen ernannt, 1974 zum Direktor und 1975 zum Vorstandsmitglied und Nachfolger Weigls, des damaligen Vorstandsvorsitzenden. Zwischen seinem und Weigls persönlichen Stil lagen Welten – Johnson war verschwenderisch und Weigl eher bescheiden. Weigl hatte verschiedene potentielle Nachfolger erfolgreich torpediert und schickte sich nun an, dasselbe mit Johnson zu tun. Er stellte einen Privatdetektiv ein, um Informationen über die außerehelichen Affären Johnsons zu sammeln, und setzte Wirtschaftsprüfer auf dessen Spesenrechnungen an. Johnson allerdings war jemand, der nicht so leicht vor einem Kampf zurückschreckte.

> Johnson ... rüstete sich für den Krieg. Ein Kopfjäger, der für Weigl »nachrichtendienstlich« tätig war, wurde zum Doppelagenten, der auch Johnson Bericht erstattete ... Eine Gruppe von Verschwörern ... erstellte einen Bericht, aus dem hervorging, wie Weigls verbissene Art Standard Brands

> langsam den Garaus machte . . . Bald war es Weigl ziemlich klar, daß er es war, der verfolgt wurde.[39]

Es kam zu einem Konflikt vor versammeltem Aufsichtsrat, wobei Johnson mit seinem Rücktritt drohte (ein Trick, mit dem auch Robert Moses arbeitete). Als der Aufsichtsrat anbot, ihn in einem der folgenden Jahre zum Vorstandsmitglied zu machen, lehnte Johnson das Angebot ab und verlangte, daß Weigl nur die Position des Vorsitzenden beibehalten dürfe, und dies nur unter der Voraussetzung, daß sich sein Büro nicht in der Zentrale befände. »Dieser kleine Untergriff brachte Johnson die Kontrolle über eine New Yorker Wertpapiergesellschaft.«[40]

Als Standard Brands mit Nabisco fusionierte, war Johnson auch hier wieder zu Grobheiten bereit, um seine eigenen Leute in der Firma unterzubringen und jedwede Konkurrenz um die Nachfolge des scheidenden Vorstandsvorsitzenden auszuschalten. Dick Owens beispielsweise war Finanzchef von Nabisco und befand sich offensichtlich auf dem Höhepunkt seiner Macht, denn er war zum Vorstandsmitglied gemacht und in den Aufsichtsrat gewählt worden. Aber Johnson stellte ihm eine ausgefeilt konstruierte Falle:

> Johnson las Owens jeden Wunsch von den Augen ab. Wenn Owens neue Mitarbeiter einstellen wollte, legte Johnson ihm nie einen Stein in den Weg: ein Vorstandsmitglied hier, ein Abteilungsleiter dort, eine richtiggehende Flut von Abteilungsleitern. In Johnsons warmer Umarmung wurden Owens finanzielle Lehen stetig größer. Eines Tages betrat Johnson mit Sorgenfalten auf der Stirn Schaeberles Büro [Schaeberle war der damalige Vorstandsvorsitzende]. »Dick baut da eine riesige Finanzorganisation auf«, jammerte er . . . Er zeigte auf, welche Gefahren darin lagen, das analytische Urteilsvermögen der Leute in der Zentrale durch das von Linienmanagern zu ersetzen . . . »Ich glaube, daß Dick den Geburtsfehler hat, nicht dezentralisieren zu können . . . Ich meine, daß es Zeit ist für eine Veränderung.« Und so wurde Owens zur Seite geschoben; man ersetzte ihn eine Zeitlang durch – Johnson selbst.[41]

Nach Nabiscos Fusion mit Reynolds ergriff Johnson wieder eine Gelegenheit, seine Macht durch Drohungen und Konfrontationen auszubauen. Wilson, der Vorstandsvorsitzende der fusionierten Gesellschaften, hatte ohne Genehmigung des Aufsichtsrates etwa 68 Millionen Dollar in die Entwicklung einer rauchlosen Zigarette namens Premier investiert. Als Johnson erfuhr, daß der Aufsichtsrat, der inzwischen vom Fehlschlag des neuen Produktes informiert war, mit Wilson unzufrieden war, handelte er rasch. Er teilte mehreren Aufsichtsräten mit, daß er daran dächte, das Unternehmen zu verlassen und zu einer britischen Nahrungsmittelfirma zu wechseln; da die Fusion nun abgeschlossen sei, sei auch sein Job beendet. Einige seiner Verbündeten im Aufsichtsrat baten ihn, seine Entscheidung noch einmal zu überdenken. Bald darauf wurde er zum Vorstandsvorsitzenden ernannt, während Wilson eine großzügige Abfindung erhielt.

Jeder dieser Fälle zeigt uns, daß Johnson bereit war, etwas aufs Spiel zu setzen und um eine Position zu kämpfen, mitunter auch unter Zuhilfenahme rücksichtsloser Taktiken. Er wartete nicht darauf, gewählt zu werden, sondern er drängte heftig, oft auf Kosten derer, die ihm im Wege standen. Das ist nicht die einzige Methode, um Beförderungen zu erreichen, und es steht fest, daß nicht alle Verhaltensweisen Johnsons besonders fein waren. Wichtig ist jedoch, daß seine Bereitschaft, ja sein Eifer, sich dem Kampf zu stellen, unschätzbar wertvoll für seine Karriere in verschiedenen Unternehmen war.

Im Gegensatz dazu zieht die Abneigung gegen Konfrontationen einen Verlust von Macht und Einfluß nach sich und führt häufig dazu, daß wir jemandem unterliegen, der standfester ist. Dies ist sicherlich eine der Lehren, die man aus dem erfolgreichen Versuch Lewis Glucksmans ziehen kann, Peter Peterson aus seiner Position als Co-Vorstandsvorsitzender bei Lehman Brothers zu verdrängen.[42] Im Jahr 1983 trat Glucksman an Peterson heran und verlangte von ihm, die Firma zu verlassen:

> Glucksman . . . sprach recht deutlich mit Peterson und forderte ihn auf, sofort zu gehen. Er war überraschend zuversichtlich, daß Peterson dies tun würde, weil er spürte, daß er nicht die Nerven haben würde, sich dem Kampf zu stellen. Peterson hatte in den letzten Jahren eine Reihe zermürbender Erfahrungen durchgemacht – eine Operation eines Gehirntumors 1977, der sich als gutartig erwies, eine schmerzvolle und gnadenlose Scheidung, eine glückliche zweite Ehe, die aber von verschiedenen Krebsnarben gezeichnet war. Glucksman gibt zu, daß er damit rechnete, Peterson werde sich nicht auf eine öffentliche Schlammschlacht einlassen . . . Glucksman witterte Schwäche.[43]

Und Glucksman hatte recht. Peterson, der mit gesundheitlichen Problemen zu kämpfen hatte und sich nicht mehr tagtäglich um die Führung der Firma kümmern wollte, handelte ein ausgezeichnetes Abfindungspaket für sich aus. Sobald er dieses in Händen hatte, erklärte er sich bereit, Glucksman die Firma zu übergeben. Glucksman hatte zum Teil deshalb gewonnen, weil er mehr Härte für einen Kampf mitbrachte als sein Gegner.

Menschen, die von allen geliebt werden möchten, sind nicht besonders geeignet dafür, sich Konflikten zu stellen. Deshalb eignen sich diejenigen Menschen, die unabhängig genug sind, um auf die Zustimmung oder Zuneigung anderer verzichten zu können, am besten dazu, wirksam Macht auszuüben.

DAS EIGENE EGO UNTERDRÜCKEN UND MIT ANDEREN AUSKOMMEN

Manchmal müssen wir kämpfen, schwierig sein und unsere Rivalen dafür bezahlen lassen, daß sie sich durchsetzen, anstatt das zu tun, was wir wollten. Es gibt aber auch Zeiten, in denen es besser ist, Allianzen und Freundschaftsnetze aufzubauen und zu versuchen, mit anderen auszukommen. Menschen, die zum Aufbau großer Macht fähig sind, scheinen meist genau zu wissen, wie sie ihr Verhalten am besten der jeweiligen Situation anpassen können. Ross Johnson von RJR Nabisco konnte sich zeitweilig bei seinen Vorgesetzten einschmeicheln, aber bei anderen Gelegenheiten kämpfte er und schreckte nicht davor zurück, sie aus dem Weg zu räumen. Robert Moses konnte mit LaGuardia kämpfen, aber gegenüber Gouverneur Al Smith, dem einzigen Politiker, den er jemals beim Vornamen nannte, blieb er immer der ehrerbietige Untergebene. Es ist vor allem ein Problem, das uns zu schaffen macht, wenn wir versuchen, mit anderen auszukommen, Allianzen aufzubauen und eine Unterstützungsseilschaft aufzubauen: Unser Ego sträubt sich manchmal dagegen. In der Reihe der Persönlichkeitsmerkmale, die ich als Machtquellen genannt habe, rangiert also an letzter Stelle die Fähigkeit, das eigene Ego zu unterdrücken, wenn man etwas erreichen will. Sie steht in engem Zusammenhang mit der Eigenschaft der Flexibilität, da sie die Fähigkeit beinhaltet, Einschränkungen in der Gegenwart gegen größere Macht und mehr Ressourcen in der Zukunft einzutauschen.

Frank Stanton gelang es bei CBS nicht nur, seine Beziehung zu William Paley meisterhaft zu gestalten, sondern er hatte auch seine Beziehungen zu anderen Top-Managern unter Kontrolle. Stanton war ein Meister darin, Macht aufzubauen und auszuüben, ohne sich seinen Untergebenen gegenüber als großer Herr zu gebärden:

> Stanton gab seinen leitenden Mitarbeitern eigene Speisezimmer und machte sie zu CBS-Aufsichtsratsmitgliedern, um so ihr Prestige in den Augen der restlichen Welt zu erhöhen. Er dachte sich großzügige Bonussysteme und Incentive-Pläne aus, um das Beste aus ihnen herauszuholen . . . Als CBS von einem Streik lahmgelegt wurde, ließ Stanton den Streikposten Kaffee bringen. Als der Streik beendet war, arrangierte er einen Termin, bei dem er seinen Mitarbeitern, die für die streikenden Arbeiter eingesprungen waren, persönlich Schecks für die Überstunden überreichte.[44]

Durch derartige Aufmerksamkeiten sicherte sich Stanton die Loyalität und Unterstützung vieler Firmenangehöriger. Er konnte sich solche Dinge leisten, weil er nicht befürchten mußte, daß sein eigener Stern untergehen würde, wenn er andere aufbaute. Er war selbstsicher genug, um sein eigenes Licht ein bißchen unter den Scheffel zu stellen und das Prestige anderer Mitglieder der Organisation zu verbessern, wodurch diese ihm zu Loyalität und Dank verpflichtet waren.

Die Fähigkeit, das eigene Ego in den Hintergrund zu stellen, um sich Unterstützung durch andere zu sichern, ist eine Voraussetzung für den Aufbau von Macht. Wie positiv sich die Bereitschaft, andere als gleichwertig zu behandeln, beim Aufbau von Unterstützung auswirken kann, und welche negativen Folgen das Gegenteil haben kann, sehen wir am Fall von George Shultz und Caspar Weinberger während ihrer Tätigkeit als Top-Manager bei der Bechtel Corporation.

George Shultz kam 1974 als Leiter der Bergbau- und Metallabteilung zu Bechtel, nachdem sein Vorgänger Raphael Dorman, ein brillianter und beliebter Führungsmann des Unternehmens, überraschend verstorben war. Shultz war ein Außenseiter, und seine Ernennung stand in eklatantem Widerspruch zu alten Firmentraditionen. »Wie beim Militär mußten sich die Führungskräfte bei Bechtel, auch Steve Bechtel Jr., durch die einzelnen Ränge hocharbeiten, immer nur eine Stufe nach der anderen.«[45] Nun war Shultz nicht nur Außenseiter, sondern auch ein Nicht-Ingenieur in einer von der Technikabteilung dominierten Firma. Bevor er zu Bechtel ging, war er Finanzminister gewesen, und er blickte auf eine lange Karriere in der Regierung und im Universitätsbereich zurück – aber das änderte nichts daran, daß er ein Außenseiter war. Er würde sich eine Machtbasis schaffen müssen, und er würde es schnell tun müssen.

Shultz überwand sich und verzichtete auf die Darstellung seines Status und seiner Macht, um so die Unterstützung der Firmenangehörigen zu gewinnen. Er unterließ alle Drohgebärden und nahm sich die Zeit, um mit allen Leuten, mit Sekretärinnen, Büroangestellten und allen, die er traf, zu sprechen. Er »punktete, indem er seinen Status herunterspielte. So wählte er beispielsweise als Firmenwagen ein Oldsmobile anstelle des Cadillac, der ihm eigentlich zustand.«[46] Er machte einen Crash-Kurs mit, den die leitenden Ingenieure der Technikabteilung veranstalteten. Wenn andere Witze auf seine Kosten machten oder ihn neckten, reagierte er mit Humor.

> »George Shultz machte alles richtig«, erinnert sich der Chefberater von Bechtel, Bill Slusser. »Der Mann war Finanzminister gewesen und hatte in Stanford gelehrt. Trotzdem begab er sich in die Niederungen der Arbeitswelt und stand vor den einfachen Arbeitern seinen Mann. Die Tatsache, daß er das tat und noch dazu gerne und mit so viel gutem Willen – das beeindruckte die Leute einfach.«[47]

Shultz war für Bechtel natürlich auch sehr wichtig in den Verhandlungen mit den Auslandskunden, in den Kontakten zu Washington und in den Geschäftsbeziehungen innerhalb der Vereinigten Staaten. Nach etwa einem Jahr war Shultz Vorstandsmitglied der Bechtel Corporation. Ein großer Teil seines Erfolges rührte von der Tatsache her, daß er innerhalb der Organisation so hohes Ansehen genoß und die Fähigkeit besaß, die Firmenangehörigen zur Zusammenarbeit und zur Ausführung seiner Pläne zu bewegen.

Nur sechs Wochen, nachdem George Shultz Vorstandsmitglied von Bechtel geworden war, stieß Caspar Weinberger, der frühere Minister für Gesundheit, Erziehung und Wohlfahrt, als allgemeiner Rechtsberater zu dem Unternehmen. Obwohl sie beide Angehörige des Kabinetts von Nixon gewesen waren, standen sich Shultz und Weinberger nicht nahe. Tatsächlich hatte Weinberger Shultz dessen großen Einfluß in der Regierung mißgönnt. Weinberger hatte zwei unmittelbare Probleme: Erstens trat er an die Stelle Bill Slussers, der zu den beliebtesten Führungskräften des Unternehmens gezählt hatte, und zweitens war der Zeitpunkt seines Firmeneintritts ungünstig. »Als zweiter Außenseiter, der innerhalb von nicht einmal einem Jahr in das engmaschige Führungsteam von Bechtel eindrang, zog er all die Ablehnung auf sich, die sich seit der Ernennung von Shultz aufgestaut hatte.«[48]

Weinbergers herrischer und distanzierter Stil trug das Seine dazu bei, diese Probleme zu verstärken:

> Während Shultz sich als überaus entspannter, leutseliger und offener Manager gegeben hatte, erschien Weinberger vielen als zurückhaltend und unfreundlich. Im Umgang mit Untergebenen vermittelte Weinberger ... das Gefühl, seine kostbare Zeit für mindere Sterbliche opfern zu müssen ... Seine kämpferische Art ... war nicht gern gesehen, zumal seine vorrangige Aufgabe ja darin bestand, den Leitern der operativen Gesellschaften und den Abteilungsleitern in rechtlichen Dingen mit Rat und Tat zur Seite zu stehen.[49]

Er stellte zur Unterstützung des externen Beraters, der schon 40 Jahre lang für Bechtel gearbeitet hatte, eine ganze Legion von Anwälten ein. Um den lockeren Arbeitsstil der Rechtsabteilung zu straffen, stellte er eine weitere Außenseiterin ein, Virginia Duncan, eine Frau, die seinen Vorstellungen weitgehend entsprach. »›Sie führte die Abteilung wie einen Fleischerladen‹, erinnert sich ein Mitarbeiter mit Grausen. ›Man nahm sich eine Nummer und wartete, bis man an der Reihe war.‹«[50] Als die Anwälte in Scharen die Firma zu verlassen begannen, bröckelte die Unterstützung für Weinberger noch weiter ab. Da dieser bei Bechtel nur wenige Freunde hatte und ohnehin nach Washington zurückkehren wollte, ergriff er im Jahr 1980 nur allzugern die Gelegenheit, als Verteidigungsminister in die Regierung Reagan einzutreten.

ZUSAMMENFASSUNG

Neben den in diesem Kapitel besprochenen sechs persönlichen Charakterzügen gibt es natürlich noch andere, die in Organisationen als Machtquellen dienen können. Wenn wir allerdings darüber nachdenken, welche Persönlichkeitsmerkmale für den Aufbau von Macht nützlich sind, sollten wir daran denken, daß es in allen Organisationen eine starke Interdependenz gibt, und daß die meisten von ihnen Schauplätze für Konkurrenzkämpfe sowohl zwischen Personen als auch zwischen Untereinheiten sind. Daher liegt es auf der Hand, daß jene Persönlichkeitsattribute, die mit der Fähigkeit in Verbindung stehen, Unterstützung und Verbündete zu gewinnen – beispielsweise Sensibilität, Flexibilität und die Bereitschaft, das eigene Ego nötigenfalls hintanzustellen –, wichtige Machtquellen sind. Und in ähnlicher Weise sind Attribute, die mit der Überlebensfähigkeit in wettbewerbsorientierten Szenarien zusammenhängen – wie Fokus, Energie, Vitalität und Konfliktbereitschaft –, ebenfalls wichtige Quellen individueller Macht.

Wenn man feststellen will, ob bestimmte Persönlichkeitsmerkmale potentielle Machtquellen darstellen, kann man überprüfen, inwieweit sie geeignet sind, zwei entscheidende Probleme zu lösen, mit denen alle in einer Organisation nach Macht strebenden Menschen konfrontiert sind – wie man sich Unterstützung sichert und wie man in Konkurrenzsituationen die Oberhand behält. So häufig sich die Situationen ändern und so unterschiedlich die kulturellen Normen sind, so änderen sich auch die Mittel zur Erreichung dieser Ziele. Aber in den meisten Ländern und in den meisten Situationen scheinen die beschriebenen Persönlichkeitsmerkmale, zumindest in unserer Zeit, wichtige Quellen individueller Macht zu sein.

TEIL III

STRATEGIEN UND TECHNIKEN FÜR DEN EFFEKTIVEN EINSATZ DER MACHT

Es genügt nicht zu wissen, woher Macht kommt – wir müssen sie auch wirksam einsetzen können, wenn wir unsere Anliegen voranbringen wollen. Wer Macht wirkungsvoll einsetzen will, muß mit dem sozialpsychologischen Mechanismus der interpersonalen Beeinflussung vertraut sein. Wir alle üben an jedem Tag unseres Lebens Einfluß aus und werden von anderen beeinflußt. Die Menschen, die ihre Ziele am effektivsten verfolgen – beispielsweise erfolgreiche Verkäufer – entwickeln ihre informellen Strategien, die im Grunde auf einfachen psychologischen Prinzipien beruhen, nach dem Trial-and-error-Prinzip, sie lernen also durch Versuch und Irrtum. Im Umgang mit verschiedenen Situationen entwickeln wir sogenannte »Daumenregeln«, mit denen wir manche Situationen besser und andere weniger gut meistern. Wenn sie sich auf unzutreffende Verallgemeinerungen stützen, die auf mangelnder Erfahrung beruhen, so können diese Erkenntnisse unbrauchbar sein. Aber je stärker uns bewußt ist, wie Macht effektiv eingesetzt wird, desto umfangreicher wird unsere Palette an möglichen Verhaltensweisen und desto besser durchschauen wir die sozialen Interaktionen – und desto effektiver werden wir in unseren Organisationen.

In diesem Kapitel, in dem es um die Ausübung von Macht geht, befassen wir uns zunächst mit den Rahmenbedingungen der Macht und der einfachen Erkenntnis, daß unsere Sichtweise der Dinge von dem Kontext abhängt, in dem wir sie sehen. Unsere Betrachtungweise richtet sich nach den Prinzipien des Kontrasts, der Verpflichtung und der Knappheit, welche nicht nur die Ordnung, in der Vorschläge präsentiert werden, bestimmen, sondern auch deren jeweilige Verfügbarkeit und Vielfalt. Im nächsten Kapitel sprechen wir wieder über die interpersonale Beeinflussung und untersuchen die Auswirkungen dessen, was andere tun oder sagen, die Auswirkungen positiver Gefühle und den Einsatz emotionaler Kontraste.

Wenn wir diese grundlegenden Prozesse interpersonaler Beeinflussung einmal verstanden haben, können wir einige strategische Elemente der Ausübung und Entwicklung von Macht untersuchen, wie beispielsweise Fragen des Timing, der Verwendung und Analyse von Informationen, der Durchführung struktureller Veränderungen zur Ausübung und Zementierung von Macht und schließlich Fragen des Einsatzes von Sprache, Zeremonien und Umgebung, mit denen wir nicht nur das Herz, sondern auch den Geist unseres Gegenübers zu beeinflussen suchen.

Alle in diesem Buch gegebenen Informationen sind von zwei Seiten zu betrachten. Erstens müssen wir als Mitglieder einer Organisation unbedingt unsere Fähigkeit weiterentwickeln, die Welt um uns besser zu verstehen. Die Informationen dieses Kapitels sollen dem Leser demnach helfen, sich mit den sozialen Beeinflussungsprozessen, die eine unabdingbare Realität unserer Welt sind, vertraut zu machen und sensibler für sie zu werden. Zweitens lassen sich die Informationen in Situationen anwenden, in denen Einfluß ausgeübt werden muß, um effektive Implementationsstrategien zu entwickeln.

Es reicht nicht aus zu wissen, daß Macht existiert. Wir müssen auch wissen, wie man sie einsetzt, und ein ganzes Arsenal von Strategien und Taktiken anlegen, mit denen sich Macht und Einfluß in praktische Ergebnisse umsetzen lassen.

10

Der Rahmen: Wie wir die Dinge betrachten, so sehen sie aus

Im Präsidentschaftswahlkampf des Jahres 1972 heuerten die Wahlhelfer Richard Nixons fünf Kubaner an, die in das Hauptquartier der Demokraten im Watergate-Gebäude in Washington einbrachen und Abhörgeräte in den Büros installierten. Die Kubaner wurden bei dem Einbruch ertappt, und die darauffolgenden Enthüllungen über die Wahlkampfaktivitäten sowie die versuchte Vertuschung des Watergate-Skandals zwangen Nixon 1974 schließlich zum Rücktritt. Man könnte sich zu Recht fragen, wie und warum Nixon, der 1972 der amtierende Präsident war, ein solches Mißgeschick passieren konnte, zumal der Gegenkandidat, George McGovern, alles andere als ein ernsthafter Konkurrent war. Die Antwort hilft uns zu verstehen, wie wichtig Kontext und Rahmenbedingungen für das Verständnis menschlichen Handelns sind.

Eine Antwort liegt in der Tatsache, daß Nixon im Jahr 1968 nur knapp gegen Hubert Humphrey gesiegt und 1960 das Rennen gegen Kennedy verloren hatte, wobei er eine anfängliche Führung in den Umfragen eingebüßt hatte. Auch in den kalifornischen Gouverneurswahlen des Jahres 1962 war er knapp unterlegen. Seine Mitarbeiter und er neigten daher dazu, nichts als sicher zu betrachten, und waren entschlossen, der Herausforderung durch McCovern mit allem Ernst zu begegnen. Die Reaktionen Nixons und seiner Mitarbeiter auf die aktuellen Gegebenheiten beruhten auf Annahmen und Überzeugungen, die aus der Vergangenheit stammten.

Vielleicht noch wichtiger war jedoch die Art und Weise, wie die Idee präsentiert wurde. Das Wahlkampfkomitee hatte Gordon Liddy zur Unterstützung in nachrichtendienstlichen Fragen engagiert. Liddy legte dem Komitee zunächst einen ausgefeilten Plan vor. Er verlangte eine Million Dollar, um ins Hauptquartier der Demokraten einzubrechen und die Telefonleitungen anzuzapfen, eine Yacht vor der Küste Floridas zu mieten (dort hielten die Demokraten ihren Parteitag ab), Prostituierte anzuheuern, um prominente demokratische Politiker zu kompromittieren und ein Überwachungsflugzeug mit modernen elektronischen Abhörgeräten auszurüsten, um die Wahlkampagne der Demokraten überwachen und private Gespräche abhören zu können. Überflüssig zu erwähnen, daß das Komitee diesen Plan ablehnte.

Liddy kehrte mit einer »abgespeckten« Version zurück: 500.000 Dollar für den Einbruch, das Anzapfen der Telefonleitungen und die Yacht mit den Callgirls, und er würde auf das Überwachungsflugzeug verzichten. Wieder wurde sein Vorschlag abgelehnt. Beim dritten Mal verlangte er nur noch 250.000 Dollar für den Watergate-Einbruch. Im Vergleich zu einer Million für Überwachungsflugzeuge, Yachten und Prostituierte erschienen 250.000 Dollar für das einfache Anzapfen der Telefonleitungen und elektronische Überwachung schon eine Überlegung wert zu sein. Die Lehre aus diesem Vorgang ist, daß es nur vom Kontext abhängt, ob etwas angemessen oder lächerlich erscheint. Es geht darum, welchen Rahmen das vorhergehende Geschehen und die Sprache setzen, die für die Präsentation des Vorschlags verwendet wird.[1]

KONTRAST

Watergate ist ein Beispiel zur Illustration des Kontrastprinzips. Wir erleben und beurteilen Ereignisse auch nach dem, was gerade davor passiert ist. Wir schonen unser Gedächtnis, indem wir in erster Linie auf das reagieren, was wir gerade erst erfahren haben. Was wir als gut oder schlecht, als billig oder teuer und als vernünftig oder unvernünftig empfinden, richtet sich in hohem Maße nach den Erfahrungen, die wir unmittelbar davor gemacht haben. Verkäufer arbeiten oft mit solchen Kontrasteffekten. Wenn jemand in ein Bekleidungsgeschäft kommt, um einen Anzug und einen Pullover zu kaufen, wird ihm der Verkäufer zuerst den Anzug verkaufen. Nach dem Kauf eines relativ teuren Kleidungsstücks – des Anzugs – wird der Kunde den Pullover, auch wenn er teuer ist, als vergleichsweise billig empfinden. Wenn im Gegensatz dazu jedoch das billigere Stück zuerst präsentiert wird, erscheint das teurere Stück nach dem Kontrastprinzip sogar als noch kostspieliger. Immobilienmakler arbeiten ebenfalls nach dieser Methode. Zuerst wird ein inakzeptables Objekt zu einem überhöhten Preis angeboten. Wenn der Kunde danach ein besseres Haus zu einem ebenfalls hohen Preis sieht, wird er es als vergleichsweise günstige Gelegenheit empfinden. Autoverkäufer sind ebenfalls Meister im Einsatz des Kontrasteffekts. Wenn man Zehntausende in ein neues Auto investiert hat, erscheinen ein paar Tausender für eine Garantieverlängerung »zum Schutz Ihrer Investition« im Vergleich zu den anderen Kosten unerheblich.[2]

Derselbe psychologische Mechanismus, der den Verkauf eines Artikels erleichtert, wenn man ihn in einem Rahmen präsentiert, in dem er billig erscheint, kann auch dabei helfen, die Aufmerksamkeit von einem Aufgabenbereich abzulenken, der zum betreffenden Zeitpunkt nur einen kleinen Teil der Operationen eines Unternehmens ausmacht. In den späten 60er und frühen 70er Jahren stieg der Umsatz des Kopiersektors bei Xerox rasant. Xerox war durch seine De facto-Monopolstellung auf dem Markt ein sehr rentables Unternehmen und schenkte daher kleinen Produkten und kleinen Märkten relativ wenig Beachtung.[3] Die Folge: Als die Japaner begannen, einfache, kostengünstige Kopiergeräte auf den Markt zu bringen, ignorierte man das bei Xerox einfach. Xerox verleaste seine Geräte und erzielte seine Umsätze daher nicht mit Kopiergeräten, sondern mit Kopien. Das Kopiervolumen der japanischen Geräte war so gering, daß sie nur einen Bruchteil des rasch wachsenden und hochrentablen Kopiermarktes darstellten. Aus dem Blickwinkel der Unternehmenslinie von Xerox waren diese kleinen Geräte für Kleinverbraucher nicht einmal der Rede wert. Aus einem sehr ähnlichen Grund hatte das Unternehmensmanagement nur wenig Zeit für die Produktideen übrig, die im Computerbereich aus dem Forschungszentrum in Palo Alto kamen. Das geschätzte Markt- und Gewinnpotential war im Vergleich zu dem Hauptgeschäft mit Kopierern so klein, daß kaum jemand bereit war, derartige Innovationen ernst zu nehmen.

Diese beiden Fälle bei Xerox zeigen, daß der Kontrasteffekt sich zu Ungunsten von Produkten für kleinere Märkte oder von Märkten mit scheinbar geringerem Markt- und Gewinnpotential auswirkt. Das Kontrastprinzip könnte also zum Teil erklären, warum es großen, erfolgreichen Organisationen so schwer fällt, in Märkte zu gehen, die zumindest anfangs klein zu sein scheinen. Gemessen an der primären Geschäftslinie dieser Firmen scheinen diese Märkte nicht viel Aufmerksamkeit zu verdienen. Zu dem Zeitpunkt, an dem das Marktpotential bereits klar erkennbar ist, ist es oft bereits schwierig, erfolgreich in den Markt einzudringen, weil sich dort schon andere, kleinere Organisationen dominierende Positionen gesichert haben.

Die Schlüsse, die aus dem Kontrastprinzip für die Ausübung von Einfluß gezogen werden können, liegen auf der Hand. Da die Reihenfolge der Präsentation von Vorschlägen unsere Sichtweise der Dinge beeinflußt, ist die Tagesordnung wichtig. Xerox verpaßte einige wichtige Chancen auf dem PC-Markt. Heute konzentriert die Firma ihre ganze Aufmerksamkeit auf das Forschungszentrum in Palo Alto und widmet Produkten mit einem viel geringeren Potential weitaus mehr Zeit und Aufmerksamkeit. Regierungen gelangen oft zu Kompromissen, nachdem eine Reihe undurchführbarer Vorschläge die endgültige Lösung als weitaus vernünftiger erscheinen lassen. Wir müssen darauf achten, daß sich unsere Vorschläge positiv von den zuletzt gemachten abheben und daß sie gleichzeitig wichtig genug sind, um Beachtung zu finden.

DER PROZESS DER PSYCHOLOGISCHEN VERPFLICHTUNG

Die vorhergehenden Handlungen und Ereignisse legen nicht nur den Bezugsrahmen fest, innerhalb dessen wir aktuelle Möglichkeiten beurteilen, sondern sie schränken auch unsere psychologische Freiheit ein, eine andere Richtung einzuschlagen. Das Prinzip der psychologischen Verpflichtung besagt, daß wir uns an Handlungen gebunden fühlen, für die wir uns 1. freiwillig und unter wenig oder gar keinem äußeren Druck entschieden haben, 2. die sichtbar sind und offenliegen, so daß wir die Verantwortung dafür nicht von uns schieben können, 3. die unwiderruflich sind, so daß wir sie nicht ohne weiteres verändern können, und 4. die genaue Aussagen über unsere Einstellungen, Werte und unser daraus folgendes Verhalten zulassen.[4]

Der Prozeß, durch den jemand an ein bestimmtes Verhalten oder an eine Entscheidung gebunden wird, kann verschiedene Formen annehmen und unterschiedliche Gründe haben. Einer der Mechanismen, der uns an unsere früheren Verhaltensweisen bindet, ist jener der Selbstwahrnehmung: Wir blicken auf unsere früheren Handlungen zurück und lassen uns von ihnen in unseren Einstellungen und Überzeugungen leiten.[5] Wenn wir uns für eine Stelle entscheiden, in der wir wesentlich weniger verdienen als wir normalerweise verlangen würden, und noch dazu hart arbeiten müssen, so kann dies nur den Grund haben, daß uns diese Arbeit wirklich gefällt. Und wenn wir die Arbeit mögen, wie könnten wir sie dann nicht gewissenhaft tun? Dieser Prozeß der Selbstwahrnehmung, in dem wir aus unserem eigenen Verhalten lernen, was wir wollen, erklärt, warum die Forschung immer wieder Beispiele dafür erbracht hat, daß Dinge, die schwieriger zu erreichen sind, höher geschätzt werden. So sind zum Beispiel Gruppen, in die man nur schwer aufgenommen wird, attraktiver als solche, die nicht so komplizierte Aufnahmerituale haben. Wie Aronson und Mills schrieben: »Jemand, der große Mühe oder Schwierigkeiten auf sich genommen hat, um etwas zu erreichen, wird das Erreichte höher schätzen als jemand, der dasselbe mit geringer Anstrengung erreicht hat.«[6]

Das Gefühl der Verpflichtung wird auch durch allgemeine soziale Normen erzeugt, die Berechenbarkeit und konsistentes Verhalten positiv bewerten. Ein in seinen Überzeugungen schwankender Mensch wird als unschlüssig empfunden, während Hartnäckigkeit als Zeichen von Führungsstärke ausgelegt wird.[7] Manchmal beharren Leute in führender Stellung nur auf ihrem Standpunkt zu einem bestimmten Problem, um nicht als schwach und wankelmütig empfunden zu werden. Barry Staw und seine Kollegen führten Studien über Konsistenz und Eskalation durch; dabei arbeiteten sie oft mit experimentellen Paradigmen; zum Beispiel legten sie den Testpersonen einen Geschäftsfall vor und forderten sie auf, eine Investitionsentscheidung zu treffen, indem sie beispielsweise der Forschungs- und Entwicklungsabteilung Mittel zuteilten. Manche Testpersonen erhielten Informationen, aus denen hervorging, daß ihre vorhergehenden

Entscheidungen nicht erfolgreich gewesen waren, und wurden dann zu weiteren Entscheidungen aufgefordert. Die Studien ergaben, daß viele der Testpersonen, deren Entscheidungen nicht erfolgreich gewesen waren, eine Eskalation ihrer Investitionen in Kauf nehmen, indem sie erfolglosen Projekten in dem Versuch, eine negative Entwicklung umzukehren, noch mehr Ressourcen zuteilten.

In einer Studie, welche die normativen Grundlagen des Verpflichtungsphänomens näher beleuchtet, wurde den Studienteilnehmern ein Fall vorgelegt, in dem sich ein Verwalter entweder beständig oder schwankend verhielt, entweder viele oder sehr wenige Ressourcen zuteilte und entweder Erfolge oder Mißerfolge erzielte.[8] Die Testpersonen hatten die Aufgabe, den Verwalter zu beurteilen und eine Empfehlung über eine Gehaltserhöhung abzugeben, die er bekommen sollte. Wie zu erwarten war, wurden die von den Testpersonen wahrgenommenen Fähigkeiten des Verwalters von allen drei Faktoren beeinflußt: Erfolg, Beständigkeit im Verhalten und geringer Ressourcenverbrauch wurden allesamt positiv beurteilt. An der Studie wirkten Testpersonen aus drei verschiedenen Gruppen mit. Wirtschaftsstudenten im ersten Studienabschnitt, Psychologiestudenten im ersten Studienabschnitt und Studenten, die ihr Wirtschaftsstudium in Abendlehrgängen absolvierten und während des Tages einer Vollzeitbeschäftigung nachgingen. Welche Betonung auf die Konsistenz des Verhaltens gegenüber der Leistung gelegt wurde, hing davon ab, wer die Beurteilung vornahm. Die aktiven Manager, die ihr Wirtschaftsstudium in Abendkursen absolvierten, maßen bei der Beurteilung des Verwalters seinen Leistungen das geringste Gewicht bei; sie legten großen Wert auf die Unterschiede zwischen in ihrem Verhalten konsistenten und inkonsistenten Verwaltern. Sie bewerteten diejenigen Verwalter am schlechtesten, die in ihren Entscheidungen inkonsistent waren. Diese Ergebnisse lassen darauf schließen, daß man mit zunehmendem Aufstieg in der Unternehmenshierarchie eine Führungstheorie entwickelt, in der Konsistenz und Durchhaltevermögen, vor allem bei widrigen Umständen, hoch bewertet werden. Solche verallgemeinerten sozialen Erwartungen über die Beschaffenheit eines effektiven Managements helfen uns zu verstehen, warum so viele Führungspersönlichkeiten nach Konsistenz in ihren Handlungen und Verhaltensweisen streben.

Konsistenz dient auch oft dazu, die kognitive Anstrengung gering zu halten. Sobald wir uns einmal eine Meinung gebildet und uns für eine bestimmte Handlungsweise entschieden haben, müssen wir uns mit dieser Frage nicht mehr befassen, wenn wir standhaft sind und uns an unsere Meinung gebunden fühlen. Denken Sie daran, was passieren würde, wenn das Gegenteil der Fall wäre. Müßten wir wirklich alle unsere Entscheidungen nochmals überdenken, würde es uns oder unseren Organisationen schwerfallen, überhaupt irgendwelche Schritte zu setzen. Es gibt Zeiten, die dem Nachdenken und den Entscheidungen vorbehalten sind, und andere, in denen es darum geht, die getroffenen

Entscheidungen in die Tat umzusetzen. Indem wir Wert auf Konsistenz legen, vermeiden wir es auch, frühere Entscheidungen nochmals zu überdenken, was uns an Dinge erinnern könnte, die nicht so gut funktionierten, wie wir dies gehofft oder geplant hatten. Es ist zweifellos unangenehm, erfolglose Entscheidungen nochmals durchzugehen, und in vielen Fällen ist es auch zwecklos, weil wir an den Ergebnissen ohnehin nichts mehr ändern können.

Konsistenz ist also ein Verhaltensmuster, das 1. von vielen Leuten geschätzt wird, vor allem als Eigenschaft von Managern oder Führungspersönlichkeiten; 2. zur Vereinfachung von Informationsverarbeitung und Entscheidungsfindung dient; 3. auf einem Prozeß der Selbstwahrnehmung beruht, durch den wir uns an vergangene Handlungen und Verhaltensweisen gebunden fühlen, weil wir sie als etwas betrachten, das unsere Persönlichkeit widerspiegelt; und 4. zur Vermeidung von Konfrontationen mit eigenem Versagen oder Problemen bei früheren Aktivitäten dient. Konsistenz und Verpflichtung sind Ergebnis sowohl von inneren psychischen als auch interpersonalen Prozessen.

Ein klarer Schluß aus dem hier Dargelegten ist, daß die beste Methode, etwas zu erreichen, darin besteht, mit irgendeiner nützlichen Handlung zu beginnen, wie geringfügig diese auch sein mag. Solange sie auf freiwilliger Basis erfolgt, wird sie verpflichtungserzeugend wirken. Demnach wird ein von Tür zu Tür gehender Wörterbuchverkäufer versuchen, die potentiellen Kunden dazu zu bringen, sich das Wörterbuch anzusehen und sich zumindest ein wenig damit zu befassen, ein Computerverkäufer wird ein Leasingarrangement oder einen Testkauf anbieten, und ein Autoverkäufer wird versuchen, die Kunden zu einer Testfahrt zu bewegen (das ist der Grund dafür, daß nur wenige Händler am Telefon Preisauskünfte geben; hat man sich einmal die Mühe gemacht, den Händler aufzusuchen und das Auto zu testen, sinkt die Wahrscheinlichkeit, daß man das Geschäft verläßt, ohne den Wagen zu kaufen).

Der Verpflichtungsprozeß bedeutet, daß ein Projekt nur sehr schwer zu stoppen ist, wenn es einmal in Gang gekommen ist. Ich habe einmal eine Firma beobachtet, die eine Testvermarktung eines neuen Produktes durchführte. Nach vier Monaten und einem Werbebudget von über einer Million Dollar waren die Verkaufszahlen des Produkts noch immer nicht sonderlich ermutigend. In einer Sitzung, in der dieses schlechte Ergebnis besprochen wurde, gab der Produktmanager nicht die Empfehlung ab, das Produkt zu streichen. Im Gegenteil, er meinte: »Wie konnten wir erwarten, daß dieses Produkt erfolgreich sein würde, wenn wir daran denken, wie wenig Rückendeckung und finanzielle Unterstützung es hatte? Wir haben ihm angesichts eingesessener Konkurrenz und entgegengesetzten Kundengeschmacks keine echte Chance gegeben.« Die Firma stellte daraufhin 10 Millionen Dollar bereit, um dem Produkt mehr Zeit und Werbung zukommen zu lassen – und etwa acht Monate später wurde es endgültig gestrichen.

Die Dreharbeiten zu dem Film Heaven's Gate sollten ersten Schätzungen zufolge 69 Tage dauern, das Filmbudget wurde mit 9,5 Millionen Dollar veranschlagt.[9] Eine Revision durch den Budgetanalysten von United Artists ergab eine genauere Schätzung, derzufolge das Budget zwischen 10 und 12 Millionen Dollar betragen würde, wenn einige in den Film eingebaute besonders aufwendige Sequenzen nicht gestrichen würden. Die Entstehungsgeschichte dieses Films ist natürlich die Geschichte der schrittweisen Budgetkorrekturen nach oben, da man zuerst die Abschlußverhandlungen über das Geschäft führte und danach Schritt für Schritt mit der Herstellung des Films begann. Sobald die psychologische Verpflichtung zur Herstellung des Films geschaffen war, war es bereits problematisch, nein zu sagen, und als bereits mehrere Millionen Dollar ausgegeben waren, fiel es United Artists immer schwerer, sich ohne Ergebnis von seiner Investition loszusagen, vor allem angesichts der Möglichkeit, durch die Ausgabe von nur einigen wenigen zusätzlichen Dollars einen Kassenschlager zu produzieren.

Ein vielleicht noch dramatischeres Beispiel für die Eskalation von Verhaltensverpflichtungen war die Entscheidung, die weibliche Hauptrolle in dem Film mit Isabelle Huppert, einer unbedeutenden französischen Schauspielerin, zu besetzen. Der Regisseur, Michael Cimino, wollte sie für die Rolle, aber sie hatte einen Akzent (was in einem amerikanischen Western ein gewisses Problem darstellt), und sie war in den Augen von United Artists kein Kassenmagnet. Das war ein entscheidender Punkt, weil auch der zweite Hauptdarsteller, Kris Kristofferson, nicht außergewöhnlich populär war und ebenfalls nicht als Publikumsmagnet gelten konnte. Nun fiel es der Firma zum Teil deshalb schwer, einen guten Ersatz zu finden, weil die Entscheidung für Kris Kristofferson bereits gefallen war, und zum Teil deshalb, weil man Angst vor größeren Budgetüberschreitungen hatte. Cimino hatte die Manager bei United Artists vollkommen in der Hand:

> »Ich kann einfach nicht akzeptieren, daß Verantwortliche, die sich noch nie die Mühe gemacht haben, sich die Darstellerin ihres Regisseurs auf der Leinwand anzusehen, die sie noch nie getroffen oder mit ihr gesprochen haben, eine solche Entscheidung fällen. Sie lehnen sie nur deshalb ab, weil sie keinen Namen hat, gleichgültig, wie gut sie für die Rolle geeignet ist.«[10]

Bald darauf saßen zwei Mitarbeiter von United Artists in der Concorde auf den Weg nach Paris, um Isabelle Huppert zu treffen:

> Wir hatten Cimino in Kalifornien mit Nein geantwortet . . . Michael vertrat alle seine Argumente mit Überzeugung, und sie waren weder unbedeutend noch unvernünftig. Für ein einziges Treffen nach Paris zu fliegen, war vielleicht ein wenig aufwendig, aber ich hatte . . . dort geschäftlich zu tun . . . Für Field war der Trip viel anstrengender, aber zumindest eine Abwechslung von dem nervenzermürbenden Alltag in Kalifornien.[11]

Es ist interessant, daß Cimino den vernünftigen Vorschlag machte, daß die beiden UA-Mitarbeiter nach Paris fliegen und dort seine Wunsch-Hauptdarstellerin treffen sollten. So flogen die beiden also nach Paris und rechtfertigten die Reise mit Vernunftgründen, als ob sie kein Zeichen für Unentschlossenheit gewesen wäre. Natürlich stellte der Flug nach Paris, um Isabelle Huppert zu treffen, eine wichtige Verhaltensverpflichtung dar. Als sie sie trafen,

> ... las Isabelle Huppert gleichgültig ... Sie schien nur wenig Ahnung vom Inhalt des Drehbuchs zu haben ... und überhaupt keine vom Charakter einer Frauengestalt des amerikanischen Westens ... Sie war einfach nicht die geeignete Darstellerin. Aber je länger die Nacht dauerte und je mehr Weinflaschen geleert wurden, desto mehr wirkte ihr Charme.[12]

Zu diesem Zeitpunkt fühlten sich die beiden sehr verwundbar – United Artists befand sich damals im Besitz von Transamerica, und die Mitarbeiter von UA standen unter dem Druck, zeigen zu müssen, daß sie ein gutes künstlerisches Gespür besaßen:

> Die Grenze zwischen der rationalen Abwägung von Entscheidungen und ihrer Rationalisierung ist sehr schmal ... Es erschien uns besser und irgendwo eleganter, die falsche Entscheidung aus dem richtigen Grund zu treffen, als die richtige Entscheidung aus dem falschen Grund ... Es bestand immer noch die Möglichkeit, daß Cimino recht hatte, daß er etwas in ihr zu sehen vermochte, für das unsere Vorstellungskraft und Menschenkenntnis nicht ausreichten.[13]

Bach und Field redeten sich ein, daß sie auf Ciminos Mitarbeit angewiesen seien, um den Film zu einem Erfolg zu machen, daß Huppert so schlecht nicht sei, und daß sie auf Ciminos Urteilsvermögen vertrauen sollten. Aber wie konnten sie die Entscheidung für eine Hauptdarstellerin rational rechtfertigen, die in fast jeder Hinsicht ungeeignet war? Ganz einfach:

> Dann kam sie, die Erleuchtung der Überzeugung und der manipulierten Erwartung: Wer war denn nun der Hauptstar des Films? Nicht Kris Kristofferson ... nicht Fonda oder irgendjemand anders, den wir ohnehin nicht gewinnen konnten ... Der Star des Films war ... Michael Cimino. Wir wollten nicht darauf wetten, daß dieser oder jener Schauspieler ein großer Kassenmagnet sein würde. Aber wir wetteten darauf, daß Cimino einen Bombenerfolg landen würde ... Cimino war der Star, und wenn unser Regisseur Isabelle Huppert wollte, waren wir verpflichtet, ihn zu unterstützen ... Am nächsten Morgen kapitulierten wir. Isabelle Huppert würde Ella Watson spielen.[14]

Hier erklärt uns ein Beteiligter mit seinen eigenen Worten, wie man in der schlüpfrigen Spur der Verpflichtung weiterrutscht – indem man anfangs etwas ganz Vernünftiges tut, wie etwa einfach einmal mit der potentiellen Darstellerin zu sprechen, und sich schließlich selbst davon überzeugt, daß man eine falsche Entscheidung fällt und dennoch das Richtige tut. Das ist ein Prozeß, der sich mit der Zeit entwickelt, langsam, subtil und beinahe unmerklich.

Es ist wichtig, daß der Druck von außen bei Verpflichtung erzeugenden Verhaltensweisen gering ist, denn auf diese Weise sagen sie mehr über die Überzeugungen und Werte einer Person aus und bieten kaum äußere Rechtfertigungen dafür, die Handlung aufzugeben. Handlungen, die man freiwillig unternimmt, Verhaltensweisen, für die man sich entgegen möglicherweise negativen Konsequenzen entscheidet, erzeugen die stärkste Verpflichtung. Diese Tatsache ist all jenen nur zu gut bekannt, die versuchen, ein engagiertes, hart arbeitendes Mitarbeiterteam aufzubauen. Tracy Kidders Buch über Data General und die Entwicklung eines neuen Minicomputers zeigt in eindrucksvoller Weise, wie dieser Prozeß des Aufbaus von Verpflichtung funktioniert. Die beiden Projektleiter, West und Alsing, mußten Leute finden, die bereit waren, ihre Lebensqualität zu opfern und hart für ein Projekt zu arbeiten, das unter großem Konkurrenzdruck des Projekts einer anderen Firma in North Carolina stand. Alsing arbeitete mit einem als »Freiwilligenrekrutierung« bezeichneten Ritual, das zum Erzeugung von Verpflichtung diente:

> Und ein erfolgreiches Interview mit Alsing stellte praktisch eine Freiwilligenrekrutierung dar . . . »In Ordnung«, sagt Alsing. »Wir bauen diese Maschine, die in der technischen Entwicklung ganz vorne sein wird. Wir werden die gesamte neue Hardware und die Tools entwickeln . . . Klingt das gut für Sie?«
>
> . . . «Es wird harte Arbeit sein«, sagt Alsing. »Wenn wir Sie einstellen, müssen Sie mit einem Haufen von Zynikern und Egoisten zusammenarbeiten, und es wird schwer sein, mit ihnen Schritt zu halten.«
>
> »Davor habe ich keine Angst«, sagt der Kandidat.
>
> »Es gibt eine Menge schneller Leute in dieser Gruppe«, fährt Alsing fort. »Es wird wirklich schwer sein, und Sie werden eine Menge Überstunden machen müssen. Und ich meine viele Überstunden.«
>
> »Nein«, sagt der Kandidat . . . »Genau so etwas suche ich . . . Ich will dort sein, wo etwas los ist.«
>
> . . . «Ich weiß nicht«, sagte Alsing, nachdem alles erledigt war. »Es war ein bißchen wie die Anwerbung zu einem Selbstmordkommando. Sie werden sterben, aber Sie werden als Held sterben.«[15]

Weiter vorne in diesem Buch habe ich beschrieben, wie man sich Verbündete schafft, indem man anderen Gefälligkeiten erweist und sich dabei auf das

Prinzip der Gegenseitigkeit stützt. Bei der Erzeugung von Verpflichtung geht es auch darum, Allianzen aufzubauen, aber hier tun wir es, indem wir andere dazu bewegen, uns Gefälligkeiten zu erweisen. Wenn sich jemand bereit erklärt, mir einen Gefallen zu tun, so wird ihn seine Selbsteinschätzung dazu bewegen zu denken, daß er mich mag – warum sollte man jemandem einen Gefallen tun, den man nicht mag? Es kann ein Kreislauf beginnen, in dem ich Ihnen eine kleine Gefälligkeit erweise und Sie sich verpflichtet fühlen, sich zu revanchieren. Aber allein die Tatsache, daß Sie etwas für mich tun, bewirkt, daß Sie sich mir gegenüber verpflichtet fühlen, und dadurch wird unsere Allianz und Beziehung noch weiter zementiert.

Wie konnte es dem krassen Außenseiter Jimmy Carter gelingen, von den Demokraten als Präsidentschaftskandidat nominiert und schließlich im Jahr 1976 zum Präsidenten gewählt zu werden? Die Antwort lautet, daß er es meisterlich verstand, Allianzen aufzubauen. Er stützte sich auf eine einfache Strategie: »Wenn du als Außenseiter eine Wahlkampagne organisieren willst, rekrutiere ein paar Außenseiter, die sie für dich führen.«[16] Jeder Demokrat, der 1974 eine Vorwahl verloren hatte, erhielt einen persönlichen Brief des damaligen Gouverneurs von Georgia. Carter hatte erkannt, daß Personen, die verloren hatten, jede Menge Zeit zur Verfügung haben würden, und er machte es sich zum Ziel, daß sie ihre politischen Energien für seine Kandidatur einsetzten. Seine Strategie bestand darin, Menschen an sich zu binden, indem er sie dazu brachte, für seinen Erfolg zu arbeiten.

> Im Gegensatz zu den Annahmen vieler besteht der effektivste Weg, um die Loyalität eines Menschen zu gewinnen, nicht darin, ihm oder ihr eine Gefälligkeit zu erweisen, sondern es ist gerade umgekehrt . . . Die Leute freuen sich, wenn man sie um etwas bittet. Ein gewiegter Politiker weiß, daß er von jemandem nicht so sehr ein Geschenk oder einen Dienst verlangt, wenn er ihn um etwas bittet, sondern daß er dieser Person etwas anbietet, was sie vor allem selbst will: die Gelegenheit, sich beteiligen zu können.[17]

Wer einem anderen einen Gefallen erweist, fühlt sich dieser Person verpflichtet. Sobald jemand einmal in Ihr Projekt, in Ihre Kandidatur, in Ihre Karriere investiert hat, wird er wollen, daß Sie Erfolg haben und sich aus diesem Grund auch besonders für Sie einsetzen. So kommt es, daß wir sowohl in Unternehmen als auch in der Politik oft beobachten können, daß für in Schwierigkeiten geratene Lieblingsprojekte und Lieblingskandidaten intensive Rettungsversuche unternommen werden.

Wie können wir diesem Prinzip der Verpflichtung entgegenwirken, wenn wir die anderen dazu bringen müssen, ihr Verhalten zu ändern? Wenn wir dies jemandem ermöglichen wollen, müssen wir ihn zunächst von seiner Vergangenheit befreien. Eine Methode dazu ist, ihm glaubhaft zu machen, daß er für seine früheren Handlungen nicht voll verantwortlich ist – daß er unter Druck von außen stand oder daß die damals vorhandenen Informationen ihm dieses Verhalten aufzwangen. Aber nun hat sich die Situation geändert, und er hat die freie Wahl, sich anders zu verhalten. Vermeiden Sie hingegen, ihn direkt anzugreifen, indem Sie fragen: »Wie konnten Sie etwas so Dummes tun?« Auf eine solche Frage werden die meisten von uns tausend Gründe aufzählen, warum sie so und nicht anders handeln mußten. Den Fragesteller werden wir damit vielleicht nicht überzeugen, aber uns selbst zu überzeugen dürfte uns nicht schwer fallen.

Eines meiner Lieblingsbeispiele dafür, wie Handlungsverpflichtungen rückgängig gemacht werden, entstammt dem Film Die zwölf Geschworenen. Nach einer Gerichtsverhandlung treten die Geschworenen in dem Beratungsraum zusammen. Es wird durch Handzeichen abgestimmt, und elf Geschworene stimmen offen für schuldig. Wie wird es Henry Fonda, dem Hauptdarsteller, gelingen, sie umzustimmen? Er argumentiert, daß der Angeklagte vielleicht schuldig erscheinen möge, daß aber die Verteidigung möglicherweise ihre Arbeit schlecht gemacht habe. Schließlich war es nur ein Pflichtverteidiger, dem dieser unpopuläre Fall vielleicht widerstrebte. An einer Stelle sagt Fonda: »Die Beweislage deutet darauf hin, daß er schuldig ist. Vielleicht ist er es auch. Ich weiß es nicht.« Dann stellt er nur die Frage, ob irgendwelche Zweifel über den Schuldspruch bestünden – er muß ja nicht beweisen, daß der Angeklagte schuldlos ist, sondern nur, daß berechtigte Zweifel an seiner Schuld bestehen. Am wichtigsten aber ist, daß Fonda die anderen Geschworenen dazu bringt, sich verpflichtet zu fühlen, nicht notwendigerweise verpflichtet, anders zu entscheiden, aber immerhin, noch eine Stunde über den Fall zu sprechen. Schließlich geht es um das Leben eines Jungen, und es kann auf keinen Fall schaden, ein bißchen länger zu diskutieren, bevor man ein endgültiges Urteil fällt. Da Fonda seine Argumentation in einen so günstigen Rahmen stellt, müssen die Geschworenen nicht zugeben, daß sie sich irreführen ließen, sondern nur, daß der Verteidiger nicht gut war. Darüber hinaus sind sie durch ihre Übereinkunft, noch einmal über den Fall zu sprechen, gezwungen, die Beweise nochmals genau zu überprüfen. So erhält Fonda die Gelegenheit, sie in die Diskussion zu verwickeln und entscheidende Zeugenaussagen in Zweifel zu ziehen.

Im Gegensatz dazu gehen direkte Angriffe meist nach hinten los. Frank Lorenzo von Eastern Airlines strebte in seinem Kampf gegen die Wartungstechniker eine Erklärung des amerikanischen Bundesschlichtungsausschusses an, daß die Verhandlungen bei einem Patt angelangt wären, so daß nach 30 Tagen ein Streik oder eine Aussperrung stattfinden könnten und er dazu übergehen könnte, billigere Ersatzkräfte einzustellen. Doch er behandelte den Schlichtungsausschuß derart herrisch, daß sich dieser seiner Politik, weitere Verhandlungen anzuregen, nur noch mehr verpflichtet fühlte. Vorsitzender des Schlichtungsausschusses war Walter Wallace, und der Ausschluß und er gaben keinen Millimeter nach:

> ... Lorenzo war Wallace von Anfang an auf die Zehen getreten. Und dann prügelte er immer stärker auf ihn ein, anstatt zu versuchen, zu retten, was zu retten war. Es überrascht nicht, daß Wallace eine immer starrere Haltung einnahm. Am Ende betrachtete er Lorenzo und nicht die Gewerkschaften als das Hauptproblem bei Eastern.[18]

Zunächst hatte sich Lorenzo, bevor überhaupt ein Vermittler eingeschaltet worden war, um ein Treffen mit Wallaces Vorgängerin Helen Witt bemüht. Wallace hatte das Gefühl, übergangen worden zu sein. Lorenzo sicherte sich die Dienste von Frank Borman und William Usery, jenem Vermittler, der 1983 einen Aktiendeal für ihn ausgehandelt hatte, um als Lobbyist seinen Interessen bei Wallace und dem Schlichtungsausschuß Nachdruck zu verleihen. Er organisierte eine »Gruppe namens PEACE (Positive Employee Action Committee at Eastern)«[19]. Lorenzo ließ »Tom Matthews, den Beauftragten für Arbeitsbeziehungen bei Eastern, eine Flut von Briefen an Wallace schreiben, in denen er die Anliegen der Fluglinie darlegte. In den Briefen wurde der Schlichtungsausschuß einer laschen Haltung bezichtigt.«[20] Das Management von Eastern pflegte gute Beziehungen zur Presse, die gegen den Schlichtungsausschuß schrieb. Aber Wallace, der in einem Jahr in Pension gehen sollte, zeigte sich von all dem Druck kaum beeindruckt.

> Lorenzo nahm den Schlichtungsausschuß unter Sperrfeuer. Texas Air versuchte sogar, eine Gesetzesvorlage im Kongreß zu forcieren, welche die Zahl seiner Mitglieder im Ausschuß von drei auf fünf erhöht und für vom Ausschuß betreute Schlichtungsaktionen ein Zeitlimit von 90 Tagen festgelegt hätte. Lorenzos Mitarbeiter deuteten an, er überlege, den Schlichtungsausschuß zu verklagen, weil dieser verhindert hatte, daß die Situation für ausweglos erklärt wurde.[21]

Obwohl Wallace grundsätzlich unternehmensfreundlich eingestellt war, war er derart aufgebracht über Lorenzo und dessen brutale Taktiken, daß er den Showdown, den das Management von Eastern anstrebte, beinahe zwei Jahre lang hinauszögerte. Der Druck hatte den Widerstand des Schlichtungsausschusses nur vergrößert und hatte bewirkt, daß er sich seinen eigenen Entscheidungen noch stärker verpflichtet fühlte.

KNAPPHEIT

Wie wir die Dinge bewerten, hängt auch davon ab, ob sie knapp sind oder nicht. Es ist oft schwierig, den Wert einer Sache objektiv einzuschätzen. Wenn allerdings viele andere daran interessiert sind, gehen wir davon aus, daß sie einen bestimmten Wert haben muß. Die Beliebtheit einer Sache kann sich darin zeigen, daß sie teuer oder nur in knappen Mengen vorhanden ist. So können Preis und Knappheit – die durch das Prinzip von Angebot und Nachfrage natürlich häufig eng miteinander verbunden sind – als Indikatoren dafür betrachtet werden, wie erstrebenswert eine Sache ist oder welchen Wert sie hat. Wie viele andere Prinzipien der interpersonalen Einflußnahme trägt das Knappheitsprinzip dazu bei, den Aufwand der Informationsverarbeitung geringer zu halten. Wollen wir einen Honda Accord, oder einen Mazda Miata? Aber sicher – wenn diese Autos knapp sind und wenn die Händler Aufschläge auf die Listenpreise verlangen. Wären große Mengen dieser Autos vorhanden, so erschienen sie uns nicht mehr so begehrenswert. Oder denken wir an die Selektivität der Hochschulen. In Informationsbroschüren über Wirtschaftsuniversitäten wird oft auch auf ihre strengen Auswahlkriterien hingewiesen – wie viele Studenten sich um die Aufnahme bewerben und für wieviele dann letztendlich ein Platz zur Verfügung steht. Je knapper die Plätze, desto besser der Ruf der Universität, und desto größer paradoxerweise auch die Zahl der Bewerber. In diesem Fall werden die »Reichen« sozusagen nur deshalb »reicher«, weil der wahrgenommene Wert einer Sache mit wachsender Knappheit steigt.

Die Knappheit als Beeinflussungsprinzip stützt sich auch auf die sozialpsychologische Reaktanztheorie.[22] »Wenn die verfügbaren Möglichkeiten geringer werden, verlieren wir Freiheiten, und wir sträuben uns dagegen, einmal genossene Freiheiten zu verlieren . . . Wann immer unsere freie Wahl eingeschränkt oder bedroht ist, veranlaßt uns der Wunsch, unsere Freiheit zu erhalten, ebendiese Freiheiten (und die mit ihnen verbundenen Güter und Dienstleistungen) viel stärker als vorher anzustreben.«[23] Das Widerstandsmotiv der Reaktanz beruht auf folgendem Vorgang: ». . . wenn eine verstärkte Knappheit . . . den zuvor möglichen Zugang zu einer Sache behindert, reagieren wir gegen diese Störung, indem wir die Sache stärker wünschen und in Besitz zu nehmen versuchen als zuvor.«[24]

Für das Wirken des Knappheitsprinzips gibt es zahlreiche alltägliche Beispiele. Stellen Sie sich vor, Sie wollen ein Haus kaufen und haben schließlich eines gefunden, das Ihnen zwar gefällt, aber nicht hundertprozentig Ihren Vorstellungen entspricht, so daß Sie sich nicht entscheiden können, ob Sie es nun kaufen wollen oder nicht. Die Entscheidung wird Ihnen um vieles leichter fallen, wenn Ihnen der Immobilienmakler mitteilt, daß er noch ein anderes Angebot hat. Angesichts der Möglichkeit, nicht länger frei über den Kauf des Hauses entscheiden zu können, werden viele Menschen ein Kaufangebot machen. Außerdem wissen Sie nun, daß sich auch andere für das Haus interessieren, wodurch Ihr Urteil aufgewertet wird. In vielen Verkaufstechniken kommt das Knappheitsprinzip zur Anwendung, indem Fristen gesetzt und die Mengen gering gehalten werden. Ein bestimmter Artikel ist dann nur eine Zeitlang oder in beschränkter Menge erhältlich. Das Knappheitsprinzip bedeutet, daß der Country-Song »The Girls All Look Prettier at Closing Time« (»Zur Sperrstunde schauen alle Mädchen hübscher aus«) tatsächlich seine Wurzeln in der Psychologie (sowie möglicherweise auch im Alkoholkonsum) hat. Shakespeares »Romeo und Julia« zeigt, welche Leidenschaft die Macht der Knappheit zu entfachen imstande ist. Einige Leute vertreten die Auffassung, die Attraktivität von Fernbeziehungen oder außerehelichen Affären werde vom Knappheitsprinzip verstärkt. Wenn Nachrichten, Bücher oder Informationen der Zensur unterliegen, werden sie attraktiver und daher um so gefragter. Dieser Effekt verursacht Probleme in Geschworenenverhandlungen, in denen manche Informationen für nicht zulässig erklärt werden – wobei der Richter sie allerdings erst für unzulässig erklären kann, nachdem die Geschworenen sie bereits gehört haben. Von den Geschworenen wird erwartet, diese Informationen zu ignorieren, aber die Reaktanztheorie legt den Schluß nahe, daß sie sie tatsächlich noch mehr beachten werden.

Das Knappheitsprinzip bietet auch eine Erklärung für die Dynamik des Prozesses, in dem Apple Computer und Steve Jobs John Sculley (denselben Sculley, der Jobs später zum Austritt aus der Firma zwingen würde) von Pepsico abwarben. Apple hatte im Jahr 1982 die Entscheidung getroffen, auf dem Konsumgütermarkt aktiv zu werden, und beauftragte Gerald Roche, ein Vorstandsmitglied der auf die Suche von Führungskräften spezialisierten Personalberatungsfirma Heidrick and Struggles mit der Suche nach einem geeigneten Vorstandsmitglied. Schließlich tauchte Sculley als ernsthafter Kandidat auf. Aus einer Beschreibung des Anwerbungsprozesses geht hervor, daß es die ihn umgebende Aura war, unabkömmlich zu sein – wobei er jedoch nicht ganz unerreichbar war – die ihm schließlich das Angebot einbrachte.

> Jobs und Markkula flogen im Dezember nach New York, um ihn [Sculley] zu treffen, aber er blieb während des ganzen Treffens distanziert und sagte zu Roche, daß er nicht an der Position interessiert sei. Davon ließ sich Roche jedoch nicht abschrecken ... Jobs war völlig fasziniert ... Im Januar zeigten sie ihm Lisa und gingen gemeinsam im Four Seasons abendessen. Anfang März ... überredete ihn Jobs, in Cupertino vorbeizukommen ... Es gab mehrere Gründe, warum Jobs ihn unbedingt wollte ... Mit der Zeit war Jobs einfach besessen von der Idee, ihn zu Apple zu locken und ihn zur Sache von Apple zu bekehren. Jobs ... hatte so viel Geld, daß es richtig peinlich war. Nichts begehrte er so sehr wie das, was er nicht bekommen konnte.[25]

Wie auf viele der Machtstrategien, über die wir gesprochen haben, sind auch auf dieses Beispiel mehrere Prinzipien anwendbar. Das Knappheitsprinzip war dafür verantwortlich, daß Sculley so attraktiv für Jobs war, und die steigende Verpflichtung gegenüber dem einmal eingeschlagenen Weg zwang Jobs, immer eifriger um seinen Eintritt in die Firma zu buhlen.

Die Anwendungsmöglichkeiten des Knappheitsprinzips sind vielfältig. Am wichtigsten ist jedoch, daß das, wofür Sie eintreten, immer den Eindruck der knappen Verfügbarkeit erwecken sollte. Wenn Sie einen Job suchen, sollten Sie dafür sorgen, daß es so aussieht, als hätten Sie viele Angebote. Wenn Sie einen Vorschlag durchsetzen wollen, sollte dieser nur für eine bestimmte Zeit gültig sein, nach welcher die Gelegenheit verloren wäre. Noch besser ist es, wenn es jemand anderen gibt, der sich gerade anschickt, diese einmalige Chance zu nutzen. In dieser Hinsicht ist der Einsatz von Fristen wichtig. Das Knappheitsprinzip hat auch weitreichende Auswirkungen auf die Preisgestaltung. Manchmal ist die Nachfrage um so größer, je höher der Preis ist – obwohl dies auf den ersten Blick normalen ökonomischen Annahmen zuwiderläuft. Aber ein hoher Preis signalisiert oft Knappheit und infolgedessen einen höheren Wert. Je begehrter ein Produkt ist, desto größer ist sein Marktwert.

WIE MAN FRAGEN EINEN RAHMEN GIBT

Wir haben gesehen, daß es vom Kontext abhängt, in welchem Licht die Dinge erscheinen. Es spielt eine Rolle, womit sie verglichen werden, ob es eine verpflichtende Handlungskette gibt und ob sie als knapp empfunden werden. So wie ein Bild gerahmt wird, werden auch Fragen und Handlungen in einen Rahmen gestellt, und der Kontext, in dem sie betrachtet und diskutiert werden, bestimmt, was weiter geschieht. Einen Rahmen für die Betrachtung und Entscheidung bestimmter Fragen zu schaffen, ist oft gleichbedeutend mit der Festlegung des Ergebnisses. Die Festlegung des Kontextes ist also eine wichtige Strategie für die Ausübung von Macht und Einfluß.

Dies wird durch eine Reihe von Beispielen untermauert. Einer meiner Freunde, der bei SRI, einer Beratungsfirma, an einem Projekt für Merrill Lynch arbeitete, als Donald Regan dort Vorstandsvorsitzender war, sprach über seine Erfahrungen mit dem Cash Management Account (CMA), einer von Brokerhäusern eingeführten Kombination von Investitions- und Girokonten. Als Merrill diese neue Idee in den 70er Jahren einführte, stellte sie eine gewaltige Neuerung dar. SRI hatte eine Studie über ihren Erfolg und ihre Rentabilität durchgeführt. Die Firma würde gute Geschäfte machen, wenn sie ein integriertes System von Schecks, Kreditkarten (VISA), Geldmarktfonds und traditionellen Maklerdiensten anböte. Sie würde beträchtliche Zinseinnahmen erzielen und auch für die Geldmarktfonds von Merrill Lynch mehr Geschäft bringen.

Nach der Präsentation von SRI ging Regan im Raum umher, um die anderen Top-Manager um ihre Meinung zu fragen. Sie sahen alle Probleme. Das für Operationen zuständige Vorstandsmitglied merkte an, daß die Abwicklung einer Transaktion die Firma derzeit viel Geld kostete. Das spielte solange keine Rolle, als es sich bei diesen Transaktionen um den Ein- und Verkauf von Wertpapieren handelte, bei dem hohe Provisionen zu verdienen waren. Wenn die Transaktionen jedoch darin bestanden, daß Geld auf Konten eingezahlt, Schecks ausgestellt oder ähnliche Dinge getan wurden, dürfte die Abwicklung nur einige Cents pro Transaktion kosten. Die Systeme waren der Aufgabe einfach nicht gewachsen. Der Leiter der Rechtsabteilung meinte, daß die Idee des CMA die Firma letzten Endes zu einer Bank machen und sie damit viel strengeren Vorschriften unterwerfen würde als ein Wertpapierhaus. Sie würde eine Bankkonzession, behördliche Genehmigungen und vieles mehr brauchen, und dies wäre in Anbetracht des Widerstandes der potentiellen Konkurrenz schwierig zu erreichen. Der Leiter der Marketingabteilung meinte, daß derzeit einige der besten Kunden von Merrill Lynch Banken seien. Sie wären sicherlich beleidigt, wenn ihnen die Firma Konkurrenz machen wollte, und es bestünde die Gefahr, daß sie sich in der Folge anderen Wertpapierhäusern zuwenden würden. Und so ging es rund um den ganzen Tisch. Jeder einzelne Abteilungsleiter brachte gute und gewichtige Gründe dafür vor, warum die CMA-Idee einfach nicht funktionieren konnte.

Regan wandte sich den Abteilungsleitern zu und sagte: »Ihre Einwände haben Gewicht. Ich habe mich trotzdem entschlossen, die Sache durchzuziehen. Die Frage lautet also nun: Wie wollen Sie die Probleme lösen, die Sie gerade so drastisch beschrieben haben?« Nun passierte etwas Eigenartiges. Die Frage lautete nun nicht mehr: »Sollten wir das tun?«, sondern nun hieß es: Wir werden es machen, also laßt uns die Probleme lösen! Dieselben Abteilungsleiter am Sitzungstisch begannen nun eifrig nach Lösungen für die Probleme zu suchen, die sie selbst aufgezeigt hatten. Einer schlug vor, in Colorado zu beginnen, weil dort die Bankengesetze anders waren und spezielle Gegebenheiten herrschten. Ein anderer schlug vor, die tatsächliche Bearbeitung von Schecks und die Abwicklung von Transaktionen Banken zu übertragen, ihnen so Geschäfte zu vermitteln und auf diese Weise das Betriebskostenproblem der Firma in den Griff zu bekommen. Sobald die Frage in einem anderen Rahmen präsentiert wurde, änderten sich Diskussion und die Haltung der Leute schlagartig.

In welchen Rahmen eine Frage gestellt wird, kann darüber entscheiden, welche Antworten auf sie gegeben werden. Daher muß man frühzeitig die Bedingungen für die Diskussion festlegen. Die Fähigkeit, intelligente Memos zu verfassen, die dann beeinflussen, wie bestimmte Fragen betrachtet und diskutiert werden, ist ein wirksamer Bestandteil von Beeinflussungsstrategien. McGeorge Bundy, Sicherheitsberater der Kennedy-Regierung, hatte diese Fähigkeit und verstand sie zu seinem Vorteil zu nutzen.

> . . . es bedeutete wirkliche Macht in der Regierung, gute Memos verfassen zu können. Plötzlich arbeitete jedermann nach Bundys Memos, und so beeinflußten sie die Vorgänge, beeinflußten, was der Präsident zu sehen bekommen würde.[26]

Auch zwei andere Beispiele, beide aus der Vietnampolitik der amerikanischen Regierung, zeigen anschaulich, daß Entscheidungen oft davon abhängen, in welchen Rahmen die ihnen zugrundeliegenden Fragen gestellt werden. In den frühen 50er Jahren, als die Franzosen um ihre Stellungen in Indochina kämpften, stellte sich die Frage, ob die USA den Franzosen – die schließlich eine Kolonialmacht waren – helfen sollten. Viele Regierungsmitglieder dachten, daß wir unseren Interessen zuwiderhandelten, würden wir einem anderen Land helfen, sein Kolonialreich aufrechtzuerhalten. Die Frage wurde jedoch in einem ganz anderen Rahmen präsentiert:

> ... Es wurde nicht gefragt, ob es klug sei, den Franzosen zu helfen, ob dies die richtige Seite wäre oder nicht, sondern nur, ob die Franzosen die Hilfe brauchten. Natürlich sagten die Franzosen, daß sie die Hilfe brauchten. Das war der Beginn einer völlig neuen Unterstützungspolitik für die Franzosen in diesem Kolonialkrieg, einer Politik, bei der die USA schließlich beinahe die gesamten Kriegskosten in Höhe von 2 Milliarden Dollar übernehmen sollten und 1954 eifriger dafür eintraten, daß die Franzosen weiterkämpften, als Paris selbst.[27]

Bitte beachten Sie, daß nicht nur die Entscheidung davon beeinflußt war, in welchem Rahmen die Frage präsentiert wurde, sondern daß sich die USA, als sie einmal mit der Hilfe begonnen hatten, durch eben dieses Verhalten in eine immer stärkere Verpflichtung hineinmanövrierten.

Später, als die Vereinigten Staaten direkter in den Krieg verwickelt waren, wurde weder gefragt, ob diese Politik klug sei, noch, ob die USA in Vietnam kämpfen sollten, sondern nur, ob wir gewinnen würden.[28] Die dieser Frage zugrundeliegende Annahme, die sogenannte Domino-Theorie (wenn Vietnam an die Kommunisten fiele, würde auch das restliche Indochina fallen) wurde nur selten direkt angesprochen. Stattdessen wurde das Thema in einen Rahmen gestellt, in dem nach der Überlebensfähigkeit der damaligen südvietnamesischen Regierung, nach der Effektivität der amerikanischen Unterstützung oder nach den erzielten Fortschritten gefragt wurde.

Wie diese Beispiele zeigen, entsteht der Rahmen, in dem ein Thema präsentiert wird, oft durch die Fragen, die gestellt werden. Betonen die Fragen die potentiellen Risiken oder die Gewinne, die Kosten oder die möglichen Vorteile? Bewerten sie, was innovativ, was wichtig ist? Der Rahmen für die Auseinandersetzung mit einem Thema wird auch dadurch bestimmt, welche Art von Information gesammelt wird und auf welche Kriterien die Informationssysteme bei der Datensammlung und in den Berichten Wert legen. Es ist schwierig, einen Vorschlag in einem Rahmen zu präsentieren, in dem beispielsweise die Qualität betont wird, wenn in der Organisation nicht regelmäßig Qualitätsdaten produziert und Qualitätsfragen nur selten aufgeworfen werden.

Da Entscheidungen und Handlungen immer aus mehreren Komponenten bestehen, die aus verschiedenen Blickwinkeln betrachtet werden können, ist die Fähigkeit, die Diskussionsbedingungen zu bestimmen, ausschlaggebend für die Beeinflussung von Verhalten in Organisationen. Trotzdem fehlt uns oft der Weitblick, und es scheint uns kaum bewußt zu sein, wie Bezugsrahmen entstehen und wie die gestellten Fragen und die gesammelten Daten die Ergebnisse unserer Entscheidungen und Handlungen beeinflussen. Leider widmen wir dem Kontext der unternehmerischen Aktivitäten nicht so viel Aufmerksamkeit wie angebracht wäre. Entscheidungen und Aktivitäten werden nicht jeden Tag von neuem begonnen. Wir müssen uns der Vergangenheit bewußt werden – der alten Verpflichtungen, der alten Entscheidungen, die den Kontext für die Evaluierung der aktuellen Entscheidungen bilden, und der kognitiven Linsen, deren Brechung darüber entscheidet, was wir sehen und wie wir es sehen. Wenn Sie diese Prinzipien nicht nur erkennen, sondern auch einsetzen können, werden Sie Ihre Anliegen viel leichter durchsetzen können.

11

Interpersonale Beeinflussung

Wie wir im letzten Kapitel gesehen haben, werden wir nicht nur vom Kontext einer Situation beeinflußt, sondern auch direkt durch die Handlungen anderer. Eine Organisation ist nicht einfach eine Ansammlung isolierter Einzelpersonen, die einsame Entscheidungen treffen und völlig eigenständig handeln. Organisationen sind vor allem soziale Gebilde, in denen Menschen mit ihren Kollegen interagieren. Wir werden davon beeinflußt, was unsere Kollegen sagen und tun – dem Effekt der sozialen Bestätigung –, und wir lassen uns durch das beeindrucken, was andere tun, damit wir sie mögen und gut von ihnen denken. Wir werden auch von den Emotionen beeinflußt, die in sozialen Bezugsrahmen erzeugt und eingesetzt werden. Diese drei Themen – das Prinzip der sozialen Bestätigung, das Einschmeicheln und die Rolle der Emotionen in der interpersonalen Beeinflussung – bilden den Gegenstand dieses Kapitels.

SOZIALE BESTÄTIGUNG UND BEEINFLUSSUNG DURCH SOZIALE INFORMATIONEN

Was passiert, wenn wir mit einer zwiespältigen Situation konfrontiert sind? Wenn wir in eine neue Organisation eintreten, wissen wir vielleicht noch nicht genau, durch welche Normen und Gebräuche dort die Interaktionen geregelt werden, wie wir etwas durchsetzen und wie wir überhaupt unsere Arbeit tun sollen. Vielleicht müssen wir Einstellungsentscheidungen treffen oder überlegen, welcher Kapitalinvestition wir den Vorzug geben oder auf welche neuen Märkte wir gehen sollen. In jeder Organisation sind wir mit Unsicherheit konfrontiert, und es wird ständig von uns erwartet, daß wir Urteile abgeben und unter nicht eindeutig auslegbaren Bedingungen handeln. Leon Festinger erkannte, daß viele Menschen auf unsichere und mehrdeutige Situationen durch informelle soziale Kommunikation reagieren, mit Hilfe derer sie die

Meinung der anderen zu erkunden suchen.[1] Eigene Einstellungen, Wahrnehmungen und Entscheidungen werden mit denen der anderen verglichen, vor allem mit denen ähnlich denkender und uns nahestehender Personen. Diese anderen Betrachtungsweisen haben Einfluß darauf, wie jemand eine Situation oder eine Sache einschätzt. Überzeugungen und Urteile werden auf diese Weise sozial verankert, und die Realität wird zu einer sozialen Konsenskonstruktion. Wir sollten unterscheiden, ob jemand den Auffassungen anderer zustimmt oder diese öffentlich bestätigt, um akzeptiert zu werden – in anderen Worten, ob er sich an einem Austausch beteiligt, in dem Konformität gegen soziale Akzeptanz eingetauscht wird – oder ob es sich um eine Situation der Beeinflussung durch soziale Information handelt, in der jemand schließlich anderen zustimmt, weil er die Geborgenheit einer gemeinsamen Meinung anstrebt.

Die Möglichkeit, uns unsere Meinungen mit Hilfe des Urteils anderer zu bilden, trägt dazu bei (wie viele andere Beeinflussungstechniken auch), daß wir weniger kognitive Arbeit leisten müssen. Wenn ich von meinen Kollegen höre, daß ein bestimmter Stellenbewerber stark zu sein scheint, brauche ich mir nicht so viel Mühe zu machen, seine Stärken und Schwächen selbst auszuloten und mir eine eigene Meinung zu bilden.

Es hat noch einen weiteren Vorteil, sich sein Urteil auf der Grundlage von Informationen anderer zu bilden. Wenn wir uns in unserem Urteil an anderen orientieren, werden wir natürlich zu denselben Ansichten kommen wie sie und umgekehrt. Aus der Literatur, die sich mit interpersonaler Anziehung befaßt, geht hervor, daß Ähnlichkeit eine wichtige Quelle der Anziehung ist – wir mögen Menschen, die uns ähnlich sind.[2] Unsere Ansichten mit anderen zu teilen, ist also eine wichtige Grundlage für die interpersonale Anziehungskraft und soziale Solidarität. Der soziale Konsens, der auf dem Prozeß der Beeinflussung durch soziale Information beruht, verstärkt oft die gegenseitige Anziehung und die positiven Gefühle bei denjenigen, die diesen Konsens teilen. Ein dritter Vorteil besteht darin, daß er die Wahrscheinlichkeit, ausgestoßen oder abgelehnt zu werden, verringert. Die meisten von uns streben unbewußt danach, mit anderen übereinzustimmen, weil wir wissen, daß wir auf diese Weise unsere Akzeptanz in der Gruppe heben können.

Cialdini hat einige der Auswirkungen des Prinzips der sozialen Bestätigung, welches uns dazu bringt, dem Beispiel anderer zu folgen, beschrieben:

> Unsere Neigung zu der Annahme, das, was wir tun, sei richtiger, wenn auch andere es tun, zeigt sich in vielen verschiedenen Situationen. Barkeeper stecken zu Beginn eines Abends oft ein paar Geldscheine in ihre Trinkgeldgläser, um vorzutäuschen, daß sie bereits Trinkgelder von anderen Gästen erhalten hätten, und damit den Eindruck zu erwecken, das adäquate Trinkgeldverhalten in diesem Lokal bestünde darin, Geldscheine anstatt Münzen zu geben. In den Kirchen machen es die Mesner mit ihren Klingelbeuteln

genau so . . . Die Prediger der evangelischen Kirchen sind dafür bekannt, daß sie ihr Publikum mit Bekennern durchsetzen, die dann zu einem bestimmten Zeitpunkt nach vorne kommen, um Zeugnis abzulegen und Geld zu spenden . . . In Fernsehspendenaktionen wird außergewöhnlich viel Zeit aufgewendet, um . . . die Zuschauer namentlich zu erwähnen, die bereits gespendet haben.[3]

Das Prinzip der sozialen Bestätigung erklärt auch, wie es geschehen konnte, daß zahlreiche Umstehende untätig zusahen, als Catherine Genovese in New York erstochen wurde.[4] Wenn in einer solchen Situation viele Leute tatenlos herumstehen, so hat dies zwei Effekte: erstens wird die Verantwortung verteilt, weil jeder der Umstehenden weiß, daß auch die anderen potentiell helfen könnten, und zweitens kommt, da niemand hilft, eine soziale Information in Umlauf, die besagt, daß die Tatenlosigkeit richtig und sozial akzeptabel sei.[5] Paradoxerweise wird es um so unwahrscheinlicher, daß jemand hilft, je mehr Leute herumstehen, es sei denn, jemand ergriffe die Initiative.

Das Prinzip der sozialen Bestätigung trägt auch zur Klärung der Frage bei, warum ausländische Autos teilweise so beliebt sind: Jeder glaubt nämlich, sie seien gut. Ein Artikel im *The Wall Street Journal* untermauert diese These. In diesem Artikel wurde detailliert beschrieben, welche Probleme General Motors hatte, sein Image in den Augen des autokaufenden Publikums aufzupolieren und Marktanteile zurückzuerobern.[6] Der Artikel enthielt auch die Ergebnisse einer von J.D.Power and Associates durchgeführten Studie. In der Studie wurde ermittelt, welcher Prozentsatz der Eigentümer von Autos verschiedener Marken (amerikanischer, asiatischer, europäischer) erklärte, sehr zufrieden mit seinem Auto zu sein und wahrscheinlich beim nächsten Mal dieselbe Marke kaufen zu wollen. Bei den Autobesitzern, die in einem Jahr (nach eigenen Angaben) 8 oder mehr Defekte gehabt hatten, waren nur 29% der Besitzer amerikanischer Autos sehr zufrieden, während dies auf 48% der Besitzer asiatischer Autos (die ebenfalls 8 oder mehr Defekte meldeten) zutraf. Auf die Frage, ob sie wahrscheinlich nochmals ein Auto derselben Marke kaufen würden, gaben 40% der Besitzer amerikanischer Wagen, die im vorangehenden Jahr 8 Defekte oder mehr gehabt hatten, an, daß sie dies tun würden, jedoch 66% der Besitzer asiatischer und 48% der Besitzer europäischer Wagen. Bei europäischen Wagen mag dies zum Teil auf den Verpflichtungseffekt zurückzuführen sein – wenn man viel Geld für sein Auto ausgegeben hat, wird man nicht einmal sich selbst gegenüber gern eingestehen, daß man einen Fehler gemacht hat, auch wenn man mit gegenteiligen Beweisen konfrontiert ist. Aber der bei europäischen und asiatischen Autos festzustellende Effekt ist auch zum Teil dem Einfluß der sozialen Information zuzuschreiben. Wenn Ihnen alle sagen, daß das großartige Autos sind, sind sie auch großartig, ganz egal, wie Ihre persönlichen Erfahrungen aussehen.

Es gibt viele Beispiele für die Auswirkungen der sozialen Bestätigung in Organisationen, aber nur wenige sind so drastisch wie das eines Mordanschlags, bei dem jede Hilfe durch die Augenzeugen ausbleibt. In einigen Fällen wurde die soziale Bestätigung absichtlich eingesetzt, um interpersonalen Einfluß zu erlangen und auszuüben. In anderen stellte sie sich beinahe zufällig ein, aber sie hilft uns trotzdem zu erkennen, was geschehen ist und warum. Die betrügerischen Transaktionen von OPM-Leasing sind ein gutes Beispiel dafür. Einige der führenden Banken und Investmentbanker der USA wurden zu Opfern von OPM. Mag diese Tatsache auch Verwunderung auslösen, so erklärt das Phänomen der sozialen Bestätigung doch auch hier, wie derart massive Betrügereien so lange und in einem solchen Ausmaß weitergeführt werden konnten.

Wie Gandossy anmerkte, begann OPM als ehrenwertes Unternehmen und wickelte im Laufe der Jahre Tausende legale Leasingtransaktionen ab, welche die Zahl der betrügerischen Transaktionen weit überstiegen.[7] So waren viele ihrer Geschäftspartner völlig ehrliche Leute, und das mag bewirkt haben, daß diejenigen, die Betrug vermuteten, ihr eigenes Urteil in Frage stellten. Darüber hinaus setzte OPM die soziale Bestätigung mit Absicht als Strategie ein.

> Wie die meisten Top-Manager machten sich auch Goodman und Weissman Gedanken über das Firmenimage von OPM und taten viel, um das Ansehen der Firma bei Außenstehenden zu verbessern. Zuerst taten sie sich mit bekannten Elitefirmen zusammen, in der richtigen Annahme, daß sie dadurch in den Augen der Außenstehenden als größer und vertrauenswürdiger erscheinen würden, als es tatsächlich der Fall war. In den ersten Jahren nahmen sie Wirtschaftsprüfungsfirmen unter Vertrag, die unter den Großen Acht der USA rangierten, und etwas später begannen sie, sich zur Kreditbeschaffung um angesehene Investmentbanken [Goldman, Sachs] zu bemühen. Sie arbeiteten mit diesen Firmen nicht nur zusammen, um bessere Dienstleistungen zu erhalten, sondern auch, um sich Legitimität auf dem Markt zu verschaffen. Wo immer es möglich war, nutzten sie ihre Geschäftsbeziehungen zu elitären Partnern aus . . . In Meetings und in der Korrespondenz mit zukünftigen Leasingnehmern und Kreditgebern erwähnte Goodman oft die Verbindung von OPM mit Goldman, Sachs und mit Lehman.[8]

OPM benutzte seine Geschäftsverbindungen, um die Einschätzung zu festigen, die Firma befasse sich mit legalen Geschäften. Da niemand ihre Methoden und Praktiken in Frage stellte – schließlich erhielten viele der Firmen ansehnliche Honorare –, war es für einzelne oder Organisationen schwierig, den sozialen Konsens zu durchbrechen und zu fragen, was da eigentlich geschehe. Je länger das so weiterging, desto schwieriger wurde es, Zweifel zu äußern, denn mittlerweile war ein engmaschiges Netz von Beziehungen geknüpft, und die

Verpflichtung war historisch verwurzelt. Damit wurde eine Aufdeckung des Betrugs zunehmend unwahrscheinlich.

Steven Bach gibt uns in seiner Beschreibung des United Artists-Desasters bei der Produktion des Films Heaven's Gate viele Beispiele dafür, wie sich die soziale Bestätigung in der Filmindustrie rächte.[9] Leute, die als »heiße Tips« galten, wurden ohne Rücksicht auf die Realität umworben und gefördert – so wurde die Wahrnehmung zur Wirklichkeit. Es wurde kaum gefragt, ob Filme rechtzeitig fertig wurden, ob sie das Budget überschritten und ob sie an den Kinokassen erfolgreich waren. Dieser Effekt war bei United Artist besonders ausgeprägt. Die Firma war zu dieser Zeit eine Abteilung von Transamerica, und es wurden daher Zweifel laut, ob sie überhaupt einen Platz in der Filmbranche habe; auch wurde sie von Managern geführt, die mit der Branche nicht besonders vertraut waren. Um nun die eigene Unsicherheit zu verdecken und zu zeigen, daß man dazugehörte, fühlte sich UA besonders verpflichtet, mit den Wölfen zu heulen:

> Jeder Manager . . . versucht sich selbst davon zu überzeugen, daß er, wenn er nur noch ein paar Steine mehr umdreht, den Heiligen Gral des Filmgeschäfts finden wird: eine Goldgrube. Die Folge ist, daß der Manager in seinem Verhältnis zum Talent einer Art von verzweifelter Promiskuität anheimfällt . . . In Wirklichkeit geht es darum, nicht sagen zu müssen: »Wie zum Teufel konnte es passieren, daß wir Brando . . . an UA verloren haben?« . . . oder irgendwelche anderen Indikatoren zu liefern, welche die Firma weiter unten in der Hackordnung einordnen als andere, als irgendwelche anderen . . . Bei dieser hektischen Suche nach heißem Material gehen Verzweiflungsrufe wie »Leute, dieses Drehbuch ist ein Haufen Mist!« häufig in der Aufregung um die Frage unter: »Können wir ein Geschäft machen?«[10]

Oder nehmen wir als drittes Beispiel Byrons Bericht darüber, wie Time Inc. mit dem Versuch, ein wöchentliches Kabelfernsehprogramm auf den Markt zu bringen, mehr als 50 Millionen Dollar verlor.[11] Es war praktisch kein Markt für das Magazin vorhanden, und die Produktion war aufgrund der Anforderungen an die Informationsverarbeitung technisch nahezu undurchführbar. Das Projekt selbst war schwach geführt. Was sich zu seinen Gunsten auswirkte, war eine gewisse Eigendynamik; und diejenigen, die ernsthafte Bedenken hatten, weigerten sich angesichts der offenkundigen Unterstützung, die das Projekt seitens vieler Top-Manager genoß (wahrscheinlich multiple Ignoranz), ihre Zweifel zu äußern. Darüber hinaus hatten die Top-Manager zum Großteil die Eliteuniversitäten der »Ivy League« besucht und bevorzugten die jungen »Ivy Leaguers« in ihrem Mitarbeiterstab. In einem Umfeld, in dem niemand daran interessiert war, das Urteil anderer in Frage zu stellen, war es schwierig, wenn nicht unmöglich, das Projekt zu stoppen. Das gelang erst, als es bereits enorme Mittel verschlungen hatte.

Durch die Prozesse sozialer Beeinflussung und ihre Wirkungsweise spielt die Eigendynamik eine wichtige Rolle, wenn es darum geht, eine Entscheidung zu beeinflussen oder etwas durchzusetzen. Sobald sich ein sozialer Konsens in eine Richtung zu entwickeln beginnt, ist er nur schwer veränderbar, und zwar nicht nur, weil sich die Leute ihrer Haltung verpflichtet fühlen, sondern auch, weil alle aufgrund der bestehenden Übereinstimmung glauben, die richtige Position zu vertreten. Will man also das Ergebnis eines Prozesses beeinflussen, so muß man unbedingt bereits in einem sehr frühen Stadium Einfluß auf die Einschätzung der Entscheidungen nehmen.

Die zweite Folgerung lautet, daß es womöglich nicht ganz zutreffend ist zu sagen, eine Entscheidung werde »gefällt«. Wenn die soziale Bestätigung und der soziale Konsens so wichtig für die Beeinflussung von Urteilen und Entscheidungen sind, und wenn sich der Prozeß des Aufbaus sozialer Übereinkünfte über eine gewisse Zeit erstreckt, ist es wahrscheinlich besser zu sagen, daß Entscheidungen »erfolgen« oder »sich entwickeln«, und nicht, daß sie »gefällt werden«.

Schließlich ist es von unschätzbarem Wert, Freunde oder Verbündete zu haben, die den Eindruck erwecken, daß rund um eine bestimmte Position ein sozialer Konsens herrscht. Es ist unbedingt notwendig, das Informationsumfeld so zu managen, daß jedermann in der Organisation die Notwendigkeit dessen anerkennt, was Sie zu erreichen versuchen. Dies läßt sich zum Teil dadurch bewirken, daß man Vorschläge oder Botschaften einfach ständig wiederholt und auf andere Leute verweist, die dieselbe Meinung vertreten. Und es trifft gewiß zu, daß die interpersonale Beeinflussung oft am besten in Gruppen funktioniert, wo sich die soziale Bestätigung entfalten kann.

Henry Kissingers Bestrebungen, in der ersten Nixon-Regierung den Posten eines Sonderberaters in Fragen der nationalen Sicherheit zu gewinnen, sind ein drastisches Beispiel dafür, wie man die soziale Bestätigung (und auch das Gegenseitigkeitsprinzip) einsetzen kann, um ein Ziel zu erreichen.[12] Kissinger unterstützte die Kampagne Nixons nicht nur dadurch, daß er über die Fortschritte der Pariser Friedensverhandlungen berichtete, so daß die richtigen Wahlkampfstrategien entwickelt werden konnten, sondern er achtete auch darauf, daß er von vielen Leuten unterstützt wurde, die in Gegenwart des neuen Präsidenten gut von ihm sprachen - Richard Allen, Nixons Wahlkampfberater für außenpolitische Fragen, der Kolumnist Joseph Kraft, John Mitchell, H.R. Haldeman und Peter M. Flanigan, Nixons stellvertretender Wahlkampfmanager. Da er der Wahlkampagne so gute Dienste geleistet hatte und über so ausgezeichnete Kontakte verfügte, war er der logische Kandidat für den Posten. Hersh notierte: »Nixon war nicht nur von Kissingers fundiertem Wissen und seinen ausgezeichneten Kontakten beeindruckt, sondern auch von seiner Bereitschaft, diesen Besitz zu nutzen.«[13]

Cialdini schrieb: »Es wird nur wenige überraschen zu hören, daß die meisten von uns in der Regel Ja sagen, wenn sie von jemandem um etwas gebeten werden, den sie kennen und mögen. Überraschend und interessant daran ist aber, daß diese einfache Regel auf hunderte verschiedene Arten eingesetzt wird . . . um uns dazu zu bringen, . . . einem Ersuchen nachzukommen.«[14] Die Sympathie für andere beruht auf einer Reihe von Faktoren. Dazu gehören: 1. soziale Ähnlichkeit (wir ziehen meist Menschen vor, die uns ähnlich sind und die aus derselben sozialen Schicht oder Gruppe stammen wie wir selbst); 2. physische Anziehung (attraktive Menschen werden eher gemocht); 3. Komplimente und Schmeichelei (wir mögen die Menschen, die uns mögen und positive Gefühle uns gegenüber ausdrücken); 4. Kontakt und Zusammenarbeit (wir mögen meist Menschen, die wir gut kennen, vor allem dann, wenn wir mit ihnen gemeinsam an einer Aufgabe oder auf ein gemeinsames Ziel hin arbeiten); 5. Assoziierung mit anderen positiven Dingen (wir mögen Menschen, die uns gute Nachrichten bringen, und haben umgekehrt eine Abneigung gegen jene, die uns schlechte Nachrichten bringen). Sympathie ist ein wichtiger Faktor in der gegenseitigen Beeinflussung, weil sie das Gegenseitigkeitsprinzip in Kraft setzt.

Wenn wir erkannt haben, wie wichtig Sympathie ist, verstehen wir auch besser, wie es möglich war, daß Steve Jobs, der Mitbegründer von Apple Computers und einer der Hauptaktionäre der Firma, im Jahr 1985 zum Rückzug aus allen Positionen mit Ausnahme einer rein repräsentativen gezwungen wurde. Jobs war »zu egozentrisch, um zynisch, berechnend oder intrigant zu sein. Er war nicht imstande, die Welt mit den Augen eines anderen zu sehen.«[15] Wie wir gehört haben, machte er sich nie die Mühe, enge Beziehungen zu den Aufsichtsratsmitgliedern aufzubauen, die ihn von Anfang an unterstützt hatten. Offensichtlich hielt er es auch nicht für nötig, Rücksicht auf potentielle Verbündete in der Firma zu nehmen, die ihn in der entscheidenden Konfrontation mit Sculley hätten unterstützen können. Die Art und Weise, wie er Del Yocam, den hochrangigen Manager der Apple-II-Abteilung und Operations- und Produktionsleiter, behandelte, kann als Beispiel für einen Umgangsstil mit anderen gelten, der Abneigung hervorruft und sich folglich nachteilig auf den Einfluß auswirkt:

> Er machte einen langen Spaziergang um den Parkplatz mit Del, und dieser schien in vielen Dingen seiner Meinung zu sein. An einem bestimmten Punkt konnte sich Steve jedoch nicht mehr zurückhalten. Er sagte, daß er künftig die Operationen leiten wolle, und daß er sicher sei, viel besser für diese Position geeignet zu sein als Del . . . Del forderte ihn auf zu wiederholen, was er eben gesagt hatte, und er tat es. Schließlich wiederholte er ja nur,

was jedem hätte klar sein sollen. Del war es allerdings nicht klar. Del war wütend.[16]

Wenn wir in unserem Bestreben, unseren Einfluß auszubauen und zu erhalten, auch den Faktor »persönliche Sympathie« einsetzen, müssen wir in unsere Beziehungen zu den Zielpersonen unserer Beeinflussung eine oder mehrere der oben erwähnten Voraussetzungen der Sympathie integrieren. Die körperliche Anziehungskraft ist der am wenigsten beeinflußbare Faktor. Aber Kontakt, positive Assoziationen und vor allem Schmeichelei sind ebenso wertvolle Strategien, wenn es darum geht, seinen Einfluß auf andere zu stärken.

Für den Einsatz von Sympathie gibt es zahlreiche Beispiele in Verkaufssituationen, aber auch in vielen anderen Zusammenhängen, in denen es nötig ist, Einfluß aufzubauen und auszuüben. Verkaufsparties wie jene von Tupperware, Amway oder Mary Kay Kosmetika funktionieren nach demselben Prinzip. Solche Parties arbeiten mit sozialer Bestätigung (die anderen kaufen auch) und Verpflichtung (die Partygäste können gefragt werden, wieviele mögliche Verwendungsmöglichkeiten es für Tupperware gibt, und schon die Teilnahme an einer dieser Parties baut ein Verpflichtungsgefühl auf), aber durch den Einsatz des Sympathieprinzips wird erreicht, daß Leute sich überhaupt an solchen Veranstaltungen beteiligen. Ich habe dieses Prinzip und das Beispiel der Heimparties in einem von mir geleiteten Kurs an einer Wirtschaftsuniversität diskutiert. Etwas verlegen (Stanford-Studenten sollten an solchen Veranstaltungen eigentlich nicht teilnehmen und sich nicht so leicht um den Finger wickeln lassen) erzählte mir eine Studentin, daß sie von einer Kollegin an einem früheren Arbeitsplatz einmal zu einer Mary Kay-Veranstaltung eingeladen worden sei. Sie wollte zwar eigentlich nicht hingehen, aber sie war schließlich von einer Freundin eingeladen worden, also mußte sie wohl zusagen, um nicht unhöflich zu erscheinen. Da sie nun einmal auf der Party war, umgeben von anderen Bekannten, kaufte sie natürlich auch etwas, den billigsten Artikel, den sie finden konnte. Es überrascht nicht, daß auf den billigsten Artikeln meist der höchste Gewinnaufschlag liegt. Die Firmen wissen sehr gut, daß die Besucher einer Party zumindest einen Artikel kaufen wollen und dabei versuchen, so billig wie möglich davonzukommen. Aus diesem Grund sind die billigsten Artikel für die Firmen auch meist die gewinnträchtigsten.

Fördert die körperliche Attraktivität die Sympathie und die Fähigkeit, Einfluß zu entwickeln? Ross und Ferris untersuchten die Leistungsbeurteilungen und Gehälter zweier Wirtschaftsprüfer in zwei Wirtschaftsprüfungsfirmen.[17] Sie kamen zu dem Ergebnis, daß physisch attraktivere Wirtschaftsprüfer (dies wurde beurteilt, indem man Personen, die weder für die Firma arbeiteten noch von der Studie wußten, Fotos vorlegte) besser beurteilt wurden, selbst wenn andere Faktoren, welche die Leistungsbeurteilung beeinflussen könnten, statistisch erfaßt waren. Efran und Patterson, welche die kanadischen Wahlen des

Jahres 1974 analysierten, berichteten, daß attraktive Kandidaten mehr Stimmen erhielten als unattraktive.[18] Cialdini merkte an: »Andere Experimente haben gezeigt, daß attraktivere Personen in schwierigen Situationen eher Hilfe erhalten und daß es ihnen eher gelingt, ein Publikum zu einem Meinungsumschwung zu bewegen.«[19]

Cialdini faßte auch experimentelle Forschungsarbeiten zusammen, aus denen hervorging, daß die Menschen eher geneigt sind, dem Wunsch von Personen zu entsprechen, die ihnen in Kleidung oder anderen Faktoren wie Alter, Religion oder politischer Einstellung ähnlich sind.[20] Es ist daher kein Zufall, daß Zweigstellenleiter oder Kreditbearbeiter in Banken an Orten wie Silicon Valley aufgrund des geringeren Alters ihrer Kunden meist jünger sind. Ich habe schon oft vermutet, daß es einen demographischen Übereinstimmungsfaktor gibt, der in Kursen und Führungskräfteprogrammen eine gewisse Rolle bei der Beurteilung des Vortragenden spielt. Das Publikum reagiert eher begeistert, wenn es sich mit dem Vortragenden identifizieren kann.

Natürlich läßt sich Ähnlichkeit – bis zu einem gewissen Grad – erzeugen. Als Nabisco mit RJ Reynolds fusioniert wurde und Ross Johnson zum Vorstandsmitglied und Leiter der Operationen ernannt wurde, versuchte er sofort den Eindruck der Ähnlichkeit mit den Reynolds-Mitarbeitern zu erwecken:

> Als einziger der leitenden Nabisco-Manager zog Johnson nach Winston-Salem . . . Er war als besonders netter Bursche bekannt . . . In seinen ersten Wochen in Winston-Salem unternahm Johnson alles, um sich anzupassen, fuhr in einem Jeep Wagoneer umher, lud die Leute zum Abendessen ein und trat dem Aufsichtsrat der North Carolina Zoological Society bei.[21]

Johnson verstand besser als viele Führungskräfte, wie wichtig es für den Erfolg war, gemocht zu werden, und daß es eine große Rolle spielte, daß ihn die anderen mochten oder sich zumindest in seiner Gegenwart wohl fühlten.

Schmeichelei ist eine sehr effektive Technik zur interpersonalen Beeinflussung.[22] Auf den ersten Blick mag sie als leicht zu durchschauende Strategie zur Gewinnung von Sympathie erscheinen, was die Frage aufwirft, warum sie überhaupt wirkt. Aber überlegen Sie einmal, wie Sie auf ein Kompliment oder eine schmeichelnde Bemerkung reagieren. Sie haben zwei Optionen. Sie können das Kompliment als aufrichtig betrachten oder als ein berechnend eingesetztes Instrument, das nur dazu dienen soll, etwas anderes zu erreichen. Ihre eigenen Gefühle sind natürlich nicht ohne Einfluß darauf, welcher Variante Sie zuneigen. Tatsächlich gibt es einen Beweggrund für Sie, eher dazu zu tendieren, das Kompliment für aufrichtig zu halten. Wenn Sie das Kompliment annehmen können, so hebt dies Ihr Selbstwertgefühl. Wenn Sie jedoch annehmen, daß das Kompliment nur ein Mittel zum Zweck war, werden sich Selbstzweifel einstellen, und Sie werden die Meinung des anderen über Sie in Frage stellen (was stimmt nicht mit mir, daß andere glauben, mich so leicht mit Schmeicheleien um den Finger wickeln zu können?), und Sie werden auch über die andere Person nicht positiv denken. Da sich die meisten von uns lieber gut als schlecht fühlen, neigen wir dazu, Komplimente und Schmeicheleien für aufrichtig zu halten.

Schmeicheleien werden vor allem in der Politik eingesetzt. Obwohl das Verhältnis zwischen Robert Moses und Bürgermeister LaGuardia bisweilen von Konflikten und Konfrontationen gekennzeichnet war, so hatte doch auch die Schmeichelei ihren festen Platz darin. Moses bedrängte LaGuardia, ihn während der Bauzeit seiner Projekte auf Inspektionstouren zu begleiten.[23] LaGuardia liebte es, im Mittelpunkt zu stehen und Prunk und Glanz zu entfalten – und Moses machte sich diese Vorliebe zunutze. So bot beispielsweise die Eröffnung eines kleinen Spielplatzes in New York City eine zwingende Gelegenheit, dem Bürgermeister zu schmeicheln und ihm das Gefühl zu geben, wichtig zu sein:

> ... die nahegelegenen Häuser waren mit roten, weißen und blauen Girlanden geschmückt ... Der Spielplatz war eingerahmt von Blumentöpfen mit 25.000 farbenprächtigen Chrysanthemen. Überall waren Fahnen ... Als die Limousine des Bürgermeisters einfuhr ... stimmten die Bands jubelnd in ein überwältigendes »Hail to the Chief« ein. Und als er die ... Rednertribüne erreichte, merkte er, daß er, abgesehen von Moses, der einzige Redner war, aber Moses beschränkte sich auf kurze Zitate aus Statistiken über Spielplätze und sagte dann: »Meine Damen und Herren – der Bürgermeister der Stadt New York!« – eine Leistung, die LaGuardia zu der Bemerkung veranlaßte, daß Moses der ideale Zeremonienmeister sei ... Als der Bürgermeister vortrat, um das Band durchzuschneiden, damit die Kinder auf den Spielplatz stürmen konnten, merkte er, daß es kein normales, sondern ein rot, weiß und blau geflochtenes Band mit Quasten war, und die Schere, die ihm ein kleines Mädchen aus der Nachbarschaft auf einem roten Samtkissen reichte, war aus Silber.[24]

Moses sorgte auch dafür, daß ein Spielplatz nach LaGuardia benannt wurde, und schrieb dem Bürgermeister: »Das Beste an dem Spielplatz ist sein Name.«[25]

Moses pflegte seine Beziehungen zur Presse, indem er jedermann vom Herausgeber bis zum Reporter zu Mittagessen, Abendessen und Feiern anläßlich der Eröffnung öffentlicher Bauten einlud, aber auch zum Schwimmen und zu Picknicks in Jones Beach.[26] Moses war aufmerksam zu Leuten, die für ihn wichtig waren, und so fiel es ihnen schwer, ihn zu kritisieren.

Die Taktik des Einschmeichelns beschränkt sich nicht auf den öffentlichen Sektor. Die Betrugsvergehen der Computerleasingfirma OPM beruhten zum Teil darauf, daß es OPM gelang, sich die Gunst wichtiger Kunden zu verschaffen und Kontakte zu knüpfen. Dies verdankte OPM zum Teil dem geschickten Vorgehen ihres Mitarbeiters Weissman:

> Weissmans zwischenmenschliche Fähigkeiten standen in direktem Bezug zum rapiden Wachstum von OPM. Er arbeitete hart, um seine Kunden zufriedenzustellen; so bestach er einmal sogar einen Subunternehmer, der die Computerinstallation bei einem Kunden behindert hatte . . . Er hatte auch einen gewissen Charme . . . Weissman machte es zu seiner Aufgabe, gut mit den Leuten auszukommen und seine Kontakte zu pflegen.[27]

Aber zum Aufbau von Sympathie trug nicht nur geschicktes Verhalten bei. Gandossy berichtete, daß OPM ihren Kunden »Dienste« anbot, mit denen nur wenige Konkurrenten mithalten konnten oder wollten. Das ging von der Bestechung von Kunden und Verkäufern bis hin zur Beschaffung von Prostituierten für die Angestellten bestimmter Firmen, darunter offensichtlich für ein vom Wirtschaftsmagazin Fortune ermitteltes Top-500-Unternehmen.[28]

In den 60er Jahren arbeiteten die Bechtel Corporation und Steve Bechtel selbst mit der Schmeicheltaktik, um Gefälligkeiten von Henry Kearns, dem Leiter der Export-Import Bank, zu erlangen. Die Bank stellte staatlich garantierte Kredite zu Zinsen unterhalb der Marktsätze zur Verfügung, um amerikanische Firmen beim Export zu unterstützen. Wenn ein fremdes Land Güter oder Dienstleistungen einer amerikanischen Firma kaufte, konnte die Bank beispielsweise einen solchen Kauf finanzieren. Der Zugang zu solchen günstigen Finanzierungen war immer einer der ausschlaggebenden Faktoren für Bechtels Erfolg gewesen. Nun beabsichtigte die Nixon-Regierung, das Portfolio der Bank zu erweitern, was bedeutete, daß Kearns eine Menge Kredite zu vergeben haben würde. Steve Bechtel Sr., der bereits Verbindungen zu Kearns hatte, war entschlossen, diese ungewöhnliche Gelegenheit voll auszunützen. Denn wie in vielen anderen Unternehmungen, vor allem im Zusammenhang mit dem Bauwesen, entschied die Fähigkeit, eine Finanzierung sicherzustellen, häufig darüber, ob man den Auftrag erhielt.

> Er [Bechtel] begann Kearns' Ego zu schmeicheln. Er gratulierte ihm zu seiner guten Arbeit und bot ihm an, ihm auf jede erdenkliche Weise zu helfen. Er wußte, wie publicityhungrig Kearns war . . . Bechtel begann auch, seinen normalen Briefen Zeitungsausschnitte über die Aktivitäten der Bank beizulegen. Er schmeichelte sich noch weiter ein, indem er Kearns anbot, einen Film über die Bank in Auftrag zu geben, in dem der Generaldirektor naturgemäß eine Hauptrolle spielen würde.[29]

Bechtel und seine Firma erwiesen Kearns, der Bank und ihren Mitarbeitern viele Gefälligkeiten. Es gab kaum etwas, das Bechtel nicht für die Export-Import Bank getan hätte. Er sagte sogar zu ihren Gunsten vor dem Kongreß aus. Diese Beziehung, gefestigt durch Gefälligkeiten und intensive Schmeicheleien, machte sich für Bechtel oftmals bezahlt, weil er auf diese Weise seine Finanzierungen sichern und zahlreiche Aufträge gewinnen konnte, die eine sichere Finanzierung voraussetzen.

Eine subtilere, aber ebenso wirkungsvolle Form der Schmeichelei besteht darin, auf andere positiv zu reagieren und ihnen Aufmerksamkeit entgegenzubringen. Wenn diese Aufmerksamkeit von einem Ranghöheren an den Tag gelegt wird, so vermittelt das den schmeichelhaften Eindruck, daß Ihre Meinungen wichtig genug sind, um beachtet zu werden. Als George Ball in der Maklerabteilung von E.F. Hutton arbeitete (er sollte später Vorstandsmitglied der Firma und danach von Prudential-Bache Securities werden), konzentrierte er sich darauf, die Leute in diesem Bereich aufzubauen. Er baute eine sehr starke Machtbasis im Einzelkundenbereich von Hutton auf, indem er allen dortigen Mitarbeitern unermüdlich seine Aufmerksamkeit widmete. »Er wußte, daß man durch kleine Dinge Loyalität aufbaut. So beantwortete er jeden Anruf und ließ keine Bitte unberücksichtigt.«[30] Balls Charme beruhte in erster Linie darauf, daß er sich an geringfügige Details aus dem Leben der Leute erinnerte:

> »George hatte eine unglaubliche Fähigkeit, sich alles über einen zu merken«[31] sagt ein früherer Kundenmanager von Hutton. »Er hatte ein gewinnendes Wesen, er schmeichelte einem, er gab einem das Gefühl, jemand Besonderer zu sein. Ein paar Jahre, nachdem ich George das erste Mal getroffen hatte, lief ich ihm bei einer Verkaufssitzung in die Arme. Da ich sicher war, daß er mich nicht erkennen würde, schickte ich mich an, mich kurz vorzustellen. Das war jedoch nicht nötig. Kaum hat er mich erblickt, schüttelt er mir auch schon die Hand und sagt: ›Hallo, wie geht es Betsy und den Kindern?‹«[31]

Dabei war ihm sein gutes Gedächtnis behilflich, aber er studierte auch Personenbeschreibungen und Bilder von Leuten, die er auf Geschäftsreisen treffen würde.[32] So viel Mühe wirkt schon für sich genommen schmeichelnd. Er kannte vielleicht nicht alle so gut, wie es den Anschein hatte, aber sie waren ihm immerhin wichtig genug, daß er versuchte, ihre Namen und einige Details über ihre Familien zu behalten.

Sympathie wächst auch in der Zusammenarbeit mit anderen, durch das Hinarbeiten auf ein gemeinsames Ziel oder im Kampf gegen einen gemeinsamen Feind. So benutzte Apple Computer beispielsweise Mitte der 80er Jahre den Konkurrenten IBM als eine solche einigende und motivierende Bedrohung von außen. Steve Jobs sagte gern, daß IBM mehr als 300.000 Beschäftigte habe und Apple nur etwa 6.000. IBM war so groß, daß es die gesamte Computerindustrie zu beherrschen drohte, und Apple präsentierte sich als einzige Hoffnung für die Verhinderung des Monopols. Das Macintosh-Team erklärte, seine Motivation beziehe es vor allem aus dem engen Kontakt untereinander, aus den eigenen, vom Rest der Firma getrennten Räumlichkeiten und aus der gemeinsamen Vision, die Welt zu verändern, wobei man stets die Bedrohung durch den Widersacher IBM vor Augen hatte, der für eine ganz andere Art von Computern stand.

Wie wichtig ein gemeinsames Ziel ist, wenn man bei den Personen, die auf dieses Ziel hinarbeiten, positive Gefühle wecken will, zeigte sich am deutlichsten bei den klassischen Experimenten, die Muzafer Sherif und seine Kollegen durchführten.[33] In einem Sommerferienlager für Jungen zettelten sie zuerst Konflikte an, indem sie die Jungen verschiedene Namen für ihre beiden Gruppen aussuchen ließen, jeder dieser Gruppen eine Hütte zuteilten und Wettbewerbe veranstalteten.[34] Um die beiden Gruppen wieder zusammenzubringen, dachten sich die Experimentleiter verschiedene Aufgaben aus, die zur Erreichung eines für alle erstrebenswerten Ziels die Zusammenarbeit beider Gruppen erforderten. »Erfolgreiche gemeinsame Bemühungen zur Erreichung gemeinsamer Ziele überbrückten umgehend die Risse zwischen den beiden Gruppen.«[35] Kontakte und Vertrautheit sind dem Aufbau von Sympathie ebenfalls förderlich. So wie wir uns in vertrauter Umgebung wohl fühlen, mögen wir auch meistens die Leute, die uns vertraut sind.

Verschiedene Arten von Vergnügungen schaffen ebenfalls Sympathie. Spendenaktionen werden deshalb oft mit Diners oder anderen angenehmen sozialen Gelegenheiten verbunden, weil dabei nicht nur das Gegenseitigkeitsprinzip aktiviert wird, sondern auch, weil das Vergnügen eines guten Essens in schöner Umgebung uns oft mit Sympathie für die Person erfüllt, die uns diese angenehmen Stunden ermöglicht hat, und das wiederum macht es wahrscheinlicher, daß wir uns in unserem Verhalten von dieser Person beeinflussen lassen.

Die deutlichste Folgerung aus dem Sympathieaspekt der interpersonalen Einflußnahme ergibt sich für den Managementstil. Eine Zeitlang schien die Literatur zum Thema Management nüchterne, harte, zahlenorientierte Managertypen wie Robert McNamara oder Harold Geneen zu propagieren. Die Unternehmen legten Wert auf Disziplin. Wie der frühere Leiter der Humanressourcenabteilung von Eastern Airlines in dem Film Collision Course sagte, kam man am besten vorwärts und gewann am schnellsten einen hohen Status, wenn man der härteste und gemeinste Typ im Viertel war. Es hat sicher eine ganze Reihe erfolgreicher Manager gegeben, die alles andere als warmherzig oder liebenswert waren. Das Sympathieprinzip jedoch legt die Vermutung nahe, daß Manager, die wärmer, humorvoller und weniger einschüchternd wirken, bei gleichen Voraussetzungen erfolgreicher in dem Versuch sind, andere zu beeinflussen. Es ist interessant, daß viele Manager, die für ihre distanzierte und einschüchternde Art bekannt sind, in Organisationen arbeiten, in denen sie ein hohes Maß an formaler Macht besitzen, und in denen Überzeugungsarbeit gegenüber hierarchischen Gesichtspunkten eine geringere Rolle bei der Ausübung von Macht spielt. Durch die Verschiebung der sozialen Normen und Werte nimmt jedoch die Zahl solcher Konstellationen stetig ab.

Eine weitere Implikation der Sympathiestrategie besteht darin, daß man sich bei der Beeinflussung Dritter gemeinsamer Freunde oder Bekannter bedienen sollte. Die meisten Menschen sind geneigt, wärmere Gefühle für Bekannte zu entwickeln, für deren Attraktivität oder Verläßlichkeit sich schon Personen ihres Vertrauens verbürgt haben.[36] Das ist der Grund, warum soziale Beziehungen für die Ausübung interpersonalen Einflusses so wichtig sind.

EINFLUSSNAHME DURCH EMOTIONEN

Wir alle lassen uns ebensosehr von unseren Gefühlen wie von unserem Verstand leiten und beeinflussen. Manche Strategien zur interpersonalen Beeinflussung stützen sich auf den emotionalen, andere auf den kognitiven Aspekt des sozialen Lebens. Obwohl die Wirkung der Emotion in Organisationen bisher noch weitgehend unerforscht ist, gibt es doch einige wichtige Untersuchungen, die zum Verständnis der emotionalen Grundlagen der interpersonalen Einflußnahme beitragen können.

Drei Punkte stützen das Argument, offen gezeigte Emotionen seien zentrale Techniken der interpersonalen Einflußnahme. Erstens können wir Emotionen, die wir anderen gegenüber offen zeigen, steuern und kontrollieren. Wären die Emotionen, zumindest wie sie andere Personen, mit denen wir zu tun haben, empfinden, nicht kontrollierbar, hätten wir nur wenige Möglichkeiten, die von uns ausgedrückten Emotionen strategisch einzusetzen. Der zweite Punkt ist, daß das Verhalten anderer zumindest zum Teil von den von uns gezeigten Emotionen abhängig ist und daß ausgedrückte Emotionen daher geeignet sind, das Verhalten anderer zu beeinflussen. Aus diesen beiden ersten Punkten folgt, daß die Chancen, andere durch den strategischen Einsatz von Emotionen zu beeinflussen, nicht für alle gleich sind. Diese Fähigkeit läßt sich zum Teil erlernen oder erwerben, und sie ist eines der Attribute, die uns helfen, effektive und vergleichsweise weniger effektive Mitglieder einer Organisation auseinander zu halten.

Können offen gezeigte oder zur Schau gestellte Emotionen taktisch eingesetzt werden, oder, anderes ausgedrückt, kann der Einzelne sie willentlich kontrollieren? Sicher herrscht in vielen Organisationen die Auffassung, man könne emotionale Äußerungen steuern und mit ihrer Hilfe jenes Bild beeinflussen, das sich Klienten oder Kunden von der Organisation machen. Als die Fluglinie People Express noch im Geschäft war, wählte sie ihre »Kundendienstmanager« (Flugbegleiter und Flugsteigpersonal) danach aus, wieviel Schwung sie hatten und ob sie sich als Unterhalter eigneten. Arlie Hochschild zählt in The Managed Heart zahlreiche weitere Beispiele von Gesellschaften auf, die ebenfalls bestimmte offen gezeigte Emotionen als Auswahlkriterien für neue Mitarbeiter einsetzten.[37] So etwa Delta Airlines, die (wie andere Fluglinien) von ihren Mitarbeitern erwartete, daß sie auch nach einem 15stündigen Flug oder bei schlechtem Wetter lächelten. Hochschild beschrieb das Verfahren, mit dem Pan American Airlines seine fröhlichen Flugbegleiter auswählte, folgendermaßen:

Die Personalchefin rief eine Gruppe von sechs Bewerbern herein, drei Männer und drei Frauen. Sie lächelte ihnen zu und sagte dann: »Während ich mir hier Ihre Unterlagen durchsehe, würde ich Sie bitten, sich Ihrem Nachbarn zuzuwenden und zu versuchen, sie oder ihn kennenzulernen. Dafür haben Sie drei oder vier Minuten Zeit, dann sprechen wir weiter.« Sofort war der Raum von sprudelnder Konversation, von Kopfnicken, großspurigen Gebärden und ... Lachsalven erfüllt ... Alle sechs sahen die Personalchefin erwartungsvoll an: wie hatten sie bei dem Animationstest abgeschnitten?[38]

Disney World wählt seine Mitarbeiter sowohl nach ihrer positiven Einstellung als auch nach ihren Unterhaltertalenten aus. Es wird ihnen mit viel Mühe beigebracht, immer freundlich und höflich zu sein und ständig glücklich zu wirken.

Das Beispiel der Disney World-Mitarbeiter zeigt, wie gering der Einfluß der beständigen Charakterzüge und inneren Gefühle von »Rollenträgern« sein kann, wenn sie selbst nur wenig Einfluß darauf haben, welche Emotionen sie zeigen dürfen. Diese Leute sind darauf gedrillt, sich den Emotionsmustern der Organisation anzupassen, gleichgültig, wie sie sich fühlen ... Der Trainer wies die Newcomer darauf hin, daß sie, wenn sie gemeinsam mit den Gästen von Disney World auf der Bühne stünden, immer nett sein müßten, egal, wie unfreundlich die Gäste sich verhielten und wie groß ihr Ärger darüber sei ... Der Trainer ... erklärte den Newcomern: »Jedermann behandelt die Gäste als VIPs. Der einzige Grund dafür, daß wir hier sind, ist, daß die Gäste zu uns kommen und unsere Show sehen. 99% der Gäste sind nett, aber es ist dieses eine Prozent, von dem Sie sich nicht hinreißen lassen dürfen.« Die Disney-Mitarbeiter erfahren auch, daß es ein Entlassungsgrund ist, wenn sie sich von diesem einen Prozent doch hinreißen lassen.[39]

Die Southland Corporation, die Dachgesellschaft der 7-11-Lebensmittelkette, versuchte ihr Personal eine Zeitlang mit Hilfe verschiedener Taktiken dazu zu veranlassen, freundlich zu sein und gegenüber den Kunden positive Emotionen an den Tag zu legen:

Das Personal wurde fast überall informiert, daß »Testkäufer« das höfliche Verhalten überprüfen würden. In einigen Geschäften erhielten die Mitarbeiter, die sich den Kunden gegenüber besonders freundlich verhielten, einen Bonus von 25 Dollar. In anderen Gegenden konnten die Mitarbeiter, die beim Grüßen, Lächeln oder Herstellen von Blickkontakt beobachtet wurden, sofort ein neues Auto gewinnen.[40]

Die Gesellschaft gab im Rahmen eines speziellen Programms 10 Millionen Dollar aus, um ihre Kassierer und anderen Mitarbeiter für die Zurschaustellung positiver Emotionen zu belohnen. Gleichgültig, ob die Leute durch Auswahlprozesse, sozialen Druck, Belohnungen oder eine Kombination dieser drei Faktoren zur Zurschaustellung solcher Emotionen bewegt werden – es gibt zahlreiche Belege dafür, daß eine Reihe von Unternehmen der Meinung ist, ihre Mitarbeiter seien imstande, den Ausdruck ihrer Emotionen zu kontrollieren und zur Beeinflussung von Klienten und Kunden einzusetzen.

Funktioniert diese Strategie? Offensichtlich tut sie es in vielen Fällen. In einer Studie über die Auswirkungen der von den Mitgliedern einer Organisation gezeigten Emotionen wurden zahlreiche Beispiele gefunden, in denen die gezeigten Emotionen Verhaltensweisen beeinflußten.[41] So befürwortete beispielsweise ein Buch, das in der Ausbildung von Polizisten als Lehrmittel für Vernehmungstechniken diente, die »schweigende« Variante:

> Bei dieser Methode betreten Sie den Vernehmungsraum mit einem kleinen Lächeln, setzen sich bequem in Ihren Stuhl, schauen Ihrem Gegenüber direkt in die Augen und sagen absolut nichts . . . Der Autor saß dem Verdächtigen einmal etwa 25 Minuten gegenüber, ohne sich zu bewegen oder auch nur den Blick von seinem Gesicht abzuwenden. Der Verdächtige, der vor der Vernehmung sehr laut gewesen war, brach plötzlich zusammen und begann zu weinen. Innerhalb von 3 Minuten hatte er ein volles Geständnis abgelegt.[42]

In einer Studie wurde untersucht, wie sich das Lächeln von Bardamen, die 48 männliche und 48 weibliche Gäste bedienten, auf die Höhe des Trinkgelds auswirkte.[43] Während die Zahl der bestellten Drinks durch Lächeln nicht beeinflußt wurde, traf dies auf die Trinkgelder sehr wohl zu. Ein breites Lächeln brachte 23,20 Dollar, ein ganz kleines hingegen nur 9,40 Dollar. In einer Studie über Exekutoren zeigte sich, daß Personen, die das Gefühl der Dringlichkeit vermittelten und mit emotionellen Kontrasten arbeiteten – einmal nett, einmal drohend –, einen überraschend hohen Prozentsatz der Gelder eintreiben konnten, und zwar selbst von Leuten, die mit ihren Zahlungen schon mehr als sechs Monate im Rückstand waren.[44]

Emotionen wirken sich über eine Reihe der bereits beschriebenen psychologischen Prinzipien auf unser Verhalten aus. So arbeiten sowohl Vernehmungsbeamte der israelischen Polizei als auch Exekutoren mit emotionellen Kontrasten.[45] Indem ein Partner den netten Polizisten spielt und ein zweiter den bösen, oder indem eine Person selbst beide Rollen abwechselnd übernimmt, soll diese Strategie freundliches Verhalten im Kontrast als noch freundlicher erscheinen lassen. Die Person, der das freundliche Verhalten entgegengebracht wird, wird wahrscheinlich in irgendeiner Form darauf antworten wollen, in unseren Fällen, indem sie entweder die Rechnung bezahlt oder ein Geständnis ablegt. Außerdem wird das Verhalten des »bösen« Polizisten als abstoßend erlebt, und das bedeutet, daß die Leute den Forderungen nachkommen wollen, damit der Druck aufhört. Emotionelle Kontraststrategien sind der klare Beweis dafür, daß der Ausdruck von Emotionen andere beeinflussen kann.

Der Einsatz offen ausgedrückter oder zur Schau gestellter Emotionen kann zwar eine wirkungsvolle Technik der interpersonalen Einflußnahme sein, aber nicht jeder beherrscht sie. Tatsächlich bedarf es dazu eines gewissen Maßes an Geschicklichkeit. Man braucht dafür ungeheuer viel Selbstkontrolle und Zurückhaltung, aber auch eine Vorstellung davon, welche Wirkungen man bei jenen, mit denen man interagiert, hervorrufen möchte. Außerdem hat es auch seinen Preis, über längere Zeit hinweg zu versuchen, die an den Tag gelegten Emotionen zu beherrschen. Hochschilds Buch handelte zum Teil davon, welchen Tribut ein solches Verhalten vor allem bei Bediensteten auf niedrigerer Ebene forderte, die über lange Zeit hinweg immer freundlich sein und lächeln mußten, unabhängig von den Umständen und davon, wie sie sich fühlten. »Hochschild stellte fest, daß der ständige Druck emotionaler Arbeit langfristig zu Drogen- und Alkoholmißbrauch, Kopfschmerzen, Dienstausfällen und sexuellen Störungen führte.«[46]

Diese Arbeit eröffnet tiefe Einblicke in das Reich der Emotionen, allerdings leidet sie an vielen Stellen unter einem zu engen Blickfeld. Das Steuern der gezeigten Emotionen, das Verstecken der wirklichen Gefühle und die Verwendung von Emotionen zur Beeinflussung anderer ist keine Kunst, die Disney-Angestellten, Exekutoren, Polizeikommissaren oder Flugbegleitern vorbehalten ist. Auch Führungskräfte und andere Personen, die in Organisationen nach Einfluß streben, zeigen oft ihre Begabung dafür, die eigenen Gefühle entsprechend strategischen Gesichtspunkten zu offenbaren oder zu verbergen. Ich habe während meiner Lehrtätigkeit an Wirtschaftsuniversitäten und in Führungskräfteseminaren im Laufe der Jahre festgestellt, daß ich bei den Wirtschaftsstudenten besser erkennen kann, wie gut meine Präsentation ankommt, denn sie haben etwas noch nicht gelernt, was viele ältere Führungskräfte bereits beherrschen: zu lächeln, zu sagen, wie sehr ihnen die Präsentation gefallen hat, wieviel sie gelernt haben und wie sehr sie meine Mühe schätzen – selbst wenn sie vor Langeweile beinahe eingeschlafen sind. In Organisationen zurechtzukommen, heißt oft auch, freundlich und effektiv mit Leuten umzugehen, die man nicht mag und vielleicht auch nicht respektiert, auf deren Mitarbeit man zur Durchsetzung seiner Vorhaben jedoch angewiesen ist. Die gezeigten Emotionen und Gefühle haben großen Einfluß, und wir alle haben von Kindesbeinen an gelernt, »höflich« zu sein, »unsere wirklichen Gefühle zu verbergen« und vielleicht gar absichtlich Emotionen zu zeigen, um andere zu einem von uns gewünschten Verhalten zu bewegen. Ob wir nun persönlich mit den zur Schau gestellten Emotionen oder mit den anderen Strategien der interpersonalen Einflußnahme arbeiten wollen oder nicht: es ist wichtig, daß wir diese Strategien erkennen und durchschauen. Wenn wir sie auch selbst nicht nutzen, so helfen sie uns zumindest, die sozialen Beeinflussungsmechanismen rund um uns besser zu verstehen, und wir lernen, die Ergebnisse der Interaktion in Organisationen etwas genauer zu verstehen und vorherzusagen.

SCHLUSSFOLGERUNG

Es ist zwar verlockend, aber grundsätzlich falsch und irreführend, die verschiedenen Techniken der interpersonalen Beeinflussung, die wir in den beiden vergangenen Kapiteln kennengelernt haben, als Marketingtricks oder bestenfalls als Methoden zu denunzieren, die unsere Fähigkeit verzerren, zu korrekten Entscheidungen zu kommen. Diese Techniken sind nur selten einfache Mätzchen, sondern wichtige Phänomene, die wir jeden Tag in der Welt um uns beobachten. Bisweilen können sie sogar für Organisationen von Vorteil sein. Sie tragen zur Rationalisierung der Informationsverarbeitung bei, denn wir können nicht jede Situation, der wir begegnen, völlig neu untersuchen und bewerten. Die einzige Methode, mit der wir und unsere Organisationen etwas zustandebringen und durchsetzen können, besteht darin, uns bei der Informationsverarbeitung auf Abkürzungen zu verlassen. So wird die Zustimmung anderer normalerweise als akzeptabler Leitfaden zum richtigen Verständnis einer Situation und damit als Richtlinie für unser eigenes Verhalten herangezogen. Knappheit bedeutet im Normalfall, daß das knappe Gut erstrebenswert erscheint und von anderen auch angestrebt wird. Das Prinzip der Konsistenz bewahrt uns davor, unsere Energie in vereinzelten Aktivitätsausbrüchen zu verschwenden. Die interpersonale Beeinflussung ist ein allgegenwärtiger Bestandteil unseres sozialen Lebens, dem wir nicht ausweichen und den wir auch nicht fortwünschen können.

Wir sollten auch nicht versuchen, soziale Beeinflussung zu verhindern. Die Tatsache, daß wir in einer sozialen Welt leben und daß Organisationen interdependente soziale Systeme sind, bedeutet, daß wir nur mit Hilfe anderer etwas bewirken oder durchsetzen können. Es ist wichtig, daß wir die Möglichkeit haben, die Einschätzung einer Situation durch andere zu akzeptieren und uns an bestimmte Verhaltensnormen zu halten, die eine kooperative Interaktion sicherstellen. Die Tatsache, daß diese Techniken auch verwendet werden können, um uns in die Irre zu führen, beraubt sie nicht ihrer Legitimität. Jede dieser Techniken beruht auf gültigen psychologischen Prinzipien und, was noch wichtiger ist, auf wertvollen sozialen Beziehungen. Diese Strategien der interpersonalen Beeinflussung sind die Produkte einer sozialen, interdependenten Welt. Als solche sind sie wichtige Faktoren, die sowohl in Organisationen als auch im persönlichen Leben zu wirkungsvollem Handeln beitragen können.

12

Timing ist (fast) alles

Damit wir die Strategien und Taktiken zur Gewinnung von Macht und Einfluß richtig einsetzen können, müssen wir nicht nur wissen, was zu tun ist, sondern auch, wann es zu tun ist. Es kann sein, daß eine Aktion erfolgreich ist, wenn sie gut getimt ist, während dieselbe Aktion zu einem weniger günstigen Zeitpunkt womöglich keine Chance auf Erfolg hat. Dieses Kapitel befaßt sich mit Strategien für das richtige Timing, und wir werden untersuchen, welche Vorteile und Kosten es mit sich bringt, frühzeitig und zuerst zu handeln; wir sprechen über Verzögerungsstrategien; weiters darüber, wie das Wartenlassen anderer eingesetzt wird, um Macht zu signalisieren und aufzubauen; welchen Einfluß Fristen auf Entscheidungen haben; wie sich die Reihenfolge, in der Fragen behandelt werden, darauf auswirkt, was entschieden wird; und schließlich, wie wichtig es ist, einzugreifen, wenn die Zeit reif ist.

FRÜHZEITIG UND ALS ERSTER HANDELN

Natürlich hat es auch Nachteile, früh zu handeln. Wenn man die Dinge hinauszögert, hat man die Chance, mehr über die Standpunkte anderer zu erfahren und kann dieses Wissen in der Planung von Taktiken einsetzen, welche die Erfolgsaussichten vergrößern. Indem man etwas als erster tut, frühzeitig Schritte setzt, exponiert man sich – der erste zu sein heißt sichtbar zu sein, in vorderster Linie zu stehen und daher eine potentielle Zielscheibe für andere abzugeben.

Andererseits hat es zahlreiche Vorteile, als erster zu handeln. Indem wir eine Position abstecken und Schritte setzen, die schwer rückgängig zu machen sind, können wir die Nachkommenden dazu bewegen, sich unserer Position anzuschließen.[1] Sobald zum Beispiel ein Projekt einmal in Gang gesetzt ist, ist es sehr schwer zu stoppen. Wenn jemand einmal eingestellt ist, ist es schwierig, ihn zu feuern, wenn etwas einmal gebaut ist, kann man es oft nicht mehr niederreißen lassen; wenn man einmal einen Computer gekauft und ein Informationssystem installiert hat, ist die Möglichkeit des Umsteigens auf ein anderes System stark eingeschränkt. Da einmal gesetzte Handlungen schwer rückgängig zu machen sind, dienen unsere Aktionen als Basis für weitere Verhandlungen. So können wir sowohl die Gesprächsbedingungen als auch den Rahmen für die folgenden Aktionen diktieren.

Der erste zu sein, bringt häufig auch den Vorteil der Überraschung und die Möglichkeit mit sich, unsere Gegenspieler unvorbereitet zu treffen. Der Überraschungseffekt spielt in der Unternehmenspolitik gelegentlich eine entscheidende Rolle. Bill Agie bewies in seiner Funktion als Vorstandsvorsitzender von Bendix seine Meisterschaft darin, als erster zu handeln, wie sich am Beispiel seines Zusammenstoßes mit William Panny, dem stellvertretenden Vorstandsvorsitzenden, sehr deutlich zeigte.[2] Agee warf Panny im September 1980 mit einem Manöver hinaus, das niemandem eine Gelegenheit ließ, noch irgendetwas zu ändern. Die Details der Auseinandersetzung sind nicht bekannt, aber das Ergebnis war unmißverständlich:

> In der letzten Kraftprobe zwischen Panny und Agee . . . könnte auch Mary Cunningham eine Rolle gespielt haben. Es kursiert da eine Geschichte in Detroit, derzufolge ein paar Bendix-Manager zu Panny gingen und sich über das Verhältnis Cunningham-Agee beschwerten, worauf Panny plante, die Angelegenheit an den Aufsichtsrat heranzutragen. Am nächsten Tag . . . feuerte ihn Agee, bevor er eine Chance dazu bekam.[3]

Es gibt eine zweite Version dieser Geschichte, deren Botschaft jedoch im Grunde dieselbe ist:

> Panny rief sie [Cunningham] in sein Büro und quetschte sie aus . . . Bald entbrannte eine hitzige Debatte zwischen Panny und Agee, unter anderem über das Verhältnis zwischen Agee und Cunningham. Am nächsten Tag forderte Agee Panny zum Rücktritt auf. Panny weigerte sich, aber Agee gab seinen Rücktritt trotzdem bekannt.[4]

In diesem Fall handelte Agee also als erster und versuchte, Panny loszuwerden, bevor dieser ihm ernsthafte Schwierigkeiten bereiten konnte. Agee handelte rasch und gab Pannys Rücktritt bekannt. Sobald der Rücktritt bekanntgegeben war, war es für Panny so gut wie zwecklos, öffentlich dagegen anzukämpfen – seine Reputation und sein Image waren bereits geschädigt, und der Hinauswurf war tatsächlich bereits vollzogen.

Auch in seinem bereits in Kapitel 2 kurz behandelten Kampf mit dem Aufsichtsrat verschaffte sich Agee Vorteile, indem er frühzeitig Schritte unternahm. Sein angebliches Verhältnis mit Mary Cunningham und ein allgemeiner Vertrauensverlust bei den leitenden Bendix-Managern beschwor die Möglichkeit herauf, daß der Aufsichtsrat ihn trotz der ausgezeichneten Finanzlage des Unternehmens feuern könnte. Drei Direktoren aus Detroit, Paul Mirabito, Vorstandsvorsitzender von Burroughs, Alan Schwartz, ein Rechtsanwalt, der außer bei Bendix noch in neun weiteren Aufsichtsräten saß, und Harry Cunningham von Kresge, waren insbesondere über die Vorwürfe beunruhigt, Agee betreibe Günstlingswirtschaft. Agee strebte offensichtlich auch nach dem Vorsitz bei Burroughs, während er noch immer Vorsitzender von Bendix war. Michael Blumenthal, der frühere Vorstandsvorsitzende von Bendix und nun logischer Nachfolger bei Burroughs (er hatte Bendix verlassen, um in das Kabinett von Präsident Carter einzutreten), wurde zu einem Feind Agees, vor allem, weil ihn Agee nicht wieder in den Aufsichtsrat von Bendix berufen hatte, als er aus Washington nach Detroit zurückgekehrt war. Agees Problem schien sich auf die Direktoren von Detroit zu konzentrieren, die in vielerlei Hinsicht mit Burroughs oder mit Blumenthal verbunden waren, und die über den wachsenden Skandal rund um seine Beziehung zu Cunningham besorgt waren. Also entschloß sich Agee zu handeln, bevor sich die Direktoren formieren konnten.

Agee ging zu Harry Cunningham, dem Vorsitzenden des Aufsichtsratsausschusses, welcher Gehälter, Direktorennominierung sowie Auswahl und Nachfolge der Führungskräfte regelte, und »meinte, daß Mirabito und Schwartz, da sie ja beide im Aufsichtsrat von Burroughs sitzen, bei der bevorstehenden Jahresversammlung nicht für die Wiederwahl als Bendix-Direktoren nominiert werden sollten.«[5] Cunningham schob die Sache auf, aber in der Folge eintreffende anonyme Briefe von hochrangigen Bendix-Managern verursachten ihm wachsendes Unbehagen. Er teilte Agee mit, daß er für den 6. März eine Sitzung des Organisations-, Gehalts- und Nominierungsausschusses plane, an dem Agee nicht teilnehmen solle. Agee hatte nicht vor, diese Sitzung abzuwarten:

> Agee reagierte rasch, indem er am 25. Februar eine eigene Sondersitzung des Ausschusses einberief . . . Er eröffnete die Sitzung, indem er bekanntgab, daß Bendix den Kauf einer High Tech-Firma plane, was diejenigen Bendix-Direktoren, die auch im Aufsichtsrat von Burroughs säßen, in Interessenkonflikte bringen konne. Er forderte die Einwilligung des Ausschusses, um Mirabito und Schwartz den Rücktritt nahezulegen . . . Dann schlug Agee vor, daß Harry Cunningham, der ja auch einmal im Aufsichtsrat von Burroughs gesessen habe, ebenfalls zurücktreten solle. Cunningham, der völlig unvorbereitet war, antwortete ärgerlich, daß er den Aufsichtsrat mit Vergnügen verlassen werde.[6]

Über Nacht überlegte es sich Cunningham anders. Aber als er Agee erreichte, hatte dieser bereits Mirabito und Schwartz mündliche Rücktrittserklärungen entlockt und teilte Cunningham mit, daß er seine Entscheidung nicht rückgängig machen könne. Nun hatte Agee nur noch ein Problem im Aufsichtsrat von

Bendix: Robert Purcell, einen Freund Cunninghams, der auf dessen Empfehlung hin im Aufsichtsrat von Kresge tätig gewesen war. Zwar hatte Purcell nur noch wenige Freunde im Aufsichtsrat, aber er beschloß dennoch, gegen Agee zu kämpfen. Er schrieb den anderen Direktoren einen flammenden Brief, in dem er einen schweren Fehler beging:

> Purcell schloß damit, daß er eine Untersuchung des Aufsichtsrates über das Vorgehen Agees in der Harry Cunningham-Affäre verlangte. In einem P.S. forderte er, daß diese Sitzung nach dem 16. März stattfinden sollte, so daß ein Aufsichtsratsmitglied, das sich zum damaligen Zeitpunkt in Europa aufhielt, ebenfalls daran teilnehmen könnte. . . Dann fuhr Purcell nach Sugarbush in Vermont auf Skiurlaub.[7]

Agee berief eine Aufsichtsratssitzung für den 11. März ein. Da er sowohl die Kontrolle über den Aufsichtsrat als auch über das Timing der Sitzung hatte, konnte Purcell die Absetzung Agees nicht durchsetzen. Purcell trat zwar nicht sofort zurück, sondern versuchte noch eine Zeitlang, Agees Entlassung durchzusetzen. Da er sich jedoch dem gesetzlich vorgeschriebenen Pensionsalter näherte, trat er schließlich kurz vor seinem siebzigsten Geburtstag doch zurück.

Es ist natürlich nicht so, daß die netten Leute immer den Kürzeren ziehen. Aber fest steht, daß es keine besonders geeignete Strategie für politische Kämpfe ist, der Opposition genug Zeit zur Sammlung und Mobilisierung zu geben. In Agees Fall war der Überraschungseffekt deshalb besonders wirkungsvoll, weil wir, wenn wir überrascht werden, eher emotionell als strategisch auf eine Situation reagieren.

VERZÖGERUNG

Eine der besten Methoden, etwas zu verhindern, besteht darin, es zu verzögern. Das tut man am besten, indem man weitere Überlegungen oder Studien verlangt. So ist die Verzögerung eine häufig angewandte Taktik in Auseinandersetzungen darüber, was in einer bestimmten Situation getan werden soll. Diese Methode funktioniert aus verschiedenen Gründen: Erstens werden die Proponenten einer Initiative möglicherweise einfach müde, vor allem, wenn sie sehen, daß ihre Bemühungen im Sand verlaufen. Es gibt Grenzen dafür, wie lange und wie entschieden man ein bestimmtes Projekt verfolgen kann. Abgesehen von schlichter Erschöpfung der Gegner besteht die Möglichkeit, daß die Verfechter des Projekts von der Bildfläche verschwinden, wenn die Verzögerung lange genug dauert. Ein Grund dafür, daß die ständigen Mitarbeiter in Regierungsbüros relativ großen Einfluß haben, liegt darin, daß sie länger an Ort und Stelle sind als viele andere Gruppen, die versuchen können, Politik und Praxis zu beeinflussen – die gewählten Führungskräfte mit eingeschlossen.

Drittens ist die Verzögerungstaktik wirkungsvoll, weil viele Entscheidungen mit Fristen verbunden sind und eine Verzögerung zur Ablehnung des Projekts führt. Wenn es bei einer Entscheidung beispielsweise darum geht, ob ein bestimmtes Projekt gebaut werden soll, gibt es für Planung und Angebot zweifellos eine Frist. Wenn es gelingt, die Entscheidung über die Gültigkeitsdauer des Angebots hinaus zu verschieben, verfällt die Entscheidung entweder automatisch, oder die Preisverhandlungen müssen erneut aufgenommen werden. Indem man die Markteinführung eines neuen Produkts verzögert, kann man verhindern, daß der Firma überhaupt der Eintritt in den Markt gelingt. Zu dem Zeitpunkt, an dem sich die Firma zum Markteintritt entschließt, gibt es vielleicht schon so viele Konkurrenten, daß dieses Vorhaben aussichtslos geworden ist. Schließlich kann eine Verzögerung ein Zeichen dafür sein, daß eine Organisation an dem fraglichen Thema interessiert ist. Wenn ein Jobangebot hinausgezögert wird, so bedeutet das, daß die Firma von dem Kandidaten nicht vollkommen überzeugt ist. Die Verzögerung einer Kapitalinvestition oder einer Entscheidung über ein neues Produkt deutet auf Skepsis bezüglich des Projekts hin. Solche Signale unterminieren oft die Zuversicht der Proponenten und erhöhen die Wahrscheinlichkeit, daß die Gegenseite gewinnt, indem sie die anderen einfach »aussitzt«.

Ich habe beobachtet, wie durch Verzögerung die Einstellung einer bestimmten Stellenbewerberin verhindert wurde, um die Stelle einer Ersatzkandidatin zuzuschanzen. Unter dem Vorwand, gründlich suchen und eine umfassende und gut vorbereitete Diskussion führen zu wollen, wurde der Suchprozeß so lange hinausgezögert, bis die erste Bewerberin frustriert aufgab. Die Ersatzkandidatin tat das nicht, denn ihre Berater informierten sie darüber, daß die Verzögerung absichtlich herbeigeführt worden war, um sie zu begünstigen. Da sie insgeheim über die Strategie Bescheid wußte, wartete sie, bis sich die andere Kandidatin zurückzog und bekam dann die Stelle.

Leute, die mit solchen Verzögerungsstrategien arbeiten, bieten dafür fast immer eine Rechtfertigung an. Die Verzögerung wird mit dem Vorrang anderer, wichtigerer Fragen begründet, oder auch mit der scheinbar vernünftigen Überlegung, daß mehr Informationen gewünscht werden und mehr Zeit benötigt wird, um diese zusätzlichen Informationen zu beschaffen. Weitere Studien und zusätzliche Überlegungen helfen uns, eine bessere Entscheidung zu treffen. Natürlich sind Informationen und Analysen nützlich, jedoch geben die Proponenten der Verzögerungstaktik nur selten offen zu, daß der Entscheidungsprozeß allein schon dadurch verändert wird, daß Zeit vergeht – und zwar häufig zugunsten derer, die für solche Verzögerungen eintreten.

Eines der besten Beispiele dafür, wie Verzögerung eingesetzt wird, um ein Projekt zu stoppen, ist der Fall des amerikanischen Überschallflugzeugprogramms. Najeeb Halaby, Chef der Luftfahrtbehörde FAA, leitete im Jahr 1961 eine Projektgruppe, die sich mit den Zielen der nationalen Luftfahrt befaßte und einen Bericht herausgab, der die Entwicklung eines Überschallflugzeugs forderte. 1962 stellten die britische und die französische Regierung gemeinsam das Concorde-Programm vor, und im Juni des folgenden Jahres gab Pan American World Airways sechs solcher Concordes in Auftrag. Am 5.Juni 1963, zu Beginn einer Übung der U.S. Air Force Academy, gab Präsident Kennedy bekannt, daß die Vereinigten Staaten ebenfalls ein Programm zur Entwicklung eines Überschallflugzeugs für den zivilen Einsatz starten würden. Im ursprünglichen Zeitplan, der im Juli 1963 erstellt wurde, waren drei Phasen vorgesehen, wobei in der dritten ein Prototyp konstruiert werden sollte. Der tatsächliche Bau dieses Prototyps wurde für Mitte 1965 erwartet.

Die Flugzeughersteller beklagten sich über die vereinbarte Kostenaufteilung, bei der sie selbst 25% der Kosten zu tragen hätten und die Regierung 75% beisteuern würde. Um diese Formel für die Kostenteilung zu überprüfen und dem Programm zusätzliche Glaubwürdigkeit zu verleihen, sollten Eugene Black, der damalige Präsident der Weltbank, und Stanley Osborne, Vorsitzender von Olin Matheson, das Programm prüfen. Obwohl Black und Osborne für eine großzügigere Kostenteilungsformel eintraten, bei der die Regierung 90% der Kosten hätte tragen sollen, wurden durch ihren Bericht Ereignisse in Gang gesetzt, die unweigerlich zu der Einstellung des gesamten Programms führten. Sie gaben Empfehlungen gegen ein Crashtest-Programm ab, und, was noch bedeutsamer war, sie schlugen vor, daß das Programm aus der Zuständigkeit der FAA genommen werden sollte, wobei sie argumentierten, daß ein Interessenkonflikt gegeben sei, wenn die Behörde, welche das Flugzeug zulassen würde, gleichzeitig an seiner Entwicklung beteiligt wäre. Da nun ein Bericht vorlag, mußte er auch in Umlauf gebracht werden, um kommentiert werden zu können. Es war bereits Februar 1964, als der Bericht schließlich in Umlauf gebracht wurde, und man entzog der FAA das Programm zwar nicht, aber es wurde ein Beratungsausschuß für Überschalltransporte mit Robert McNamara als Vorsitzendem eingerichtet.

Die restliche Geschichte des Projekts ist eine Geschichte der Studien – Studien über die Wirtschaftlichkeit, Studien über die Auswirkungen des von den Maschinen erzeugten Überschallknalls, Studien über die Auswirkungen des Projekts auf die Handelsbilanz im Falle der Verwirklichung oder der Nichtverwirklichung, Studien von den Gegnern des Projekts. Die Studien, die natürlich Zeit brauchten, und der Kontrollausschuß unter McNamara verzögerten das Projekt. 1965 trat Halaby von seiner FAA-Position zurück. Auch Gordon Bain, der von der FAA dazu bestimmt war, das Projekt zu überwachen, trat noch im selben Jahr zurück. So zeigten die Verzögerungen ihre erste Wirkung, indem sie die ursprünglichen Leiter des Projekts zur Aufgabe zwangen. Der Fortgang des Projekts wurde bis Ende der 60er Jahre hinausgeschoben. Zu diesem

Zeitpunkt sorgten die Proteste gegen den Vietnamkrieg und eine aktive Umweltschutzbewegung dafür, daß die politische Unterstützung für das Projekt abbröckelte. Die Verzögerungen aufgrund der Studien und der Vertragsvergabe bewirkten, daß das Projekt drei Präsidenten überdauerte: Kennedy, Johnson und Nixon. Im Jahr 1971 kam dann das endgültige »Aus«, ohne daß jemals ein Prototyp des Flugzeugs gebaut worden wäre. Zwar hatte das Projekt tatsächlich mit wirtschaftlichen und technologischen Problemen zu kämpfen, aber es wurden schon Dinge gebaut (vor allem vom Verteidigungsministerium geförderte), die weniger Sinn machten als ein Überschallflugzeug. Der Unterschied in diesem Fall lag darin, daß die Kontrolle über das Timing des Projekts verloren ging, und in den Studien und Verzögerungen, die dem Projekt jeden Schwung raubten. Hätte man rasch einen Prototyp gebaut und Abgeordnete und Senatoren auf einen Probeflug geschickt, so wäre das Ergebnis vielleicht ganz anders ausgefallen.[8]

Verzögerung ist auch auf dem Gebiet der Rechtsprechung eine allgemein verwendete und oft wirkungsvolle Strategie, wobei die eine Seite versucht, sowohl die Geduld als auch die finanziellen Ressourcen der Gegenseite zu erschöpfen. Eine Verzögerungstaktik, gekoppelt mit genügend Ressourcen, um länger aushalten zu können als der Gegner, ist fast immer eine Garantie für den Sieg. Als Robert Moses Mitte der 20er Jahre Parkkommissar wurde, bestand eine seiner ersten Aktionen darin, sich den Taylor Estate anzueignen, den er in einen Park verwandeln wollte. Moses hatte dieses Grundstück durch einen Enteignungsprozeß an sich gebracht, und obwohl er die Gesetzesvorlage entworfen hatte, die ihm in diesem Bereich weitgehende Vollmachten sicherte, hatte er selbst diese Vollmachten überschritten. Er hatte nicht mit den Grundeigentümern verhandelt, und er verfügte auch nicht über für diesen Zweck bereitgestellte Mittel, um den Grund zu bezahlen, auf den er zu diesem Zeitpunkt bereits Zugriff hatte. Als die Landeigentümer klagten, tat Moses alles in seiner Macht stehende, um das Verfahren hinauszuzögern. Caro schrieb, daß er »an dem Tag, an dem er befragt werden sollte, nicht vor Gericht erschien ... Seine Anwälte begannen mit einer Reihe von Verzögerungstaktiken und versuchten so, das Verfahren bis Januar hinauszuzögern.«[9] Dank der Verzögerung gelang es Moses, die Bereitschaft seiner Gegner, Geld auszugeben, zu untergraben; darüber hinaus stellte er den Park fertig, während das Verfahren über die Bauberechtigung noch lief.

Ein weiteres anschauliches Beispiel, wie Verzögerung eingesetzt wird, um die Ressourcen eines Gegners zu erschöpfen, finden wir in den Arbeitskämpfen bei Eastern Airlines während des Machtkampfes zwischen Frank Lorenzo und Charlie Bryan. Lorenzos Strategie zur Brechung des gewerkschaftlichen Widerstands der Wartungstechniker war ganz einfach: Er wollte den Wartungstechnikern einen völlig inakzeptablen Vertrag anbieten; sie würden daraufhin in den Streik treten, worauf er Ersatzkräfte zu niedrigen Löhnen einstellen würde, ähnlich wie er es einige Jahre zuvor getan hatte, nachdem er den Bankrott von Continental Airlines erklärt hatte. Um sich auf die Kosten vorzubereiten, die der Fluglinie bis zur Einarbeitung der Ersatzkräfte aus dem Streik entstehen würden, legte Lorenzo in einer »Kriegskasse« finanzielle Reserven an, die dem Unternehmen über diese Zeit hinweghelfen würden. Aber diese Kriegskasse war nicht unerschöpflich, und der Schlüssel zu der Strategie lag in der Fähigkeit, Ersatzkräfte zu finden, die bereit waren, für weniger Geld zu arbeiten. Man kann keine Ersatzkräfte einstellen, wenn es keinen Streik gibt.

Charlie Bryan erkannte, welche Strategie Lorenzo verfolgte, und wollte sich nicht in einen Streik treiben lassen. Im Januar 1988 brachten die Wartungstechniker und andere Gewerkschaften eine Petition beim Schlichtungsausschuß ein, mit der sie erreichen wollten, daß Continental und Eastern in Verhandlungen als Einheit betrachtet würden. Obwohl dies ein riskantes Manöver war (Bei Continental gab es zu dieser Zeit keine Gewerkschaftsvertretung, und eine gemeinsame Wahl bei Eastern und Continental konnte dazu führen, daß die Gewerkschaften in beiden Unternehmen nicht mehr vertreten sein würden),

> verschleppte das angestrengte Verfahren die Verhandlungen bei Eastern. Bryan wußte, daß er aus einem Streik nicht als Sieger hervorgehen konnte und daß es noch immer möglich war, daß die Piloten seine Streikpostenketten nicht anerkennen würden. Je länger ein Streik hinausgezögert werden könnte, desto mehr Geld würde Lorenzo verlieren . . . Bryan und der Schlichtungsausschuß würden es nicht zu dem letzten Gefecht kommen lassen, auf das Lorenzo so begierig war.[10]

Bryan verschleppte die Sache weiter. Dazu kam, daß Lorenzo den Schlichtungsausschuß mit seiner brutalen Taktik vergrault hatte und nicht dazu bewegen konnte, die Verhandlungen für endgültig gescheitert zu erklären. Als die Wartungstechniker ihr Gegenangebot vorlegen mußten, verzögerte Bryan. Als er seinen Mitgliedern Lorenzos Vorschlag vorlegen mußte, schob er dies so lange wie möglich auf. Lorenzo ging langsam das Geld aus, und er mußte entweder Finanzmittel auftreiben oder die Fluglinie verkaufen. Das Problem lag darin, daß der nationale Schlichtungsausschuß so lange, wie er Fusionsverhandlungen führte, nicht erklären konnte, daß die Verhandlungen in einer Sackgasse angelangt seien, und daß es jedes Mal, wenn er einen Teil von Eastern (wie z. B. das Shuttle) verkaufte, neue Klagen gab, die wieder Zeit in Anspruch nahmen. Der Streik bei Eastern fand schließlich erst im März 1989 statt. Bis dahin war Eastern ein Jahr lang von negativer Publicity überschüttet worden. Lorenzos Kriegskasse war schon seit langer Zeit leer. Als die Piloten die Streikpostenlinien nicht durchbrachen, erklärte die Fluggesellschaft unverzüglich ihren Bankrott. Zwar hatten auch die Wartungstechniker durch die Verzögerungstaktik Bryans überhaupt nichts gewonnen, aber Lorenzo mußte schwer bezahlen – die Verzögerungen hatten die Ressourcen der Fluglinie ausgeblutet und ihn schließlich die Fluglinie selbst gekostet.

DAS WARTESPIEL

Wenn Verzögerungen in Entscheidungsprozessen als Taktik eingesetzt werden, sollen sie oft den Eindruck der Zufälligkeit erwecken. Verzögerungen können jedoch auch mit offen gezeigter Absicht eingesetzt werden, so etwa, wenn wir uns entschließen, andere auf unser Eintreffen warten zu lassen.

> Wer auf wen wartet, wird vom Muster der Machtverteilung in einem sozialen System bestimmt. Diese Behauptung stützt sich auf die Annahme, daß Macht direkt mit der »Knappheit« einer Person als soziale Ressource assoziiert wird und damit mit ihrem Wert als Mitglied einer sozialen Einheit.[11]

Wenn Sie andere warten lassen und selbst nicht warten, so ist dies mehr als ein Symbol Ihrer eigenen Macht – es ist auch eine Taktik, mit der Sie Ihre Macht vergrößern können. Wenn Sie zu spät kommen, lenken Sie die Aufmerksamkeit anderer auf sich, und die Tatsache, daß Sie sich auf diese Weise »sichtbar« machen, kann bereits dazu führen, daß Ihr Einfluß wächst. Wenn Sie andere auf sich warten lassen, zwingen Sie sie auch dazu, sich Ihre Macht über sie bewußt zu machen. Wenn Sie schließlich eintreffen, wenden Ihnen die anderen wieder Aufmerksamkeit zu, indem sie versuchen, Sie davon zu überzeugen, in Zukunft pünktlich zu erscheinen, wodurch sich wieder das Bewußtsein verstärkt, wie abhängig sie von Ihnen sind:

> Wenn es einem gelingt, jemand anderen warten zu lassen, so bedeutet das vor allem, daß man in der Lage ist, ihn so zu beeinflussen, daß er sein Verhalten auf die eigenen Wünsche abstimmt. Auf jemanden warten zu müssen bedeutet unter diesem Gesichtspunkt, vom guten Willen der Person abhängig zu sein, auf die man wartet. Der andere wird durch diese Abhängigkeit wiederum in seiner Machtposition bestärkt.[12]

Warten ist auch ein Akt, der eine Verhaltensverpflichtung mit sich bringt – da Sie warten, müssen Sie Ihr Warten rechtfertigen. Eine der Rechtfertigungen, die häufig für eine solche Zeitverschwendung benutzt wird, besteht in einer kognitiven Erhöhung des Wertes dessen, worauf wir warten:

> . . . wenn wir das Warten auf eine kleine Gefälligkeit als eine Investition oder als Opfer betrachten, für das wir eine Gegenleistung erhalten, dann können wir den Wert dieser Gegenleistung zum Teil an der Größe des Opfers messen, das sie uns abverlangt . . . Der subjektive Wert dieser Gegenleistung bemißt sich . . . nicht nur an dem objektiven Wert . . ., sondern auch daran, wieviel

> Zeit man investiert hat, um sie zu erlangen . . . Die Gefälligkeit des anderen wird eben deshalb wertvoll (und er wird mächtig), weil man auf ihn wartet.[13]

So können Sie Ihre Bedeutung betonen, indem Sie andere auf sich warten lassen.[14] Ross Johnson entwickelte in seiner Funktion als Chef von Standard Brands einen persönlichen Stil, der ihm half, Macht auszuüben. Er beherrschte auch das, was man den »großen Auftritt« nennt:

> Johnson kam zu allen Terminen verläßlich um genau zwanzig Minuten zu spät. »Wenn du pünktlich bist, nimmt niemand von dir Notiz«, pflegte er zu sagen. »Wer zu spät kommt, hat ein aufmerksames Publikum.«[15]

Veränderungen in eingespielten Wartemustern und in den Konstellationen, wer auf wen wartet, können auf Veränderungen in Machtverhältnissen hindeuten. Harry Truman spielte das Wartespiel noch manchmal, als er bereits auf der Höhe seines Ruhmes als Präsident stand:

> Ken Hechler, der von 1948 bis 1952 Forschungsdirektor des Weißen Hauses war, erinnerte sich noch an den Tag, an dem Truman Winthrop Aldrich, den Vorstandsvorsitzenden der Chase Bank, eine halbe Stunde lang vor seinem Büro im Weißen Haus warten ließ. Hechler zitierte Truman wie folgt: »Als ich noch Senator war und dem Kriegsuntersuchungsausschuß vorstand, mußte ich nach New York fahren, um diesen Burschen, Aldrich, zu treffen. Obwohl ich eine Verabredung mit ihm hatte, mußte ich mir vor seiner Tür eineinhalb Stunden lang die Beine in den Bauch stehen. Tun Sie sich also nichts an. Er kann ruhig noch ein bißchen warten.«[16]

Ein klassisches Beispiel für den Einsatz des Zuspätkommens als Machttaktik bietet uns das Verhalten Henry Kissingers in den ersten Tagen der Nixon-Administration. Nixon strebte einen zentralisierten und geordneten Informationsfluß an, es war also klar, daß seine wichtigsten Berater große Macht haben würden. Ein guter Zugang würde dabei ein entscheidender Faktor sein. Es lag auf der Hand, daß H.R.Haldeman und John Ehrlichman große Macht haben würden, also mußte Kissinger dafür sorgen, daß er keinem dieser beiden Berater unterstellt sein würde. In diesem Kampf setzte er die Verzögerungstaktik recht wirkungsvoll ein:

> Bryce Harlow erinnert sich, wie Kissinger sich in der ersten Zeit nach und nach Haldemans Kontrolle entwand. In den ersten Monaten nach der Amtseinführung . . . traf [Harlow] jeden Morgen und Nachmittag Kissinger, Haldeman und Ehrlichman bei Sitzungen im Büro des Präsidenten. Haldeman, der von Anfang an »alles kontrollieren wollte«, verlangte bald, daß den Sitzungen mit Nixon kurze Planungssitzungen in seinemBüro vorangehen sollten. »Henry erschien erst gar nicht zu diesen Sitzungen . . . Bob zwang ihn zur Teilnahme – aber dann wurde Kissinger immer nachlässiger«

> und kam jedes Mal noch ein wenig später. »Schließlich endete es damit, daß Kissinger Nixon allein traf.«[17]

Kissinger kam zu spät oder gar nicht zu den Sitzungen, um das zu bekommen, was er wollte und brauchte, um Macht auszuüben – Vieraugengespräche mit dem Präsidenten.

FRISTEN

Das Gegenteil der Verzögerung ist die Frist. Fristen begünstigen immer die Seite, von der die Initiative ausgeht oder die überlegen ist. Das ist auch der Grund, warum in Diskussionen, in denen die Stimmung zugunsten einer bestimmten Position umschlägt, einer der Befürworter der fraglichen Sache aufsteht und verlangt: »Wir müssen jetzt entscheiden.« Fristen sind ein ausgezeichnetes Mittel, etwas durchzusetzen. Sie vermitteln das Gefühl der Dringlichkeit und Wichtigkeit und stellen ein wirkungsvolles Gegenmittel zur Strategie nicht absehbarer Verzögerungen dar.

Wenn ein neuer Plan knapp vor dem Ablauf einer Frist vorgeschlagen wird, kann er nicht so genau überprüft werden, wie wenn er zu einem früheren Zeitpunkt vorgelegt worden wäre. Das ist der Grund, warum ein Vorschlag, der kurz vor dem Ablauf einer Frist gemacht wird, größere Chancen auf Annahme hat als ein früher unterbreiteter. Diese Tatsache ist auch dem amerikanischen Kongreß wohlbekannt. Einige der wundersamsten steuerlichen Bevorzugungen für Interessengruppen und viele Gesetzesvorlagen, die einzelne Gruppen begünstigen, werden ganz knapp vor Ende der Legislaturperiode vorgelegt.

Als Robert Moses 1924 Gesetzesvorlagen entwarf, die ihn als Kommissar für staatliche Parks in Long Island mit außerordentlichen Machtbefugnissen ausstatteten, ließ er einen jungen, naiven Abgeordneten die Gesetzesvorlage in der letzten Sitzungswoche einbringen und übergab sie ihm erst kurz vor der Sitzung. Es fand keine Debatte statt, und die Gesetzesvorlage wurde einstimmig verabschiedet. Die Abgeordneten entdeckten erst später, was sie kurz vor Sitzungsende so eilig abgesegnet hatten.

Im Jahr 1975 wurde in Alabama durch das Gesetz Nr. 949 ein Interimsausschuß für Finanz- und Steuerfragen eingerichtet. Da dieser Ausschuß eine Machtverschiebung bewirkte und Zuständigkeiten übernahm, die zuvor bei anderen Ausschüssen gelegen hatten, hatte zumindest ein Mitglied etwas gegen diesen Ausschuß, und dieser Mann unternahm auch etwas. Am letzten Sitzungstag der Legislaturperiode 1977, als es die Abgeordneten bereits sehr eilig hatten, sich zu vertagen, wurde folgende Resolution präsentiert und durch mündliche Abstimmung sofort verabschiedet. Nur die wenigsten Abgeordneten waren sich bewußt, was da geschehen war. Es war die letzte Resolution, die an diesem Tag an das Büro des Gouverneurs ging:

> H.J.R. 621. WIR GRATULIEREN HARVEY GLANCE VON DER AUBURN UNIVERSITY ZU SEINEN AUSGEZEICHNETEN LEICHTATHLETIKLEISTUNGEN
>
> WODURCH der Gesetzgeber Alabamas mit Freude und Stolz zur Kenntnis nimmt, daß sich Harvey Glance von der Auburn University ein weiteres Mal glanzvoll im 45. Southeastern Conference Leichtathletikfest behaupten konnte, und
>
> WODURCH Auburn bei dem Treffen 148 Punkte erreichte und Harvey Glance im Weitspringen siegte und einen Beitrag zu vier anderen Siegen leistete; er stellte auch drei neue Conference-Rekorde auf, wobei er in den 100- und 200-Meterbewerben Rekorde aufstellte, 10.36 und 20.47, und an einem weiteren Rekord, 39.24 in der 400 Meter-Staffel beteiligt war; und
>
> WODURCH diesem bemerkenswerten jungen Mann aus Phoenix City, Alabama, Gewinner einer olympischen Goldmedaille, der Pokal des Ausschusses für seine Gesamtpunktezahl von 32,5 überreicht wurde, was für ihn, seine Universität und seinen Heimatstaat eine zusätzliche Ehre bedeutet; aus diesem Grund ist
>
> VON DER GESETZGEBENDEN VERSAMMLUNG ALABAMAS MIT ZUSTIMMUNG BEIDER HÄUSER DER BESCHLUSS ZU FASSEN, daß diese Körperschaft ein und für allemal die außergewöhnlichen Leichtathletikleistungen unseres Champions Harvey Glance anerkennt. Wir gratulieren ihm zu seiner spektakulären Leistung beim 45. SEC-Leichtathletiktreffen. Zu seinen Ehren heben wir hiermit Gesetz Neunhundertneunundvierzig, das am zehnten Oktober neunzehnhundertfünfundsiebzig beschlossen wurde, auf und gratulieren ihm zum Pokal des Ausschusses und geben die Anweisung, ihm ein Exemplar dieser Resolution zu überreichen, um ihm unseren Stolz, unser Lob und unsere höchste Wertschätzung zu mitzuteilen.
>
> Auf Veranlassung von Mr. Holmes (A) wurden die Bestimmungen ausgesetzt und die Resolution H.J.R.621 wurde angenommen.[18]

Nur wenige Abgeordnete, falls überhaupt jemand, machten sich in ihrem Vertagungseifer die Mühe, die gesamte Glückwunscherklärung durchzulesen, und ich bin sicher, daß sich niemand die Arbeit machte nachzusehen, welche Resolution da durch einen tief in den Glückwünschen vergrabenen Satz aufgehoben wurde.

Fristen sind auch in Verhandlungen oft nützlich, wie der Verkauf von Eastern Airlines an Frank Lorenzo und Texas Air zeigt. Borman und der Aufsichtsrat von Eastern wollten den Gewerkschaften mit einem möglichen Verkauf ihrer Fluglinie an Lorenzo drohen, um Zugeständnisse in der Lohnfrage zu erzwingen. Sie wollten ihnen die Daumenschrauben ansetzen – Lohnkonzessionen oder der Verkauf der Fluglinie an jemanden, der in dem Ruf stand, ein notorischer Gewerkschaftskiller zu sein. Aber indem er sich mit Lorenzo einließ, übernahm sich Borman. Lorenzo war ein Meister der Verhandlungen und wendete eine Frist an, um Eastern für einen Pappenstiel erwerben zu können:

> Um Borman daran zu hindern, ihn den Gewerkschaften als Rute ins Fenster zu stellen, fügte Lorenzo dem Plan Merrill Lynchs zwei Erklärungen hinzu. Erstens mußte Eastern an Texas Air eine nicht refundierbare Gebühr von 20 Millionen Dollar nur dafür bezahlen, daß überhaupt ein Angebot gemacht würde. Zweitens verlangte er die Antwort binnen zwei Tagen, bis Sonntag Mitternacht, oder er würde das Angebot zurückziehen. Das war eine lächerlich kurze Zeit für den Verkauf der größten Fluglinie des Landes. Aber Lorenzo wußte genau, was er tat. Indem er selbst die Frist festsetzte, anstatt darauf zu warten, daß dies die Banken von Eastern taten, übernahm er die Kontrolle über das Geschehen.[19]

Borman verlor die Kontrolle über Tempo und Verlauf der Ereignisse, und schließlich verlor er die von ihm geführte Fluglinie, weil er von Frank Lorenzo ausmanövriert worden war. Weil Borman die Zeit davonlief und weil der Kaufvertrag bereits im Entwurf vorlag, konnte Lorenzo die Bedingungen zu seinen Gunsten diktieren.

DIE REIHENFOLGE DER ÜBERLEGUNGEN

In Kapitel 10, wo es um das Kontrastprinzip und seine Verwendung bei der »Einrahmung« von Fragen ging, habe ich gesagt, daß man Entscheidungen durch die Reihenfolge der dafür relevanten Überlegungen beeinflussen kann. So ist es zum Beispiel unwahrscheinlich, daß man den ersten Kandidaten einstellt, den man zu Gesicht bekommt, auch wenn er gut für die Position geeignet zu sein scheint. Man könnte schließlich einen besseren Bewerber finden, und nach dem ersten Kandidaten hat man noch keine Vergleichsmöglichkeiten, um die allgemeine Qualität der vorhandenen Bewerber beurteilen zu können. Derselbe Kandidat erhielte in einer späteren Phase des Auswahlprozesses womöglich auf der Stelle ein Jobangebot, vor allem, wenn er mehreren sehr schwachen Kandidaten folgte. Eine Hypothek zu einem fixen Zinssatz von 9,5% erscheint uns heute als günstige Gelegenheit, aber vor nur 20 Jahren hätte jedermann dankend abgelehnt. Und ein Investmentprojekt, das eine Rendite von 15% bietet, wird anhand der jüngsten Projekte bewertet, mit denen es verglichen wird.

In welcher Reihenfolge Dinge behandelt werden, beeinflußt nicht nur die Art und Weise, wie wir sie wahrnehmen. Tagesordnungen stehen für eine Abfolge von Entscheidungen. Sobald diese Entscheidungen einmal getroffen sind, können sie eine Verhaltensverpflichtung bewirken, die ihrerseits das Zustandekommen der darauffolgenden Entscheidungen beeinflußt.[20] Mit Hilfe einer Tagesordnung kann jemand dazu gebracht werden, sich einem bestimmten Handlungsablauf verpflichtet zu fühlen, was andernfalls womöglich nur schwer zu erreichen wäre. Eine Aufeinanderfolge von Wahlmöglichkeiten wirkt sich verpflichtend und bindend aus, und damit wird die Reihenfolge der Präsentation zu einer wichtigen taktischen Entscheidung.

Nehmen wir an, Sie hätten zu einer allgemeinen Frage zwei Vorschläge, über die nun diskutiert und entschieden wird, beispielsweise zwei Vorschläge über Investitionspläne, zwei neue Produktideen, zwei Kandidaten für eine Stelle, zwei Interessenten für ein Grundstück oder eine Partnerschaft usw. Sie sind nicht einmal sicher, ober der bessere Kandidat ohne weiteres angenommen wird, aber Sie wollen beide durchbringen. Wenn Sie den schwächeren Vorschlag zuerst präsentieren, wird es sicher umfassende Diskussionen und Debatten über seine Vor- und Nachteile geben. Wenn der Vorschlag am Ende der Debatte abgelehnt wird, hat diese Entscheidung auf den stärkeren Vorschlag nur beschränkte Auswirkungen. Der stärkere Vorschlag ist anders, und so werden die Leute nicht das Gefühl haben, daß sie durch Ablehnung des ersten Vorschlags auch zur Ablehnung des zweiten gezwungen sind. Da sie Ihnen überdies beim ersten Vorschlag das Leben schwer gemacht haben, werden sie Ihnen beim zweiten vielleicht nicht mehr so viele Steine in den Weg legen wollen. Der zweite Vorschlag, der in jedem Fall stärker ist als der erste, wird im Vergleich noch besser wirken. Die Zeit wird knapp, und die Prinzipien der Fairness und der Gegenseitigkeit bewirken, daß sich das Gefühl verbreitet, Sie sollten nicht umsonst an dem Meeting teilgenommen haben. Schließlich wird es sehr wahrscheinlich, daß zumindest der zweite, bessere Vorschlag angenommen wird, und wenn auch der erste einen positiven Eindruck hinterlassen hat, werden beide angenommen werden. Indem Sie den schwachen Vorschlag zuerst präsentieren, stellen Sie also sicher, daß der stärkere Vorschlag besser aufgenommen wird.

Wenn Sie hingegen den stärkeren Vorschlag zuerst präsentieren, wird es trotzdem langwierige Diskussionen geben. Es handelt sich um den ersten Tagesordnungspunkt, also drängt die Zeit noch nicht. Sollte der erste Vorschlag scheitern, wird der zweite unweigerlich abgelehnt. Wenn man durch eine offene Abstimmung einen Standard festgelegt hat, kann man diesen nicht einfach nach unten revidieren und einen schwächeren Vorschlag akzeptieren. Wird der erste Vorschlag angenommen, so hat dies trotzdem nur geringe Auswirkungen auf den zweiten. Die Gruppe fühlt sich möglicherweise dem Standard verpflichtet, der bei der ersten Entscheidung angewendet wurde und lehnt den zweiten Vorschlag, der diesem Standard nicht entspricht, daher ab. Nachdem Ihnen die Gruppe in einem Punkt das gewährt hat, was Sie wollten, fühlt sie sich jetzt nicht mehr verpflichtet, ihnen einen weiteren Gefallen zu tun, indem sie dem zweiten Vorschlag ebenfalls zustimmt. Die Reihenfolge, in der Überlegungen angestellt werden, kann also weitreichende Auswirkungen darauf haben, was Zustimmung findet.

Die Reihenfolge der Präsentation kann sich auch darauf auswirken, wie etwas entschieden wird, weil Entscheidungen in bestimmten Fällen interdependent sind. Nehmen wir den Fall einer Wirtschaftsuniversität, die über folgende Themen zu entscheiden hat: 1. geringere Studentenzahl pro Lehrkraft; 2. Erhöhung der Zahl der Kurse, die ein Student pro Semester zu absolvieren hat und 3. Erweiterung des Lehrplans durch weniger Kurse im Hauptfach bei gleichzeitiger Vertiefung der Studien in anderen Fächern. Die optimale Reihenfolge für diese Vorschläge liegt auf der Hand: Der Lehrkörper wird eher bereit sein, für eine breitere Fächerung zu stimmen, wenn schon festgelegt ist, daß zusätzliche Kurse absolviert werden müssen. Dann kann man von den Studenten weiterhin verlangen, dieselbe Zahl von Spezialkursen zu inskribieren, da mehr Kurse zur Verteilung gelangen. Ebenso wird der Vorschlag, mehr Kurse zu schaffen, in einem günstigeren Licht erscheinen, wenn die Zahl der Studenten verringert wird. Anderenfalls würden mehr Kurse mehr Arbeit bedeuten. Um also die drei Veränderungen durchzusetzen, muß oder sollte man zumindest als erstes vorschlagen, die Studentenzahl pro Vortragendem zu verringern, dann die Anzahl der pro Semester verlangten Kurse zu erhöhen und als letztes, den Lehrplan zu vertiefen.

Als ein weiteres Beispiel seien die Vorgänge beim Stahlkonzern British Steel genannt, der Mitte der 70er Jahre entscheiden mußte, ob er gemeinsam mit der deutschen Ingenieursfirma Korf eine neuartige Anlage zur Eisenerzaufbereitung bauen sollte. In der Anlage wurde ein Prozeß namens Direktreduktion verwendet, bei dem das Erz mit Hilfe von Erdgas anstelle von Kohle zu Kugelsinter verarbeitet wurde. Dieses Verfahren war von Korf patentiert und stellte einen Fortschritt in der Stahlerzeugungstechnologie dar. British Steel stand nun vor der Entscheidung, ob man keine, eine oder zwei Anlagen kaufen sollte. Die Kosten einer Anlage mit einer jährlichen Produktionskapazität von 400.000 Tonnen Stahl betrugen 26 Millionen Pfund. Eine Doppelanlage mit einer Kapazität von 800.000 Tonnen jährlich war für 43 Millionen Pfund zu haben, hätte also weniger gekostet als zwei getrennte Anlagen. Aufgrund der Kapitalkostenersparnis beim Kauf der größeren Anlage hätten die Produktionskosten mit 58 Pfund pro Tonne in der größeren Einheit deutlich unter jenen in der kleineren gelegen, wo sie 63 Pfund pro Tonne betragen hätten. Es ist noch ein weiterer Punkt zu bedenken, wenn man verstehen will, welche Auswirkungen die Reihenfolge der Überlegungen hier hatte. Die Planungsabteilung erstellte einige Prognosen, aus denen hervorging, daß es in Anbetracht der voraussichtlichen Nachfrage nach Stahl und damit nach Eisenerz gar nicht sicher sei, ob man überhaupt im Direktreduktionsverfahren produziertes Eisen brauchen würde.

Es ist klar, daß eine unter solchen Umständen getroffene Entscheidung von der Reihenfolge der Überlegungen abhängt. Wenn es bei der ersten Entscheidung darum geht, ob sich die Firma aus strategischen Überlegungen die neue Technologie aneignen will, und wenn diese Entscheidung positiv ausfällt, dann erhöht sich die Wahrscheinlichkeit, daß zwei Anlagen gekauft werden. Wenn die Firma in die neue Technologie investiert, dann drängt es sich geradezu auf, dies auf kostensparende Weise zu tun. Wenn es andererseits bei der ersten Entscheidung darum geht, ob man zwei Anlagen bauen soll, um mehr Eisen produzieren zu können, sinkt die Wahrscheinlichkeit, daß sich die Firma für den Kauf entscheidet, denn die Antwort auf die Frage, ob das Eisen auch gebraucht wird, lautet wahrscheinlich: Nein. Entscheidungen sind interdependent und verpflichtend, und daher ist die Reihenfolge, in der Überlegungen angestellt werden, von so großer Bedeutung.

Es sollte klar sein, daß etwas, damit es genehmigt werden kann, erst einmal auf der Tagesordnung stehen muß. Obwohl das eigentlich logisch ist, scheint es vielerorts noch nicht ganz verstanden worden zu sein. Die Entscheidung bei British Steel wurde von Granada Films, die eine Genehmigung hatten, den Teilnehmern während des Entscheidungsprozesses überall zu folgen, gefilmt. Ich habe diesen Film in meinen Lehrveranstaltungen über Macht und Einfluß oft verwendet. An verschiedenen Stellen wird der Satz »zwischen einer oder zwei Anlagen« wiederholt, und in der Analyse werden die Vorteile von einer bzw. zwei Anlagen gegeneinander abgewogen. Wenn ich jedoch die Studenten frage, wieviele Anlagen wohl gebaut werden, sagen oft zumindest einige: »Keine.« Diese Antwort spiegelt vielleicht wider, welche Entscheidung in ihren Augen die richtige wäre, es handelt sich dabei jedoch nicht um ein wahrscheinliches Ergebnis. Vorschläge, die nicht auf dem Tisch liegen, werden kaum unterstützt oder implementiert werden.

Bachrach und Bratz beobachteten diese Art der Machtausübung in der breiteren politischen Arena.[21] Sie stellten fest, daß man ein Thema einfach abwürgen kann, indem man verhindert, daß es ein vorrangiger Gegenstand der Entscheidungsfindung wird. Im Lauf der Jahre haben die Finanzabteilungen in vielen amerikanischen Firmen ihre Macht stark ausgedehnt.[22] Ein Grund für diesen Machtzuwachs liegt darin, daß die Finanzierung für Firmen an Bedeutung gewonnen hat, da der Markt in bezug auf Unternehmenskontrolle aktiver geworden ist, die Hebelfinanzierung und die Diversifizierung der Unternehmen zugenommen haben (wobei die Finanzabteilung die Sprache vorgibt, die eine Kommunikation über diverse Produktlinien und Märkte hinweg gestattet). Aber eine weitere Machtquelle liegt in der Tagesordnung der meisten Aufsichtsratssitzungen. Es wird stets über die Finanzen diskutiert, oft sehr detailliert. Die Finanzergebnisse werden mit dem Plan verglichen und an fortschreitenden Zeitperioden gemessen. Heute können die Informationssysteme in Organisationen unverzüglich Finanzinformationen, gegliedert nach Produktlinie, Region, Geschäftszweig usw. produzieren. Es gibt Entscheidungen über Kapitalzuteilungen neben Revisionsberichten, in denen eventuell Berichte über Bestandsverluste sowie Abschreibungspolitik und -praktiken enthalten sind. Die Tagesordnung enthält nur wenige oder überhaupt keine Punkte, die die Personal- oder Humanressourcenabteilung einer Firma betreffen. Aus den Augen, aus dem Sinn, dieses Sprichwort bietet sich in diesem Kontext an. Die Macht der Finanzabteilung gründet sich darauf, über welche Dinge gesprochen wird und über welche nicht. Und das ist auch in Firmen so, die sehr stark von ihrem Personal abhängig sind und die regelmäßig behaupten: »Unsere Mitarbeiter sind unser wichtigstes Kapital.«

DER GÜNSTIGE AUGENBLICK

In der Frühphase des Vietnamkrieges erstellte Robert Johnson, der Mitglied des politischen Planungsrates war, eine umfassende Studie darüber, ob ein Bombardement Nordvietnams ratsam sei. Die Gruppe, welche die Studie erstellte, verfügte über ausgezeichnetes Fachwissen und hatte kein Interesse an einer bestimmten Schlußfolgerung oder einem bestimmten Ergebnis. Die Studie äußerte sich einigermaßen negativ über den Nutzen eines Bombardements:

> Im Grunde ergab die Studie, daß ein Bombardement fehlschlagen mußte, weil in Nordvietnam Motivationsfaktoren den Ausschlag gaben, auf die physische Veränderungen oder Schäden keinen Einfluß hatten . . . Wenn man dem Norden mit Eskalation drohte, würde man bald wissen, ob diese Drohungen Wirkung zeigten, weil der Norden vor Beginn der Eskalation reagieren müßte . . . Sie würden unter Druck nie die Arme in den Schoß legen . . . Es war auch niemand besonders zuversichtlich, daß Bombenangriffe die Moral Südvietnams heben würden . . . Zusätzlich zeigte die Studie, daß ein Aufschrei durch die internationale Staatengemeinschaft gehen würde, wollten die USA den Norden bombardieren . . . Es war eine wichtige Studie, weil sie nicht nur das Scheitern der Bombardierung und die Reaktion Hanois prognostizierte, die darin bestehen würde, auf Druck mit Gegendruck zu antworten, sondern weil daraus auch hervorging, daß Bombardements . . . der amerikanischen Regierung schaden würden.[23]

Als politische Analyse war die Studie brillant. Sie argumentierte sorgfältig, war umfassend dokumentiert und in all ihren Schlußfolgerungen bemerkenswert konsistent, obwohl sie mehrere Autoren hatte. Trotzdem sollte sie so gut wie keine Auswirkungen auf die endgültige Entscheidung haben, Nordvietnam zu bombardieren. Sie war zum falschen Zeitpunkt erstellt worden:

> Das zweite Problem war das Timing. Man hatte die Studie durchgepeitscht, damit sie zeitlich mit dem Bericht McNamaras über die Bombardierung zusammenfiele, aber der Präsident hatte McNamara wissen lassen, daß er zu diesem Zeitpunkt keine weitreichenden Entscheidungen treffen wolle; so wurde die Bombardierung auf Eis gelegt und die Entscheidung hinausgezögert. Entsprechend wurde auch die umfassende und wichtige Studie beiseitegelegt, weil sie zu einem falschen Zeitpunkt erschienen war. Eine Studie muß zum richtigen Zeitpunkt vorgelegt werden, wenn über ein Thema diskutiert wird und eine Entscheidung unmittelbar bevorsteht; dann und nur dann wird ein solches umfassendes Papier gelesen, andernfalls fällt es dem Zeitdruck zum Opfer.[24]

Themen und Ereignissen ist eine Qualität der »Reife« zueigen – es gibt eine Zeit zu ernten und eine Zeit, den Reifeprozeß hinauszuzögern. Als Al Smith öffentliche Unterstützung für die möglicherweise illegale »Landnahme« des Taylor Estate durch Robert Moses zu gewinnen suchte, damit dort ein Park errichtet werden konnte, tat er dies durch eine im ganzen Staat New York übertragene Radiosendung. Er wählte nicht März oder April, sondern den Sonntagabend des ersten dampfendheißen Juniwochenendes, einen Zeitpunkt, an dem die Bürger von New York gerade zwei Tage damit verbracht hatten, auf schlechten Straßen der Stadt zu entfliehen, um in überfüllte Parks zu gelangen – anders ausgedrückt, einen Zeitpunkt, an dem man mit einem Vorschlag für zusätzliche Parks und Strände offene Türen einrennen und verfassungsbedingte Höflichkeiten mit Leichtigkeit beiseiteschieben würde. Ein anderes Beispiel: Ein Mitarbeiter einer großen Einzelhandelskette, der schon seit Jahren versucht hatte, die Aufmerksamkeit seines Arbeitgebers auf sozialpartnerschaftliche Fragen zu lenken, versuchte es noch einmal zu einem Zeitpunkt, an dem die Firma gerade von der Gleichbehandlungskommission wegen Diskriminierung zu einer Strafe von 12 Millionen Dollar verurteilt worden war. Dieses Mal stellte er fest, daß die Firmenleitung und sogar der Aufsichtsrat seinen Ideen viel aufgeschlossener gegenüberstanden. Die neuentdeckten und mit Begeisterung implementierten Techniken, welche die Erfolgsgrundlage aller in den Vereinigten Staaten tätigen japanischen Firmen bilden, sind weder besonders neu noch spezifisch japanisch. Sie basieren auf soliden Grundsätzen der Sozialpsychologie und der Theorie des Verhaltens in Organisationen und werden seit Jahren in den Vereinigten Staaten und im Ausland propagiert. Das einzig Neue daran ist, daß die Bedrohung durch den Wettbewerb diesen Fragen und Empfehlungen ein größeres Gewicht verleiht.

Die knappste Ressource in Organisationen ist vermutlich Aufmerksamkeit. Die Zeit, die man einem Thema widmet, entzieht man der Beschäftigung mit anderen Aufgaben. Daher ist es unumgänglich, die richtigen Umstände zu finden, unter denen man seine Ideen vorantreiben kann. Eine zu einem schlechten Zeitpunkt vorgetragene gute Idee wird, wie die Studie über eine mögliche Bombardierung Nordvietnams zeigt, ignoriert und beiseite geschoben. Andererseits kann es sein, daß eine neue Produktidee, die unter anderen Umständen auf die lange Bank geschoben würde, in Zeiten harten Wettbewerbs, in denen sich die Aufmerksamkeit auf vielversprechende neue Produkte konzentriert, freudig aufgenommen wird. Dies ist einer der Gründe, warum Hartnäckigkeit sich so oft bezahlt macht. Wenn man einen Vorschlag macht, ist die Wahrscheinlichkeit nicht besonders hoch, daß man den richtigen Zeitpunkt trifft. Aber wenn man dieselben Pläne, dieselben Ziele und dieselben Aktionen eine Zeitlang mit Nachdruck verfolgt, spricht allein schon das Zufallsprinzip dafür, daß irgendwann die Umstände günstiger sind und der Vorschlag positive Beachtung findet.

Eines der wichtigsten Elemente politischer Strategien und Taktiken ist das Timing. Es wäre den Direktoren von Bendix vielleicht gelungen, William Agee hinauszuwerfen, wenn sie für ein sorgfältigeres Timing ihrer Aktionen gesorgt hätten. Die Vereinigten Staaten hätten Nordvietnam vielleicht nicht bombardiert und sich dadurch so tief in diesen Krieg verstrickt, wenn die Studie über die Vergeblichkeit der Bombardierung zu jenem Zeitpunkt erschienen wäre, da tatsächlich über die Bombardierung entschieden wurde. Kissinger hätte vielleicht weniger Macht in der Nixon-Administration gehabt, wäre er nicht so geschickt gewesen, das Außenministerium zu einem frühen Zeitpunkt unter seine Kontrolle zu bringen und sich mit den anderen Top-Beratern Nixons auseinanderzusetzen. Die anderen Strategien und Taktiken, über die wir in den nächsten Kapiteln sprechen werden, sind bedeutsam, aber ihre Effektivität steigt unweigerlich, wenn sie im richtigen Augenblick eingesetzt werden.

13

Politik mit Informationen und Analysen

Es besteht kaum ein Zweifel darüber, daß Informationen und die Sicherheit, die sie bieten können, eine Quelle der Macht darstellen. Sie können Bestandteil einer ungemein wichtigen politischen Strategie sein – der Strategie, den eigenen Willen mit Hilfe von Analysen durchzusetzen. Wahrscheinlich hat es im politischen und wirtschaftlichen Leben der letzten Jahre niemand so gut verstanden wie Robert McNamara, mit Hilfe von Fakten und Analysen Macht auszuüben. McNamara war zuerst Vorstandsmitglied von Ford, dann Verteidigungsminister unter den Präsidenten Kennedy und Johnson und in den letzten Jahren vor seiner Pensionierung Präsident der Weltbank. McNamara kletterte die Karriereleiter bei Ford unter anderem deshalb so rasch hinauf, weil er mit Informationen und Analysen meisterhaft umzugehen wußte.

> Henry Ford war noch neu und unsicher, vor allem im Bereich der Finanzsysteme. Der unbeholfene, unsichere Ford gewann durch McNamara Sicherheit. Wenn Fragen auftauchten, schien dieser immer die Antworten parat zu haben, keine vagen Schätzungen, sondern sichere Tatsachen, Fakten, Ziffern in großer Menge. Seine Kritiker mochten zwar daran zweifeln, daß ihm bewußt war, was die Öffentlichkeit wollte oder was sie tat – er konnte jedoch den Teil der Gleichung, der Ford betraf, mit Sicherheit prognostizieren.[1]

Es mag fehl am Platz erscheinen, ein Kapitel über Informationen und Analysen in ein Buch über Macht in Organisationen aufzunehmen. Wie wir aber noch sehen werden, hat unsere Überzeugung, daß es für die meisten Situationen eine richtige Antwort gibt und daß diese Antwort mit Hilfe von Analysen gefunden und mit weiteren Informationen aufgehellt werden kann, zur Folge, daß diejenigen Personen, die diese Fakten und Analysen kontrollieren, ein beträchtliches Maß an Einfluß ausüben. Und Fakten sind nur selten so klar und eindeutig, wie wir vielleicht denken mögen. Zusammenstellung und Präsentation von

Fakten und Analysen sind oft entscheidende Elemente in Strategien zur effektiven Ausübung von Macht.

Informationen und Analysen können nützlich sein, aber man sollte sich der Tatsache bewußt sein, daß, wie Peter Drucker einmal bemerkte, jedermann über 21 in der Lage ist, Fakten zu finden, die seine Position untermauern. Informationen und Analysen sind wichtig, um etwas durchzusetzen, vor allem deshalb, weil wir an sie und an die Personen, die so gut mit ihnen umgehen können, glauben. Aber es stimmt nicht immer, daß sie zu einer »richtigen« oder auch nur zu einer guten Antwort führen. Halberstams Geschichte des Vietnamkrieges ist die Geschichte einer amerikanischen Regierung mit brillianten Mitgliedern, die unzählige Informationen sammelten und Analysen formulierten, welche unglücklicherweise nicht immer auf einem gesunden Urteilsvermögen, Hausverstand oder vernünftigen Annahmen beruhten. Es ist wichtig, die politische Strategie des Einsatzes von Informationen zu verstehen, aber man muß sich auch der Grenzen von Information und Analyse bewußt sein. Mir gefällt besonders die Geschichte von Lyndon Johnson, der nach Kennedys Ermordung dessen brilliantes Kabinett und seinen Beraterstab »geerbt« hatte und mit seinem Freund und Mentor, dem Sprecher des Repräsentantenhauses, Sam Rayburn, über diese Leute sprach:

> Überwältigt von ihrem Glanz und Intellekt war er [Johnson] zu Rayburn zurückgeeilt, seinem großen und gewandten Mentor, um ihm zu erzählen, wie brilliant sie alle seien, dieser Bundy aus Harvard, dieser Rusk von Rockefeller, dieser McNamara von Ford. Er sprach immer weiter und zählte sie alle auf. »Nun, Lyndon, Sie haben vielleicht recht und diese Leute sind vielleicht tatsächlich so intelligent, wie Sie sagen«, sagte Rayburn, »aber sie wären mir um vieles sympathischer, wenn sich wenigstens einer von ihnen irgendwann einmal um ein Sheriffamt beworben hätte.«[2]

Über den Einsatz von Information und Analyse als politische Taktiken lassen sich vier grundlegende Dinge sagen: Erstens versuchen alle Organisationen den Eindruck zu erwecken, rational zu handeln und die richtigen Verfahren anzuwenden, wozu auch gehört, Entscheidungen durch Informationen und Analysen zu rechtfertigen, selbst wenn diese erst im Nachhinein zur Begründung einer Entscheidung beschafft werden, die aus anderen Gründen getroffen wurde. Beim Versuch, den Eindruck eines korrekten und vernünftigen Entscheidungsfindungsprozesses zu erwecken, ist der Einsatz außenstehender Experten, vor allem wenn sie teuer sind, besonders hilfreich. Solche Experten sind gleichzeitig legitime Quellen von Informationen und Analysen und reagieren in den meisten Fällen auch positiv auf die Bedürfnisse ihrer spezifischen Klienten in einer Organisation. Zweitens ist es in Fällen komplexer, mehrdimensionaler Entscheidungen, mit denen beispielsweise Spitzenmanager konfrontiert sind, eher unwahrscheinlich, daß direkte Analyseprozesse klare Antworten auf die Frage ergeben, was zu tun ist. Das heißt, daß es drittens genug Raum für die Betonung von Kriterien und Informationen gibt, welche die eigene Position unterstützen, oder anders ausgedrückt, daß wir die Möglichkeit haben, Informationen und Analysen in selektiver Weise zu benutzen.

Man könnte argumentieren, daß die Qualität der Entscheidung, selbst wenn die ihr vorausgehenden Informationen und Analysen ihre Qualität nicht völlig sicherstellen können, im nachhinein auf jeden Fall bekannt wird, was einen stetigen Lernprozeß nach sich zöge. Folgt man diesem Argument, so würden Leute, die Informationen und Analysen für ihre eigenen politischen Zwecke mißbrauchen, schließlich »entlarvt«, wenn sich die Entscheidungen und Ergebnisse als schlecht erweisen. Dieser Lernprozeß würde also sicherstellen, daß im Lauf der Zeit die besseren Informationen und Analysen belohnt und in die Standardverfahren des Unternehmens integriert würden. Wie wir sehen werden, gibt es allerdings nur wenige Belege dafür, daß diese Annahmen richtig sind. Wir kennen zahlreiche Beispiele von Organisationen, die sich aus recht einsichtigen Gründen genau gegenteilig verhalten. Die letzte Aussage ist somit die, daß die Feststellung der Qualität einer Entscheidung ein schwieriger Prozeß ist, der in Organisationen aller Art oft peinlich vermieden wird. Folglich besteht die Chance, Informationen und Analysen als wirksame politische Waffe einzusetzen, und Leute, die über die dafür nötigen Fähigkeiten und Kenntnisse verfügen, wie zum Beispiel Robert McNamara, können ein erhebliches Maß an Macht und Einfluß in ihren Organisationen gewinnen.

DIE NOTWENDIGKEIT DES ANSCHEINS VON RATIONALITÄT

Macht ist dort am wirkungsvollsten, wo sie relativ zurückhaltend eingesetzt wird. Die Verwendung rationaler oder scheinbar rationaler Analyseprozesse trägt dazu bei, Macht und Einfluß weniger offensichtlich auszuüben. Ebenso wichtig ist vielleicht, daß Entscheidungen qualitativ besser scheinen und leichter akzeptiert werden, wenn sie genau vorgeschriebenen und anerkannten Richtlinien folgen.

John Meyer und seine Kollegen haben die Auffassung vertreten, daß ein Erscheinungsbild bürokratischer Rationalität wichtig, wenn nicht sogar unabdingbar ist, um einer Organisation ein anerkanntes Erscheinungsbild zu verleihen.[3] Und dieses Erscheinungsbild ist von entscheidender Bedeutung, wenn man sich um Unterstützung und Ressourcen bemüht. So suchen Leute in Organisationen in vielen Fällen nicht nach Informationen, um eine Entscheidung treffen zu können, sondern sie häufen Informationen an, um den Eindruck zu erwecken, daß die Entscheidung »korrekt« getroffen wurde, das heißt, auf der Grundlage von Informationen und nicht nach Belieben oder einfach auf Verdacht.[4] Kramer, der über die Analyse öffentlicher Politik schreibt, argumentiert ähnlich:

> Offensichtlich werden Analysen vor allem verwendet, um Schritte zu rechtfertigen, die auf politischen Präferenzen beruhen ... Die verwendeten Techniken und die Betonung quantitativer Gesichtspunkte geben den Ergebnissen der Analyse ein »wissenschaftliches« Erscheinungsbild – sie erwecken den Anschein, hier sei wertfreie Vernunft am Werk gewesen.[5]

In einer Studie, die die Entscheidung einer Firma zum Kauf einer Computerausrüstung untersuchte, wurde festgestellt, daß die Informationen entgegen den Erfordernissen rationaler Auswahlmethoden in selektiver Weise gesammelt und dann im Entscheidungsprozeß verwendet wurden, um eine Entscheidung zu unterstützen, für die bereits Präferenzen bestanden.[6] Man könnte sich mit gutem Recht fragen: Wozu die ganze Mühe? Warum nicht einfach den gewünschten Computer kaufen, ohne in selektiver und strategischer Weise erst all diese Informationen zu sammeln, um eine sich bereits abzeichnende Entscheidung zu unterstützen? Die Antwort lautet, daß Entscheidungen, die entweder ohne Informationen oder einfach auf Anweisung von oben getroffen werden, nicht anerkannt sind und nicht so beruhigend wirken wie Entscheidungen, die auf der Grundlage von Information und Analyse getroffen wurden. Wir vertrauen auf Fakten und analytische Techniken, um die »richtige« Wahl zu treffen; wie können wir die richtige Wahl in Abwesenheit dieser beruhigenden Sicherheit treffen?

Wenn wir Informationen brauchen, um zu den gewünschten Entscheidungen zu kommen, ist es klar, daß wir, um unsere Ziele in einer Organisation durchzusetzen, lernen müssen, wie wir uns die Fakten zur Untermauerung des von uns gewünschten Verlaufs der Aktion beschaffen können. Manchmal erhalten wir die nötigen Informationen dank unserer sozialen Beziehungen und Allianzen, wie Donald Frey, ehemaliger Vorstandsvorsitzender von Bell und Howell und Spitzenmanager der Ford Motor Company, berichtet:

> Ich war ... daran interessiert, ... meine Ideen (manchmal trotz des Widerstands gegen Veränderungen) durchzusetzen, aber das bedeutete, ... eine andere Sprache lernen zu müssen. Ich erinnere mich gut daran, daß ich im Zuge der scheinbar endlosen Bemühungen, eine Genehmigung für den ersten »Mustang« zu bekommen, gefragt wurde, ... wie hoch der »nicht substitutionsbedingte« Nettoverkaufszuwachs für diesen Wagen sein würde – das heißt, wieviele Autos wir verkaufen könnten, ohne unseren bestehenden Markt selbst aufzufressen. Da es sich beim Mustang um ein völlig neues Konzept handelte, konnte das niemand so genau sagen. Man stellte diese Frage einem der Burschen von der Marktforschung. Er wußte von mir, daß die Gewinnschwelle bei 84.000 Einheiten lag. Eine Woche später erklärte er, daß das erhöhte Verkaufsvolumen ohne Substitution 86.000 Einheiten betragen würde. Ich rief ihn an und fragte ihn, wie er zu dieser Zahl gekommen sei. Er sagte, daß ihm das Auto und sein Konzept gefielen.[7]

In diesem Fall wurde das Projekt zu einem großen Erfolg, und im ersten Jahr wurden 400.000 Mustangs verkauft. Manchmal sind die Ergebnisse dieses Prozesses, eine bereits getroffene Entscheidung durch Informationen zu rechtfertigen, weniger zufällig, aber die Taktik ist dieselbe. Als die Cadillac-Abteilung entscheiden sollte, ob sie den Allante auf den Markt bringen würde, wurde der Preis mit 55.000 Dollar festgelegt. Es bestanden einige Zweifel, ob das gewünschte Verkaufsvolumen und der angestrebte Gewinn mit diesem Preis zu erreichen sein würden:

> Ursprünglich prognostizierten die internen Mitarbeiter von GM einen Umsatz von 3.000 Autos zu einem Preis von 45.000 Dollar. Aber bei diesem Volumen und diesem Preis konnte das Projekt den angestrebten 15%igen Kapitalertrag nicht erbringen. Die Antwort der Abteilung bestand darin, beide Schätzungen nach oben zu revidieren, damit das Projekt zumindest auf dem Papier funktionierte.[8]

Eine interne Zahlenmanipulation zur Bestätigung der eigenen Position ist natürlich etwas ungehörig, und abgesehen davon könnte man erwischt werden. Eine bessere Strategie besteht darin, außenstehende Experten wie zum Beispiel Consultingfirmen einzusetzen, die dann die gewünschten Zahlen oder Antworten produzieren. Wenn Sie nämlich von einer dritten Partei zu beträchtlichen Kosten einen Bericht erstellen lassen – wie kann die Organisation dann diese Studie ignorieren, für die sie ja eine Menge Geld bezahlt hat? Außerdem muß man voraussetzen, daß die Analyse korrekt ist, wenn es sich um eine anerkannte, angesehene Firma handelt, die von einer Aura des Fachwissens umgeben ist. Da die Arbeit von einer außenstehenden Organisation durchgeführt wurde, die offensichtlich keinerlei politisches Interesse an den Ergebnissen hat, müssen die Empfehlungen darüber hinaus als objektiv und unparteilich gelten.

Im Jahr 1981 erhielt John Debbink, damals Geschäftsführer der GM-Tochter Delco Moraine, den Auftrag herauszufinden, ob es möglich wäre, alle Konstruktionsanlagen und die Konstruktionsabteilung in einer Organisation zusammenzufassen:

> Debbinks Team hatte die Aufgabe herauszufinden, ob sich bei der Durchführung der dringend notwendigen organisatorischen Veränderungen die Organisationskultur verschieben könne. Sie begannen damit, daß sie McKinsey & Company, . . . eine Beratungsfirma, baten, die verschiedenen Optionen zu bewerten. McKinsey war genau das richtige Instrument, um den Autobereich von GM zu analysieren und etwas zu formulieren, was bereits entschieden war. Die Schlußfolgerungen der Consultingfirma unterschieden sich nur geringfügig von Debbinks ursprünglichem Konzept.[9]

Das Gute an den Consultingfirmen ist, daß man sich im allgemeinen darauf verlassen kann, daß sie die Entscheidung begünstigen, die einem bereits vorschwebt. Mit einer Ausnahme habe ich noch nie gesehen, daß eine Consultingfirma die Abschaffung der Position oder der Abteilung vorschlug, von der sie den Auftrag erhielt – ich glaube, das nennt man »Kundenbeziehungen«. Die meisten Firmen wissen, wem sie den Auftrag zu verdanken haben und geben dann auch die Antworten, die von ihnen erwartet werden. Die eine Ausnahme war eine Consultingfirma, die die Auflösung einer Abteilung in einer Telefongesellschaft empfahl, obwohl es der Leiter dieser Abteilung gewesen war, der die Studie in Auftrag gegeben hatte. Aber das ist eine seltene Ausnahme. Viel öfter ist es so, daß der außenstehende Experte nicht nur die Aufwertung des individuellen Sponsors, sondern auch der von ihm geleiteten Abteilung empfiehlt. Weil sie so oft zur Rechtfertigung bereits getroffener Entscheidungen herangezogen werden, nennt man die Consulter auch »Gedungene Kanonen«. Und wir alle wissen, wo wir stehen wollen: hinter der Kanone, nicht davor.

Consultingfirmen können also in internen politischen Kämpfen wertvolle Verbündete sein. Als George Ball von E.F. Hutton zu Prudential-Bache Securities gewechselt war und nachdem sich der Scheckskandal bei Hutton ereignet hatte, wurde Robert Rittereiser zum Vorstandsmitglied bestellt. Huttons Ergebnisse wurden immer schlechter, erstens wegen allgemeiner Probleme in der Wertpapierbranche, zweitens wegen der Spätfolgen des Scheckfälschungsskandals, und drittens wegen interner Managementprobleme, die zum Teil Rittereiser zuzuschreiben waren. Hutton mußte unbedingt zusätzliches Kapital aufbringen, entweder durch eine Fusion mit einer anderen Gesellschaft oder dadurch, daß man eine andere Firma zu einer beträchtlichen Investition in die Gesellschaft bewegte. Um seine eigene Position abzusichern und sich Einfluß im Aufsichtsrat zu verschaffen, beschloß Rittereiser, dafür zu sorgen, daß er die Kontrolle hatte, wenn Investmentbanker in diesen Prozeß einbezogen würden. Er baute eine Beziehung zu Pete Peterson (zuvor geschäftsführender Gesellschafter bei Lehman Brothers) und seiner Firma, der Blackstone Group, auf:

> »So wie Ritt die Sache sah, konnte er von Petersons Prestige profitieren, um die Glaubwürdigkeit zurückzugewinnen, die er bei den Direktoren eingebüßt hatte. Er dachte, wenn er in der Lage wäre zu sagen: ›Ich möchte diese Maßnahme ergreifen oder mit jenem Käufer sprechen, und Pete Peterson findet das auch gut‹, könnte er den Aufsichtsrat auf seine Seite ziehen. Tatsächlich heuerte er Peterson also als seinen Verbündeten in der Firma an.«[10]

Wie wichtig scheinbar unparteiische Urteile und der Einsatz außenstehender Experten für solche Zwecke sind, zeigt sich auch an einem Vorgang bei Apple Computer. Ende der 80er Jahre war Apple Computer daran interessiert, die Zahl seiner fest angestellten Mitarbeiter einzuschränken. John Sculley sprach gern darüber, wie hoch die Erträge von Apple pro Mitarbeiter seien, und Apple glaubte wie viele andere Organisationen, daß man die Ausgaben durch eine

Einschränkung der Zahl der fest angestellten Mitarbeiter kontrollieren könne. Wenn Arbeit zu erledigen ist, aber nicht genügend Leute dafür vorhanden sind, findet man eben andere Arrangements, was im Fall von Apple bedeutete, unabhängige Subunternehmen und von Personalagenturen vermittelte Zeitarbeiter zu beschäftigen. Vor allem bezüglich des Zeitpersonals hat Apple möglicherweise eine Reihe von Arbeits- und Steuergesetzen auf staatlicher und bundesstaatlicher Ebene verletzt, weil diese Mitarbeiter in Wirklichkeit legal Beschäftigte waren, obwohl sie wie freie Mitarbeiter behandelt wurden. Die Leute von der Humanressourcenabteilung machten sich über diese Situation aus mehreren Gründen Sorgen: 1. Apple nahm durch diese Praktiken einige rechtliche Risiken auf sich; 2. durch das Heranziehen temporärer und freier Mitarbeiter wurde der Humanressourcenabteilung die Kontrolle über Einstellungskriterien und Gehaltsfestlegung entzogen – ein Problem war zum Beispiel, daß jemand am Freitag Apple als Angestellter verließ und am Montag als freier Mitarbeiter zurückkehrte und mehr Geld verdiente als in der Vorwoche, und auch mehr Geld als die Kollegen, die weiterhin fest angestellt waren; 3. viele der freien Mitarbeiter, die eilig eingestellt wurden, hätten dem Auswahlprozeß für Angestellte mit Sicherheit nicht standgehalten; und 4. der Einsatz einer großen Zahl von freien und temporären Mitarbeitern unterminierte die Unternehmenskultur von Apple (als deren Hüterin sich die Humanressourcenabteilung betrachtete) und schuf auch einige strategische Risiken für die Firma, da ein großer Teil ihrer technischen Mitarbeiter sowohl im Hardware- als auch im Softwarebereich nicht fest an die Organisation gebunden war.

Als die Humanressourcenabteilung diese Probleme zur Sprache brachte, wurden ihre Bedenken vom Tisch gefegt. Doch angesichts der Gefahr möglicher rechtlicher Probleme stimmte die Firma zu, daß ihr externer Berater Pillsbury, Madison and Sutro einige auf Arbeitsrecht spezialisierte Anwälte mit der Untersuchung dieser Praktiken beauftragte. Die Experten stellten fest, daß die Bedenken der Humanressourcenabteilung zumindest in bezug auf die Rechts- und Steuerfragen begründet waren. Aufgrund der Rechtsanalyse wurde eine Studie über Teilzeit-, Zeit- und freie Mitarbeiter in Auftrag gegeben. Die Einstellungs- und Gehaltspraktiken wurden geändert, und viele der Arbeiter wurden entweder als ständige Mitarbeiter übernommen oder entlassen. Die Rolle der Humanressourcenabteilung, die der Anlaufpunkt der Arbeitsanwälte gewesen war, wurde gestärkt, und die Abteilung konnte verschiedene Projekte an sich ziehen und verschaffte sich dadurch größere Sichtbarkeit.

Da man den Anschein eines rationalen Entscheidungsprozesses erwecken muß, auch wenn ein solcher in der Realität nicht stattfindet, haben Analysen und Informationen in Kämpfen um Macht und Einfluß eine wichtige Funktion als strategische Waffen. In solchen Wettkämpfen stellt die Mobilisierung einflußreicher außenstehender Experten, die von einer Aura der Glaubwürdigkeit und Objektivität umgeben sind, eine wirkungsvolle Strategie dar.

DIE GRENZEN VON FAKTEN UND ANALYSEN

Es ist offensichtlich, daß Analysen und externe Fachkenntnis in strategischer Weise zur Beeinflussung von Entscheidungen und Aktionen eingesetzt werden können. Man könnte die Auffassung vertreten, daß solche Studien trotzdem ihren Wert haben – obwohl die Zahlen und Analysen als Teil eines politischen Wettbewerbs dienen, werfen sie doch auch ein Licht auf die für eine Organisation wichtigen Fragen. Aber das muß nicht unbedingt so sein. Im Leben der Organisationen stellt sich heraus, daß gesunder Menschenverstand und Urteilsvermögen oft nützlicher sind als die sogenannten Fakten und Analysen. Sehen wir uns dafür drei Beispiele an.

Wären gute Entscheidungen ausschließlich das Ergebnis intellektueller Leistungen, dann wären im Vietnamkrieg wohl nur wenige Fehler begangen worden. McNamara übte einen überwältigenden Einfluß auf den Krieg und alle mit ihm zusamenhängenden politischen Fragen aus. Und McNamara war ein glühender Anhänger von Fakten, Analysen und Daten. Ebenso wie in anderen Entscheidungssituationen kann es auch hier nicht die Frage sein, ob es richtig ist oder nicht, Informationen zu sammeln. Vielmehr stellt sich die subtilere Frage, welches die richtigen Indikatoren sind und welche Informationen man beachten sollte. Wenn es möglich ist, praktisch jede Entscheidung mit Fakten zu untermauern, muß man einzig und allein darauf achten, wie man die eingeholten Informationen zu sortieren und zu gewichten hat. Es besteht auch noch eine größere Gefahr. Wenn man über keine Fakten oder Analysen verfügt, muß man vielleicht zugeben, unsicher zu sein. Aber umgeben von einer Vielzahl von Informationen, auch wenn sie nutzlos und irreführend sind, wird man sich nicht länger unsicher oder uninformiert fühlen. In diesem Sinne sind schlechte oder irreführende Informationen viel schädlicher als überhaupt keine.

McNamara flog nach Vietnam, um sich vor Ort ein Bild von der Lage zu machen. Der Mann, der Daten geradezu liebte und sein ganzes Vertrauen in sie setzte, wollte sie aus erster Hand erhalten:

> Und da war diese Zuversicht, schon an der Grenze zur Arroganz, der feste Glaube, daß er mit der Sache fertig werden würde. Vielleicht . . . waren die Militärs doch nicht ganz so gut; immerhin konnten sie Rohdaten produzieren, und McNamara, der sich mit Daten auskannte, würde sie sorgfältig sortieren und die Spreu vom Weizen trennen . . . Im Gespräch mit Journalisten sagte er, daß alle Indikatoren positiv seien. Weiter hätte er nicht danebenliegen können. In Wirklichkeit hatte er lauter falsche Indikatoren, weil er inmitten einer politischen Revolution in Asien nach amerikanischen Produktionskennzahlen Ausschau hielt . . . Er raste durch Vietnam und hielt Ausschau nach dem, was er sehen wollte . . . Er war in vieler Hinsicht

ein Gefangener seiner Vergangenheit . . . So haben wir ihn immer noch in Erinnerung: McNamara, der 1962 an der Operation Sunrise teilnahm, das erste wiederbesiedelte Dorf, die Dorfbewohner offensichtlich erfüllt von Bitterkeit und Haß, man konnte sehen, daß sie jederzeit bereit waren, dem erstbesten Westler die Gurgel durchzuschneiden, und McNamara, der das nicht merkte und unschuldig seine Fragen losließ: Wieviel hiervon? Wieviel davon?[11]

Als er sich schließlich gegen den Krieg wandte, war McNamara von Erbitterung über die Generäle erfüllt, von denen er glaubte, sie hätten ihn in die Irre geführt. Aber er hatte die Daten bekommen, die er wollte, und er hatte sie von den besten verfügbaren Systemanalytikern auswerten lassen. Das Problem waren nicht die Zahlen oder die Analysen – das Problem war die Interpretation.

So ignorierten die Amerikaner die wichtigsten Kriegsfaktoren, und als sie darüber stolperten, wurden sie davon noch mehr verwirrt. McNamaras Statistiken und Berechnungen waren völlig wertlos, weil sie niemals berücksichtigten, daß es nichts bedeutete, wenn das Soldatenverhältnis 10:1 zugunsten der Regierung stand, denn der eine Mann war bereit zu kämpfen und zu sterben, und die zehn anderen waren es nicht.[12]

Offensichtlich haben wir durch den Vietnamkrieg der 60er Jahre nur wenig über die Grenzen der Analyse gelernt, sonst wären in den 70er Jahren in der Wirtschaft nicht immer wieder dieselben Fehler gemacht worden. In der 70er Jahren kamen die Finanzexperten von Xerox und ihre Vorstandsmitglieder aus der Ford Motor Corporation und der Robert McNamara-Schule für Systemanalyse und Quantifikation.[13] Archie McCardell wurde 1966 Leiter der Abteilung für Finanzen und Kontrolle, und 1971 wurde er Vorstandsmitglied. Während McCulough, der Vorstandsvorsitzende, die Außenbeziehungen zu seinem Steckenpferd machte, begannen McCardell und seine Vorliebe für Zahlen die Unternehmenskultur von Xerox zu prägen. Man könnte jedoch die Frage stellen, ob all diese Zahlen und die auf ihrer Grundlage getroffenen Entscheidungen überhaupt Sinn hatten. Daß Xerox nicht auf die Bedrohung durch kleine japanische Kopierer reagierte (darüber haben wir in Kapitel 10 bereits gesprochen), ist ein weiteres Beispiel für die Grenzen von Zahlen und Analysen.

Xerox begann, seine Kunden entsprechend »ihrem Kopiervolumen zu klassifizieren, und konstruierte, baute und verkaufte dann Geräte mit unterschiedlichen, auf die einzelnen Segmente abgestimmten Kopiergeschwindigkeiten.«[14] Bedingt durch diese Segmentierung nach Märkten reagierte Xerox nicht, als die Japaner mit kostengünstigen Kleinkopierern auf den Markt kamen. Savin/Ricoh ließen Xerox bald hinter sich; sie vertrieben ihre Geräte über Büroausrüstungshändler, sie nahmen sich des Serviceproblems an, indem sie

Geräte bauten, bei denen die Störfälle um zwei Drittel reduziert waren und die durch ihre modulare Bauweise auch leichter zu reparieren waren, und sie entwarfen Standardbauteile, um die Produktionskosten zu senken. Da Savin/Ricoh als erste in den Niedrigpreismarkt eingestiegen waren und sich von der zentralen Reprographieabteilung entfernt hatten, gelang es ihnen, ihre Geräte in den Büros praktisch aller Xerox-Kunden aufzustellen. Dann war es einfach, weiter nach oben vorzudringen, da sie sich bereits mit Verläßlichkeit, Produktinnovation und Qualität einen Ruf geschaffen hatten. Xerox verlor in den fünf Jahren zwischen 1972 und 1977 ein Drittel seines Marktanteils, nur weil man sich auf Analysen verlassen hatte, aus denen hervorging, daß der Teil des Marktes, der verlorengegangen war, ohnehin bedeutungslos sei.

Als Xerox schließlich seine Margen den Bach hinuntergehen sah, lieferten erneut Analysen die Lösung. Sie verlangte eine Verringerung der Produktionskosten. Das Problem bei dieser Strategie war, wie auch Ford zu dieser Zeit erkennen mußte, wie die Kosten bemessen werden sollten. Die Produktionskosten sind natürlich nur ein Teil der Kosten für Installation und Wartung eines Produkts; ebenso bedeutsam sind Garantien und Servicekosten sowie der Goodwill der Konsumenten und die Marktakzeptanz. Das Bestreben von Xerox, unter anderem durch die Verwendung billigerer Komponenten die Produktionskosten zu senken, ließ die Garantie- und Servicekosten derart in die Höhe schnellen, daß dadurch beinahe alle auf diese Weise erzielten Einsparungen wettgemacht wurden. Das wurde jedoch in der Kostenanalyse, die sich ja nur um die Produktionskosten bis zum Fabrikstor kümmerte, nicht berücksichtigt. Und unter dem Druck der schlechten Produktqualität sank der Marktanteil von Xerox noch weiter. Der Marktanteil, der 1972 95% betragen hatte, lag 1977 bei 65%, 1987 bei 54% und 1979 bei 46%.[15] Xerox hatte binnen sieben Jahren die Hälfte seines Marktanteils eingebüßt und sich die ganze Zeit über nur auf Zahlen und Analysen der Finanzexperten gestützt. Dieses Beispiel beweist nicht, daß Zahlen und Analysen unweigerlich schlechte Ergebnisse bewirken, aber es zeigt, daß sie ebensowenig automatisch gute Ergebnisse nach sich ziehen.

Wir haben gesehen, daß Information und Analyse nicht wirklich dazu beitragen können, die Bedeutung alternativer Perspektiven richtig zu gewichten. Wir haben auch gesehen, daß Zahlen, vor allem von traditionellen Kostenrechnungssystemen produzierte, bei der Entwicklung und Implementierung einer soliden Produktions- und Marketingstrategie irreführend sein können.[16] Unser letztes Beispiel zeigt, daß sich sogar jene Leute in ihrer Begeisterung für Informationen und Analysen in die Irre führen lassen, die die Informationen selbst gesammelt und die Analysen erstellt haben – und es eigentlich besser wissen müßten.

Der gescheiterte Versuch von Time Inc., das Magazin TV-Cable Week auf dem Markt zu etablieren, beruhte auf einer Analyse zweier Harvard-Absolventen.

Das Konzept sah eine spezifische Auflistung für jedes Kabelsystem vor. Das war mit hohen Kosten verbunden, weil sich der Herausgeber, Richard Burgheim, vorgenommen hatte, ein Qualitätsprodukt zu produzieren. Das Magazin sollte von den Betreibern der Kabelgesellschaften vertrieben werden, und es stellte sich die Frage, welche Marktdurchdringung ein derartiges Magazin in jedem Kabelsystem brauchen würde, um rentabel zu sein:

> Das wußte keiner von beiden, also begannen sie, mit verschiedenen Marktdurchdringungsannahmen zu experimentieren. Bei 3 Prozent . . . (in etwa die Rate von Time Magazine in seinen eigenen Märkten) gingen . . . die jährlichen Verluste in die Millionen, ohne Licht am Horizont . . . Und wenn man die Rate auf 8 Prozent hinaufschraubte? Immer noch ein Verlust . . . Also 15 Prozent. Kein Geschäft. Versuchen wir's mit 20. Bei einer Marktdurchdringungsrate von 60 Prozent zeigten die Berechnungen endlich einen Gewinn . . . Eine Marktdurchdringung von 60 Prozent stellte zwar zugegebenermaßen eine beispiellose Marke für die Vermarktung eines Massenmagazins dar, entsprach jedoch genau der Marktdurchdringung des Kabelsenders HBO in seinen eigenen Kabelmärkten . . . Man argumentierte so: wenn HBO eine solche Marktdurchdringungsrate erreicht, warum dann nicht auch ein TV-Magazin, das den Fernsehkunden erklärt, was HBO zeigt? Dieser Gedankengang war logisch, die mathematischen Berechnungen makellos. Aber die Schlußfolgerung hatte mit der Wirklichkeit nichts zu tun. Denn kein Massenmagazin hatte jemals mehr als ein Fünftel jener Marktdurchdringung erreicht, die dieses Projekt nun brauchen würde, um rentabel zu sein.[17]

Sobald die Überlegungen einmal schwarz auf weiß vorlagen und die Proformarechnungen durchgeführt waren, entwickelten die Analysen ein Eigenleben. Wie absurd die zugrundeliegenden Annahmen auch sein mochten, die Analysen wurden Realität, und das Magazin erschien tatsächlich. Allerdings erreichte es nie eine höhere Marktdurchdringung als 3%.

DIE SELEKTIVE VERWENDUNG VON INFORMATIONEN

Da ein Bedürfnis nach einem rationalisierten Entscheidungsprozeß besteht, haben Einzelne aufgrund der inhärenten Ambiguität derartiger Prozesse genügend Spielraum, um selektiv für Kriterien einzutreten, die ihren eigenen Interessen und denen ihrer Einheiten dienen. Bei nahezu allen Entscheidungen gilt es, nicht nur eine der verfügbaren Alternativen, sondern auch die richtigen Kriterien auszuwählen. Da in Organisationen unweigerlich eine Vielzahl von Zielsetzungen besteht, die gelegentlich miteinander im Wettstreit liegen, ist es naturgemäß schwierig, die Auswirkungen der dort getroffenen Entscheidungen festzustellen.[18]

In Anbetracht der Tatsache, daß eine Entscheidung aufgrund verschiedenster Grundlagen getroffen werden kann, besteht eine der Strategien zur Machtausübung darin, für die Anwendung von Standards einzutreten, die der eigenen Position nützen. Eine an der University of Illinois über Ressourcenzuteilung durchgeführte Studie ergab:

> Die Daten bestätigten die These, daß die Testpersonen auf die Frage, welche Kriterien für die Ressourcenverteilung gelten sollten, vorwiegend solche Kriterien nannten, die der relativen Stellung ihrer eigenen Untereinheit dienten . . . Je eher der Institutsleiter das Gefühl eines »comparative advantage« hatte, was die Ausstattung seines Instituts mit Zuschüssen und Aufträgen anbelangte, und je eher sein Institut tatsächlich Zugang zu stärker beschränkten Mitteln hatte, desto eher trat er auch dafür ein, Budgetmittel auf der Grundlage von Zuschüssen und Aufträgen zuzuteilen . . . Die Präferenz für eine Zuteilung der Budgetmittel nach der Anzahl der unterrichteten Studenten im Grundstudium korrelierte im Ausmaß von 0,34 . . . mit dem Anteil der unterrichteten Lehreinheiten . . . Die Präferenz für eine Budgetmittelzuteilung auf der Basis des nationalen Rankings [Prestige] des Instituts korrelierte im Ausmaß von 0,43 . . . mit dem nationalen Ranking der Abteilung des Jahres 1969 . . . Aus den Daten geht hervor, daß sich Abteilungen mit einem »comparative advantage« in einem bestimmten Bereich dafür aussprachen, die Budgetmittel stärker nach diesem Kriterium zu verteilen.[19]

Eine selektive Verwendung von Daten beruht einfach auf eigennützigem Verhalten. Aber es ist mehr als Eigeninteresse, wenn die Daten sowohl selektiv verwendet als auch aus einem bestimmten Blickwinkel betrachtet werden. Durch einen Prozeß der Verpflichtung beginnt man daran zu glauben, was man tut. Und wenn Unsicherheit herrscht, wie dies bei Entscheidungen im Managementbereich oft der Fall ist, zieht man sowohl die Daten als auch die Entscheidungsfindungsprozesse vor, mit denen man vertraut ist.[20] So überrascht es nicht, daß Finanzleute, denen technische oder Produktionsprozesse oft fremd sind, auf quantitative operative Indikatoren und Ertragsprognosen zurückgreifen,[21] während sich Ingenieure lieber auf technische Faktoren und ihren Sinn für Produktdesign oder die Gestaltung des Betriebssystems verlassen. Wir tun das, was wir am besten können, und wir treffen Entscheidungen anhand der Kriterien, mit denen wir am besten vertraut sind.

Nicht jeder ist allerdings so aufmerksam gegenüber den strategischen Zwecken, denen die selektive Bevorzugung bestimmter Kriterien dient, und nicht jeder kann mit den dafür nötigen Prozessen gleich gut umgehen. In einer Studie wurden die Auswirkungen dreier Faktoren auf die Ressourcenallokation in der University of Illinois untersucht, unter Berücksichtigung der Macht der Institute sowie der objektiven Faktoren: 1. die Genauigkeit, mit welcher der Institutsleiter die relative Stärke seiner Einheit in bezug auf verschiedene für die Ressourcenzuteilung herangezogene Kriterien angeben konnte; 2. das Maß, in dem der Institutsleiter dafür eintrat, die Ressourcenallokation anhand von Kriterien vorzunehmen, bei denen sein Institut relativ gut abschnitt; 3. die Genauigkeit, mit der der Institutsleiter die Machtverteilung zwischen den einzelnen Instituten der Universität einschätzen konnte.[22] Aus der Studie ging hervor, daß die Institutsleiter um so vehementer für Kriterien eintraten, die ihr Institut begünstigten, und um so genauer einschätzen konnten, wo ihr Institut in bezug auf potentielle Kriterien für Ressourcenallokationen stand, je stärker das Institut in der Ressourcenbeschaffung war. Dieser Effekt zeigte sich besonders stark bei weniger wichtigen und knappen Ressourcen und bei den mächtigeren Instituten. Offensichtlich ist es so, daß Macht zum Teil dadurch effektiv eingesetzt wird, daß man für die Anwendung von Entscheidungsregeln eintritt, welche die eigene Abteilung begünstigen, und die Anwendung dieser Strategie erfordert, daß die Vertreter der Abteilungen wissen, welchen Nutzen sie jeweils aus der Anwendung der verschiedenen Kriterien ziehen können.

Analysen und Informationen können noch besser zugunsten der eigenen Position eingesetzt werden, wenn man über bestimmte technische Fähigkeiten verfügt. Ich erinnere mich an ein Gespräch mit einem meiner ehemaligen Studenten, der bei der Washington Post arbeitete, einer Zeitung, die mehrere Absolventen von Wirtschaftsuniversitäten eingestellt hatte, darunter einige von Wirtschaftsuniversitäten, die weniger quantitativ orientiert waren als Stanford. Ich fragte ihn, wie es ihm ginge, vor allem mit seinen Kollegen von den anderen Universitäten. Er antwortete, es gehe ihm sehr gut und er habe herausgefunden, daß es ihm gelinge, die von ihm bevorzugten Vorschläge weitgehend durchzubringen. Als ich ihn fragte, wie er das mache, erklärte er, daß ihm darin seine Kenntnisse in Statistik, Verfahrensforschung und Quantitativer Analyse zugute kämen, weil er dadurch in der Lage sei, seinen Standpunkt wissenschaftlich ausgefeilt zu präsentieren und zu begründen. Natürlich, sagte er, verwendete er die Analysen nicht als Entscheidungshilfe, sondern um die anderen von der Richtigkeit seiner Ideen zu überzeugen. In diesem Sinn ist die Vertrautheit mit analytischen Techniken sehr hilfreich, wenn nicht entscheidend, wenn es um Macht und Einfluß in Organisationen geht. Der Schlüssel ist, daß man erkennt, welche Form man seinen Argumenten geben muß, damit sie in der eigenen Umgebung überzeugen, und daß man in der Lage ist, seine Argumentation den Erfordernissen anzupassen. Dabei kann man auf jedwede Daten und Analysen zurückgreifen, solange sie in diesem Kontext akzeptiert werden.

Informationen selektiv zu verwenden bedeutet selbstverständlich, andere Informationen, die dem eigenen Standpunkt nicht dienlich sind, in strategischer Weise zu ignorieren. Am liebsten ignorieren oder verzerren wir Informationen, wenn sie nicht mit unseren Präferenzen oder mit einem bereits eingeschlagenen Weg übereinstimmen. Ein besonders krasses Beispiel dafür bietet die folgende Episode aus dem zweiten Weltkrieg, als sich die Alliierten entschlossen, Deutschland über Holland anzugreifen:

> Das ganze Unternehmen hing davon ab, daß man weder im Gebiet um Arnheim noch auf der Einfallstraße aus dem Süden auf massierte deutsche Truppen treffen würde. Da schlug es wie eine Bombe ein, als SHAEF Berichte der holländischen Untergrundbewegung erhielt, denen zufolge zwei SS-Panzerdivisionen, die einige Zeit zuvor auf mysteriöse Art »verschwunden« waren, nun plötzlich genau im Absprunggebiet wieder aufgetaucht waren ... Da diese häßlichen Fakten nicht mit der Planung übereinstimmten, stießen sie auf taube Ohren ... Als ihm einer der Nachrichtenoffiziere die Luftaufnahmen der deutschen Panzer zeigte, antwortete General Browning im Hauptquartier der Ersten Britischen Luftlandedivision: »Über die würde ich mir an Ihrer Stelle keine Sorgen machen, ... sie sind wahrscheinlich überhaupt nicht einsatzfähig.« Der Nachrichtenoffizier erhielt später Besuch vom Truppenarzt, der ihm vorschlug, er solle ein wenig Urlaub nehmen, da er offensichtlich überlastet sei.[23]

WARUM OFT KEINE LEHREN GEZOGEN WERDEN

Der letzte Punkt, über den wir in unserer Diskussion über die politische Strategie von Informationen und Analysen sprechen wollen, ist die Frage des Lernens. Wenn Daten routinemäßig verzerrt werden, warum betrachten dann die Leute Analysen nicht mit weniger Respekt? Und warum korrigieren wir nicht einige dieser Irrtümer durch Feedback? Wenn die Daten beispielsweise anhand von Kriterien sortiert wurden, welche die von einer Person begünstigte Entscheidung favorisieren, und sich diese Entscheidung dann als falsch erweist, dann wäre zu erwarten, daß diese Person die Konsequenzen für die falsche Entscheidung zu tragen hätte. In der Realität ist dies aber kaum der Fall. Dafür gibt es mehrere Gründe.

Erstens kann man oft einfach nicht wissen, ob die Entscheidung richtig war oder nicht, weil die richtige Entscheidung, wie ich bereits in Kapitel 1 erklärt habe, ein Konstrukt ist, welches in vielen Situationen nahezu jeder Bedeutung entbehrt. Nehmen wir an, eine Regierungsbehörde oder ein Abteilungsleiter wie Robert Moses benützte Informationen und Analysen, um zu beweisen, daß seine Abteilung vergleichsweise mehr Ressourcen verdiene als andere, und erhielte in der Folge einen übermäßigen Anteil des Budgets. Wie kann man nun wissen, ob dies eine korrekte oder eine falsche Entscheidung war? Wie kann man wissen, ob New York City zu viele Parks, aber zu wenig Feuerwachen hat, ob San Francisco zu viel für die Volksgesundheit und zu wenig für die Straßen ausgibt, ob die University of Illinois zu viel für ihr Physikinstitut und zuwenig für die romanischen Sprachen aufwendet? Verschiedene Leute werden hier unterschiedliche Ansichten vertreten. Es gibt zahlreiche Methoden, um die Auswirkungen von Budgetzuteilungen und anderen Entscheidungen zu bewerten, aber es ist unmöglich, auch die letzte Unsicherheit auszuräumen.

In privaten, gewinnorientierten Unternehmen liegen die Dinge selbstverständlich klarer; die Entscheidungen müssen sich hier am Gewinnziel messen lassen, so daß Leute, die Informationen in strategischer Weise einsetzen, in Schwierigkeiten geraten können, wenn sich herausstellt, daß sich ihre Entscheidungen nicht zugunsten des Unternehmensgewinns auswirken.

Das ist jedoch nicht unbedingt so.

Erstens können viele Entscheidungen in Organisationen nur entfernt oder sehr indirekt mit den gemessenen oder meßbaren Ergebnissen in Verbindung gebracht werden. So haben wir zum Beispiel in Kapitel 5 gesehen, daß viele Leute ihren Verbündeten zu Machtpositionen verhelfen oder dafür sorgen, daß sich andere ihnen gegenüber verpflichtet fühlen – denn Verbündete sind in einer Organisation eine Machtquelle von entscheidender Bedeutung. Aber wenn Ihre Verbündeten nicht gerade völlig inkompetent sind, ist es unwahrscheinlich, daß sich ihre Unterbringung sichtbar auf die Leistungen der Organisation auswirkt.

Damit in Zusammenhang steht die Tatsache, daß Ergebnisse in Organisationen insofern »überdeterminiert« sind, als sie von zahlreichen, verschiedenen Faktoren beeinflußt werden. Es ist schwierig, wenn nicht gar unmöglich, festzustellen, auf welchem der möglichen Gründe ein Ergebnis tatsächlich beruht. Denken wir an die Verluste, die Xerox in den 70er Jahren sowohl in bezug auf die Marktanteile als auch auf die Rentabilität hinnehmen mußte. Welchem Faktum sollen wir das zuschreiben? Der Tatsache, daß Peter McColough McCardell zum Vorstandsmitglied ernannte und daß von da an die bei Ford ausgebildeten Finanzleute dominierten? Dem Standort von PARC in Palo Alto, der abgelegen von den übrigen Xerox-Standorten lag, so daß es schwieriger wurde, die Forschungsergebnisse in die Produktentwicklung zu integrieren? McColoughs Vorliebe für Außenbeziehungen und Organisationen? Dem strategischen Geschick der Japaner, die sowohl eine Marktchance erkannten (bei den kostengünstigen Kopierern) als auch einen Weg fanden, um diese Chance zu nützen? Oder einem von zahlreichen anderen Gründen?[24] Wenn es viele mögliche Gründe gibt, ist die Schuldzuweisung für einen Mißerfolg keine reine Schlußfolgerung mehr, sondern sie wird selbst zum politischen Prozeß.

Drei weitere Faktoren tragen dazu bei, ein Feedback zu verhindern, das sowohl die Ausübung von Macht und Einfluß als auch die strategische Verwendung von Informationen, Analysen und externem Fachwissen eindämmen könnte. Der erste Faktor ist die Zeit, die vergeht, bis die Konsequenzen einer Entscheidung deutlich sichtbar werden, sofern sie sich überhaupt messen lassen. Der Bau eines Atomkraftwerks nimmt mehr als ein Jahrzehnt in Anspruch, und auch viele andere Bauprojekte erstrecken sich auf mehrere Jahre. Die Einführung eines neuen Produkts, die geographische Expansion und Änderungen der Produktstrategie sind allesamt Vorgänge, deren Implementierung Zeit braucht, bei denen aber auch Zeit vergeht, bis die Konsequenzen sichtbar werden. Diese Zeitspanne, welche vergeht, bis Entscheidungen Früchte tragen, macht es unwahrscheinlich, daß man sich noch klar daran erinnern kann, wer verantwortlich war.

Auch ist es so, daß die Entscheidungsfindungsprozesse in den meisten Organisationen ihrer Natur nach den Aufbau einer Art kollektiver Verantwortung erfordern, was bedeutet, daß es schwierig ist, Einzelne für das Scheitern eines Plans verantwortlich zu machen. So war beispielsweise die Entscheidung der Time Inc., TV-Cable Week auf den Markt zu bringen, im wesentlichen eine Gruppenentscheidung. Es wurden mehrere Sitzungen des geschäftsführenden Vorstands abgehalten, viele Leute waren in den Prozeß eingebunden, und schließlich gab sogar der Aufsichtsrat seine Zustimmung zu dem Projekt. Und wenn es bereits schwierig ist, die für das Geschehen Verantwortlichen zu finden, so ist es nahezu unmöglich, Verantwortliche für etwas zu finden, das nicht geschehen ist. Es gab eine Reihe von Leuten bei Xerox, darunter einige bei PARC, die nicht für die rasche Kommerzialisierung der PC-Technologie eintraten und es Apple so ermöglichten, sich die Vorteile der ersten Bewegung auf dem Markt zu sichern.

So wie es eine kollektive Verantwortung für Entscheidungen gibt, so gibt es auch einen kollektiven Unwillen, die Gründe für vergangenes Scheitern zu erforschen. Organisationen sind dafür bekannt, daß sie es vermeiden, zurückzublicken und die Dinge zu evaluieren. Sie sind unglaublich nonintrospektiv, wenn ich mir diesen Ausdruck gestatten darf. Nur unter extremem öffentlichem Druck haben beispielsweise Schulen und Krankenhäuser in letzter Zeit begonnen, Daten zu veröffentlichen, die ihre Ergebnisse messen – bei den Schulen das Abschneiden der Schüler bei Standardtests und im Falle der Krankenhäuser Daten über Kosten, Erkrankungsziffern und Sterblichkeitsraten. Jahrelang widersetzten sich beide Institutionen jedweder Veröffentlichung solcher Daten und sammelten sie nicht einmal zur internen Verwendung.

Mein Kollege Jim Baron saß in einem Gremium, das sich mit der Implementierung einer leistungsbezogenen Bezahlung im Staatsdienst befaßte. Er hatte den Eindruck, daß in den letzten Jahren buchstäblich Hunderte personalbezogener Innovationen durchgeführt worden waren, sowohl in der Regierung als auch in der Privatwirtschaft. Trotzdem wurden die Resultate dieser Innovationen kaum ausgewertet, und man war weder im öffentlichen noch im privaten Sektor daran interessiert, ob sie überhaupt, geschweige denn ob sie die gewünschten Auswirkungen hatten. Ich nehme an, daß viele Leser dieses Buches einmal in einer Organisation tätig waren, in der die Leistungsbewertungssysteme oder Gehaltsschemen verändert, Umstrukturierungen vorgenommen, die

Arbeitsorganisation reformiert wurde usw.. In wievielen Fällen wurde eine anschließende Bewertung dieser Veränderungen vorgenommen oder auch nur in Betracht gezogen? Obwohl wir zu denken geneigt sind, daß die Vermeidung von Evaluierung und Bewertung besonders für die sogenannten institutionalisierten Organisationen wie jene des öffentlichen Sektors gilt,[25] stelle ich in Firmen des privaten Sektors oft denselben Widerstand gegen Evaluierungen fest.

Wir sollten uns ansehen, was mit verschiedenen Spitzenmanagern geschah, deren Aktivitäten sich eindeutig negativ auswirkten – eine solche Eindeutigkeit ist naturgemäß in komplexen Organisationen nur selten anzutreffen. Unter dem Vorstand McCardell verlor Xerox die Hälfte seines Marktanteils, seine führende Stellung im Technologiebereich (in den oberen Marktsegmenten an Kodak, in den unteren an Savin/Ricoh), kam in den Ruf, qualitativ schlechte Produkte zu liefern, konnte nicht mit der Produktionseffizienz der Japaner mithalten und verstand es auch nicht, sich die Digitaltechnologie zunutze zu machen, die im Forschungszentrum in Palo Alto entwickelt worden war. Im Jahr 1977 bestellte Harvester den Vorstand Archie McCardell, für den ein mehrjähriges Gehaltspaket im Wert von gut 6 Millionen Dollar geschnürt wurde, zum Vorstandsvorsitzenden.[26]

Als TV-Cable Week eingestellt wurde, hatte das Magazin die Time Inc. etwa 50 Millionen Dollar gekostet:

> Die größte Sorge der 34. Etage war wohl, nicht das Gesicht zu verlieren . . . Als ein Fernsehreporter Grunwald bat, die Pleite zu kommentieren, sagte der Chefredakteur von Time Inc.: »Nun ja, jedermann hat das Recht auf einen Ausrutscher.« . . . Als ein Wirtschafsjournalist das Vorstandsmitglied Clifford Grum fragte, welcher Manager für das Projekt zuständig gewesen sei, sagte der zweite Mann von Time Inc.: »Es war nicht einer zuständig, es war ein Gruppenprojekt«, und hatte es eilig, das Gespräch zu beenden, damit der Reporter nicht tiefer bohren konnte . . . In den drei Jahren, in denen er Vorstandsvorsitzender der Gesellschaft war, erlitt Munro mit nahezu allen von ihm abgesegneten neuen Projekten Schiffbruch. Schließlich hatten die Verluste eine Höhe von nahezu 10 Prozent des gesamten Nettowertes von Time Inc. erreicht . . . die Schulden des Unternehmens stiegen, die Erträge pro Aktie stagnierten, und die Investitionsanalytiker begannen, die Gesellschaft als orientierungslos einzustufen. Trotzdem ließ es sich der fünfköpfige Gehalts- und Personalausschuß von Time Inc. nicht nehmen, . . . Munro weiterhin sein jährliches Gehalt und obendrein noch eine Erhöhung des Aktienbonus auszuzahlen.[27]

Darüber hinaus beförderte Munro den Leiter der Videogruppe und den Leiter der Zeitschriftengruppe, die beide stark an der Fehlinvestition beteiligt waren, in den Aufsichtsrat des Unternehmens, obwohl das Magazin eingestellt werden mußte.[28]

Als Eastern Airlines Mitte der 80er Jahre in ernsthaften finanziellen Schwierigkeiten steckte und die Angestellten das Vertrauen in den Vorstandsvorsitzenden Frank Borman verloren hatten, lehnte der Aufsichtsrat Bormans Rücktritt ab, den dieser als Gegenleistung für Gehaltskonzessionen seitens der Angestellten angeboten hatte. Stattdessen zogen sie es vor, das Unternehmen an Frank Lorenzo zu verkaufen, und Borman erhielt kurz darauf eine Abfindung in Höhe von 1 Million Dollar. Und selbstverständlich erkannte der Aufsichtsrat von General Motors, Robert Smith, als er sich im Jahr 1990 nach dem Verlust von fast einem Drittel des Marktanteils als Vorstandsmitglied zurückzog, eine erhöhte Pension von mehr als 1 Million Dollar jährlich zu.

Solche Ergebnisse sind nicht unvermeidlich, und ich vertrete sicher nicht die Auffassung, daß der Weg zum Erfolg über Fehler und Unternehmenskatastrophen führt. Aber es ist wichtig zu erkennen, daß die Verbindung zwischen den Ergebnissen und ihren Konsequenzen für die Verantwortlichen in großen Organisationen eher dünn ist. Das bedeutet, daß wir nicht zögern sollten, Informationen und Analysen für die Ausübung von Macht heranzuziehen, da diese Strategie effektiv ist und die Wahrscheinlichkeit nicht sehr groß ist, daß wir für unsere Handlungen zur Rechenschaft gezogen werden.

14

Machtkonsolidierung durch Strukturveränderungen

In den vorhergehenden Kapiteln haben wir darüber gesprochen, daß Strukturen eine Quelle der Macht sein können. Durch Ihre Position in der Organisation können Sie Zugang zu Informationen gewinnen, und das wiederum gibt Ihnen Macht. Ihre Position in der Hierarchie kann Ihnen formale Autorität verleihen. Und die speziellen Aufgaben, für die Sie im Rahmen der Arbeitsaufteilung zuständig sind, können Ihnen, wenn es sich um wichtige Aufgaben handelt, ebenfalls Macht geben.

Angesichts der Zusammenhänge zwischen Struktur und Macht ist es nicht verwunderlich, daß strukturelle Veränderungen oft als wirkungsvolle Strategien zur Verschiebung der Machtverhältnisse dienen. Strukturen können benutzt werden, um die Gegenseite zu spalten und zu besiegen. Sie können sie zur Konsolidierung Ihrer eigenen Macht verwenden, indem Sie sich oder Ihre Verbündeten in eine Position bringen, die größere Kontrolle über Ressourcen und Informationen garantiert. Insofern als die Struktur mit der Zuordnung von Pflichten einhergeht, können Sie sie verwenden, um sich andere zur Seite zu stellen und sicherzustellen, daß diese Ihre Initiativen unterstützen. Ein geschickter Manager weiß, wie wichtig Strukturen sind und versteht es, sie zu seinem taktischen Vorteil einzusetzen. Die Beispiele in diesem Kapitel zeigen, wie Strukturen in der Organisationsordnung und Neuordnung eingesetzt werden können, um Einfluß zu entwickeln und auszuüben.

Diese Betrachtungsweise der Struktur ist unvereinbar mit anderen Deutungen, welche die organisatorischen Muster als Resultat eines rationalen Prozesses betrachten, in dem herausgefunden wird, wie die Aktivitäten eines Betriebes organisiert werden müssen, damit er reibungslos funktioniert. Höchstwahrscheinlich haben die Anordnung der Positionen und die Zuweisung der Verantwortlichkeiten, die im Rahmen solcher organisatorischen Muster vorgenommen werden, weitreichende Auswirkungen auf die Effektivität und Effizienz einer Organisation. Aber es liegt auch auf der Hand, daß die Strukturen geschaffen und genutzt werden, um politische Macht zu erzeugen und auszuüben, und daß sie zumindest zum Teil unter diesem Gesichtspunkt zu verstehen sind.

SPALTEN UND UNTERWERFEN: DAS MANAGEMENT UNABHÄNGIGER MACHTZENTREN

John Sculleys Sieg im Machtkampf mit Steve Jobs zeigt, welch wichtige Rolle unabhängige Machtzentren bei Apple Computers spielten. Als Geschäftsführer der Macintosh-Abteilung hatte Jobs die Unabhängigkeit der Angestellten von Macintosh gefördert. Die Abteilung wurde fast wie eine Sekte geführt und hatte ein eigenes Gebäude. Eine auf dem Dach aufgepflanzte Piratenflagge symbolisierte den spitzbübischen Charakter einer Gruppe, die aus der Reihe tanzte. Die Angestellten, die eine einheitliche Vorstellung von ihrem Produkt und eine unverbrüchliche Loyalität gegenüber dem Konstruktionsteam teilten, machten außergewöhnlich oft Überstunden.

Sie waren natürlich auch Steve Jobs gegenüber loyal, und sein Hinauswurf hätte aufgrund der Unabhängigkeit der Macintosh-Abteilung größere Probleme verursachen können, hätte Sculley nicht im Jahr zuvor eine Umstrukturierung der Firma vorgenommen. Apple hatte als eine funktionale Organisation begonnen und hatte sich dann mit der Entwicklung von Macintosh in eine produktlinienorientierte, in Abteilungen gegliederte Organisation verwandelt. Eine der Lehren, die Jobs aus dem Erfolg der Macintosh-Entwicklung gezogen hatte, war die, daß es zahlreiche Vorteile hatte, in weitgehend eigenständigen Teams an Produktdesign und Modifikationen zu arbeiten. Aber in produktlinienorientierten Unternehmen wächst mit der Zeit eine starke Identifikation der Mitarbeiter mit den Produktabteilungen – und eine dieser Abteilungen war Macintosh. Sculley machte sich daran, eine funktionale Struktur zu errichten, indem er mit Größenvorteilen bei der Entwicklung und Herstellung, aber auch mit verbesserten Möglichkeiten zur Entwicklung von Fachwissen argumentierte. In den Jahren 1984 und 1985 entwickelte sich Apple zurück zu einer funktionalen Organisation. Nachdem Jobs seinen Abschied genommen hatte, war das Macintosh-Personal den neuen funktionalen Abteilungen zugewiesen und mit anderen Projekten und anderen Aktivitäten betraut worden. Obwohl ein Großteil der Reorganisation und der Neuzuweisungen im Interesse der Effizienz erfolgt sein mochte, gingen diese Bestrebungen dennoch in eine bestimmte Richtung. Einige Mitglieder des Macintosh-Teams hatten einer Neuzuweisung die Kündigung vorgezogen, und die Verbleibenden wurden im ganzen Unternehmen verstreut, damit sie keine substantielle Bedrohung für Sculleys Macht mehr darstellen konnten.

Ein ähnlicher Vorgang bei General Motors zeigt, wie die Macht einer Produktabteilung durch eine organisatorische Umgestaltung abbröckeln kann. Mit der Einrichtung der General Motors Assembly Division (GMAD) im Jahr 1965 bezweckte man angeblich unter anderem, Kartellklagen zur Zerschlagung des Unternehmens entgegenzuwirken. Wenn jede Unternehmenssparte über eine eigene Entwicklung und eigene Produktionsanlagen verfügte, so die Theorie, werde es relativ einfach sein, das Unternehmen entlang der Spartengrenzen zu teilen. Wenn man allerdings über die einzelnen Sparten hinweg beispielsweise eine gemeinsame Montageabteilung einrichtete, ließe sich die Firma nicht mehr so leicht zerschlagen, da es zu schwierig wäre, den verschiedenen neugeschaffenen Unternehmen getrennte Produktions- und Montageabteilungen zuzuordnen.

Was auch immer beabsichtigt war, durch die Reorganisation von General Motors schwand die Macht der Produktabteilungen. Eine Folge war, daß die von den verschiedenen Abteilungen produzierten Autos zunehmend ähnlicher wurden – eine zentralisierte Montage sorgte für die Austauschbarkeit der Teile, um Größenvorteile zu erreichen. Die Gründung einer Montageabteilung »hatte auch zur Folge, daß eine neue, autonome Bürokratie entstand . . . und eine weitere Hürde auf dem mühsamen Weg aufgestellt wurde, den ein Wagen von der Konstruktion bis zum Schauraum zurückzulegen hatte.«[1] Ob die Machterosion der einzelnen Autoabteilungen nun mit Absicht herbeigeführt worden war oder nicht, sie bewirkte jedenfalls, daß sich die Macht des Verwaltungspersonals und der Firmenhierarchie in der 14. Etage der Zentrale vergrößerte.

Unabhängige Einheiten aufzubrechen oder ihre Macht einzuschränken, trägt fast immer dazu bei, die Macht derer zu vergrößern, die sich in zentralen Positionen befinden. Manchmal ist dieser Effekt nicht beabsichtigt, aber er tritt dennoch ein. Das amerikanische Repräsentantenhaus war viele Jahre lang nach einem System organisiert, das sich strikt am Dienstalter orientierte – wer lange genug im Haus gedient hatte, wurde einem Ausschuß zugeteilt oder übernahm dessen Vorsitz. In den 60er und frühen 70er Jahren wuchs der Widerstand der jüngeren, in untergeordneten Funktionen tätigen Mitglieder, die noch Jahre abzudienen hatten, um in einflußreiche Positionen aufzusteigen. Auch wurden Zweifel an der Kompetenz einiger der älteren Vorsitzenden und Frustration darüber laut, daß sie durch ihre Macht die Kongreßreform und die Verabschiedung zahlreicher Gesetzesvorlagen behinderten. So hatte beispielsweise der Vorsitzende des Southern Committee Anfang der 60er Jahre die Verabschiedung der Bürgerrechtsgesetze verhindern können, und erst Lyndon Johnson gelang es dank seines politischen Geschicks und seiner Entschlossenheit, diese Gesetze durchzubringen. Die Neuwahl einer Reihe demokratischer Abgeordneter im Jahr 1974 (ausgelöst durch den Watergate-Skandal, der Richard Nixon sein Amt gekostet hatte) löste eine Revolte aus, welche die für die Organisation des Hauses geltenden Regeln änderte und die Macht der Ausschußvorsitzenden drastisch beschnitt. Aber durch diese Reformen wurden nicht nur die Autonomie der unabhängigen Machtzentren, also die Autonomie der Positionen der Ausschußvorsitzenden, eingeschränkt, sondern gleichzeitig auch die Macht des Sprechers des Repräsentantenhauses erheblich vergrößert:

> . . . dieselben Reformen, welche scheinbar die Macht atomisierten, stärkten gleichzeitig die Position des Sprechers. Die Revolte hatte sich nicht gegen den Sprecher gerichtet, sondern gegen die Vorsitzenden . . . Der Sprecher erhielt die Befugnis, die Mitglieder des Geschäftsordnungsausschusses zu ernennen, den Ausschüssen Fristen für die Lesungen zu setzen – so daß die Vorsitzenden weder den Sprecher noch den Willen des Caucus blockieren konnten –, und bekam noch weitere politische Waffen an die Hand. Der Bewilligungsausschuß verlor das Vorschlagsrecht für Unterausschüsse; dieses ging an den politischen Lenkungsausschuß der Demokraten, welcher dem Sprecher unterstand.[2]

Einige Sprecher wie Carl Albert und Tip O'Neill nutzten diese neue Macht nicht extensiv, Jim Wright jedoch tat es. Und da er erkannt hatte, daß ihm die Eliminierung der unabhängigen Machtzentren in seiner zentralen Position eine straffere Kontrolle ermöglichte, war Wright nicht bereit, neue, ihm möglicherweise feindlich gesinnte Machtzentren in der Struktur des Repräsentantenhauses zu akzeptieren. Als zum Beispiel Dan Rostenkowski, Vorsitzender des Bewilligungsausschusses und ein Konkurrent um Führungspositionen und Macht, ein neues Strukturelement einzuführen versuchte, leistete Wright Widerstand:

> Rostenkowski versuchte ein letztes Manöver, um sich eine Machtbasis zu schaffen, indem er auf die Einrichtung eines Rates der Ausschußvorsitzenden drängte. Sollte ein solcher »Vorsitzendenrat« eingerichtet werden, würde er unmittelbar zu einem vom Sprecher unabhängigen Machtzentrum werden . . . Wright willigte nicht ein.[3]

Macht entsteht und wird ausgeübt, indem man sich einen separaten, etwas geschützten Tätigkeitsbereich innerhalb der Struktur der Organisation sucht, um sich von dieser Basis aus Informationen und Ressourcen zu verschaffen. Die Inhaber zentraler Positionen versuchen häufig, solche Unterabteilungen schwach oder unter ihrer Kontrolle zu halten, während für all jene, die im bürokratischen politischen Nahkampf nach Macht streben, die Schaffung separater Domänen unumgänglich ist. Wie wichtig ein separates Wirkungsfeld mit genau definierter Zuständigkeit für die Ausübung von Einfluß ist, zeigt sich sehr schön an den Schwierigkeiten, mit denen das Personal der Asienabteilung des Außenministeriums in den späten 40er und frühen 50er Jahren zu kämpfen hatte. Das Establishment der amerikanischen Außenpolitik konzentrierte sich auf Europa, und dabei blieben wichtige Ereignisse im pazifischen Raum, wie die Übernahme Chinas durch die Kommunisten, die Instabilität Indochinas und das Wiedererstarken Japans weitgehend unbeachtet. Die amerikanische Politik für diese Region war schlecht konzipiert und oft nur reaktiv. Das Problem war, daß die Asienexperten über keine strukturelle Macht verfügten:

> Das grundlegende Problem für die Asienabteilung lag in der Organisation des Außenministeriums. Asien war kein eigenständiger Bereich, sondern die Kolonien liefen unter den europäischen Ländern, und für eine Änderung der Politik war Übereinstimmung erforderlich. Das bedeutete, daß in allen bedeutsamen Fragen im Zusammenhang mit der Lösung asiatischer Länder von der Kolonialherrschaft erst eine Einigung zwischen europäischer und asiatischer Abteilung erfolgen mußte, bevor die Frage an eine höhere Ebene weitergereicht werden konnte . . . Das Ergebnis . . . war, daß dadurch der Status quo und die europäische Abteilung begünstigt wurden.[4]

DIE AUSWEITUNG DES WIRKUNGSFELDES

Strukturelle Macht entwickelt man, indem man sich zum einen die Kontrolle über eine Einheit verschafft, die reich an Ressourcen und Informationen ist und über formale Autorität verfügt, und zum anderen seine Gegner daran hindert, strukturelle Machtbasen aufzubauen. Sobald man einmal die Kontrolle über eine Einheit gewonnen hat, kann man durch strukturelle Reorganisation seinen Einflußbereich erweitern und damit seine Macht auf Kosten konkurrierender Einheiten in der Organisation ausbauen. Gebietsbesitz ist eine Quelle von Macht, und der Gebietsbesitz in einer Organisation – die Reichweite oder der Umfang der Aktivitäten – ist etwas, das von strukturellen Modifikationen entscheidend beeinflußt werden kann.

Als die Macht der Krankenpflege im Krankenhaus der Stanford University zunahm, wurde die Mitarbeiterin, die das Krankenhaus heute leitet, Pflegedirektorin. Erinnern Sie sich bitte, daß die Krankenpflege derart mächtig wurde, weil sie für die finanzielle Position des Krankenhauses (da so viele Mitarbeiter mit Pflege oder ähnlichen Aktivitäten befaßt waren) und für die Patientenbetreuung an Bedeutung gewann. So war es nur eine natürliche und folgerichtige Entwicklung, daß die Pflegedirektorin bald in die neugeschaffene Position einer Abteilungsleiterin aufstieg. In ihren Zuständigkeitsbereich fielen damit die Intensivstation, die Operationssäle, die physiotherapeutische Abteilung und das Atemtherapiezentrum, mit anderen Worten, alle Abteilungen, in denen Nicht-Mediziner tätig waren (Physio-, Beschäftigungs-, Atemtherapie) und Einrichtungen, die von Pflege- und ähnlichem Personal organisiert und eingeteilt wurden. Sobald die Reorganisation einmal abgeschlossen war und sich die frühere Pflegedirektorin in diesem erweiterten Tätigkeitsfeld gut zurechtfand, war ihr weiterer Aufstieg in höhere Positionen vorgezeichnet. Durch die Umstrukturierung wurde die Verwaltungsstruktur des Krankenhauses vereinfacht, aber auch der Wirkungsbereich und Einfluß der Leiterin vergrößert.

Jim Wright übte in seiner Funktion als Sprecher des Repräsentantenhauses unter anderem dadurch Macht aus, daß er jede Ernennung und jede Position, die er tatsächlich oder potentiell kontrollierte, als Hebel verwendete, um zusätzliche Macht zu erlangen. Man kann seinen Wirkungskreis erweitern, indem man neue Aufgaben und neue Verantwortung übernimmt, wie es die Pflegedirektorin von Stanford tat. Ein anderer Weg besteht darin, keine neuen Aufgaben an sich zu ziehen, sondern die bereits eindeutig kontrollierten Wirkungsbereiche optimal auszuschöpfen. Verschiedene Vorgänger von Wright waren entweder weniger an der Machtausübung interessiert gewesen oder hatten ihren Einfluß auf Netzen persönlicher Freundschaften und Verpflichtungen aufgebaut. Wright war nicht so beliebt wie seine Vorgänger; er war eher ein Einzelgänger, dem es nicht gelingen würde, nur durch seinen persönlichen Stil und seine Beziehungen den ersehnten Einfluß zu gewinnen. Also wandte er sich den formalen Strukturen zu.

Die Fraktionsorganisation war dafür zuständig, die demokratische Führung durch Beobachtung des Stimmverhaltens über die politischen Tendenzen im Parlament zu informieren sowie die Parteimitglieder dazu zu bewegen, sich in den Abstimmungen parteikonform zu verhalten.[5] Obwohl die Fraktion nun von den Mitgliedern gewählt wurde, wurde der Fraktionsvorsitzende vom Sprecher ernannt. Wright bestellte in diese Funktion eine seiner Vertrauenspersonen und informierte die Fraktion erst, nachdem die Ernennung bekanntgegeben worden war. Wright übernahm die Fraktionsorganisation:

> Coelho mochte Fraktionsgeschäftsführer sein, aber die Fraktionsorganisation gehörte Wright. Coelho mochte die Organisation managen, aber nur als Delegierter. Die letzte Demütigung kam, nachdem der Parteitag Coelho zum Fraktionsvorsitzenden gewählt hatte. Während die Mitglieder noch stehend applaudierten, wurde der Applaus durch die Verlesung von zehn stellvertretenden Fraktionsvorsitzenden unterbrochen, nein, abgetötet.[6]

Wright schickte sich auch an, den Politischen Lenkungsausschuß der Demokraten unter seine Kontrolle zu bringen. Dieser Ausschuß vergab für alle Ausschüsse außer dem Geschäftsordnungsausschuß Posten in ständigen Ausschüssen. Da es für die politische Zukunft der Mitglieder wichtig war, welchen Ausschüssen sie zugeteilt waren, verfügte der Politische Lenkungsausschuß über erhebliche Macht:

> Der Politische Lenkungsausschuß hat einunddreißig Mitglieder; der Sprecher des Repräsentantenhauses führt den Vorsitz, und die gesamte Führungsmannschaft sowie die Vorsitzenden der Zuteilungs-, Budget-, Geschäftsordnungs- und Bewilligungsausschüsse haben darin automatisch

einen Sitz. Acht andere Mitglieder werden vom Sprecher ernannt, weitere zwölf werden nach Regionen gewählt.[7]

Der Politische Lenkungsausschuß war eine Machtquelle für Rostenkowski, der Vorsitzender des Bewilligungsausschusses und ein Rivale Wrights war. Wright sorgte dafür, daß dieser mächtige Ausschuß in seinen Herrschaftsbereich fiel. In einige der Positionen, die er frei besetzen konnte, berief er Leute aus Rostenkowskis Bewilligungsausschuß. »Wright drang in Rostenkowskis eigenes Lager ein und zwang so die Ausschußmitglieder, ihre Loyalität zu teilen.«[8] Und er stellte seine eigenen Leute für die verschiedenen wählbaren Positionen auf. »Der Politische Lenkungsausschuß gehörte Wright.«[9]

Zum Teil durch strategische Ernennungen und zum Teil durch aggressive Ausübung seiner formalen Macht sorgte Wright dafür, daß sich sein Einfluß auf möglichst viele Führungszentren des Repräsentantenhauses ausbreitete. Durch diese Beispiele zieht sich derselbe rote Faden, den wir bereits in anderen Zusammenhängen verfolgt haben: Macht baut man auf, indem man seine Kontrolle auf so weite Gebiete wie möglich ausdehnt, und diese Kontrolle erobert man, indem man seine Verbündeten in Schlüsselpositionen unterbringt und seinen formalen Aufgabenbereich erweitert.

PROJEKTGRUPPEN UND AUSSCHÜSSE

Wer mächtig ist, schafft sich oft Feinde, die für sein langfristiges Überleben in der Organisation eine Bedrohung darstellen. Wenn Sie also Macht entwickeln und ausüben, müssen Sie sich die strukturellen Mechanismen zunutze machen, die Ihre Macht institutionalisieren und andere in die Verantwortung für Entscheidungen und Maßnahmen einbinden. In dieser Hinsicht können Projektgruppen und Ausschüsse sehr nützlich sein.

Das Konzept der Einbindung beruht auf einem wichtigen Gedanken. Die Grundidee, ursprünglich anhand von Studien über Aufsichtsräte entwickelt,[10] besagt folgendes: Wenn ich Sie in irgendein Führungsgremium, in einen Ausschuß oder eine Projektgruppe berufe, so werden Sie der Organisation, der diese Gruppe angehört, ein gewisses Maß an Loyalität entgegenbringen und sich auch den von ihr vertretenen Ideen verpflichtet fühlen. Obwohl der Einfluß in beide Richtungen ausgeübt wird – als Mitglied eines Gremiums oder eines Ausschusses können Sie natürlich mitbestimmen –, geht die Idee der Einbindung davon aus, daß Sie durch Ihre Bindungen in gewissem Maß »gefangen« sind. Darüber hinaus werden Entscheidungen, die von derartigen repräsentativen Körperschaften getroffen werden, meist als gemeinsame Entscheidungen betrachtet. Mächtige Spitzenmanager lassen sich daher ihre Entscheidungen gerne vom Aufsichtsrat oder von Ausschüssen absegnen, um sich durch die Ausübung ihrer Macht keine persönlichen Feinde zu schaffen.

Sehen wir uns den Fall einer Person an, die in einer großen Jesuitenuniversität, in der sowohl das wissenschaftliche Personal als auch die sonstigen Bediensteten gewerkschaftlich organisiert sind, unter anderem für die Arbeitsbeziehungen zuständig ist. Eine Möglichkeit bestünde darin, die Verhandlungsführung im Büro für Arbeitsbeziehungen zu konzentrieren und Arbeitsstreitigkeiten und andere beschäftigungsbezogene Fragen zentral zu kontrollieren. Aber kollektive Verhandlungen waren in dieser akademischen Institution besonders problematisch. Zum einen trat das übliche Problem auf, daß das wissenschaftliche Personal einerseits höhere Angestellte waren, die über individuelle Verträge verfügten, andererseits Gewerkschaftsmitglieder waren. Die Universität litt meistens unter einer gewissen finanziellen Anspannung, so daß sie unter Druck stand, nicht zu weit nachzugeben; andererseits hatte sie ihren Standort in einer Stadt, in der die Gewerkschaften stark vertreten waren, konnte also nicht den Eindruck erwecken, als wolle sie die Gewerkschaften sprengen, und gleichzeitig weiterhin auf die Unterstützung der Gemeinde zählen. Die Führer der Jesuiten hatten eine ambivalente Einstellung zu den Gewerkschaften, weil sie einerseits auf seiten der arbeitenden Menschen standen, andererseits jedoch Budgetbeschränkungen zu bewältigen hatten. Da ein so großer Teil des Universitätsbudgets auf Gehälter entfiel und ein so hoher Prozentsatz der Angestellten gewerkschaftlich organisiert war, hatte der für den Bereich Arbeitsbeziehungen Zuständige potentiell eine große Machtfülle. Zeigte er jedoch Schwächen in der Behandlung dieser Fragen, so konnte er leicht zur Zielscheibe für die vielen Gruppen werden, die bei Verhandlungen und Kompromissen unweigerlich Abstriche von ihren Forderungen machen müßten, um eine Einigung zu erzielen. Wie konnte dieser Leiter des Bereichs Arbeitsbeziehungen die Strukturen zu seinem Vorteil nutzen?

Sein Plan wird in Abbildung 14-1 dargestellt. Er setzte eine Reihe von Gruppen und Ausschüssen ein, die sich an dem Prozeß beteiligen sollten. Zum Aufbau dieser Struktur gehörte auch, daß er für die Beteiligten formale Verantwortlichkeiten festlegte. Darüber hinaus kontrollierte er die Auswahl der Mitglieder der verschiedenen Teams und Ausschüsse, was ihm die Macht gab, die Gruppen neu zusammenzusetzen, wenn er Leute einbinden wollte, die ihm anderenfalls Schwierigkeiten bereiten könnten. Und da die Mitglieder dieser Gruppen fast ausnahmslos weder Fachkenntnisse noch Interesse für Arbeitsbeziehungen mitbrachten, fiel es ihm nicht schwer, die Abläufe zu kontrollieren. So konnte er seine Macht weitgehend unauffällig ausüben. Noch wichtiger jedoch war, daß die Ergebnisse im Bereich Arbeitsbeziehungen aufgrund der Legitimität und formellen Natur des Prozesses und der Einbindung zahlreicher interessierter Parteien praktisch zum »Besitz« der Institution wurden und die Verantwortung für die Ergebnisse gemeinsam getragen wurde. Das machte es schwieriger für die Gegner oder politischen Feinde, eine erfolgreiche Attacke zu starten, weil sie ja nicht eine Einzelperson, sondern einen ganzen anerkannten Prozeß angreifen mußten, der unter allgemeiner Beteiligung stattfand.

Ich kenne weitere Fälle, in denen Ausschüsse eingerichtet wurden, um Veränderungen zu institutionalisieren und zu legitimieren, die der Ausschußvorsitzende durchsetzen wollte, ohne sich dabei zur Zielscheibe von Kritik zu machen. Wenn Sie sich diese wirkungsvolle Strategie für die Ausübung Ihrer Macht zunutze machen wollen, müssen Sie die Mitarbeiter für die Ausschüsse sorgfältig auswählen. Es ist auch von Nutzen, wenn Sie für die fraglichen Bereiche mehr Interesse und Fachwissen mitbringen als die Ausschußmitglie-

Abbildung 14.1
Organisation des Bereichs Arbeitsbeziehungen

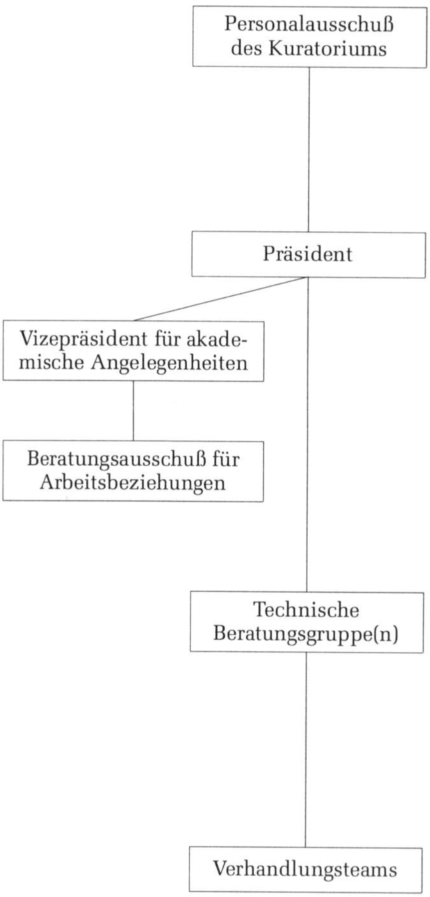

Der Personalausschuß ist für die Genehmigung der Politik für Kollektivverhandlungen zuständig. Der Ausschuß hilft auch bei der Erstellung von Parametern für Kollektivverhandlungen. Der Präsident setzt Politik in administrative und institutionelle Ziele um und ist für die allgemeine Implementierung dieser Politik zuständig.

Der Präsident delegiert die Befugnis für Kollektivverhandlungen an den Vizepräsidenten.

Verantwortung für die Bereiche Fakultät und Mitarbeitereinheiten: Disziplinarmaßnahmen und Entlassungen; Verwaltung der akademischen Humanressourcen

Der Beratungsausschuß für Arbeitgeber-Arbeitnehmerbeziehungen hat die Aufgabe, alle diesbezüglichen Positionen zu überprüfen und zu genehmigen. Das Ausschuß legt die Prioritäten und Ziele für Kollektivverhandlungen fest.

Die Mitglieder der technischen Beratungsgruppe(n) sind dafür verantwortlich, detaillierte Studien durchzuführen und spezifische Verhandlungspunkte zu überprüfen. Diese Gruppe gibt Empfehlungen über Positionen für ausgewählte Verhandlungspunkte ab. Die Empfehlungen der technischen Beratungsgruppe(n) sind dem Ausschluß für Arbeitsbeziehungen vorzulegen.

Der Chefunterhändler ist der Sprecher des Verhandlungsteams. Die Mitglieder des Teams haben an Verhandlungen teilzunehmen und innerhalb der vom Ausschuß für Arbeitsbeziehung festgelegten Richtlinien zur Formulierung der Vertragstexte beizutragen.

der, weil Sie die Prozesse so besser steuern können. Wenn Sie diese beiden Faktoren außer acht lassen, kann es leicht geschehen, daß ein Ausschuß oder ein Führungsgremium außer Kontrolle gerät und sich in ein eigenständiges Machtzentrum verwandelt, das Sie nicht verläßlich unter Kontrolle haben.

Henry Kissinger verstand es meisterhaft, durch Eingriffe in die Strukturen Macht auszuüben, vor allem durch Eingriffe in bereits bestehende Projektgruppen und Ausschüsse. Als er von Präsident Nixon im Jahr 1968 zum Sonderberater für Fragen der nationalen Sicherheit ernannt wurde, versuchten der Präsident und er gemeinsam, ihre Macht über die Außenpolitik des Weißen Hauses zu konsolidieren. Insbesondere hatten sie kein Vertrauen, daß das Außenministerium ihre Standpunkte und Interessen teilte, und Nixon vertraute auch der CIA nicht, von der er glaubte, sie sei von liberalen Ivy League-Intellektuellen beherrscht. So war es also Kissingers erste Aufgabe, die Außenpolitik unter Kontrolle zu bringen.

Kissinger holte Morton Halperin, einen 30jährigen stellvertretenden Assistenten des Verteidigungsministers, in sein Team und bat ihn, eine Arbeit über Systemanalysetechniken und ihre Anwendung in der Außenpolitik zu schreiben:

> Halperin ergriff die Gelegenheit beim Schopf und machte sich daran, ein breitangelegtes Memorandum zu entwerfen, das nahezu alle Macht in die Hände des Sicherheitsberaters legte. Halperin wußte über Kissingers Bedürfnisse ebensogut Bescheid wie umgekehrt. Das vorgeschlagene System verlieh Kissinger die Macht, die Tagesordnung für die Sitzungen des nationalen Sicherheitsrates festzulegen und machte ihn auch zum Vorsitzenden der Prüfungsgruppe, welche die von der Bürokratie erstellten verschiedenen Optionen zu bewerten hatte . . . Darüber hinaus gab Halperins Memorandum Kissinger die direkte Befugnis, von staatlichen und anderen Behörden die Erstellung von Arbeitspapieren zu verlangen, die Optionen für verschiedene Fragen enthielten.[11]

Das Halperin-Memorandum, unter Kissingers Namen herausgegeben, wurde zur Grundlage der von Nixon genehmigten Struktur.

Kissinger erhielt auf diese Weise nicht nur direkte Autorität über einen Großteil des außenpolitischen Apparates, sondern es gelang ihm auch, mit einem kleinen, scheinbar ganz unwichtigen Satz am Schluß des Memorandums eine konkurrierende Gruppe unter Führung des Außenministeriums auszuschalten.

> Am Ende meines Memorandums war ein kleiner, harmloser Satz eingefügt: »Der hochentwickelte Apparat des nationalen Sicherheitsrates macht die bestehende Senior Interdepartmental Group überflüssig.« . . . Die Senior Interdepartmental Group war 1967 gegründet worden. Sie setzte sich aus

> den höchsten Beamten der Regierung gleich unterhalb der Kabinettsebene zusammen ... Ihr Vorsitzender war der stellvertretende Außenminister. Die Funktion der SIG bestand darin, die Optionen zu überprüfen, die dem Nationalen Sicherheitsrat vorgelegt werden sollten, und die getroffenen Entscheidungen umzusetzen ... Überflüssig zu sagen, daß das Außenministerium in dieser Struktur einen großen bürokratischen Triumph sah, weil sie die führende Stellung des Ministeriums in der Außenpolitik formal absicherte.[12]

Mit der Eliminierung der Senior Interdepartmental Group war jedwede Konkurrenz für Kissingers organisatorische Vorschläge beseitigt worden, und damit war der Weg zur Kontrolle über die außenpolitischen Prozesse frei. Darüber hinaus ging Kissinger sofort dazu über, Studien und Memoranden zu Fragen der nationalen Sicherheit zu verlangen, was ihm die neue Struktur gestattete.

> Mit dem ersten Paket von »Anfragen« schien er drei Ziele zu verfolgen: Erstens stellten sie eine aufrichtige Bemühung dar, die Bürokratie dazu zu bewegen, für bestimmte außenpolitische Fragen verschiedene Optionen in Erwägung zu ziehen. Zweitens sicherten sie den Einfluß des Kissinger-Apparates, und drittens sollten sie dadurch, daß sie langwierige Studien und nicht einhaltbare Fristen vorschrieben, die »gesichtslose Bürokratie« überwältigen ... Im ersten Monat nach seinem Amtsantritt gab Kissingers Team 22 solcher nationaler Sicherheitsmemoranda heraus, in denen breit angelegte Studien über alle wichtigen Fragen verlangt wurden, mit denen die neue Administration konfrontiert war. Allerdings ... wurden die wichtigsten Entscheidungen ohne Beteiligung der Bürokratie und ohne Berücksichtigung der Memoranden zur nationalen Sicherheit getroffen.[13]

Kissinger veränderte die Struktur des Ausschusses, um mehr tatsächliche Kontrolle über die Verfahren ausüben zu können, und gleichzeitig überhäufte er seine Konkurrenten um Macht und Einfluß mit einer Flut von dringenden Arbeiten. Er hatte Macht aufgrund seines Naheverhältnisses zu Nixon, und er konnte diese Macht weiterentwickeln und ausüben, weil er das Spiel der bürokratischen Politik perfekt beherrschte. Er erkannte, wie sehr Projektgruppen, Ausschüsse und die Gestaltung formaler Strukturen ihm dabei helfen konnten, seine Ziele zu erreichen.

In diesem Kapitel haben wir gesehen, daß die Einsicht in die Bedeutung der formalen Struktur eines Systems und die Fähigkeit, sich der Möglichkeiten zur Gestaltung und Umgestaltung dieser Strukturen zu bedienen, strategisches Gewicht für die Machtausübung in Organisationen vom amerikanischen Repräsentantenhaus bis hin zu Apple Computer haben. Wenn wir uns der Bedeutung organisatorischer Strukturen bewußt sind, wächst unsere Aufmerksamkeit gegenüber den versteckten Absichten, die sich hinter völlig klar erscheinenden Umstrukturierungen verbergen können. Dieses Bewußtsein ermöglicht es uns auch einzuschätzen, wie es uns in diesen Veränderungen ergehen wird. Wenn wir verstehen, wie Strukturen funktionieren, und wenn wir gelernt haben, sie zu unseren Gunsten einzusetzen, so ist dies eine wertvolle Ergänzung für unser Arsenal an Strategien und Taktiken zum Aufbau und zur Ausübung von Macht im Dienste unserer Vorhaben.

15

Symbolik: Sprache, Zeremonien und Umgebung

Wenn ich die Wahl hätte, Sie über Ihren Kopf oder über Ihr Herz zu beeinflussen, würde ich mir das Herz aussuchen. Es ist Ihre Vernunft, die Sie dazu bringt, die Zeitschrift *Consumer Reports* durchzublättern, wenn Sie ein neues Auto kaufen. Den Jaguar oder den Porsche kaufen Sie aber mit dem Herzen. Ihre Vernunft sagt Ihnen, daß man Wahlkampfreden nicht glauben und vertrauen darf, aber Ihr Herz reagiert auf den besten Redner, und »langweilige« Redner werden ihre Stimme nicht bekommen, so als wäre es politisch relevant, ob jemand feurige Reden zu halten imstande ist oder nicht. »Der Mensch läßt sich durch Vernunft überzeugen, aber bewegt wird er durch Emotionen.«[1] Wenn es uns gelingt, Sprache, Symbole, Zeremonien und Umgebung auf subtile Art so einzusetzen, daß wir andere dazu bringen, das, was sie tun, gern zu tun, üben wir auf diese Weise Macht und Einfluß aus. Einer meiner Freunde sagte einmal, daß Management darin bestehe, andere dazu zu bringen, daß sie das, was sie tun sollen oder müssen, auch tun wollen. Dann floriert eine Organisation. Ganz ähnlich verhält es sich mit Leuten, die an der Ausübung von Macht interessiert sind. Sie müssen andere dazu bringen, das gern zu tun, was im Interesse des Machtausübenden liegt. Dazu gehört auch das sogenannte symbolische Management.[2]

Symbolisches Management funktioniert vorwiegend nach dem Prinzip der Illusion, wobei der effektive Einsatz von politischer Sprache, Umgebung und Zeremonien starke Emotionen in Menschen auslöst, und diese Emotionen die rationale Analyse beeinträchtigen oder umwölken. Murray Edelman sagte: »Es ist nichts Ungewöhnliches, der einen Seite die Rhetorik und der anderen die Entscheidung zu überlassen.«[3] Edelman merkte auch an, daß politische Reden ein Ritual seien, das die kritische Urteilskraft eher beeinträchtige als fördere.[4] Aber es wäre nicht richtig zu denken, daß es irgendwie gegen die Interessen der beeinflußten Personen gerichtet sei, wenn man mit Hilfe von Symbolen und Sprache versuche, sie dazu zu bringen, die von ihnen verlangten Entscheidungen und Handlungen gern zu erbringen. Denn wenn diese Handlungen und

Entscheidungen wichtig und notwendig sind, sollten sie ohnehin eine positive Einstellung zu ihnen haben.

Dieses Kapitel beginnt mit einer Gegenüberstellung von rationalen und emotionalen Ansätzen zur Überzeugung und zur Ausübung von Macht. Dann bespreche ich die einzelnen Formen des symbolischen Managements und gebe Beispiele. Am Beginn steht die Sprache, die ein besonders wichtiger Faktor ist, und in der Folge wird besprochen, wie man durch den Einsatz von Umgebung und Zeremonien Macht und Einfluß ausübt.

RATIONALITÄT UND EMOTION

In vielen Verwaltungen und Organisationen konzentrieren sich Training und Ausbildung auf allen Ebenen auf den Aufbau besserer Fähigkeiten zur Entscheidungsfindung. Darüber hinaus werden diese Fähigkeiten anhand eines rationalen Entscheidungsmodells gemessen. Der rationale Analytiker, der mit Ziffern, Zahlen, Logik und analytischen Techniken umgehen kann, genießt in unserer Gesellschaft großes Ansehen. Wir verwenden Ausdrücke wie »Schnellstarter«, um unsere Bewunderung und unseren Respekt für diese (oft jungen) Leute auszudrücken, die mit Analysen zaubern können. Die »genialen Grünschnäbel« bei Ford und die Systemanalyseeinheit des Verteidigungsministeriums spielten hier eine Vorreiterrolle; von dort aus verbreitete sich dieser neue Managementansatz über zahlreiche Organisationen. Robert McNamara bei Ford Motor und Tex Thornton bei Litton Industries waren unter den ersten Befürwortern und Praktikern. Der folgende Ausschnitt über McNamara aus David Halberstams Buch *The Best and the Brightest* illustriert die Wesensmerkmale des Superanalytikers:

> Wenn er körperlich abgespannt und fieberhaft wirkte, so war sein Geist mathematisch, analytisch, ein Geist, der Vernunft in das Chaos brachte. Immer die Vernunft. Und eine Vernunft, die durch Fakten, durch Statistiken unterstützt wurde – er konnte seine Rationalität durch Fakten belegen und damit andere einschüchtern. Er konnte exzellent mit Tabellen und Statistiken umgehen. Einmal saß er acht Stunden lang im CINCPAC und ließ Hunderte von Dias, auf denen gezeigt wurde, was für den Nachschub nach Vietnam vorgesehen war und was bereits dort war, eins nach dem anderen vor sich über die Leinwand ziehen. Schließlich, nach sieben Stunden, sagte er: »Halten Sie den Projektor an. Dieses Dia, Nummer 869, steht in Widerspruch zu Dia 11.« Dia 11 wurde nochmals gezeigt, und tatsächlich, da gab es einen Widerspruch. Alle waren beeindruckt und viele bekamen ein bißchen Angst. Kein Wunder, daß seine Reputation wuchs; die anderen erstarrten in Ehrfurcht . . .[5]

Bei dieser Form der Machtausübung tritt ein Problem auf, das bereits in dem Buchausschnitt von Halberstam offenkundig wird. Sie können Macht ausüben, indem Sie Fakten meistern und die anderen, denen es angesichts der Brillianz und der Fähigkeiten des Machtausübenden die Sprache verschlägt, einschüchtern. Aber wir hegen nicht immer freundliche Gefühle für Leute, die so vorgehen. Vielleicht bewundern wir ihre geistigen Fähigkeiten und sind von der Schärfe ihrer Analysen beeindruckt, aber das weckt nicht unbedingt Gefühle der Zuneigung in uns. Lassen wir für einen Augenblick unsere Diskussion darüber beiseite, wie Fakten zur Rechtfertigung fast jeder Entscheidung gesammelt werden können, und stellen wir ebenfalls fest, daß Machtausübung durch Einschüchterung und Überwältigung unserer Gegner kaum dazu geeignet ist, Verbündete oder so viele Freunde zu gewinnen, wie wir dies gerne hätten.

Menschen sind keine Computer, und Emotionen und Gefühle sind wichtige Bestandteile unserer Entscheidungen und unseres Handelns. Unsere Abneigung dagegen, diese Wahrheit über uns selbst zu akzeptieren, aber auch die Angst vor den emotionellen Seiten des Lebens erklärt, warum es vielen von uns unangenehm ist, über die Verwendung politischer Sprache, Zeremonien und Umgebung zu sprechen oder zu lesen. Dies ist ein Teil unserer Persönlichkeit, der uns irgendwie unangenehm ist, etwas, das wir lieber verleugnen. Aber eben dadurch, daß wir es leugnen, werden wir anfälliger für Appelle an unsere Emotionen. Wir sind nicht auf der Hut und lassen uns so leichter beeinflussen. Ich habe die Erfahrung gemacht, daß sich Techniker oder Geschäftsleute leichter von emotionalen Appellen verführen lassen als Leute, die Literatur oder Schauspiel studiert haben und daher genau wissen, welche Techniken verwendet werden, und die sie bewundern, ohne jedoch gleich darauf hereinzufallen.

Wir können die dynamischen Prozesse in Organisationen nicht einfach danach beurteilen, wer siegt, wer verliert und welche Kosten damit verbunden sind. Dies sind zwar wichtige Überlegungen, aber wir sollten daran denken, daß die Folgen von Handlungen und Entscheidungen ihren Ursprung oft in den symbolischen, politischen Handlungen haben, die unternommen werden, um die Gefühle der Menschen in bezug auf die Situation zu verändern. Murray Edelman erklärte die Komplexität politischer Analysen:

> Die politische Analyse muß also auf zwei Ebenen gleichzeitig erfolgen. Sie muß untersuchen, wie einige Gruppen durch politische Aktionen die materiellen Güter bekommen, die sie wollen, . . . und gleichzeitig erforschen, was dieselben Handlungen für die breite Masse bedeuten und wie die Masse durch sie beschwichtigt oder aufgewühlt wird. Um mit Himmelstrand zu sprechen, sind politische Aktionen sowohl instrumenteller als auch expressiver Natur.[6]

POLITISCHE SPRACHE

Ich bin mir ziemlich sicher, daß keiner meiner amerikanischen Leser jemals in seinem Leben wieder eine echte Steuererhöhung erleben wird. Vielleicht erleben wir eine »Anhebung der Staatseinnahmen«, eine Verringerung oder Eliminierung von »Steuerprivilegien« (wie die Absetzbarkeit von Hypothekenzinsen, Arztkosten usw.), oder, das beste von allem, wir kommen wieder einmal in den Genuß von »Steuergleichheit und -reform«. Herbert Stein stellte eine wunderschöne Liste aller Steuererhöhungen zusammen, die uns die Reagan-Administration bescherte, ohne daß eine einzige von ihnen »Steuer« oder »Steuererhöhung« genannt worden wäre.

> Gesetz für Steuergleichheit und Steuerliche Verantwortung, 1982 – 55,7 Milliarden Dollar
> Sozialversicherungsnovellen, 1983 – 30,9 Milliarden Dollar
> Budgetausgleichsgesetz, 1987 – 13,9 Milliarden Dollar
> Steuerreformgesetz 1986 – 24,4 Milliarden Dollar[7]

Wer könnte etwas gegen ein »Gesetz für Steuergleichheit und Steuerliche Verantwortung« einzuwenden haben? Vielleicht jeder von uns, wenn wir erst einmal sehen, wieviel Geld uns durch solch hochtrabende Worte aus der Tasche gezogen wird. Wie konnte Reagan all das tun und trotzdem sein Image als Steuerkonservativer aufrechterhalten?

> Mr. Reagan konnte seinen Titel als der Welt größter Steuerfeind aufrechterhalten, trotz all der Steuererhöhungen, die mit seiner Zustimmung während seiner Amtszeit durchgeführt wurden . . . Die Lektion, welche die Politiker daraus ziehen können, scheint darin zu bestehen, daß man die Steuern ruhig erhöhen kann, wenn man redet, als würde man es nicht tun.[8]

Die Sprache ist ein mächtiges soziales Beeinflussungsinstrument, und die politische Sprache spielt bei der Ausübung von Macht in allen Arten von Organisationen oft eine entscheidende Rolle. Wir nehmen die Dinge so wahr, wie sie uns in Gesprächen und Diskussionen dargestellt werden. Das ist auch der Grund, warum Konfuzius, als er gefragt wurde, was er tun würde, wenn er ein Land regieren müßte, antwortete: »Als erstes würde ich die Sprache festlegen.« Morris meinte: »Eine gemeinsame Sprache mit anderen Menschen bietet das subtilste und wirkungsvollste Instrument, um das Verhalten dieser anderen Menschen zum eigenen Vorteil zu beeinflussen.«[9]

Ein weiteres klassisches Beispiel für die Verwendung politischer Sprache in der amerikanischen Bundespolitik ist die Besteuerung unerwarteter Gewinne, die in den letzten Tagen der Carter-Administration, nach Beginn der Steuerrevolte in Kalifornien und knapp vor dem Zeitpunkt eingeführt wurde, zu dem Ronald Reagan mit seinem Steuersenkungs- und Privatisierungsprogramm zum

Präsidenten gewählt werden sollte. Die Steuer, von der man bei ihrer Einführung annahm, daß sie innerhalb von zehn Jahren 227 Milliarden Dollar einbringen würde, sollte die Regierung an den wirtschaftlichen Vorteilen beteiligen, welche die amerikanischen Ölgesellschaften durch die Preisfreigabe im Inland und die Anhebung auf den Weltmarktpreis erhielten. Die Steuer wurde jedoch nicht auf der Grundlage der Gewinne der Ölgesellschaften berechnet, indem sie auf die herkömmliche Art als Erträge minus Ausgaben ermittelt wurde. Stattdessen handelte es sich bei der Steuer um eine Verkaufs- oder Verbrauchssteuer auf der Grundlage des Ölpreises. Aus diesem Grund war in letzter Zeit viel von einer Beseitigung der Steuer die Rede, da die Ölpreise so stark gefallen sind, daß sie mitunter sogar unterhalb des Schwellenpreises liegen (das ist der Preis, ab dem die Steuer überhaupt Einnahmen bringt). Obwohl die Ökonomen darüber streiten, ob die Steuern auf Unternehmensgewinne hier auf die Verbraucher abgewälzt werden, gibt es breitere Übereinstimmung darüber, daß die Verbrauchssteuern je nach Annahmen über die Elastizität von Angebot und Nachfrage sehr stark auf die Verbraucher zurückschlagen.

Wie konnte dann eine 227-Milliarden-Dollar-Steuer verabschiedet werden, die zu Lasten der Konsumenten von Öl und Ölprodukten ging? Natürlich nicht, indem man die Steuer eine Verbrauchssteuer, eine Ölsteuer oder auch nur eine »Besteuerung hartverdienter Gewinne« nannte. Die erfolgreiche Verabschiedung der Steuer war zu einem guten Teil von dem Namen abhängig, den man ihr schließlich gab – »Steuer auf unerwartete Gewinne«. In einer Gesellschaft, in der öffentliche Meinungsumfragen zeigen, daß viele Bürger nicht verstehen, welche Rolle die Gewinne im Wirtschaftssystem spielen, hat ein unerwarteter Gewinn auf jeden Fall etwas Widerwärtiges an sich. Die Definition von »Unerwarteter Gewinn« lautet »unerwarteter, plötzlicher Gewinn oder Vorteil«[10]. Wie könnte irgendjemand etwas gegen die Besteuerung von Gewinnen einzuwenden haben, die eigentlich gar nicht erwartet wurden? Natürlich erkannten viele Leute sehr wohl, daß es sich hier in Wirklichkeit gar nicht um eine Gewinnsteuer handelte. *The Wall Street Journal* wies in zahlreichen Artikeln auf die tatsächliche Natur dieser Steuer hin. Aber wenn eine Steuer oft und lange genug »Besteuerung unerwarteter Gewinne« genannt wird, wirken sich die Konnotationen dieser Bezeichnung unweigerlich auf der emotionellen, wenn nicht auf der intellektuellen Ebene aus, und diese Auswirkungen sind stark.

Sprache ist ein wichtiger Faktor in der Ausübung von Einfluß, und es ist die Aufgabe von Führungskräften und Managern in Organisationen, etwas durchzusetzen. Folglich überrascht es nicht, daß viele Autoren erkannt haben, wie wichtig die Verwendung von Symbolen und politischer Sprache im Management ist. Karl Weick schrieb:

> Man kann sagen, daß die Aufgabe eines Managers darin besteht, Mythen, Bilder, Symbole und Etiketten zu managen. Das vielzitierte »Ergebnis unter

> dem Strich« einer Organisation ist ein Symbol, wenn nicht ein Mythos ... Da sich Manager so oft in Bildern ausdrücken, ist die Rolle eines Managers eher die eines Predigers als die eines Wirtschaftsexperten.[11]

Tom Peters vertritt die Auffassung, daß »Symbole der Stoff sind, aus dem das Managementverhalten gemacht wird. Schließlich synthetisieren Manager keine Chemikalien oder bedienen Gabelstapler; sie arbeiten mit Symbolen.«[12] Nixon kommentierte: »Eine Führungsperson drückt sich notgedrungen weitgehend in Symbolen, in Bildern und in elektrisierenden Ideen aus, die zu einer Kraft der Geschichte werden.«[13] In seiner Arbeit über Führerschaft merkte Lou Pondy an, daß eine ihrer wichtigen Aufgaben darin bestehe, Aktivitäten einen Namen zu geben und ihnen in den Augen der Organisationsmitglieder Bedeutung zu verleihen:

> ... die Effektivität einer Führungskraft hängt davon ab, ob sie imstande ist, den Angehörigen ihres Einflußbereichs den Sinn der Aktivitäten zu vermitteln, ... anderen das Gefühl zu vermitteln, zu wissen, was sie tun und vor allem, dies so zu artikulieren, daß sie über den Sinn ihres Verhaltens kommunizieren können ... Wenn jemand über die zweifache Fähigkeit verfügt, einen Sinn in Aktivitäten zu finden und diesen auch in Worte zu kleiden, die für viele verständlich sind, so ist er im Besitz einer enormen Hebelwirkung.[14]

Eine der wichtigen Fragen, die von unserer Diskussion über symbolische Handlungen und politische Sprache aufgeworfen wird, betrifft die Frage, ob es sinnvoll ist, Vorschläge für Handlungen oder Wahlmöglichkeiten mit Hilfe nüchterner, rationaler Analysen zu begründen. Die meisten von uns glauben gut beraten zu sein, wenn sie ihre Vorschläge mit umfassenden Begründungen und Analysen untermauern. Wenn Manager und Studenten sich ein Videoband ansehen, in dem British Steel eine Entscheidung über eine wichtige Kapitalinvestition trifft, bemerken sie oft, daß der »Projektchampion« offensichtlich niemals Zahlen verwendet oder parat hat, sondern stattdessen mit Appellen an die Emotion und interpersonalen Beeinflussungstechniken arbeitet. Es gibt allerdings Situationen, die sich gerade auf diese Art am besten bewältigen lassen. Vor allem wenn starke Emotionen angesprochen werden und wenn das Projekt oder zumindest eine Entscheidung, welche die Organisation unwiderruflich auf das Projekt verpflichtet, rasch getroffen werden kann, hat eine Argumentation, die nicht mit Zahlen, sondern mit Symbolen arbeitet, viele Vorteile. Über Zahlen kann man immer debattieren und streiten. Wenn Ihre Zahlen in Zweifel gezogen werden, können Sie Studien verlangen, um zu entscheiden, wer die vernünftigeren Ansichten hat. Das Problem daran ist nur, daß das Projekt währenddessen an Schwung verliert und sich in die Länge zieht. Über Zahlen kann man leichter streiten als über Symbole, und das ist zumindest ein Grund, um entweder nur mit Symbolen oder mit einer Kombination von Symbolen und Analysen zu arbeiten.

Als Time Inc. sich mit dem Gedanken trug, TV-Cable Week auf den Markt zu bringen, suchten die Mitglieder des Projektteams nach einem Weg, kurz und präzise zu erklären, welche Chancen das Projekt auf dem Markt hatte. Bei der Vorbereitung einer wichtigen Präsentation vor der Unternehmensleitung versuchten die fünf für die wirtschaftliche Seite zuständigen Teammitglieder, das Projekt auf einfache Weise zu präsentieren. Einer von ihnen, ein Absolvent der Harvard Business School, meinte: »Warum spielen wir nicht einfach das Spiel, das wir an der Universität immer gespielt haben – ›Wenn Du ihnen nur einen Hinweis geben darfst?‹«[15] Dann:

> . . . zog einer der Gruppe, . . . keiner erinnerte sich später, wer es gewesen war, . . . zwei Linien auf dem Blatt eines Notizblocks und setzte dort ein 100-Millionen-Dollar-Geschäft in Gang. Zuerst eine senkrechte Linie, dann in der Hälfte kreuzend eine waagrechte Linie . . .

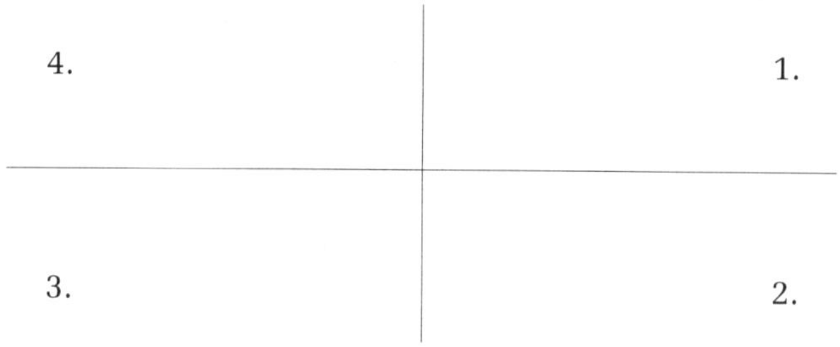

> Auf der rechten Seite der vertikalen Linie war der »freie Markt« eingezeichnet, auf dem die Magazine den Leser auf herkömmlichem Weg, zum Beispiel über Zeitungsstände, erreichten . . . Auf der linken Seite war der Markt für Magazine, die von den Kabelgesellschaften mitvermarktet wurden. Oberhalb der horizontalen Linie waren die Wochenmagazine, darunter die monatlichen . . . Dann . . . kam man zum 4. Quadranten, den gemeinsam vermarkteten Wochenmagazinen – und hier fanden sich überhaupt keine Konkurrenten. Ein ganzer leerer Quadrant zu erobern, . . . das Über-Memo für einen Manager: ein Dokument ganz ohne Worte, einfach zwei sich überschneidende Linien auf einem Blatt Papier.[16]

Es kann nicht oft genug betont werden, wie wichtig die einfache Präsentation dieses Konzepts für das Magazin war. Sie wurde bei Meetings des geschäftsführenden Vorstands des Unternehmens und des Herausgebergremiums verwendet, und die Möglichkeit, das Konzept symbolisch darzustellen, half entscheidend mit, es voranzutreiben. Natürlich stellte niemand in der ganzen Firma die naheliegende Frage: Wenn es hier einen freien Quadranten gibt, warum ist das so? Vielleicht sind die ihm zuzuschreibenden Projekte wirtschaftlich nicht überlebensfähig (was sich als zutreffend erweisen sollte, zumindest zu diesem Zeitpunkt).

Etwa um dieselbe Zeit, auf der anderen Seite des Kontinents und in einer anderen Firma, wurden ebenfalls Einfluß und Macht der Sprache demonstriert. Der Herbst 1983 war eine schwierige Zeit für Apple Computer. Ende September rief die Titelgeschichte der Zeitschrift *Business Week* IBM zum Sieger des PC-Konkurrenzkampfes aus. Apple III war gefallen, Lisa verkaufte sich nicht gut, und auch die Apple-II-Umsätze waren zurückgegangen, da die Käufer darauf warteten, daß IBM den Peanut, auch unter dem Namen PCjr. bekannt, auf den Markt bringen würde. Die Verkäufer machten sich Sorgen, und die Moral war schlecht. Überdies herrschten in der Computerbranche »sich selbst erfüllende Prophezeiungen, denn geringere Glaubwürdigkeit bedeuteten sinkende Umsätze, geringere Umsätze größere Verluste, größere Verluste geringere Glaubwürdigkeit, und so weiter. Das konnte nur zu einer sich immer schneller drehenden Abwärtsspirale führen.«[17] Auf der Verkaufstagung im Herbst bestand die entscheidende Aufgabe darin, die Verkäufer und unabhängigen Vertriebshändler zu motivieren:

> Jobs und Murray lagen ausgestreckt auf dem Boden eines Ganges und schrieben an Jobs' Rede . . . Macintosh war ein künstliches Gebilde aus Silikon und Metall, das Elektronen nach den strengen Regeln der Logik manipulieren sollte; aber seine Anziehungskraft ging über die der Logik hinaus, und dem entsprach auch die Werbung. Es ging nicht mehr um ein »Instrument zur Produktivität«, sondern um eine Maschine, dank derer der menschliche Geist befreit werden würde . . . Es war eine mystische Erfahrung. Um mit ihr arbeiten zu können –, um auf sie reagieren zu können – brauchte man nichts weiter als die eigene Intuition. Und man mußte sie verkaufen. Jobs brauchte nur auf die Emotionen zu zielen.[18]

Jobs' Rede, die er 1984 auf dem Jahrestreffen, bei dem Macintosh präsentiert wurde, wiederholte, konzentrierte sich auf die Fehler von IBM, die darin lagen, daß sie die Xerographierechte nicht erworben und weder Minicomputer noch PCs ernst genommen hatten. Dann wandte er sich den schlechten Zeiten für die gesamte Computerindustrie zu und der Tatsache, daß IBM den ganzen Markt für sich allein beanspruchte:

> »Soll Big Blue das gesamte Informationszeitalter dominieren?« rief er zuletzt. »Hatte George Orwell recht?« »Nein!« schrien sie . . . Und währenddessen senkte sich eine riesige Leinwand von der Decke. Das Schauspiel entfaltete sich in einem sechzig Sekunden dauernden »Microburst« [der Werbespot des Jahres 1984] . . . Die Verkaufstagung war ab diesem Augenblick wie verwandelt – der Defätismus war der Euphorie gewichen.[19]

Durch diesen meisterlichen Einsatz des symbolischem Managements änderte sich weder auf der Verkaufstagung noch beim Jahrestreffen in Cupertino irgendetwas an der Marktposition, an der Technologie oder an den beträchtlichen Bankschulden von Apple. Was sich veränderte, war die Organisation und die Einstellung von Mitarbeitern, Konkurrenten und potentiellen Kunden ihr gegenüber. Das war alles, und es war genug.

Der geschickte Umgang mit der Sprache wird in den meisten Organisationen belohnt. Wenn Ihr eigener Vorschlag »sauber«, »ordentlich« und »vorausblickend« aussieht und die Alternativen »unordentlich« oder »unentschlossen« wirken, ist Ihrem Vorschlag der Erfolg so gut wie sicher. Sprache wird in Organisationen auch oft verwendet, um Übergangsphasen, die ansonsten als schmerzlich und schwierig empfunden würden, den Schrecken zu nehmen. Ein Verkaufsmanager einer Autofirma spricht niemals von Entlassung, sondern nur von »Neugestaltung der Karriere«. In Stanford erlebten wir 1990 keine Kürzungen in der Verwaltung mit begleitenden Entlassungen, sondern »Neupositionierungen«. In einem großen Krankenhaus gibt es keine Fehler oder Kunstfehler, sondern nur potentiell kompensationspflichtige Ereignisse.

Lyndon Johnson war ein Meister im Umgang mit Sprache und Symbolen, wenn es darum ging, ansonsten unangenehme Situationen in einem besseren Licht erscheinen zu lassen und die Leute in seiner Umgebung zu motivieren. Als Sekretär des Kongreßabgeordneten Kleberg hatte er zwei Assistenten, einer davon hieß Gene Latimer. Latimer hatte es nach Washington gezogen, weil er in der Nähe seiner Verlobten sein wollte, aber der Arbeitsplan des Johnson-Büros ließ nur wenig Platz für Romantik. »Sonntag nachmittags ab drei Uhr – und nur Sonntag nachmittags ab drei Uhr – bekam er frei, um sie zu sehen.«[20] Johnson bezahlte Latimer sehr schlecht, denn das Geld, das er bei seinen Assistenten einsparte, blieb ihm für sich selbst. Als Latimer jedoch schließlich kurz davor war zu rebellieren, verstand es Johnson, ihn mit einer symbolischen Geste zu beruhigen:

> »Er hörte mir mitleidig zu, . . . dann sagte er, er hätte schon seit einiger Zeit darüber nachgedacht, wie er mich für meine ausgezeichnete Arbeit belohnen könne. Schließlich meinte er, ich hätte es verdient, daß ich ein eigenes Briefpapier mit meinem Namen und einem Briefkopf als Sekretärsassistent bekäme. So wie er das Prestige und den Glanz beschrieb, die damit verbunden sein würden, sah ich die Druckschrift schon zehn Zentimeter über dem Papier leuchten.«[21]

Titel oder andere symbolische Belohnungen werden häufig eingesetzt, wenn man bewirken will, daß Menschen ihre Position in der Organisation positiver empfinden. Oft ist eine solche Vorgangsweise erfolgreich, so auch im Fall von Latimer, der praktisch sein ganzes Leben lang für Johnson arbeitete.

Politische Sprache funktioniert zum Teil, indem sie »die Aufmerksamkeit einer Gruppe mit gemeinsamen Interessen auf diejenigen Aspekte ihrer Situation lenkt, die eine angestrebte Vorgangsweise mit der Förderung ihrer Interessen konsistent erscheinen lassen.«[22] Und die politische Sprache ist oft auch deshalb effektiv, weil die Menschen nach ihren Absichten, nach dem Symbolgehalt dessen, was sie zu erreichen suchen, und nicht nach der Realität ihres Handelns beurteilt werden. George Gallup sagte: »Die Menschen neigen dazu, einen Mann nach seinen Zielen oder Bestrebungen zu beurteilen und nicht unbedingt danach, was er erreicht oder wieviel Erfolg er hat.«[23]

Sprache ist ein so mächtiges Beeinflussungsinstrument, daß ich Ratsuchenden oft empfehle, die Sprache in ihren Organisationen zu überprüfen. Ich kann ihnen dann eine Menge darüber erzählen, wie die Organisation über sich selbst und ihre Aktivitäten denkt. Auf diese Weise wird Sprache zu einem potenten Verhaltensindikator.

Eines der interessantesten Diagnosemittel sind die Pronomina, die in Organisationen verwendet werden. Da gibt es die »Ich«- und »Mich«-Organisationen, und solche, bei denen der Schwerpunkt auf »Wir« und »Uns« liegt. Es gibt auch andere Organisationen, in denen von anderen Personen und Einheiten in der Firma als »Sie« oder »Die« gesprochen wird. Die Sprache kann nicht nur etwas über die Kultur und Gesundheit einer Organisation aussagen, sondern auch für sich selbst bedeutend sein, wenn es um die Ausübung von Einfluß geht.

Nehmen wir den Fall der Aufspaltung einer großen Anwaltskanzlei mit Hauptsitz in Cleveland – Jones, Day, Revis and Pogue (JDR&P). Ein beträchtlicher Teil des Washingtoner Büros spaltete sich ab, als der geschäftsführende Partner der Firma, Alan Holmes, versuchte, Eldon Crowell und seine Regierungsvertragsgruppe aus diesem Büro hinauszudrängen. Die Ereignisse, die der Mitteilung an Crowell, er müsse die Partnerschaft verlassen, folgten, mögen viele interessante Aspekte haben, aber besonders aufschlußreich war die Sprache, die dabei verwendet wurde. Sowohl die Holmes- als auch die Crowell-Gruppe verteilten an ihre Partner und Gesellschafter Memos, in denen sie versuchten, Unterstützung und Verstärkung für ihre Seite zu gewinnen. Die Partner konnten natürlich weiterhin bei JDR&P bleiben, oder sie konnten der neuen Firma Crowell and Moring, beitreten. Ich habe Kopien beider Memos, und die Unterschiede in der verwendeten Sprache sind augenfällig. Denken Sie daran, daß es sich hier um einen Wettstreit um die Loyalität und Unterstützung hochkarätiger Freiberufler in einer Firma handelt, die den Zweck hat, freiberufliche Dienstleistungen zu verkaufen.

Das Memo der Holmes- oder Clevelandgruppe ist an die »Washingtoner Partner« adressiert und beginnt so:

In der Anlage hierzu finden Sie ein Kopie des Positionspapiers, das wir

> heute morgen den Mitgliedern des Exekutivausschusses des Washingtoner Büros zustellen lassen.
>
> Die meisten von uns . . . wollen den Großteil des Tages im Washingtoner Büro verbringen, und wir würden uns freuen, . . . mit allen zu sprechen, die mit uns näher über unser nationales Firmenprogramm diskutieren wollen.

Auf der nächsten Seite liest man unter der Überschrift »An die Partner von JDR&P« unter anderem folgendes:

> Beim Treffen der Partner im Büro von Cleveland . . . habe ich über die Diskussionen berichtet . . . Seit damals war ich nicht mehr dort . . . aber ich habe darum gebeten, . . . während meiner Abwesenheit alle Aspekte der aufgeworfenen Probleme zu berücksichtigen. Ich bin nun über die dortigen Standpunkte informiert . . . und glaube, daß jetzt der richtige Zeitpunkt gekommen ist, Ihnen meine wohlüberlegte Beurteilung der Situation mitzuteilen.
>
> Ich bin der Meinung, daß die meisten unserer Partner die dramatischen Veränderungen in der Natur der Nachfrage nach juristischen Dienstleistungen erkannt haben . . . Diejenigen Anwaltsbüros, die sich auf solche konventionellen Dienstleistungen beschränken, werden meiner Meinung nach die Veränderungen, die mit den modernen Rechtspraktiken einhergehen, nicht überleben. Nur die großen Firmen, die auf etwas reagieren können, was ich als Transaktionsbasis bezeichnen würde, . . . werden in Zukunft florieren.

Auf der ersten Seite tauchen sieben Pronomina in der ersten Person auf (sechs im ersten Absatz), bis zum Ende des Absatzes, der auf der ersten Seite beginnt und bis zum Beginn der zweiten Seite reicht, sind es neun geworden. Können Sie sich vorstellen, wie diese Firma geführt wurde – von einem gewählten geschäftsführenden Vorstand, oder von einem starken geschäftsführenden Partner mit den praktischen Vollmachten eines Vorstandsvorsitzenden? Die Antwort liegt in der Sprache. Noch wichtiger ist jedoch: Welchen Eindruck machte diese Sprache auf Sie, wenn Sie ein unentschlossener Washingtoner Partner wären? Wird Ihnen hier eine Hand entgegengestreckt oder erklärt Ihnen ein Übervater die juristische Welt, wie er sie sieht?

Im Gegensatz dazu lautet die Überschrift des Memos der Crowell-Gruppe: »An unsere Partner bei JDR&P«. Das Memo beginnt so:

> In den vergangenen drei Wochen haben die Mitglieder des geschäftsführenden Vorstands in Washington und die meisten Washingtoner Partner viel über das Verhältnis zwischen dem Washingtoner Büro und dem Rest unserer Firma diskutiert. Diese Diskussion hat sich ausschließlich darauf konzentriert, welche Schritte ergriffen werden könnten, um bestehende Beziehungen zu stärken . . . und gemeinsam mit unseren Freunden und Partnern

Mittel und Wege zu finden, ... um unserem gemeinsamen Ziel, dem Aufbau des besten Anwaltsbüros Amerikas, näherzukommen ... Unsere Washingtoner Partner sind sehr stolz auf ihre Zusammenarbeit mit Jones, Day ... Wir haben unsere Meinung dazu bereits bei einem Frühstücksmeeting zum Ausdruck gebracht ... Wir haben auch unserer aufrichtigen Hoffnung Ausdruck verliehen, daß dies nur das erste von vielen Treffen sein würde ... Wir waren von der Ansicht von Mr. Holmes enttäuscht, ... daß die »Regierungsvertragsgruppe« mit seinem Konzept der nationalen Firma nicht in Einklang zu bringen sei.

Das Cleveland-Memo ist von fünf Anwälten (namentlich genannt) unterzeichnet, wobei Alan Holmes an erster Stelle steht. Das Memo der Crowell-Gruppe ist unterzeichnet mit »Das Exekutivkomitee, Washington.« Im Memo der Crowell-Gruppe kommen die Worte »Ich« oder »mein« nicht vor, und der Ton ist viel entgegenkommender und nicht so oberlehrerhaft. Es gibt viele Gründe, warum es Crowell und seinen Kollegen so gut gelang, sowohl Partner als auch Assoziierte auf ihre Seite zu bringen, aber ihre Sprache und die von ihr implizierten Einstellungen waren sicherlich ein wichtiger Faktor, der zu ihrem Erfolg beitrug. Diese beiden Memos zeigen sehr anschaulich, wie man Sprache einsetzen kann, um Macht- und Führungsstrukturen sichtbar zu machen, aber auch, daß die Verwendung von Sprache in der Ausübung von Macht und Einfluß ein entscheidender Faktor ist.

ZEREMONIEN

Zeremonien ermöglichen sowohl die Mobilisierung politischer Unterstützung als auch die Beschwichtigung einer Opposition. Zeremonien kann man benutzen, um bei den Mitgliedern einer Organisation eine positivere Einstellung zu den Dingen zu wecken, die erledigt werden müssen. Sie können aber auch in größeren politischen Kämpfen innerhalb von Organisationen als Mittel eingesetzt werden. In Organisationen finden regelmäßig verschiedene Zeremonien oder Veranstaltungen mit zeremoniellem Charakter statt. Da gibt es Jahrestreffen, Verkaufstagungen, Schulungsstunden, Kongresse und ähnliches bis hin zur Ersetzung hochrangiger Führungskräfte, Pensionierungsfeiern und Feiern aus Anlaß besonderer Erfolge. In jedem Fall geht es darum, welchen Gebrauch man von der Zeremonie macht. Wenn man einer Gruppe symbolische Unterstützung bietet, um sie zum Anschluß zu bewegen, oder wenn die Zeremonie Teil eines politischen Kampfes ist, müssen wir fragen, ob sie sich zur Entwaffnung der Gegenseite eignet.

Das Jahrestreffen von Apple im Jahr 1984 war, wie wir gesehen haben, ein Beispiel für den erfolgreichen Einsatz politischer Sprache. Es war eine Zeremonie, die auf vielen Ebenen Bedeutung hatte. Apple hatte signalisiert, daß es sich um eine wichtige Veranstaltung handelte, indem es alle Firmenstandorte in Nordkalifornien schloß und Busse bereitstellte, damit alle Mitarbeiter an dem Treffen teilnehmen konnten. Das Treffen sollte durch eine Feier für den Macintosh ein Gemeinschaftsgefühl in der Firma erzeugen. Zu diesem Zeitpunkt war jedoch der Macintosh noch nicht vorgestellt, Lisa ging es schlecht, der Apple III war vom Markt genommen. Die einzige Stütze der Firma war offensichtlich der Apple II, was allerdings in der Zeremonie nicht gewürdigt wurde. Darüber hinaus wurden der Apple-II-Abteilung ihr zweitrangiger Status und ihr Machtverlust in der Firma vor Augen geführt, indem man das Macintosh-Team ganz vorne hinsetzte, seine Leistungen mit Videovorführungen und anderen Gesten würdigte und alle Aufmerksamkeit ausschließlich auf das neue Gerät lenkte.

Treffen werden oft abgehalten, um einer Gruppe in der Organisation das Gefühl zu geben, daß sie wichtig ist. Allein von der Abhaltung eines Treffens, das dieser Gruppe gewidmet ist, geht schon eine symbolische Unterstützung aus, aber es ist auch wichtig, was auf dem Treffen geschieht. Unter der Leitung Robert Fomons wurde bei E.F. Hutton die Einzelkundenabteilung immer unzufriedener mit der Ausrichtung der Firma. Die Abteilung fühlte sich an den Rand gedrängt, unbedeutend und ignoriert. Einige Jahre davor hatte George Ball den Direktorenberatungsausschuß (Directors Advisory Council – DAC) ins Leben gerufen, »eine Elitegruppe erfolgreicher Hutton-Makler . . . Theoretisch sollte der DAC den Aufsichtsrat von Hutton über die Gedanken der Makler auf dem laufenden halten und ihre Lobby für Veränderungen sein.«[24] Selbstverständlich ging es in Wirklichkeit vor allem darum, den Maklern das Gefühl zu geben, wichtig zu sein. Der DAC, der mit Fomon unzufrieden war, berief eine Sitzung ein, bei der seine Teilnahme verlangt wurde. Fomon hatte bei dieser Sitzung die Möglichkeit, bei den Maklern positivere Gefühle sowohl ihm als auch der Organisation gegenüber zu wecken, er ließ diese Gelegenheit jedoch ungenutzt vorübergehen:

> Hätte Fomon die DAC-Sitzung als Plattform benutzt, um Miller als Außendienstleiter vorzuschlagen, so hätte er den Ärger weitgehend zerstreuen und beweisen können, daß er Rücksicht auf die Leute von der Einzelkundenabteilung nahm. Aber . . . Fomon reagierte anders. Er stand auf und verließ die Sitzung. Er verließ einfach den Saal. Er erweckte den Eindruck, als ob er mit diesen niederen Maklern und ihrem dummen Gejammer nichts zu tun haben mochte.[25]

Konferenzen und Sondersitzungen können, wenn sie richtig eingesetzt werden, sowohl Interessen innerhalb der Organisation bündeln als auch Hinweise auf Macht und Status der einzelnen Beteiligten geben. Ähnlich verhält es sich oft bei firmeninternen Schulungsprogrammen. Kluge Organisationen schicken ihre Top-Manager in Ausbildungskurse, zu abendlichen Diskussionsveranstaltungen oder informellen gesellschaftlichen Ereignissen. Solche Zeremonien signalisieren den an der Sitzung teilnehmenden Managern, wie wichtig sie für die Organisation sind. Auch wenn sie nicht in die hierarchischen Entscheidungsfindungsprozesse der Firma eingebunden sind, fühlen sie sich durch ihren Kontakt zu den Führungspersönlichkeiten und durch die Miteinbeziehung in Ereignisse, an denen diese teilnehmen, geschmeichelt. Auch die Auswahl der Funktionen oder Manager, die an solchen Ereignissen teilnehmen, trägt zur Symbolisierung von Macht und Status in der Organisation bei. Wenn Qualität ein Thema ist und die Mitarbeiter der Qualitätskontrolle an Bedeutung gewinnen, wird man sie bei Schulungskursen wahrscheinlich nicht nur als Teilnehmer, sondern als Vortragende oder Beobachter finden. Wenn die Firma von der Finanzabteilung dominiert wird, kann man davon ausgehen, daß es finanzielle Präsentationen über die Aufnahme der Firma bei den Investoren gibt und vielleicht sogar Erklärungen dazu, wie die Kapitalmärkte arbeiten und wie das Unternehmen bewertet wird. Der letztgenannte Schwerpunkt war ein wichtiges Thema bei Schulungen der Firma Westinghouse; das spiegeln die Konzernstruktur und die weitgehend finanzielle Orientierung des Unternehmens wider. In Firmen, die Probleme in den Bereichen Öffentlichkeitsarbeit und Public Relations haben, beispielsweise Versicherungsunternehmen, spielen Repräsentanten dieser Funktionen eine besondere Rolle. Kurz gesagt, zeigt die Teilnahme an Schulungsaktivitäten nicht nur die jeweilige Macht verschiedener Gruppen, sondern verstärkt diese Macht eben durch diese Präsenz noch weiter zu Lasten konkurrierender Gruppen.

Regelmäßig stattfindende Sitzungen, wie sie in den Bereichen Budget, Leistung oder Produktüberprüfung zu finden sind, haben ebenfalls zeremonielle Aspekte, wobei sowohl der Einfluß der einzelnen Abteilungen als auch die hierarchische Macht zur Schau gestellt werden können. Harold Geneens monatliche Prüfungssitzungen mit den Managern der Geschäftseinheiten bei International Telephone and Telegraph waren berühmt. Geneen bewahrte seine eigene Macht, indem er die Leistungen der Manager durchleuchtete. Um vor ihren Kollegen gut dazustehen, ließen sich die Manager auf eine Konkurrenz um bessere Ergebnisse ein, zumindest auf der Ebene, auf der sie durch die ITT-Systeme gemessen wurden.

Hierarchische Macht und Loyalität dem Boß gegenüber wurden auch bei Sitzungen von General Motors demonstriert. De Lorean hielt fest, daß hochrangig besetzte Ausschußsitzungen den zwei oder drei obersten Männern Gelegenheit boten, ihre Macht und Autorität zu demonstrieren:

> Bei den Sitzungen in der vierzehnten Etage hatten oft nur drei Leute, Cole, Gerstenberg und Murphy, etwas Wichtiges zu sagen, obwohl 14 oder 15 Spitzenmanager anwesend waren. Der Rest des Teams verharrte schwei-

gend . . . Wenn sie doch einen Diskussionsbeitrag leisteten, . . . paraphrasierten sie in den meisten Fällen nur, was einer der Bosse gesagt hatte.[26]

Oft recherchierten die Top-Manager präzise Fakten, die sie dann benutzten, um ihre Untergebenen bei den Sitzungen einzuschüchtern, wodurch sie ihre Macht in der Organisation weiter stärkten. Frederic Donner war ein Meister in dieser Beziehung:

> In der Sitzung eines Verwaltungsausschusses fragte er den Leiter der LKW- und Busabteilung von GM:
>
> »Wieviele Busse haben Sie im letzten Monat gebaut?«
>
> Der Manager antwortete: »Etwa dreitausend.«
>
> Donner verzog das Gesicht und bellte . . . »Im letzten Monat haben Sie dreitausendeinhundertsiebenundachtzig Fahrzeuge gebaut.« Ob das stimmte oder nicht, es war eine präzise Zahl . . . Donner versuchte zu sagen: »Sehen Sie, wie ich mich in Ihrem Geschäft auskenne? . . . Sehen Sie, was ich für einen Kopf habe!«[27]

Wenn wir erkannt haben, daß Sitzungen zeremonielle Ereignisse sind, bringen wir vielleicht auch die Geduld auf, sie durchzustehen und uns dabei sogar einigermaßen zu unterhalten. Wenn wir auf den symbolischen, aber auch den realen Gehalt der verschiedenen Sitzungsarten achten, können wir diagnostizieren, wieviel Macht und Einfluß die einzelnen Mitglieder der Organisation haben, und bekommen ein genaueres Gefühl dafür, wie diese Macht unter verschiedenen Umständen ausgespielt wird.

Die Neubesetzung von Führungspositionen und die Bestellung von Nachfolgern sind ebenfalls wichtige zeremonielle Ereignisse. Bei Unternehmen, die bei illegalen Aktivitäten oder Unregelmäßigkeiten ertappt werden, kann der Austausch der Führungskräfte die feste Absicht der Firma in ihrer Gesamtheit signalisieren, ein solches Verhalten nicht zu tolerieren und dafür zu sorgen, daß sich die Dinge in Zukunft ändern werden. Anfang der 70er Jahre, als illegale Wahlkampfspenden und Bestechungen ausländischer Regierungen bei Auftragsvergaben publik wurden, mußten die Vorstandsvorsitzenden von Gulf Oil und Northrop zurücktreten. Als man entdeckte, daß E.F. Hutton ungedeckte Schecks ausstellte und bei Emissionen Zinsen kassierte, mußten zwei hochrangige Manager gehen, wenn auch nicht der Vorstandsvorsitzende. Jemand mußte für die Missetaten verantwortlich gemacht werden und dafür im Zuge einer rituellen Reinigungsgeste aus der Firma entfernt werden.

Es kommt nur selten vor, daß sich solche Missetaten in einem Unternehmen eindeutig einer oder einigen wenigen Personen zuschreiben lassen. Unternehmen haben eine gemeinschaftliche Kultur und vereinheitlichte Betriebsverfahren, und daher bin ich skeptisch, ob sich wirklich so viel ändert, wenn ein oder zwei Leute hinausgeworfen werden. Und tatsächlich kam es in einigen der Organisationen (wie Flugzeugproduzenten), in denen einmal rituelle Entlassungen stattfanden, wieder (und wieder) zu rituellen Entlassungen, wenn weitere Skandale ans Tageslicht kamen. Indem man hochrangige Manager hinauswirft, vor allem Vorstandsmitglieder oder den Vorstandsvorsitzenden, kann man der Außenwelt auch signalisieren, daß sich die Dinge zum Besseren ändern werden. Man sagt, daß die Manager im Profisport nur angeheuert werden, um gefeuert zu werden – um alles einmal gut durchzuschütteln und der Öffentlichkeit zu signalisieren, daß die Besitzer schwache Leistungen nicht für immer akzeptieren werden. Manager in Firmen und ähnlichen Organisationen erfüllen eine ähnliche Funktion. Neuere Studien haben tatsächlich gezeigt, daß die Aktienkurse kleinerer Firmen im Vergleich zum übrigen Markt steigen, wenn sie den Vorstandsvorsitzenden wegen schwacher Leistungen feuern.[28] Offensichtlich glaubt der Markt, daß der Austausch von Führungskräften weitreichende Folgen für das Leben eines Unternehmens hat.

Die Bestellung von Nachfolgern ist eine echte Zeremonie. Wenn sich die Firma diese Zeremonie zunutze machen will, muß sie zahlreiche Informationen verbreiten, aus denen hervorgeht, daß die gefeuerte Person an den Problemen schuld ist. Die Wahl des Nachfolgers und seine oder ihre Einsetzung sollte in der Öffentlichkeit wirkungsvoll dargestellt und intensiv kommentiert werden. Dem Nachfolger sollte eine wundervolle Biographie verpaßt werden, so daß die Zukunft wirklich in hellstem Licht erstrahlt. Obwohl, wie wir gesehen haben, Archie McCardell die Firma Xerox in einem beklagenswerten finanziellen Zustand zurückließ, wurde er bei seinem Eintritt in die Firma International Harvester als eines der größten Wirtschaftsgenies des zwanzigsten Jahrhunderts präsentiert. Eine Firma gibt zum Zeitpunkt der Einstellung eines Versagers nie zu, daß es sich um einen solchen handelt, sondern immer erst dann, wenn er entfernt wird.

Die Ereignisse rund um die Bestellung eines Nachfolgers bieten den verschiedenen politischen Abteilungen einer Organisation Gelegenheit, ihren Einfluß unter Beweis zu stellen. Welche Gruppe wird der neue Manager vertreten? Aufgrund der symbolischen, aber auch der realen Bedeutung, die der Wahl des Leiters der Organisation zukommt, ist diese Entscheidung oft hoch politisch und heiß umstritten.[29] Als E. F. Hutton aufhörte, Aktienmakler als Vorstandsvorsitzende zu bestellen, lag der endgültige Beweis dafür vor, daß sich die Macht innerhalb der Firma vom Einzelhandelsbereich weg verlagert hatte. Die Ernennung John Sculleys bei Apple Computer war nicht nur ein Signal dafür, daß die Firma erwachsen geworden war, sondern auch dafür, daß man nun den Bereichen Marketing und Organisation im Vergleich zur Technologie mehr Bedeutung beimaß. Die Ernennung eines Wirtschaftsprüfers als Vorstandsvorsitzenden von Bethlehem Steel in den 70er Jahren signalisierte, daß das Unternehmen nun als eine Ansammlung von Aktiva betrachtet wurde. Die

Übergehung eines Mitbewerbers aus dem Stahlfach belegte nicht nur den Niedergang des Stahlbereichs in der amerikanischen Industrie, sondern auch in dieser speziellen Firma.

Es gibt zahlreiche Anlässe für Zeremonien, und diese Ereignisse sind wichtig aufgrund der Aussagen, die sie über die Verteilung von Macht und Einfluß in der Organisation zulassen, sowie aufgrund ihrer Auswirkungen auf die verschiedenen Interessengruppen innerhalb der Organisation. Die Bedeutung der Zeremonien für die Entwicklung und Ausübung von Macht hat mich oft veranlaßt, aufstrebenden jungen Managern zu empfehlen, Kurse in Schauspiel, Literatur oder englischer Sprache zu absolvieren. Einige meiner Kollegen sind der Meinung, daß Wirtschaftsstudenten in Stanford nur eine leichte Prüfung machen wollen, wenn sie Schauspiel als Wahlfach nehmen, aber ich glaube, daß diese Kurse oft mehr wert sind als viele der traditionellen Alternativen.

DIE UMGEBUNG

Wir haben bereits besprochen, wie man anhand der Umgebung und der Räumlichkeiten die Machtverteilung diagnostizieren kann. Die räumliche Darstellung von Macht und Einfluß kann ein Eigenleben entwickeln, indem sie den Mächtigen hilft, an der Macht zu bleiben und gegenüber den Bestrebungen der weniger Mächtigen eine Barriere zu errichten. Noch interessanter jedoch ist die Art und Weise, in welcher der Raum als Instrument für die Ausübung von Macht und Einfluß verwendet werden kann.

General Motors war – und ist wahrscheinlich immer noch – eine sehr hierarchisch strukturierte Organisation. Die Macht konzentrierte sich an der Spitze, und die Mitglieder der niedrigeren Ebenen übten relativ geringen Einfluß aus. Die Machtkonzentration an der Spitze zeigte sich auch an der Gestaltung der Firmenzentrale:

> Bei General Motors wird das Wort »die vierzehnte Etage« mit Ehrerbietung ausgesprochen. Das ist die Führungsetage . . . Für die meisten Mitarbeiter von GM ist der Aufstieg in die vierzehnte Etage die Erfüllung ihres Lebenstraums . . . Die Atmosphäre der vierzehnten Etage ist geheimnisvoll still . . . Die allgegenwärtige Stille verbreitet eine Aura großer Macht. Der Grund für diese Stille muß wohl darin liegen, daß die mächtigen GM-Bosse in ihren Büros so hart arbeiten . . . Die Tür ist elektronisch verriegelt und wird von einer Vorzimmerdame, die in einem großen, schlichten Warteraum sitzt, mittels eines Schalters unter ihrem Schreibtisch geöffnet . . . Die GM-Bosse betreten und verlassen ihre Büros normalerweise über einen privaten Lift im Inneren der Führungsetage.
>
> Sie [die Büros der Bosse] sind in der Reihenfolge ihrer Bedeutung angeord-

net . . . Über die Frage, wie weit ein Büro von dem des Aufsichtsratsvorsitzenden oder Vorstandsvorsitzenden entfernt ist, gibt es ständig Eifersüchteleien . . . Alle [Büros] sind einheitlich eingerichtet. Sie haben blaue Teppichböden, beigefarbene Wände, verblaßte Eichentäfelung und alte Möbel, . . . ausgenommen die Büros der obersten Manager, die nach den Wünschen ihrer Inhaber ausgestattet sind.[30]

Apple Computer war im Gegensatz dazu eine weniger hierarchisch strukturierte Organisation, und die Macht war nicht in diesem Maße an der Spitze konzentriert. Das zeigt sich in den Bürovorbereitungen für John Sculley, den Vorstandsvorsitzenden:

> Sculleys Büro war so unprätentiös und wenig förmlich wie sein neuer Garderoberaum. Ein kleines, quadratisches Zimmer hinten im Pink Palace, mit Aussicht auf die Autowaschanlage auf der einen und den Parkplatz auf der anderen Seite. Die Möbel waren von der für Apple-Manager üblichen Sorte . . . Die Wand an der Seite, an der seine Sekretärin saß, war ganz aus Glas, und erzeugte so einen Eindruck der Offenheit.[31]

Hierarchische Machtunterschiede werden von der räumlichen Umgebung zugleich symbolisiert und erzeugt. Denken Sie an die Beschreibung der verschiedenen Büroumgebungen bei Apple Computer und General Motors. In welchem hätten Sie als durchschnittlicher Manager eher das Gefühl, mit dem Vorstandsvorsitzenden zu sprechen? In welchem hätten Sie eher das Gefühl, Entscheidungen in Frage stellen oder herausfordern zu können? Wenn Sie sich in einer imposanten, einschüchternden Umgebung befinden, fühlen Sie sich wahrscheinlich weniger mächtig und einflußreich, als dies sonst der Fall wäre. So kommt es, daß die räumliche Umgebung nicht nur Macht erzeugt, sondern sie auch widerspiegelt.

Thomas Foley, der Chef der demokratischen Mehrheitsfraktion des Repräsentantenhauses während der Amtszeit von Sprecher Jim Wright, hatte ebenfalls ein Büro, das er sorgfältig so gestaltete, daß es seine Auffassung seiner Stellung widerspiegelte:

> Das Büro war wie ein Wohnzimmer eingerichtet, mit einem kleinen Schreibtisch am Fenster, nicht größer als ein Kinderschreibtisch. Foleys Aufgabe war es zuzuhören, und er glaubte, daß ein großer Schreibtisch, der Autorität vermittelte und als Wall gegen Zuhörer und Besucher diente, diese am offenen Gespräch hinderte. Er drängte sich nicht auf; er hörte zu.[32]

Die räumliche Umgebung ist auch für die horizontalen Machtkämpfe bezeichnend. Als die Macintosh-Abteilung bei Apple an Bedeutung gewann und Apple II an Einfluß verlor, wurde Apple II aus dem Bandley Drive ausquartiert und in ein eine Meile entferntes Mietgebäude ausgesiedelt. Macintosh nahm ihre alten Räume in Besitz. Und während die Räume zu Apple-II-Zeiten etwa 200 Mitarbeiter beherbergt hatte, wurden sie für die Macintosh-Abteilung umgebaut und für etwa halb soviele Angestellte ausgelegt.[33] Der Machtgewinn der Macintosh-Gruppe unter Jobs war an den Räumlichkeiten deutlich abzulesen, und der Luxus des räumlichen Standorts der Abteilung, der sich vor allem in seiner Nähe zur Zentrale widerspiegelte, brachte ihr im Kampf um Unternehmensressourcen und Aufmerksamkeit Vorteile ein.

Auch auf der interpersonalen Ebene kann Raum zur Machtausübung genutzt werden. Es gibt Machtpositionen, beispielsweise die am Kopfende eines Tisches, die dem Inhaber unmittelbar Macht verleihen. Wenn Sie ein großes Büro, einen imposanten Schreibtisch und einen Chefsessel haben, und wenn das Büro so angelegt ist, daß Sie von Ihren Besuchern getrennt sind, so sind dies alles subtile Mittel, um Ihre Macht zu erhöhen.

Ebenso wie Sprache und Zeremonien ist auch die Umgebung wichtig für die Ausübung von Macht und Einfluß. Die Umgebung als solche sollte sorgfältig gestaltet und strategisch eingesetzt werden. Gute Resultate kommen nur selten zustande, wenn man Raum deshalb benutzt, weil er verfügbar, günstig oder billig ist. Man muß seiner räumlichen Umgebung Aufmerksamkeit widmen, und zwar nicht nur in bezug darauf, wie sie sich auf die Position im Interaktionsnetz auswirkt, sondern auch in bezug auf den Eindruck von Macht oder Machtlosigkeit, den sie vermittelt.

Ein Grund dafür, daß Sprache, Zeremonien und Umgebung so wichtig für die Ausübung von Macht und Einfluß sind, ist der, daß uns ihre Auswirkungen auf uns oft kaum bewußt sind. Der Einfluß, den richtig gewählte Worte, gut geplante Zeremonien und eine sorgfältig eingerichtete Umgebung auf uns haben, kann unserem Bewußtsein entgehen. Und da wir uns auf das rational Erfaßbare und Analytische konzentrieren, sind wir versucht, die Bedeutung dieser Faktoren herunterzuspielen. Wie viele von uns würden in einer wichtigen Diskussion über substantielle Fragen auf einem anderen Sitzungsort oder einer Anpassung der Terminologie bestehen? Wenn wir aber keine Sensibilität gegenüber der Sprache, den Zeremonien und der Umgebung entwickeln, müssen wir unter Umständen Machtnachteile in Kauf nehmen, ohne uns dessen überhaupt bewußt zu sein.

TEIL IV

DIE DYNAMIK DER MACHT: WIE MACHT VERLORENGEHT UND WIE SICH ORGANISATIONEN VERÄNDERN

Man kann sich leicht in detaillierten Beschreibungen der Quellen der Macht, in der Diagnose von Macht und Bewertung von Situationen sowie in Diskussionen verlieren, die sich um die Strategien und Taktiken zur Ausübung von Macht drehen. Dabei kann man leicht aus den Augen verlieren, worum es in diesem Buch eigentlich geht, nämlich darum, die Dinge in einer Organisation voranzubringen. Wir interessieren uns für Macht als Mittel, um sowohl uns selbst als auch unseren Organisationen zu größerer Effektivität und mehr Erfolg zu verhelfen. Dieser letzte Abschnitt des Buches beginnt mit einigen warnenden Ausführungen darüber, wie Macht verloren gehen kann. Ein Weg, um die Macht und ihre Dynamik zu verstehen, besteht darin zu untersuchen, wie sie abblättern kann. Im ersten Kapitel dieses Abschnitts werden wir sehen, wie auch Mächtige fallen können, und wir werden untersuchen, was das für uns, die wir über unser eigenes Verhältnis zu Macht und Einfluß nachdenken, bedeutet.

Im vorletzten Kapitel werden wir uns eingehend damit befassen, in welcher Weise sich die Dynamik der Macht auf eine Organisation produktiv oder unproduktiv auswirken kann. In diesem Buch geht es um Macht im Management, aber auch darum, wie man die Macht managen kann. Wir müssen über den Einfluß sprechen, den die Dynamik der Macht auf Organisationen hat, und, was vielleicht noch wichtiger ist, über die Probleme und das Potential, die in einem produktiven Management der Machtdynamik liegen.

Im letzten Kapitel werden wir daran erinnert, daß Macht nicht von rein akademischem Interesse ist. Es hängt von unserer Fähigkeit zur Durchsetzung unserer Ziele ab, ob Autobahnen gebaut werden oder nicht, ob Blutkonserven verseucht werden oder nicht, ob Produkte vorgestellt oder technologische Kapazitäten verschwendet werden. Aber neben den Fähigkeiten stehen noch andere Faktoren zur Diskussion. Es zählen nicht nur die politischen Fähigkeiten, sondern auch der politische Wille und der Wunsch oder zumindest die Bereitschaft, sich, wie Richard Nixon sagte, »in die Arena« zu begeben, wenn wir die Welt rund um uns beeinflussen wollen. Im ersten Kapitel habe ich über unsere ambivalente Beziehung zur Macht gesprochen und darüber, daß wir Macht insgeheim für etwas Schlechtes oder Schmutziges halten, für etwas, das wir meiden sollten. Diese Ambivalenz muß sich zweifellos verstärken, wenn wir, wie wir es in diesem Buch getan haben, eine klinische, detaillierte Diagnose erstellen, was Macht ist, wo ihre Quellen liegen und wie sie ausgeübt wird. Stellen Sie sich als Analogie vor, daß Sie Ihre ganze Umgebung durch ein Vergrößerungsglas betrachten. Jeder Mensch, wie schön er auch sein mag, wird weniger attraktiv, wenn wir ihn so stark vergrößern, daß die Poren seiner Haut und all die Unzulänglichkeiten sichtbar werden, die aus der Distanz nur Teil einer allgemeinen Gestalt sind. Ganz ähnlich verhält es sich auch mit der sozialen Interaktion, von der wir einen unangenehmen Eindruck gewinnen können, wenn wir detailliert untersuchen, auf welche verschiedenen Arten Macht und Einfluß entwickelt und ausgeübt werden können.

Dieser letzte Abschnitt und vor allem das letzte Kapitel sollen uns daran erinnern, daß es aus all den Gründen, über die wir in diesem Buch gesprochen haben, in der heutigen Welt unerläßlich ist, Macht und Einfluß verstehen und ausüben zu können, wenn man seine Anliegen durchsetzen will. Am Ende dieses Buches wollen wir also festhalten, daß es vielleicht doch eine größere Sünde gibt als Fehler zu machen und andere zu beeinflussen – nämlich die, nichts zu tun oder angesichts großer Herausforderungen und Chancen, ja selbst großer Probleme, passiv zu bleiben. Es ist nicht genug, zu verstehen, wie Macht funktioniert, woher sie kommt, und wie und warum sie eingesetzt wird. Dieses Wissen sollte Ihre Macht vergrößern, und mit dieser Macht auch ihren Willen, sich zu engagieren. Sehen Sie sich doch um. Die Probleme, mit denen Ihre Organisation, Ihr Unternehmen oder Ihre Stadt konfrontiert sind, beruhen eher auf dem Scheitern an der Implementierung oder an der Aufgabe, Schritte zu setzen, als darauf, daß zu viel zu rasch unternommen würde. Wenn Sie sich persönlich wirkungsvoll einsetzen wollen, so benötigen Sie zumindest zwei Voraussetzungen: Sie müssen wissen, wie man etwas durchsetzt und auch bereit sein, es tatsächlich zu tun.

16

Auch die Mächtigen fallen: Wie Macht verloren geht

Veränderungen in Organisationen bedingen meist, wenn auch nicht immer, Veränderungen in der Machtverteilung. Apple Computer mußte, um den Unternehmensmarkt zu knacken und individuelle, jedoch kompatible Produkte und Systeme zu bauen, die Macht von den Computerfreaks der Gegenkultur auf Persönlichkeiten wie John Sculley verlagern, der einen Wharton-Wirtschaftsabschluß und eine traditionelle Karriere bei Pepsico hinter sich hatte – mit anderen Worten auf jemanden, der mit amerikanischen Unternehmen vertraut war und Apple eher als eine Firma und nicht so sehr als den Träger einer Mission oder Philosophie betrachtete. Als es bei Xerox darum ging, den verlorenen Schwung wiederzugewinnen und die Qualitätsprobleme im Kopier- und Bürogerätesektor zu lösen, mußte die Finanzabteilung die Macht an David Kearns weitergegeben, einen ehemaligen IBM-Manager, der die Bedeutung eines guten Kundenservice kannte und bereit war, alles zu tun, um die Probleme des Unternehmens zu lösen. Damit Ford in den 80er Jahren organisatorische Veränderungen vollziehen und zum rentabelsten der großen amerikanischen Automobilkonzerne werden konnte, mußte die Macht von den Finanzleuten, die das Unternehmen in der Zeit McNamaras beherrscht hatten, auf Donald Petersen übergehen, der sowohl von seiner Ausbildung als auch von seiner Neigung her ein Ingenieur und Produktfachmann war und in seiner Eigenschaft als Linienmanager wußte, wie wichtig es war, die gesamte Belegschaft in die Bemühungen zur Verbesserung des Unternehmens einzubinden. In manchen Organisationen gehen solche Verschiebungen von Macht und Perspektiven reibungslos vor sich, während sie in anderen verzögert werden oder umkämpft sind. Aber immer ist die Dynamik der Macht unauflöslich mit der Dynamik der Organisation verbunden, und man muß wissen, wie Macht verloren gehen kann, wenn man verstehen will, wie sich Organisationen verändern.

Die Widersprüche zwischen den Interessen eines größeren Systems und den Interessen des Einzelnen treten am klarsten zutage, wenn man untersucht, wie

Macht verloren geht. Für den Einzelnen kann der Verlust seiner Position und seiner Macht schmerzvoll, manchmal sogar vernichtend sein. Für die Organisation sind Verschiebungen in der Machtstruktur in der Mehrzahl der Fälle therapeutischer Natur, weil sie neuen Ideen, neuen Informationen und neuen Fähigkeiten eine Chance geben und die Lösung gravierender Probleme ermöglichen, die unter der alten Machtstruktur angehäuft wurden. Natürlich gibt es keine Garantie, daß durch einen Machtwechsel alles besser wird; solche Verlagerungen sind jedoch beinahe unweigerlich mit Veränderung und zumindest einem Potential für Neuerungen verbunden.

Verschiebungen in der Machtstruktur finden ständig statt, und es ist sehr wahrscheinlich, daß wir die Macht, die wir uns erworben haben, irgendwann einmal verlieren werden. Wenn wir im Rampenlicht stehen, sehen sich andere oft dazu veranlaßt, mit uns in Konkurrenz zu treten und lenken zumindest das öffentliche Interesse auf uns und unsere Aktionen. Jim Wrights Biograph merkte feinsinnig an: »Durch seinen Aufstieg exponierte er sich, machte sich zur Zielscheibe und legte seine Schwächen bloß. Nun würden seine Schwächen erforscht, durchleuchtet, angegriffen und auf die Probe gestellt werden, um festzustellen, ob sie dem Druck standhalten würden.«[1] Denken Sie daran, wie es wäre, wenn Ihre finanziellen Angelegenheiten und Ihre Steuererklärungen so penibel geprüft würden, wie dies derzeit bei öffentlichen Amtsträgern in den Vereinigten Staaten der Fall ist. Macht zu haben bedeutet, genauer beobachtet zu werden als andere, und diese Überwachung bedingt, daß man sich nur wenige Fehler erlauben darf. Der Zweck dieses Kapitels liegt also nicht nur darin, dem Leser bei der Aufrechterhaltung einmal erworbener Macht zu helfen, obwohl auch das ein Ziel ist. Sein Zweck ist vor allem, ein Verständnis jener Dynamik zu bewirken, die schließlich im Verlust der Macht gipfelt, und uns dadurch vielleicht vorzuwarnen und uns eine positivere Einstellung zu der Evolution der Machtverhältnisse innerhalb unserer Organisation zu ermöglichen.

DIE ZEITEN ÄNDERN SICH – DIE MENSCHEN NICHT

Am 21. Dezember 1977 setzte Präsident Carter eine Entscheidung des Aeronautics Board vom Oktober des Jahres außer Kraft, in der die Flugroute Dallas-London der Gesellschaft Pan Am zuerkannt worden war, und übergab sie stattdessen Braniff. Der Vorsitzende von Pan Am, William Seawell, war außer sich über diese Entscheidung, die er als Resultat des politischen Drucks empfand, den die texanische Kongreßdelegation auf den Präsidenten ausübte. Auf einer Party, die um diese Zeit im Haus Averell Harrimans stattfand, nahm William Coleman, ehemaliger Transportminister und Aufsichtsratsmitglied von Pan Am, den 48jährigen Washingtoner Rechtsanwalt Berl Bernhard zur Seite und fragte ihn, ob seine Firma daran interessiert sei, Pan Am zu vertreten. Es fanden weitere

Gespräche statt, und am 1.Januar 1978 »verließ Pan Am offiziell seine frühere Anwaltskanzlei Jones, Day, Reavis & Pogue und ging zu Verner, Liipfert, Bernhard & McPherson.«[2] Zum Zeitpunkt dieses Wechsels war Pan Am der größte Klient von Jones, Day, Reavis & Pogue gewesen und hatte im Jahr 1977 mit 966.275 Dollar an Honoraren zu den bei 10 Millionen Dollar liegenden Gesamterträgen der Firma beigetragen.[3]

Der Verlust von Pan Am bedeutete, daß der Leiter des Washingtoner Büros, Welch Pogue, der Firma nicht länger den Löwenanteil der Einnahmen brachte. Man sprach häufig über einen Nachfolger für Pogue, da dieser zu diesem Zeitpunkt bereits über siebzig war. Welch Pogue war ein Gentleman, und er glaubte an das Berufsbild des ehrlichen Anwalts. Er war Anfang der 40er Jahre Vorsitzender des Civil Aeronautics Board gewesen, bevor er eine eigene Kanzlei gegründet hatte, die er Pogue & Neal nannte. Im Jahr 1967 fusionierte diese Firma mit der kleinen Washingtoner Kanzlei Jones, Day, und so entstand die neue, größere Firma. 1978 war Jones, Day das sechstgrößte Rechsanwaltsbüro der Vereinigten Staaten mit einer Zentrale in Cleveland und Büros in Los Angeles und Washington. Pogue war kein normaler Lobbyist am Capitol Hill. »Er ging nicht hausieren um Einfluß. Er war der Überzeugung, daß diese Art von Arbeit – politische Arbeit – unweigerlich das Ansehen eines Rechtsanwalts in der Gemeinde schmälern würde.«[4]

Der Konflikt über seinen Nachfolger im Washingtoner Büro trug entscheidend zum Zerfall dieses Büros bei, über den wir bereits in Kapitel 15 gesprochen haben. Pogue wurde als geschäftsführender Partner hinausgedrängt und in den Monaten vor der Aufspaltung durch einen gewählten Vorstand ersetzt. Trotz des aufrichtigen Respekts und der Zuneigung, die viele Anwälte der Firma für Pogue empfanden, hatte er mit Pan Am eine wichtige Machtbasis verloren. Darüber hinaus spiegelte der Verlust dieses Kunden etwas viel Grundlegenderes wider – das Berufsbild der Washingtoner Rechtsanwälte hatte sich verändert, und Welch Pogue hatte mit diesen Veränderungen nicht Schritt gehalten. Pogue und das Clevelander Büro von Jones, Day fühlten sich nur einigen wenigen Großkunden verpflichtet, Geschäftsverbindungen, die auf althergebrachten Beziehungen basierten. In Washington funktionierten die Dinge mittlerweile anders:

> . . . Die Interessen von Pan Am wurden nun auf einer Party des Erzrivalen von Pan Am wahrgenommen, deren Zweck hauptsächlich darin bestand, an Pan Am interessierte Personen, an Braniff interessierte Personen und viele andere dafür zu gewinnen, die Regierungspolitik zu unterstützen. Die Fähigkeit dieser Menschen, miteinander Geschäfte zu machen, ging über ihre momentanen Bindungen an anderen privaten oder öffentlichen Interessengruppen hinaus; zweifellos würden sie alle noch lange, nachdem sie ihre Jobs und Klienten gewechselt hatten, Freunde sein.[5]

Nun hatte sich herausgestellt, wie in Washington Recht praktiziert wurde, aber Pogue blieb immer noch in seinen alten Vorstellungen verhaftet. Genau auf diese Weise kann Macht verloren gehen – wenn sich das Umfeld und die Probleme ändern, werden neue Annäherungsweisen, neue Fähigkeiten und neue Beziehungen verlangt. Obwohl Menschen flexibel sein können (einige offensichtlich mehr als andere) legen sie doch im allgemeinen Widerstände gegen Neuerungen an den Tag. Wir lernen, die Dinge auf eine bestimmte Weise zu erledigen, entwickeln Verpflichtungen in unseren Entscheidungen und Freundschaften, werden Gefangene unseres ganz spezifischen Fachwissens und unseres persönlichen Geflechts von Kontakten und Freundschaften, kurz, wir werden in unserer Fähigkeit eingeschränkt, die Notwendigkeit von Veränderungen auch nur zu erkennen, geschweige denn, sie zu veranlassen. So geht Macht oft dadurch verloren, daß sich die Umstände schneller verändern, als wir das können.

Fiorello LaGuardia absolvierte drei Amtsperioden als Bürgermeister von New York. In seiner Amtszeit säuberte er eine der korruptesten Städte Amerikas, ließ riesige öffentliche Bauten errichten und installierte soziale Einrichtungen und Programme, die New York zum beneideten Vorbild vieler Städte des Landes machten. Er hatte eine angeblich unregierbare Stadt übernommen, eine Stadt, die am Mangel adäquater öffentlicher Dienste zu ersticken drohte, und hatte sie zu einem Modell städtischer Erneuerung gemacht. Mitte der 40er Jahre hatte LaGuardia allerdings die Gunst der Öffentlichkeit verloren. Er war geneigt, ein viertes Mal zu kandidieren, aber in den Meinungsumfragen lag er weit hinter zwei anderen Kandidaten zurück. Es ist fraglich, ob er hätte siegen können, wenn er kandidiert hätte. Die Zeiten hatten sich geändert, und der Stil und die Perspektiven LaGuardias waren nicht mehr zeitgemäß:

> Aber sein Regierungsstil war auf eine andere Zeit und eine andere Bedürfnisse zugeschnitten. Er hatte tiefes Mitgefühl mit den Armen und Bedürftigen; er strahlte so viel Geborgenheit aus und hatte so viel für die durch die Depression obdachlose Bevölkerung getan. Aber für die Boomzeit nach dem Krieg, in der jeder auf sich selbst bedacht war, hatte er nur wenig zu bieten. Er hatte die alten Werte betont, aber da sich die Amerikaner anschickten, sich von den Bedrückungen der Depression und des Krieges zu befreien, fand seine Forderung nach Sorge für die Armen und Schwachen nicht mehr so offene Ohren, vor allem auch, weil diese Bevölkerungsgruppe nun wieder eine kleine Minderheit war . . . Er trat für Mietzinsbeschränkungen ein, während sich die freien Unternehmer darauf vorbereiteten, Mieten zu verlangen, die auf einem unterversorgten Markt bezahlt würden.[6]

Auch Lyndon Johnson büßte sehr viel Macht ein, weil er seine Vorgangsweise und seinen Stil nicht den Veränderungen seiner Umgebung anpaßte. Festgefahren im Vietnamkrieg, kündigte er im Frühling 1968 an, in diesem Jahr nicht für die Präsidentschaftswahlen kandidieren zu wollen. Er hatte jedoch noch andere Probleme als den Krieg und seine Unfähigkeit, die Vereinigten Staaten aus einem Netz von Verpflichtungen zu befreien, die von einem außenpolitischen Standpunkt betrachtet wenig Sinn hatten. Johnson hatte seine Karriere auf privaten, geheimen Abmachungen aufgebaut, indem er einer Gruppe das eine und einer zweiten etwas anderes sagte und die Dinge heimlich erledigte. Aber in den 60er Jahren sollte das Zeitalter des Fernsehens eingeleitet werden. Jeden Abend wurde im amerikanischen Fernsehen über den Krieg berichtet, und es war schwer, seinen tatsächlichen Verlauf von der amerikanischen Öffentlichkeit fernzuhalten. Johnson hatte sich mit der sogenannten Gulf of Tonkin-Resolution die Zustimmung des Kongresses für die Ausweitung des Krieges verschafft. Die Resolution wurde so benannt aufgrund eines Vorfalls in vietnamesichen Gewässern, bei dem nordvietnamesische Schiffe ostentativ amerikanische Kriegsschiffe angriffen und damit die Eskalation des Konflikts provozierten. In den darauffolgenden Hearings deutete alles darauf hin, daß der Vorfall vor allem deshalb aufgebauscht wurde, um den Kongreß zum Beschluß der von Johnson gewünschten Maßnahmen zu bewegen. Johnson verließ sich auf seinen Freund, Senator William Fulbright aus Arkansas, der keine echten Hearings über die Resolution zuließ und diese schließlich mit nur zwei Gegenstimmen im Senat durchbrachte. Danach erkannte Fulbright, daß er getäuscht worden war, und wurde zu einem der Führer der Opposition gegen den Krieg.

> ... wenn der Senat und Fulbright dafür bekannt gewesen waren, daß sie die amerikanische Außenpolitik nicht genau genug überwacht hatten, so endete diese Ära mit der Tonkin-Resolution. Ein neues Zeitalter brach an, in dem alle wichtigen Annahmen über die amerikanische Außenpolitik in Frage gestellt werden würden, und Bill Fulbright, den man als letzten als Gegner Johnsons erwartet hatte, wurde zum Anführer einer feindseligen und erbitterten Opposition, die nicht länger bereit war, irgendetwas zu glauben, das vom Weißen Haus ausging ... Mit der alten Ordnung, mit dem Glauben, daß es die Regierung besser wisse, weil sie über die besseren internen Informationen verfügte, würde es vorbei sein, ebenso mit der darauf beruhenden Überzeugung, daß man dem Präsidenten der Vereinigten Staaten vertrauen könne.[7]

In dieser und in anderen Episoden ging es nicht nur um Krieg, sondern um Johnsons Glaubwürdigkeit. Ein politischer Stil, der in den Tagen der Hinterzimmerpolitik und der privaten Vereinbarungen wunderbar funktioniert hatte, leistete Johnson nun, als es darum ging, das amerikanische Volk via Fernsehen von seiner Aufrichtigkeit und Glaubwürdigkeit zu überzeugen, schlechte Dienste. Und warum hätte Johnson irgendetwas anders machen sollen? Er war vom texanischen Hügelland bis zum Präsidenten aufgestiegen, mit genau demselben Verhalten und denselben Methoden, durch die er nun seine Glaubwürdigkeit, seine Verbündeten und seine Macht zu verlieren drohte. Er hatte sogar die

Tonkin-Resolution durchgesetzt, aber für diesen kurzfristigen Sieg mußte er langfristig einen hohen Preis bezahlen.

Wenn wir den Verlust unserer Macht vermeiden wollen, müssen wir gegenüber den kleinen Veränderungen unserer Umgebung sensibler werden und verstehen, daß ein bestimmter Stil, eine bestimmte Art von Aktivitäten und eine spezifische Methode deshalb effektiv sein können, weil sie den Gebräuchen und Bedürfnissen einer bestimmten Zeit entsprechen. Wir müssen auch flexibel genug sein, unser Verhalten so anzupassen, daß wir der neuen Realität gerecht werden, auch wenn das bedeutet, althergebrachte Gewohnheiten aufzugeben. Menschen in Machtpositionen werden selten herausgefordert, und sie erhalten auch nur selten schlechte Nachrichten. Aber auch wenn sie herausgefordert werden, haben sie die Tendenz, die unangenehmen Nachrichten von sich zu schieben. Da sie in ihrer Art und Weise, die Dinge zu erledigen oder über bestimmte Probleme zu denken, besondere Fähigkeiten entwickelt haben, finden sie sich mit neuen Ansätzen nicht immer zurecht. Es ist also kein Wunder, daß veränderte Umstände oft – mit einer gewissen Verzögerung – eine Dynamik auslösen, welche die Mächtigen ihrer Macht beraubt.

WIE GEWONNEN, SO ZERRONNEN

Menschen, die unvorbereitet in Machtpositionen aufsteigen und nicht wissen, wie man Macht erwirbt und aufrechterhält, verlieren ihre Macht oft einfach deshalb, weil sie nicht mit ihrer Dynamik vertraut sind. Es mag zwar wie ein großer Glücksfall erscheinen, wenn man in eine hochrangige, mächtige Position gelangt, ohne darum kämpfen zu müssen, aber in solchen Fällen ist das Glück oft von kurzer Dauer. Während man sich die Karriereleiter hinaufarbeitet, baut man ein Netz von Beziehungen auf und gewinnt ein hohes Maß an internem Wissen, das Außenstehende nicht haben können. Dieses Phänomen zeigt uns, warum Unternehmensgründer oft entmachtet werden, wenn das Unternehmen wächst und sich entwickelt. Da sie die Firma gegründet haben, sind sie von Anfang an ganz oben und haben häufig kein Gespür für die Nuancen in den Machtbeziehungen, die später zu einer Bedrohung für sie werden.

Im Herbst 1967 verlor Semon E. (Bunkie) Knudsen, Leiter der Nicht-KFZ- und Überseeoperationen von General Motors, den Konkurrenzkampf gegen Edward Cole um den Vorstandssessel des Unternehmens. Obwohl er ein hochrangiger Manager und Multimillionär war, zeigte sich Knudsen tief enttäuscht darüber, daß man ihn übergangen hatte, und hielt mit seinen Gefühlen nicht hinter dem Berg. Henry Ford, der hauptsächlich im geheimen und im Hintergrund der Szene agierte, traf sich mit Knudsen und bot ihm einen Sitz im Vorstand von Ford Motors an, die Knudsen im Februar 1968 antrat. Knudsen, dessen Vater 1921 von Ford hinausgeworfen worden war, bevor er die

Chevrolet-Abteilung von GM übernahm und auf dem Automobilmarkt über Ford triumphierte, hatte 29 Jahre lang für GM gearbeitet. Da er ein hochrangiger, sehr bekannter Manager mit historischen wie auch persönlichen Bindungen an die Automobilbranche war, konnte es Ford in vieler Hinsicht als Triumph betrachten, ihn gewonnen zu haben.

Über den abrupten Hinauswurf Knudsens 19 Monate später wurden in der Öffentlichkeit kaum Erklärungen abgegeben. Alles weist jedoch darauf hin, daß Knudsen mit zwei Problemen zu kämpfen hatte: 1. er führte das Unternehmen mit starker Hand, was nicht nur Ford, sondern auch die anderen Top-Manager störte, und 2. er war nicht imstande, seine politischen Beziehungen zu Lee Iacocca und anderen ihm unterstehenden Ford-Managern zufriedenstellend zu gestalten. Knudsen war als Außenseiter in die Firma gekommen und wußte nur wenig über die etablierten Machtzentren – richtiggehende Lehen, eifersüchtig bewacht von den Managern, denen sie gehörten. Darüber hinaus waren die Ford-Manager, obwohl sie in gewissem Sinne Rivalen um die Macht waren, durch lange Bekanntschaft und Zusammenarbeit aneinander gebunden. Der Außenseiter Knudsen gab da eine willkommene Zielscheibe ab.

Aus allen Beschreibungen von General Motors geht hervor, daß in diesem Unternehmen Hierarchie das oberste Gebot ist, gefolgt von Planung und Nachfolge in geordneter Reihenfolge. Ford war viel spontaner, ihm lag viel weniger an geplanten, geordneten Nachfolgeregelungen für seine Manager, und er war viel politischer. Knudsen meinte mit dem Titel eines Vorstands auch die formale Autorität zu besitzen, die mit diesem Titel verbunden war. Als es zwischen ihm und Iacocca, der für den Mustang und den Maverick verantwortlich zeichnete, zu weitreichenden Konflikten über die Gestaltung neuer Automodelle kam, nahm er es mit einem Mann auf, der dem Aufsichtsrat angehörte und ihm gegenüber bei Auseinandersetzungen im Vorteil war.

Nun könnten wir fragen: Warum stellte ihn Ford überhaupt ein? Um GM eins auszuwischen? Um GM zu zeigen, daß Ford einen ihrer Top-Manager abwerben konnte? Um einen historischen Irrtum zu korrigieren – um GM den Sohn eines Mannes abzuwerben, der von Ford hinausgeworfen worden war und der dazu beigetragen hatte, GM groß zu machen? Wenn diese Erklärungen den Kern der Sache einigermaßen treffen, dann waren Fords Zielsetzungen bereits mit der Einstellung Knudsens erreicht. Danach war dieser auf sich allein gestellt und mußte sich selbst einen Weg durch die Minenfelder des Unternehmens suchen. Wir wissen nicht, ob dies Knudsen überhaupt bewußt war, und er verfügte auch nicht über die Beziehungen und die Erfahrung, die ihm über seinen Titel hinaus Macht in der Organisation verliehen hätten.

Warum sollte ein 31jähriger Anwalt des Justizministeriums zum Berater des Präsidenten ernannt werden und in höchst sensiblen Fragen große Verantwortung erhalten – so zum Beispiel in der Aufgabe, den Watergate-Skandal zu vertuschen? Mit anderen Worten: Wie konnte John Dean für das Weiße Haus unter Nixon ein so attraktiver Kandidat werden? Möglicherweise gerade wegen seiner mangelnden Erfahrung und seiner fehlenden politischen Kontakte. Er war in seiner Arbeit von den Männern abhängig, die ihn eingestellt hatten, Haldeman und Ehrlichman. Sie konnten sich also hundertprozentig auf seinen Gehorsam und seine Loyalität verlassen. Da Dean über keine eigene politische Machtbasis verfügte und gegenüber Nixon und dem Stab des Weißen Hauses so ehrfürchtig und abhängig war, gelang es ihm nicht, sich aus einer Reihe illegaler Aktivitäten herauszuhalten, für die er schließlich verurteilt wurde und eine Haftstrafe verbüßen mußte. Er hatte sich nicht langsam durch die Stabspositionen nach oben gearbeitet, geschweige denn durch das Washingtoner politische Establishment. So hatte er in einer hochpolitisierten und schwierigen Arbeitsumgebung keinerlei Freunde oder Verbündeten, die auf seiner Seite standen.

In den vorhergehenden Kapiteln haben wir gesehen, wie Steve Jobs aufgrund seiner Position als Gründer von Apple vermeinte, er müsse keine Allianzen mit anderen Aufsichtsratsmitgliedern oder auch nur mit seinen Top-Managern aufbauen. Dieses Verhalten findet sich ziemlich häufig bei Firmengründern, vor allem bei den Technologiestars, die häufig im Lauf der Unternehmensentwicklung gestürzt werden. Manche Beobachter schreiben dies der Tatsache zu, daß sich die erforderlichen Kenntnisse und Fähigkeiten im Lauf der Entwicklung einer Firma verändern. Sie argumentieren, daß man am Anfang ein Produkt braucht, das einen technischen Durchbruch darstellt. Später gewinnen dann Kenntnisse und Fähigkeiten in den Bereichen Finanzierung, Marketing und Allgemeines Management an Bedeutung. Dies spiegelt sicherlich die sich verändernden Erfordernisse im Zuge der Entwicklung einer Firma wider, aber ich bin der Ansicht, daß die Schwierigkeit der Firmengründer in Wirklichkeit vor allem darauf beruht, daß sie verabsäumt haben, sich innerhalb der Organisation eine Machtbasis zu errichten. Diese Tatsache und nicht die Verlagerung der geschäftlichen Schwerpunkte ist der Grund, warum einige Unternehmer überleben und andere ihren Job verlieren, wenn sich ihre Firma weiterentwickelt.

Die Lehre, die Sie aus diesen Beispielen ziehen können, ist, daß Sie, wenn Ihnen jemand einen Job anbietet, dessen Prestige und Macht weit über das hinausgehen, was Sie vernünftigerweise erwarten würden, auf alle Fälle überlegen sollten, welche Motive diese Person hat und wo die Gefahren der Situation lauern. Manchmal lassen wir uns für die Interessen anderer einspannen, wenn wir eine Stellung annehmen, ohne aufgrund von Beziehungen oder ausreichender Kenntnis der Organisation über eine Machtbasis zu verfügen. Zweitens sollte man niemals davon ausgehen, die formale Position, gleichgültig, ob die eines Firmengründers, Präsidenten oder Berater des Weißen Hauses, reiche aus, um seine Macht über längere Zeit hinweg aufrecht zu erhalten. Macht hat viele Quellen, und wie wir gesehen haben, ist die Position nur eine davon. Leute, die Pläne für ihr langfristiges Überleben machen, werden sich immer bemühen, rasch weitere Machtquellen aufzubauen, und niemals dem Trugschluß unterliegen, die Position als solche biete ihnen mehr Sicherheit als dies tatsächlich der Fall ist.

STOLZ, PRIVILEGIEN UND GEDULD

Macht geht verloren, weil althergebrachte Fähigkeiten oder Netzwerke durch die veränderten Umstände obsolet werden und weil viele Menschen in Positionen gelangen, ohne die Dynamik der Macht in ihren Organisationen zu kennen. Macht geht auch deshalb verloren, weil es, ist man einmal in eine Machtposition aufgestiegen, unglaublich verlockend sein kann, die Vorteile dieser Position sofort auszukosten. Manchmal steigt uns die Macht zu Kopf, und wir vergessen, daß Autorität immer auf einer Beziehung zwischen den Machtträgern und den Personen beruht, die diese Macht verleihen. Stolz, Anspruch auf Privilegien und mangelnde Geduld tragen in ihrer Kombination oft dazu bei, Mächtige zu stürzen.

Larry Horner verlor 1990 seinen Posten als Vorsitzender von KPMG Peat Marwick, einer der größten Wirtschaftsprüfungsfirmen der Welt. Sein Nachfolger, Jon C. Madonna, verfügte über nur wenig internationale Erfahrung, obwohl die internationalen Geschäfte bei Peat Marwick einen wichtigen Unternehmensbereich und eine bedeutende zukünftige Wachstumsquelle darstellen. Warum wurde Horner hinausgeworfen? Sein Stolz und seine Privilegienreiterei spielten dabei eine wichtige Rolle. In seinem letzten Jahr als Vorsitzender verdiente Horner 1,2 Millionen Dollar, das ist mehr als das Zehnfache dessen, was der niedrigstrangigste Peat Marwick-Partner in diesem Jahr verdiente, und zehnmal so viel wie der durchschnittliche Partner der Firma 1989. Als er 1984 von Kalifornien nach New York übersiedelte, um seine Stelle als Vorsitzender anzutreten, stellte die Firma ihm einen Kredit von 1 Million Dollar zum Leitzinssatz plus einem Prozentpunkt für den Ankauf eines 2-Millionen-Dollar-Appartements zur Verfügung. Auf all seinen Geschäftsreisen wurde sein grauer Cadillac von einem von der Firma bezahlten Chauffeur gelenkt. Und 1987 änderten die Partner die Pensionsregelung dahingehend, daß pensionierte Peat-Partner bis zu 40% ihres Gehalts weiterbeziehen würden, ohne daß wie bisher die Grenze bei 200.000 Dollar liegen würde.[8]

Aber die Privilegien, wie verschwenderisch sie auch sein mochten, waren nicht das einzige Problem. Bei Peat Marwick lebten die Vorsitzenden schon immer gefährlich, und durch die Firma weht ein kräftiger, populistischer Wind. Horner fügte zu den neun bereits bestehenden Abteilungsleitern drei weitere hinzu, so daß es in der Firma nun 12 gut bezahlte Abteilungsleiter gab. Von den

1.850 Peat-Partnern, die es zum Zeitpunkt der Vorsitzendenwahl gab, waren 751 erst in den letzten sechs Jahren hinzugekommen.[9] Dadurch wurde die populistische Strömung in der Firma verstärkt. Viele der Mitglieder brachten älteren Firmenangehörigen wenig Ehrerbietung entgegen, weil sie selbst nur wenig davon verspürten. Horner setzte eine Projektgruppe ein, die die Führungsstrukturen der Firma untersuchen sollte, aber offensichtlich hatte er diesen Ausschuß so in der Hand, daß dieser keine Veränderungen empfahl. Aber anstatt nun Madonna zu seinem Mitkandidaten bei der Partnerschaftswahl zu machen, wählte Horner K. Dane Booksher, »der längst nicht so vielversprechend und auf keinen Fall so charismatisch war – so meinten zumindest die Partner.«[10] Obwohl ihn die Partner im ganzen Land drängten, einen anderen Mitkandidaten zu nominieren, lehnte Horner eigensinnig ab und zog sich in der letzten Minute, als bereits klar war, daß er nicht gewählt werden würde, aus dem Rennen um den Vorsitz zurück. Es war verständlicherweise schwierig für ihn, daß Partner, von denen viele noch ziemlich jung waren, ihn zu der Aufstellung eines Mitkandidaten zwangen, der nicht seine erste Wahl war, und eine organisatorische Umgestaltung veranlaßten, mit der er nicht einverstanden war. Er war Vorsitzender der Firma, er hatte Großes für die Organisation geleistet, und es widerstrebte ihm, Maßnahmen zu setzen, welche die Abhängigkeit von seinen Partnern symbolisch demonstrierten. Dieser Stolz war es, der ihn letztendlich seine Macht kostete.

Stolz zu sein bedeutet, daß man sich nahezu immer im Recht glaubt und daß man sich den Bedürfnissen anderer nicht zu beugen bereit ist. Es heißt, sich selbst über andere zu stellen, sich über sie hinwegzusetzen und sich so ihrer Unterstützung zu berauben. Es ist eine Verhaltensweise, die uns gegenüber Angriffen verwundbar macht, wie Robert Moses gegen Ende seiner Karriere feststellen mußte. Seine Demontage im Jahr 1956 begann mit einem Vorfall im Zusammenhang mit der Errichtung eines Parkplatzes für ein Restaurant, das Tavern-on-the-Green, im Central Park in New York City. Eigentümer des Restaurants war Arnold Schleiffer; er hatte einen Pachtvertrag mit der Stadt New York, durch den er verpflichtet war, 5% seiner Bruttoeinnahmen an die Stadt abzuliefern. Das Restaurant hatte einen ausgezeichneten Standort und war sehr teuer. Darüber hinaus sah Schleiffers Pachtvertrag vor, daß er die Kosten für Renovierungsarbeiten und Reparaturen am Restaurant von der Miete absetzen konnte. Innerhalb von vier Jahren hatte das Restaurant Erträge von 1.786.000 Dollar erwirtschaftet, aber Schleiffer hatte nach Abzug der Verbesserungskosten nur 9.000 Dollar Miete bezahlt, weniger als ein halbes Prozent.[11] Ein solches Arrangement war typisch für die von Moses protegierten Konzessionäre, weil es ihm gestattete, die schwerfällige Budgetmaschinerie der Stadt bei Kapitalinvestitionen zu übergehen und andere budgetäre Restriktionen zu umgehen. Die Konzessionäre wußten, daß sie ihre Profite zu einem Gutteil Moses verdankten, und waren in der Folge nur allzu gern bereit, riesige Parties, üppige Diners und Empfänge auszurichten und Geld für alle möglichen Ereignisse auszugeben, die unter der Leitung von Moses standen.

Nun erfuhr eine Gruppe von Müttern, darunter einige sehr prominente und reiche Frauen, aufgrund einiger von Arbeitern in der Mittagspause liegengelassenen Pläne von dem Vorhaben, einen Parkplatz zu errichten und dadurch eine kleine Senke zu zerstören. Die Mütter begannen sofort, eine Protestaktion zu organisieren. Moses, für den Parkproteste nichts Neues waren und der daran gewöhnt war, seinen Kopf durchzusetzen, verhielt sich in dieser Situation nicht nur unsensibel, sondern auch unvorsichtig – denn diese Protestaktion sollte ganz anders verlaufen als die bisherigen:

> Lokale Proteste über »Parkverbesserungen« . . . waren für Moses eine alte [Geschichte] – alt und langweilig. In seiner ganzen Amtszeit als Parkkommissar hatte er solche Proteste auf ein Minimum beschränkt, indem er die »Verbesserungen« geheim gehalten hatte, so daß . . . sie immer schon im Gange waren, wenn es zu Protesten kam, und indem er diese ignorierte und die »Verbesserungen« fortsetzte, als ob es gar keine Kritik gäbe . . . Auf dem Seismographen, mit dem Moses öffentliche Proteste zu messen pflegte, war der Protest über Tavern-on-the-Green kaum zu registrieren. Dreiundzwanzig Mütter? Er hatte eben erst Hunderte von Müttern delogieren lassen, ohne seinen Cross-Bronx-Expressway auch nur um einen einzigen Block zu verlegen! Genau in diesem Augenblick schickte er sich an, fünftausend Mütter für Manhattantown und viertausend für das Lincoln Center zu vertreiben![12]

Aber dieser Protest war anders als die anderen. Seine Gegnerinnen waren reich und gebildet, und sie wußten mit den Medien umzugehen. Die 50er Jahre waren nicht die 30er oder 40er Jahre – die Zeiten hatten sich geändert und mit ihnen die Einstellung der Menschen zu groß angelegten öffentlichen Bauten, für die Menschen umgesiedelt werden mußten. Und hier ging es nicht um öffentlichen Wohnbau oder um den Bau einer Straße, sondern um die Errichtung eines Parkplatzes für ein teures Privatrestaurant mitten im Central Park. Moses würde dafür Bäume fällen lassen. Und die Gegnerinnen, die Erfahrung mit Protestaktionen hatten, sorgten dafür, daß die Photographen die Mütter mit ihren Kinderwagen auch photographierten. Die Zeitungen nannten es die »Schlacht um den Central Park«.

Moses trug einen Sieg davon, allerdings nur einen vorübergehenden. Er ließ mitten in der Nacht einen Zaun errichten, so daß die Mütter mit ihren Kindern zu Beginn der Bauarbeiten am 24. April nicht in die Nähe der Baustelle gelangen konnten. Er hatte die Kontrolle über die Polizei, die Bautrupps und die Unternehmer, die wußten, daß sie ihm ihre Existenz zu verdanken hatten. Die Bauarbeiten begannen im Schutz der Dunkelheit, wie viele andere sogenannte Verbesserungen zuvor, aber dieses Mal rief dieses Vorgehen zornige und wütende Reaktionen bei den Medien und sogar bei seinen Verbündeten hervor.

> Dreißig Jahre zuvor hatte Robert Moses über Nacht die Titelseiten erobert – in Artikeln, die ihn als einen Kämpfer für Parks, als einen getreuen, selbstlosen Diener der Allgemeinheit darstellten . . . Das Image würde nie mehr makellos sein. Dienstag, der 24.April, der Tag, an dem Robert Moses seine Truppen in den Central Park sandte, war sein Schwarzer Dienstag. Denn an diesem Tag verlor er seinen wertvollsten Besitz: sein Ansehen. Der Moses-Aufschwung hatte dreißig Jahre lang gedauert. Nun war er vorüber.[13]

Robert Moses hatte in den 30 Jahren seines öffentlichen Lebens so viele Gegner bekämpft und so viele Kämpfe gewonnen, daß er seine Gegner zu verachten und allzu viel Vertrauen in seine eigenen Fähigkeiten zu setzen begann. Er trat mit seiner Frau eine 24tägige Spanienreise an, obwohl die Auseinandersetzung in vollem Gange war. Schließlich gab er nach und ließ anstelle des Parkplatzes einen Spielplatz errichten. Den Schaden trug sein Ruf davon, der Ruf, ein Diener der Öffentlichkeit zu sein, der Ruf, ein Mann zu sein, der nicht zu besiegen sei und mit dem man sich besser nicht anlegte:

> Die Aura der Unbesiegbarkeit, diese Aura, die ihm in der Vergangenheit so wichtig gewesen war, diese Aura, die ihn dreißig Jahre lang begleitet hatte, war weg – zerstört an einem einzigen Tag, wie auch die Aura der Unfehlbarkeit vernichtet worden war.[14]

Robert Moses, der sich durch seinen Stolz, seine Arroganz und seinen Glauben an die eigene Macht dazu verleiten ließ, seine Gegner zu verachten, war danach nie mehr der alte. Unterschätzen Sie Ihre Gegner niemals. Wenn Sie sich zu sorgfältig vorbereiten und zu viele Vorsichtsmaßnahmen treffen, veschwenden Sie Ihre Energien. Aber wenn Sie die anderen unterschätzen, können Sie in die Niederlage schlittern, und wenn Sie auch nur eine einzige Schlacht verlieren, kann dies ein Signal für den Niedergang Ihrer Macht sein.

Macht kann auch durch mangelnde Geduld verloren gehen – wenn man versucht, zu viel zu schnell durchzusetzen und wenn man so gierig ist, die Früchte eines gerade errungenen Sieges zu rasch ernten zu wollen. Genau das widerfuhr Lew Glucksman, nachdem er Pete Peterson bei Lehman Brothers verdrängt hatte. Glucksman übernahm am 26.Juli 1983 die volle Kontrolle über die Firma. Ab Juli begann der Vorstand mit der Verteilung von Zulagen und Aktienanteilen. Glucksman hatte schon lange eine Abneigung dagegen gehegt, daß ein seiner Ansicht nach unverhältnismäßig hoher Teil der Gewinne in den Investmentbankbereich von Lehman floß. Er kam aus dem Wertpapierbereich und war der Meinung, daß diesem Bereich des Hauses, der in letzter Zeit höhere Gewinne als die Bankgeschäfte erzielt hatte, ein größerer Teil der Gewinne zustünde. Und nun, da er Vorstandsvorsitzender war, beeilte er sich – vielleicht zu sehr –, seine Freunde in Machtpositionen zu bringen und sich selbst und seine Verbündeten zu belohnen.

Bis zum Herbst 1983 hatte Glucksman seine Leute zu Leitern eines Großteils der 12 Abteilungen der Firma gemacht. Im Zuge dessen erfolgten einige eigenartige Veränderungen im Management. Richard Fuld Jr., der die Abteilung für festverzinsliche Wertpapiere geleitet hatte, wurde nun zusätzlich auch noch Leiter der Aktienabteilung. Er war erst 37 Jahre alt und kannte die meisten der Partner nicht, weil er den Ruf hatte, »unglaublich unsozial«[15] zu sein. Glucksman ernannte Sheldon Gordon, dessen Karriere sich bisher ausschließlich im Wertpapierbereich abgespielt hatte, zum Leiter der Investmentbankabteilung. Obwohl er die Ernennung von Robert Rubin zum Vorstandsvorsitzenden und zu seiner rechten Hand formell verzögerte, leitete er dessen Aufstieg in die höchste Managementebene ein, indem er ihn in den siebenköpfigen Vorstand berief. Auch Rubin war bei den anderen Partnern nicht besonders beliebt, weil er als spröde und zurückgezogen galt, obwohl er als brillianter Mann bekannt war.

Glucksman brachte zwei außenstehende Partner in die Firma und überließ ihnen eine beträchtliche Zahl von Aktien, ohne daß der Aufsichtsrat darüber zur Gänze informiert gewesen wäre oder zugestimmt hätte. Besonders gierig war er auf Zulagen und Aktien für sich selbst und seine Freunde. Bei der Aufsichtsratssitzung am 21. September, knapp zwei Monate nach seinem Amtsantritt, waren Glucksmans Pläne für die Firma und ihre Gewinne bereits klar:

> Lew Glucksman und vier andere Top-Manager erhielten 25% aus dem gesamten Zulagenpool. Glucksmans Zulagen stiegen mit einem Mal von 1,25 Millionen Dollar auf 1,5 Millionen . . . Sheldon Gordons stieg von 400.000 Dollar auf eine Million . . . Im September 1983 schnellte die Zahl von Glucksmans Aktien von 3.000 auf 4.500 Stück, die Rubins von 2.500 auf 2.750; Shel Gordon und Dick Fuld hielten nun 2.750, anstelle von 2.500 Aktien . . . Der Anteil am Kuchen, der dem Anschein nach einer unverhältnismäßig großen Zahl von Bankern gehört hatte, war weggeschnitten und unter den Wertpapierabteilungen verteilt worden.[16]

Der Aufsichtsrat willigte ein, aber viele Partner waren verärgert. In einer Partnerschaft ist Vertrauen alles, und Glucksman war es in weniger als drei Monaten gelungen, das Vertrauen des Investmentbankbereichs des Hauses zu zerstören und sogar einige seiner alten Verbündeten vor den Kopf zu stoßen. Bis Jahresende hatten sechs Partner angekündigt, die Firma verlassen zu wollen, und mit ihrem Ausscheiden würde auch das von ihnen eingebrachte Kapital verloren gehen, das in den von wachsender Konkurrenz bestimmten 80er Jahren doch so bitter nötig war. Schließlich sollten die Bedrohung durch die Kapitalflucht und die Kapitalfrage dazu führen, daß die Firma an American Express verkauft wurde. Aber es waren Glucksmans hastige Aktionen, welche die Partnerschaft ruinierten und schließlich nicht nur zum Verkauf der Firma, sondern auch zu Glucksmans Ausscheiden führten. Er hatte schwer gearbeitet, um die Karriereleiter bei Lehman nach oben zu klettern, und hart gekämpft, um den stellvertretenden Vorsitzenden Peterson loszuwerden. Einmal an der Macht, hatte er sich beeilt, die Früchte seines Sieges zu genießen, was dazu führte, daß die Firma, die er übernommen hatte, unter seinen Augen verkauft wurde. Im April 1984 war Lehman keine private Partnerschaft mehr, sondern ein Teil von Shearson und American Express.

Die Lehre aus Glucksmans Machtverlust wurde von einem seiner ehemaligen Partner so zusammengefaßt: »Wenn Sie Machiavelli wären, . . . würden Sie mit Ihren eigenen Zulagen und Aktien vorsichtig umgehen. Sie würden lieber an Ihren Schwächen im Bankbereich arbeiten.«[17] In Organisationen herrscht Interdependenz. Ihre Abhängigkeit von anderen bleibt bestehen, welche Position in der Organisation Sie auch einnehmen und wieviel Macht Sie auch immer haben mögen. Wie verlockend ist es doch, sich in der Macht, für die man so hart gearbeitet hat, zu sonnen oder sich daran zu weiden und endlich den Lohn für seine Bemühungen zu ernten. Wenn Sie aber versuchen, zu viele Vorteile zu früh zu ernten, untergraben Sie damit unweigerlich die Fundamente Ihrer Macht.

DIE ZEIT VERGEHT

Smith schreibt in seiner Biographie über William Paley von CBS, daß dieser, als er älter wurde und gesundheitlich nicht mehr auf der Höhe war, fragte: »Warum muß ich sterben?«[18] Armand Hammer von Occidental Petroleum starb im Alter von 92, als er immer noch Vorstandsvorsitzender war. Robert Moses verlor seine Macht endgültig, als er drohte, sich aus seinen Positionen zurückzuziehen und ihn Gouverneur Rockefeller beim Wort nahm. Moses war verärgert, daß er Rockefeller bitten mußte, eine spezielle Verzichtserklärung zu unterschreiben, die ihm eine Ausnahme von den zwingenden staatlichen Pensionsregelungen gestattete, weil er zu dieser Zeit bereits über 70 war. Welch Pogue war mit 79 immer noch geschäftsführender Partner des Washingtoner Büros von Jones, Day. Älter zu werden ist unvermeidlich, und so können wir auch nichts dagegen tun, daß wir, gleichgültig wie reich, berühmt oder brilliant wir einmal waren, am Ende unsere Macht verlieren, wenn nicht durch Zwangspensionierung, die jetzt in vielen Bereichen gesetzlich verboten ist, dann eben durch Krankheit und Tod.

Eine Diskussion über die Psychologie des Loslassens sprengt den Rahmen dieses Buches, aber es ist leicht zu verstehen, daß jemand, der hart gearbeitet hat, um in eine Machtposition zu gelangen und deren Früchte zu genießen, nicht still und leise gehen will. Es gibt allerdings auch einige Ausnahmen. Arjay Miller, ehemaliges Vorstandsmitglied von Ford und Dekan der Stanford Business School, pflegte den Rat Ernie Arbuckles, eines ehemaligen Dekans und Top-Managers, zu zitieren, nach zehn Jahren in einer Position sei es an der Zeit, etwas anderes zu tun. Arbuckle war Spitzenmanager bei Wells Fargo, Dekan in Stanford und dann eine Zeitlang Aufsichtsratsvorsitzender von Saga Foods. Obwohl wir einer solchen Einstellung nur zustimmen können, ist es nicht klug, sie bei unseren Führungspersönlichkeiten vorauszusetzen.

Aus diesem Grund geht man mit Machtverlust vielleicht am besten um, indem man den Prozeß institutionalisiert. Indem man das Ende der Amtszeit und zwingende Nachfolgemechanismen festlegt, mit anderen Worten: indem man die Nachfolge regelt, schwächt man das Stigma des Machtverlusts ab und bindet ihn in den normalen Gang der Dinge ein. So wird das Trauma geringer, sowohl für den Einzelnen als auch für die Organisation. Eldon Crowell, der Regierungsvertragsanwalt, auf den die Aufspaltung von Jones, Day zurückgeht, gründete dann die Firma Crowell and Moring, bei der heute über 150 Anwälte beschäftigt sind. Und er lernte etwas von Welch Pogue. Die Firma wird von einem gewählten geschäftsführenden Vorstand geführt, mit der Auflage, daß niemand länger als drei Jahre in diesem Vorstand tätig sein darf. Danach muß er seine Tätigkeit für ein Jahr unterbrechen. Hielt sich Crowell, der namensgebende Partner und Mitbegründer, an diese Regel? Er tat es. Und indem er sich selbst zwang, seine Macht zu teilen, gelang es ihm nicht nur, eine gesündere, nicht so sehr von einer Einzelperson abhängige Organisation aufzubauen, sondern auch ein etwas gesünderes Leben für sich selbst zu erreichen.

Worum es uns also geht, ist zu lernen, wie wir einen vorzeitigen Machtverlust verhindern und uns aus unseren Positionen mit Würde und Anstand zurückziehen können. Wenn wir unsere Rolle in dem System verstehen, in dem Organisationen arbeiten und von dem sie beherrscht werden, können wir beide Ziele leichter erreichen.

17

Das produktive Management politischer Dynamik

Nachdem Xerox die Hälfte seiner Marktanteile im Kopierbereich verloren hatte, lag die Notwendigkeit von Veränderungen auf der Hand. Trotzdem stieß David Kearns auf Skepsis und Widerstände, als er Anfang der 80er Jahre an die Macht kam. General Motors verlor in den 80er Jahren ein Drittel seiner Marktanteile. Auch hier gab es Widerstände gegen Veränderungen – Unwillen, etwas aus dem Joint Venture mit Toyota[1] zu lernen, Unwillen, sich der Autorität einer neuen Managergeneration zu beugen, und Unwillen, die Unternehmenskultur umzugestalten. Der Wandel, der John Sculley an die Spitze von Apple Computer brachte und der Firma eine neue Produktstrategie bescherte, ging zäh vor sich, obwohl die Probleme in der Unternehmensrichtung offenkundig waren. Veränderungen und Anpassungen setzen sich erst nach langen internen Kämpfen durch, die für gewöhnlich politischer Natur sind. Warum sind Veränderungen so problematisch? Und wenn es stimmt, daß Anpassungsvorgänge und Innovationen normalerweise nur durch das Wirken von Macht und politischer Dynamik zustandekommen, was sagt diese Tatsache über die Disfunktionen der Macht und die Abwägungen und Entscheidungen aus, die ein produktiver Umgang mit der politischen Dynamik mit sich bringt? Um diese Fragen geht es in diesem Kapitel.

DIE POLITIK DER KARRIEREDYNAMIK

Wenn Menschen in Organisationen eintreten, sind in der Folge einige erfolgreicher als andere, rücken in höhere Positionen vor und gewinnen ein höheres Maß an Status und informeller Macht.[2] In allen Organisationen gibt es, ob sie es eingestehen oder nicht, Karrieresysteme, in deren Rahmen bestimmte Aktivitäten und Fähigkeiten großzügiger belohnt und gefördert werden als andere.

So waren zum Beispiel, wie wir gesehen haben, über einen langen Zeitraum in den 60er und 70er Jahren finanzielle und analytische Fähigkeiten in der amerikanischen Automobilindustrie sehr geschätzt, während das Fachwissen im eigentlichen Bau und Verkauf von Autos geringeres Ansehen genoß. An der Wall Street wandten sich etwa zur selben Zeit viele Firmen, darunter E.F. Hutton, von ihrem Einzelkundenschwerpunkt ab, stürzten sich auf den Fusions- und Akquisitionsmarkt und boten neue, hoch entwickelte Finanzinstrumente an, die sie großteils an Institutionen verkauften. Manchmal waren die besonders geförderten Bereiche und Fähigkeiten Teil einer bewußten Unternehmensstrategie, manchmal auch nicht. Das ist allerdings von geringer Bedeutung, da alle Organisationen unvermeidlich und ohne Unterschied über ein Karrieresystem verfügen, in dem bestimmte Aktivitäten und Fähigkeiten höher bewertet werden als andere.

Aus diesem Grund haben Personen, die in einflußreiche Positionen aufsteigen und aus diesem Karrieresystem Nutzen ziehen, ganz bestimmte Fähigkeiten – nämlich jene, auf die das jeweilige System besonderen Wert legt. Was passiert, wenn eine Veränderung notwendig ist, wenn die alten Methoden, die alten Karrieresysteme nicht mehr die Kenntnisse und Kompetenzen fördern, die für die veränderten Umstände nötig sind? Es ist unwahrscheinlich, daß jemand, der von einem bestimmten Karrieresystem gefördert und belohnt wurde, diesem System jetzt den Rücken kehren wird, zumal solche Leute mit Ausnahme des Firmenleiters die Karriereleiter ja noch weiter nach oben klettern. Die Regeln zu verändern bedeutet, die eigene Erfolgsquelle trockenzulegen und die eigenen Aufstiegschancen zu schmälern. Auch wenn der Firmenleiter (der schließlich in bezug auf künftige Aufstiegschancen am wenigsten zu verlieren hat) die Veränderung wünscht, haben die Leute der unmittelbar nachgeordneten Ränge durch eine Veränderung der Erfolgskriterien nichts zu gewinnen, aber viel zu verlieren.

Aber selbst wenn diese Personen nicht durch die Umstände, denen sie ihre gegenwärtige Situation verdanken, an die Vergangenheit gebunden wären, würden sie mit einer Veränderung vielleicht nicht fertig werden. Ausbildung und Erfahrung sorgen für eine Erweiterung und Vertiefung unseres Wissens, in vieler Hinsicht bekommen wir durch sie jedoch auch Scheuklappen. Eine alte Redewendung lautet: »Bildung bedeutet, über immer weniger immer mehr zu wissen.« Dasselbe gilt auch für die Erfahrung in einer Organisation. Dies ist die Lektion, die wir unbedingt aus der Geschichte Robert McNamaras und der anderen brillianten Leute in den Kennedy- und Johnson-Administrationen lernen sollten, die die Vorgänge im Vietnamkrieg so falsch einschätzten. Sie hatten Erfolg, weil sie sich eine bestimmte Form analytischer Fähigkeiten angeeignet hatten. Es war nicht nur unwahrscheinlich, daß sie diese Fähigkeiten zugunsten anderer, die sie nicht besaßen, in den Hintergrund rücken würden, sondern sie waren durch ihre eigenen Fähigkeiten und ihr eigenes

Können blind geworden gegenüber der Möglichkeit eines anderen Weges der Entscheidungsfindung.

Wenn es sich so verhält, wie werden dann Veränderungen in Institutionen überhaupt bewirkt? Sicher nicht von den Insidern mit ihren intellektuellen Scheuklappen und ihren festgefahrenen Interessen. Stattdessen kommen Innovation, Anpassungsprozesse und Veränderung nahezu immer von jemandem, der zumindest etwas außerhalb steht. Manchmal ist der Motor der Veränderung ein Außenseiter wie John Sculley bei Apple oder Ross Johnson bei Nabisco. Als Standard Brands mit Nabisco fusionierte und Ross Johnson Vorstandsvorsitzender der verschmolzenen Firmen wurde, machte er sich sofort daran, Unternehmenskultur und Arbeitsweise des Unternehmens zu verändern. Nabisco war ein Unternehmen, das von vergangenen Erfolgen lebte:

> In den 70er Jahren wurde Nabisco von soliden, bedächtigen Managern geführt, die eine Unternehmenskultur förderten, die den vergangenen Ruhm verherrlichte. Lauter gute Männer, aber keine Erneuerer . . . Nabisco stagnierte. Niemand wurde gefeuert. Niemand arbeitete länger als bis fünf. Niemand erhob die Stimme . . . Dann kam Ross Johnson.[3]

Johnson und seine Leute von Standard Brands kritisierten Präsentationen bei Meetings, fragten, was die Leute in ihrer Arbeitszeit taten und was das Wichtigste an dem Projekt sei. So entstand ein Geist der Veränderung:

> Die Nabisco-Manager waren stolz auf die aufwendigen Planungsverfahren des Unternehmens, die sie für viele Jahre in dicken Prognosemappen zusammengetragen hatten. Johnson rückte ihnen die Köpfe zurecht. Er erklärte ihnen: »Planung, meine Herren, bedeutet: ›Was werde ich nächstes Jahr anders machen als dieses Jahr?‹«[4]

Gelegentlich wird die Veränderung auch von jemandem bewirkt, der ein wenig außerhalb der zentralen Machtstruktur steht, wie etwa Donald Petersen bei Ford, David Kearns bei Xerox oder Robert Stempel, der letzte Generaldirektor von General Motors. Von Stempel sagte man beispielsweise:

> Stempel war immer schon ein Innovator gewesen . . . Er hatte das seltene Talent, Einwände vorbringen zu können, ohne dabei mißbilligend zu wirken . . . Er war als Chef bekannt, der seinen Leuten wirklich zuhörte.[5]

Manchmal stehen die Außenseiter allerdings so weit außerhalb der wichtigen Abläufe ihrer Organisation, daß ihnen, wenn sie ihre Ideen durchsetzen wollen, nichts anderes übrigbleibt, als das Unternehmen zu verlassen, ihre eigene Firma zu gründen oder anderswohin zu gehen. So hatte beispielsweise Renn Zaphiropoulos, während er bei Varian arbeitete, eine Idee für die Entwicklung eines neuartigen Druckers, der die in einem Computer gespeicherten Informationen in graphische Form bringen und auf Papier sichtbar machen konnte. Als sich zeigte, daß Varian an der Idee nicht interessiert war, gründete Zaphiropoulos Versatec, das Ende der 70er Jahre von Xerox gekauft wurde. Als ich mich das letzte Mal informierte, war Versatec selbst bereits größer als Varian, die Firma, aus der der Unternehmensgründer gekommen war. Viele Firmen im Silicon Valley wurden nicht deshalb gegründet, weil ihre Gründer unbedingt reich werden wollten, sondern weil sie keine andere Möglichkeit hatten, ihre Ideen durchzusetzen.

Die Frage lautet also, wie man neuen Ideen und Perspektiven, die oft eine Machtverschiebung in einer Organisation nach sich ziehen, zum Durchbruch verhilft, ohne daß dadurch ein derart großes Trauma und Chaos entsteht, daß die ganze Organisation dem Veränderungsprozeß zum Opfer fällt. Die Dynamik der Macht ist für Anpassungen und Veränderungen in einer Organisation von entscheidender Bedeutung. Im Idealfall wird diese Dynamik so gesteuert, daß Veränderungen stattfinden, ohne daß politische Prozesse erstickt werden und damit die Chance zur Neuanpassung vertan wird, und die Konflikte nicht so außer Rand und Band geraten, daß sich die Organisation selbst zerstört. Überflüssig zu sagen, daß es hier wie in den meisten Situationen, in denen ein Gleichgewicht erforderlich ist, keine allgemeinen Regeln gibt. Natürlich können wir über einige der Fragen und Lösungsmöglichkeiten sprechen, aber die Umsetzung dieser Ideen hängt in hohem Maße von den spezifischen Gegebenheiten ab.

PROBLEME MIT DER MACHTDYNAMIK

Es ist problematisch, Ziele mit Hilfe von Hierarchie und Unternehmensphilosophie durchzusetzen; dies gilt auch für Macht und Einfluß. Wenn wir die potentiellen Probleme betrachten, die die Dynamik der Macht in Organisationen mit sich bringt, werden wir die Bedeutung der Macht als Grundlage für Anpassungsprozesse besser schätzen lernen; und wir werden verstehen, welchen Preis wir möglicherweise für die Unterdrückung politischer Prozesse in Kauf nehmen müssen.

Unser Problem mit der Dynamik der Macht ist, daß uns die Versuche, in unserer Organisation Einfluß zu gewinnen, Zeit, Energie und Mühe kosten. Manche Leute betrachten diese Bemühungen als Verschwendung von Unternehmensressourcen. So schrieben zum Beispiel zwei Wirtschaftswissenschaftler:

> Zeit und Mühe, die auf Aktivitäten zur Einflußnahme (und auf die Auseinandersetzung damit) verwendet werden, sind Ressourcen, die anderweitig viel gewinnbringender eingesetzt werden könnten. Denn insofern, als Einflußbestrebungen auf eine Umverteilung der Nettovorteile von Entscheidun-

gen unter den Mitgliedern der Organisation abzielen, bringen sie für die Organisation nicht unbedingt einen Gewinn an Effizienz, der die mit diesen Aktivitäten verbundenen Kosten aufwiegt.[6]

Die Probleme, auf die die Wirtschaftswissenschaftler hinweisen, sind sogenannte Vertretungsprobleme in der Entscheidungsfindung einer Organisation. Einige Personen dürfen Entscheidungen treffen, aber um das tun zu können, müssen sie sich auf die Informationen verlassen, die ihnen andere Mitglieder der Organisation liefern. Die aufgrund dieser Informationen gefällten Entscheidungen wirken sich möglicherweise auf diese anderen Mitglieder aus, die infolgedessen ein Interesse daran haben könnten, die von ihnen gelieferten Informationen so zu verzerren, daß sie ihren Interessen dienlich sind. Da alle von einer Entscheidung betroffenen Parteien ähnliche Motive haben, sich an derartigen politischen Aktivitäten zu beteiligen, fließt eine Menge Energie in politische Ränke, ohne daß dabei irgendetwas Produktives herauskäme.

Eine Methode, dieses Problem zu entschärfen, besteht darin, die Anreize oder Beweggründe für politische Aktivität zu verringern. Das kann man erreichen, indem man die Belohnungen innerhalb der Organisation gerechter aufteilt. Wenn Bemühungen um mehr Einfluß keinen substantiellen Gewinn versprechen, weil es in jedem Fall allen etwa gleich ergeht, werden die Bestrebungen nach mehr Einfluß wahrscheinlich abnehmen. So kann es sich zum Beispiel als wirkungsvoll erweisen, die Gehaltsunterschiede zwischen den einzelnen Mitgliedern der Organisation abzubauen; dadurch werden die Versuche abnehmen, mehr Einfluß zu gewinnen, um Karriereresultate wie Beförderungen oder Gehaltserhöhungen positiv zu beeinflussen. Im allgemeinen kann eine gerechtere Verteilung der Unternehmensressourcen (wie Kapitalbudgets, zusätzliches Personal usw.) eine wirksame Methode sein, um die Einflußbestrebungen und die dafür aufgewendete Zeit und Energie in Grenzen zu halten.

Es besteht kaum ein Zweifel darüber, daß Aktivitäten zur Einflußvermehrung zeit- und energieverschwendend sind. Der Kampf um die Kontrolle von Lehman Brothers zog einen Rattenschwanz von Konferenzen, Aufsichtsratssitzungen und Verhandlungen über die finanziellen Regelungen für Petersen nach sich. Während die Partner auf den Gängen die neuesten Gerüchte austauschten, blieb die Arbeit liegen. Als Glucksman die Zügel in die Hand nahm, wurde noch mehr über die Verteilung der Anteile und Gewinne der Firma politisiert, was wiederum zusätzliche Sitzungen und weitere informelle Diskussionen nach sich zog. Der Kampf um die Bezahlung verschärfte sich dadurch, daß Glucksman bestrebt war, die überkommene Praxis zu ändern und auch das System der Honorierung zu konsolidieren. Es stand einiges auf dem Spiel. Sehr ähnlich

»funktionierte Huttons Gehaltssystem, wenn es überhaupt als solches bezeichnet werden kann: wie eine Kombination aus Schönheitswettbewerb und Tauziehen«, erinnert sich Neal Eldridge [ein außenstehender Berater] ... »Das Gehaltsschema des Unternehmens war der Sand im Getriebe.«[7]

Das Problem mit dem Sand im Getriebe ist, daß solche Störungen Energien von anderen Aktivitäten ablenken, welche für die Firma potentiell von größerem Nutzen wären. Tatsächlich wurde unter Fomon auf allen Ebenen derart viel über die Nachfolgeregelungen politisiert, daß das Managementsystem von E.F.Hutton sozusagen auf Grund lief, mit allen negativen Folgen für die Organisation.

Die Schwierigkeit bei dem Versuch, mit einer gerechteren Verteilung den Kampf um mehr Einfluß in Schranken zu halten, liegt darin, daß damit schlüssige Regelungen der Ressourcenzuteilung verhindert werden. Eine egalitäre Verteilung der Kapitalbudgets über die operativen Abteilungen behindert die Neuzuteilung von Ressourcen an die produktivsten Bereiche. Eine gerechtere Verteilung der Gehälter kommt jenen zugute, die anderenfalls weniger Geld bekommen würden, aber die Vielarbeiter, die sonst höhere Gehälter bekämen, sind von dieser Regelung enttäuscht und verlassen möglicherweise in der Folge das Unternehmen. Es sind jedoch weniger extreme Regelungen möglich, die der Organisation zugute kommen, weil sie leicht zu verstehen sind und vorbehaltlos angewandt werden. Wenn sich Organisationen auf Ziele und Maßnahmen einigen können, die auf die Erreichung dieses Zieles hinarbeiten, können die Bemühungen um mehr Einfluß reduziert werden. Wenn dies jedoch nicht gelingt, nehmen die Kosten der Bestrebungen, mehr Einfluß aufzubauen, die Form von »Transaktionskosten« an – Führungsanspruchskosten, die unter Bedingungen der Unsicherheit und Heterogenität mit der Entscheidungsfindung verbunden sind.

Wenn wir darüber urteilen, wieviele Konflikte es in einer gesunden Organisation geben darf, sollten wir uns unbedingt daran erinnern, daß Konflikte nicht immer schädlich sind. Meinungsverschiedenheiten sind nützlich und wichtig, um sich ein Urteil bilden zu können, das alle verfügbaren Informationen und Standpunkte berücksichtigt. Es gibt eine Geschichte über Alfred Sloan, der sich während seiner Zeit als Vorstandsvorsitzender von General Motors in den 20er und 30er Jahren weigerte, bei einer Sitzung eine Entscheidung zu treffen, wenn niemand etwas Wesentliches gegen einen Vorschlag einzuwenden hatte. Er meinte, der Grund dafür, daß niemand etwas gegen einen Vorschlag zu sagen hatte, könne nur sein, daß nicht lange und genau genug über diesen Vorschlag nachgedacht worden sei. Sloan hatte erkannt, daß alle wichtigen Fragen in einer Organisation mehrere Dimensionen haben, und er wollte sichergehen, daß eine Frage gründlich von allen Seiten betrachtet wurde, bevor man eine Entscheidung traf. Manchmal nehmen Konflikte jedoch eine persönliche Note an; plötzlich geht es nicht länger um wesentliche Sachfragen, sondern darum, einen Kampf zu gewinnen oder der anderen Person oder Gruppe Schaden zuzufügen. Auf Personen konzentrierte Konflikte können eine bittere Sache sein und sich eher unproduktiv als klärend auswirken. Wenn Machtkämpfe in destruktive Konflikte ausarten, können Organisationen Schaden nehmen.

Als Robert P. Rittereiser von Merrill Lynch abgeworben und Vorstandsmitglied von Hutton und somit logischer Nachfolger von Fomon wurde, hievte er seine eigenen Leute in die wichtigsten Funktionen. Aber er holte sich diese Leute aus zahlreichen Organisationen, von Salomon Brothers über American Express, Citicorp, Deloitte und Haskins bis hin zu Sells, einer der größten Wirtschaftsprüferfirmen des Landes. Rittereiser war keine starke Führungspersönlichkeit, und die verschiedenen Leute, die er einstellte, hatten keine gemeinsame Geschichte, kein gemeinsames Ziel und keine gemeinsame Unternehmensphilosophie. In der Folge kam es zu zahlreichen Positionskämpfen:

> »Es war Machtfieber – darunter litten alle Mitglieder von Rittereisers Vorstand. Sie verbrachten mehr Zeit damit, um Rang und Positionen zu kämpfen und einander Steine in den Weg zu legen, als den Kurs der Firma zu ändern.«[8]

Bei Xerox rivalisierten die Mitglieder des Forschungszentrums in Palo Alto mit den Leuten von Scientific Data Systems (SDS), einer Firma, die Xerox gekauft hatte, um sich den Einstieg in die Computerindustrie zu erleichtern:

> SDS machte die PARC-Idee lächerlich und zeigte sich außerstande, Erfindungen in Produkte umzuwandeln; viele der Computerwissenschaftler von PARC rümpften die Nase über die Fähigkeiten von SDS . . . PARC und SDS waren einander von Anfang an feindlich gesinnt.[9]

Als die PARC-Leute mit Hilfe eines Computers der Konkurrenz ein Time-Sharing-System entwickelten, war SDS außer sich, und die Feindseligkeiten verschärften sich. Unnötig zu sagen, daß diese Abneigung der Zusammenarbeit der Einheiten oder der Entwicklung lebensfähiger Produkte für die Computerindustrie nicht besonders zuträglich war.

Konflikte zwischen Abteilungen sind selbst dann nicht unvermeidlich, wenn gegenseitige Abhängigkeit oder verschiedene Perspektiven bestehen. Die Abteilungskonflikte bei Apple wurden durch die Haltung Steve Jobs' den anderen Abteilungen gegenüber verschärft.[10] Bei Lehman weckte die Tatsache, daß sich Peterson vor allem mit Außenbeziehungen beschäftigte und die Zusammenarbeit mit seinen Partnern vernachlässigte, den Unmut Glucksmans und bewirkte auch destruktive Konflikte innerhalb der Firma. Die Streitigkeiten zwischen den Jones, Day-Büros in Washington und Cleveland waren zum Teil darauf zurückzuführen, daß die operativen Methoden der beiden Büros niemals wirklich aufeinander abgestimmt worden waren. Das Washingtoner Büro war durch eine Fusion in die Firma gekommen und hatte zu Beginn einen anderen Namen, ein anderes Gehaltsschema, eine andere Managementstruktur und ging nach anderen juristischen Methoden vor. Es wurde wenig getan, um diese Differenzen zu überbrücken.

In einigen Fällen ergaben sich die Konflikte zwischen den Abteilungen aus ganz persönlichen Abneigungen zwischen bestimmten Mitgliedern und Führungskräften. Solche Konflikte waren heftiger, wenn keine Versuche unternommen wurden, sie auf konstruktive Weise beizulegen, die Organisation um eine gemeinsame Vision zu versammeln und sie gegen Bedrohungen von außen zu einigen. In dieser Hinsicht ist es vielleicht nicht besonders überraschend, daß Apple Computer, Lehman Brothers, Xerox und sogar Jones, Day zwei Merkmale gemeinsam zu haben schienen – erstens das Fehlen einer einigenden Führung und zweitens ein sattes wirtschaftliches Umfeld, in dem es jene Art von Bedrohung nicht gab, welche die Firmenmitglieder zur Zusammenarbeit bewogen hätte.

Ein zweites Problem, das entstehen kann, wenn die Dynamik der Macht nicht erfolgreich gesteuert werden kann, ist das der Verzögerung. Prozesse, die mit der Erlangung von Macht und Einfluß zu tun haben, brauchen Zeit, und das kann zu verzögerten Entscheidungen und Handlungen führen. Ich erinnere mich an ein Führungskräfteseminar, das ich einmal für eine Lebensmittel-Einzelhandelskette abgehalten habe. Zum damaligen Zeitpunkt herrschte in der Organisation ein hohes Maß an innerer Uneinigkeit. Eine Gruppe setzte sich aus dem traditionellen Lebensmittelmanagement und den Angehörigen der operativen Abteilungen zusammen. Für sie war die tägliche Praxis in den Läden der entscheidende Erfolgsfaktor, und sie waren daran interessiert, den operativen Teil der Firma aufzuwerten. Die Finanzleute waren dagegen. Sie argumentierten, daß die Finanzwelt den Einzelhandel als einen netten, gewinnbringenden Unternehmenszweig betrachte, in dem jedoch die Spannen gering, der Wettbewerb intensiv und das Wachstum beschränkt seien. Sie meinten, daß die Firma irgendwann einmal einer starken Herausforderung ausgesetzt sein könnte, wenn sie sich weiterhin in diesem Maße auf ihren Lebensmittel-Kernbereich konzentrierte (eine Prognose, die sich im Rückblick als ziemlich klug erwiesen hat, denkt man an die Leveraged Buyouts und aggressiven Übernahmen, die in dieser Branche stattgefunden haben). Die Finanzleute forderten umfassende strategische Analysen und eine Diversifizierung der Firma in andere Geschäftszweige wie zum Beispiel Drogerien, Kinderfachgeschäfte und andere Einzelhandelsgeschäfte, die in denselben Einkaufzentren wie die Lebensmittelgeschäfte der Firma beheimatet sein könnten, aber auch die Herstellung von Nahrungsmitteln und Molkereiprodukten. Die Firma war auch geographisch geteilt. Sie war vor allem in Kalifornien stark vertreten, hatte aber auch Filialen in anderen Teilen der Vereinigten Staaten und in Übersee. Die einzelnen Abteilungen konkurrierten miteinander um Kapitalmittel. Die Kalifornier beklagten sich darüber, daß sie die Verluste und Investitionen der übrigen Filialen mittragen müßten und beanspruchten einen größeren Teil der Gewinne für sich selbst. Die anderen argumentierten, daß sie in weniger wettbewerbsbelasteten Gebieten operierten und dem Unternehmen so die besseren Wachstumschancen böten. Die Firma hatte eine sehr starke Rechtsabteilung, die dazu tendierte, alle potentiellen Maßnahmen unter den Gesichtspunkten Kartell- und Arbeitsrecht zu bewerten. Und die Immobilienabteilung argumentierte, daß die Firma den größten Teil ihres wettbewerbsbezogenen Erfolges ihren ausgezeichneten Standorten verdanke. Angesichts dieser Stärke war die Abteilung der Meinung, daß mehr Wert auf den Ausbau von Einkaufszentren gelegt werden solle, um sich die in der Organisation vorhandenen Erfahrungen im Immobilienbereich zunutze zu machen.

Jeder dieser Standpunkte hatte etwas für sich, und jeder hatte in den höchsten Gremien der Firma seine Vertreter. Das Problem war nur, daß sich die Manager der niedrigeren Ebenen, solange der Streit andauerte, nicht mehr getrauten, irgendwelche Maßnahmen zu veranlassen. In dieser Firma habe ich erstmals den Satz gehört: »Wenn die Elefanten kämpfen, werden die Ameisen zertreten.« Tatsächlich verzogen sich die Ameisen, suchten Schutz und schoben alles auf, was sich nur irgendwie aufschieben ließ. Entscheidungen über den Umbau von Geschäftslokalen wurden aufgeschoben, Entscheidungen über Expansionen wurden oftmals erst nach langem Zögern getroffen, und so gingen der Organisation potentielle Standorte verloren, weil sie sich nicht entscheiden konnte, ob und wohin sie expandieren wollte. Sie war durch den Konflikt ihrer verschiedenden Interessen gelähmt.

Wie man aus jener Beschreibung leicht schließen kann, hatte die Organisation zu dieser Zeit keine starke Führung. Der Vorstandsvorsitzende war jung und relativ unerfahren und verdankte seinen Job unter anderem der Tatsache, daß seine Familie zahlreiche Aktien der Firma besaß. Dadurch verschärfte sich der Positionswettkampf auf den nächstunteren Ebene noch. Die Kämpfe gingen weiter, und die Organisation, die weder wußte, was zu tun war, noch eine klare Vision oder ein strategisches Ziel besaß, hatte mit sinkenden Gewinnen zu kämpfen und vergab Chancen in der Geschäftsentwicklung.

Ein drittes Problem, das sich im Zusammenhang mit der Machtdynamik ergeben kann, besteht in unvollständigen Analysen. Ich bin nicht davon überzeugt, daß alle geschäfts- oder organisationsbezogenen Entscheidungsfragen durch Analysen geklärt werden können. Andererseits sind Daten und Informationen oft nützlich und auch notwendig, wenn man gut fundierte und intelligente Entscheidungen darüber treffen will, was zu tun ist. Wie wir in Kapitel 13 gesehen haben, verursachen Macht und Einfluß in Organisationen oft das Entstehen eines pathologischen Zustands, in dem Informationen entweder ignoriert oder auf eine so strategisch orientierte, konzentrierte Weise gesucht werden, daß der Prozeß keine brauchbaren Daten produzieren kann.

Wahrscheinlich zeigt sich nirgends so deutlich, welche Probleme eine Verdrängung der Analysen durch Macht und Einfluß mit sich bringt, wie im Kauf und Einsatz militärischer Geräte und Dienstleistungen in den Vereinigten Staaten. Nick Kotz verfaßte eine eingehende Analyse des militärischen Beschaffungssystems im allgemeinen und des Projekts des B-1-Bombers im besonderen.[11] Um von den Kongreßabgeordneten aus Michigan Unterstützung für den B-1-Bomber zu bekommen, drohte die Air Force mit der Schließung der Wurtsmith Air Force Base im Norden von Michigan. Bei einem Arbeitsessen der Handelskammer in Oscoda, Michigan, warnte Generalleutnant Earl O'Loughlin, Vizekommandant des logistischen Kommandos der Air Force:

> »Wir haben Parlamentarier in Michigan, die das B-1-Programm nicht unterstützt haben – und die Staaten, die gegen den B-1-Bomber sind, werden die ersten Kürzungen hinnehmen müssen!« ... General O'Loughlin drängte die Kammer, ... eine Briefkampagne an die [Senatoren] Levin und Riegle zu sponsern, in der gegen ihre ablehnende Haltung zum B-1-Bomber protestiert würde ...[12]

Offensichtlich zeigte dieser Druck Wirkung:

> Bei Pressekonferenzen und Ausschuß-Hearings verkündete Levin eine ganz neue Botschaft: »Vielleicht war ich gegen den Bau des B-1-Bombers, aber nun wird er eben gebaut, und Wurtsmith ist der richtige Ort für seine Stationierung.« ... Das einzige, was in diesem politischen Prozeß zu vermissen war, war eine ernsthafte Debatte darüber, was für die Landesverteidigung das beste war.[13]

Die Bomber wurden schließlich zur Belohnung John Towers für seine Intervention und seine Unterstützung der Luftwaffe in der Luftwaffenbasis Dyass in Texas stationiert; aufgrund des Einflusses und der Interventionen des Senators Robert Dole in der Luftwaffenbasis McConnell in der Nähe von Wichita, Kansas; und in zwei anderen Basen der Vereinigten Staaten, die militärisch gesehen mehr Sinn ergaben. Um die Sowjetunion von der Basis in Texas aus zu erreichen, müßten die Bomber umständlich aufgetankt werden. Die Basis in Kansas liegt ebenfalls strategisch ungünstig, weil sie sich nicht nur in einem dicht besiedelten Gebiet, sondern auch in der Nähe einer frequentieren Landebahn befindet, die von der Boeing Aircraft Company benutzt wurde. Darüber hinaus würde die Stationierung der B-1-Bomber in der McConnell-Basis zusätzliche 40 Millionen Dollar kosten, da die Basis keine Einrichtungen für die Lagerung nuklearer Waffen hatte. Aber als Dole darauf hinwies, daß nicht nur seine Unterstützung für die militärische Beschaffung, sondern auch die für Reagans Steuerreform wackelte, bekam McConnell seine B-1-Bomber.

Die ganze Geschichte der B-1-Bomber zeigt, wie die Politik die Oberhand über die Analyse strategischer Erfordernisse, Kosten und Alternativen gewinnt, wenn sie diese nicht überhaupt völlig unterdrückt. Der Bomber wurde nicht aufgrund, sondern trotz der strategischen Bedarfsanalyse seiner Notwendigkeit gebaut. Und die Geschichte des Programms hat wiederholt gezeigt, wie leicht Analysen unterdrückt oder umgangen werden können, um eine Entscheidung durchzudrücken, die auf der Macht verschiedenster Interessen beruht. Zahlreiche Beispiele vom Schauplatz der militärischen Beschaffung zeigen, welche Probleme entstehen können, wenn Analysen entweder gar nicht erst durchgeführt oder ignoriert werden.

Aber auch in diesen Situationen werden Abwägungen vorgenommen. Die strategischen und militärischen Konsequenzen der Stationierung von Bombern sind schließlich nur ein Teil der Konsequenzen, die sich daraus ergeben, wo und wieviel das Land in militärische Waffensysteme investiert. Bomber und militärische Beschaffung bieten wirtschaftliche Vorteile, die praktisch die Lebensgrundlage für einige kleine Gemeinden darstellen. Der springende Punkt ist, daß die meisten Entscheidungen mehrere Dimensionen haben, und wenn eine Entscheidung aufgrund von Kriterien gefällt wurde, die wir für irrelevant halten, neigen wir zu der Behauptung, daß etwas Grundlegendes an ihr faul sei. Es ist nichts faul an ihr, sondern sie ergibt einfach eine andere Vorgehensweise als eine Analyse, die nur einen Aspekt voll herausarbeitet, empfehlen wird. Wie wir bereits früher gesehen haben, kann aus Zahlen nahezu alles herausgelesen werden. Trotzdem brauchen wir die Zahlen, auch wenn wir sie mit Skepsis betrachten sollten. Selbstverständlich muß man abwägen – denn man muß die Kosten kennen.

Der Wettbewerb zwischen Interessen und Perspektiven, der uns beim Management der politischen Dynamik vor Herausforderungen stellt, entspringt genau den Bedingungen, von denen wir gelernt haben, daß sie vorrangig den Gebrauch von Macht und Einfluß auslösen. Will man die Ausübung von Macht einschränken (z. B. durch die gerechtere Verteilung der Belohnungen in einer Organisation, durch Homogenisierung der Standpunkte und Beilegung von Meinungsverschiedenheiten) so muß man dafür auch einen Preis bezahlen. Wer Macht in einer Organisation managen will, muß fähig sein, Kompromisse einzugehen.

Schließlich gibt es noch einen weiteren Punkt, der beim Management politischer Dynamik zu beachten ist. Einer meiner Freunde, der bei der Managementberatungsfirma Strategic Decisions Group arbeitet, meinte einmal, daß die Schwierigkeit beim Management einer Organisation darin liege, daß manchmal Verwirrung darüber herrscht, in welchem Stadium sich die Organisation befindet oder sich befinden sollte. Es gibt Zeiten, in denen die Firma eine Entscheidung treffen muß, Zeiten, in denen Veränderungen vorgenommen werden müssen, und Zeiten, in denen diese Entscheidungen und Veränderungen implementiert werden müssen. Die Fähigkeiten der Implementation unterscheiden sich von den Fähigkeiten, die man benötigt, um die Richtung oder die Politik zu ändern; und wiederum andere Fähigkeiten sind erforderlich, um herauszufinden, was vorrangig zu tun ist. Eine der entscheidenden Aufgaben im produktiven Management der Machtdynamik liegt also darin herauszufinden, in welcher Phase sich die Organisation befinden sollte und wie man erreicht, daß sie im jeweils erforderlichen Entscheidungs- und Aktionsmodus effektiv funktioniert. Eine zweite, überaus wichtige Aufgabe besteht darin, die Organisation von einem Stadium oder einer Phase in die nächste überzuleiten.

Manche Organisationen bleiben in einem Implementationsmodus stecken und nehmen niemals eine Neubewertung dessen vor, was sie implementieren. Das war das Problem der Parkkommission unter Robert Moses. Manche Organisationen haben Schwierigkeiten mit der Implementierung, auch wenn sie technisch auf dem höchsten Stand sind und über hervorragende Analysekapazitäten verfügen. Xerox in den 70er Jahren ist dafür vielleicht ein gutes Beispiel. Manche Organisationen beherrschen es ausgezeichnet, auf der Grundlage guter Informationen Entscheidungen zu treffen, es fällt ihnen aber schwer, veränderte Umstände zu erkennen und fundamentale Veränderungen herbeizuführen. In diese Gruppe fallen viele Organisationen, aber General Motors ist geradezu ein klassisches Beispiel.

Es ist wichtig zu erkennen, daß die politische Dynamik und ihre potentiellen Probleme und Funktionsstörungen in den verschiedenen Stadien und Prozessen unterschiedlich sind. Die Fähigkeiten der Einflußnahme, die nötig sind, um Veränderungen durchzusetzen, unterscheidet sich erheblich von den Fähigkeiten, die erforderlich sind, um Mitarbeiter zu eingehender Analyse zu motivieren oder um Entscheidungen zu implementieren, über die grundsätzliche Übereinstimmung besteht. Sensibilität gegenüber den potentiellen Problemen, die Macht und Einfluß mit sich bringen, die Abwägung verschiedener Möglichkeiten und das Wissen, in welchem Stadium sich die Organisation befindet, sind hilfreich, können jedoch keinesfalls garantieren, daß wir über die nötigen Einblicke verfügen, um diese Dynamik produktiv managen zu können.

MACHT UND LEISTUNG

Die Probleme, die in Organisationen aus politischen Vorgängen entstehen, machen eine Untersuchung und Bewertung des Verhältnisses zwischen Macht- und Einflußprozessen und der Leistung notwendig. Stimmt es, daß in Organisationen, in denen Macht und Einfluß eine geringere Rolle spielen, die Leistungen besser sind? Oder ist das Verhältnis zwischen Macht und Leistung komplexer und zufälliger?

Vorauszuschicken ist, daß die häufigste Annahme lautet, Macht- und Einflußprozesse in einer Organisation wirkten leistungshemmend. Tom Peters lieh sich ein Exemplar meines vor längerem erschienenen Buches über Macht aus.[14] Als er es mir zurückgab, bemerkte ich, daß er, obwohl er sich offensichtlich zurückzuhalten versucht hatte, doch einige Male die Randnotiz »Gilt nicht für effektiv arbeitende Organisationen« gemacht hatte. Er dachte, daß von den beschriebenen Konflikten und politischen Vorgängen in den hervorragendsten Organisationen nichts zu sehen sei. Und er hatte wahrscheinlich recht – das ist der Grund dafür, daß viele dieser Organisationen einige Jahre später nicht mehr als so hervorragend galten.[15] Wie Pascale anmerkte, besteht hier ein Paradoxon. Einerseits gibt es Vorschriften bezüglich der Übereinstimmung von Organisationssystemen, Mitarbeiterauswahl, Strukturen, Strategien und so weiter. Wenn aber andererseits zu viel Übereinstimmung besteht und sich die verschiedenen Bestandteile der Organisation zu reibungslos ergänzen, ist es möglich, daß die Organisation nicht mehr zur Veränderung oder zur Anpassung an neue Gegebenheiten fähig ist.[16] Dieses Dilemma veranlaßte Pascale zu den detaillierten Fallstudien von Ford, Honda, General Electric und anderen großen Unternehmen, in denen er zu ergründen versuchte, wie sich Organisationen verändern.

Pascales Analysen konzentrierten sich auf geplante Aktionen, wenn die Planung auch nicht immer nachvollziehbar war. Seine Analyse zeigt Sinn für Menschen, die ein Problem sehen und versuchen, es zu lösen; gelegentlich zeigt sie auch Sinn für das Glück als den Faktor, der über Erfolg oder Niederlage entscheidet. Was in dieser ansonsten exzellenten Analyse allerdings fehlt, ist jeglicher Sinn für einzelne oder gemeinschaftliche Beweggründe oder Interessen, die sicher eine Rolle spielen, wenn es darum geht festzulegen, was versucht und was dann letztendlich implementiert wird.

Wenn weitreichende Veränderungen wie zum Beispiel Änderungen von Strategie, Technologie, Marktansatz und Mitarbeiterauswahl nicht notwendig sind –, wenn, in anderen Worten, das bestehende Management und die bestehende Unternehmenskultur der Firma erfolgreich sind und das auch in absehbarer Zukunft sein werden –, dann ist der Einsatz von Macht und Einfluß nicht nur unnötig, sondern auch ineffizient. Dies ist die Situation, von der Wirtschaftswissenschaftler und andere Personen, die Fragen von Macht und Politik aus der Perspektive einer Vertretungstheorie betrachten, implizit ausgehen. Sie nehmen an, daß es eine intelligente, gut motivierte Führungsperson gibt, die Entscheidungen im Namen der Organisation trifft. Diese Person verfügt vielleicht nicht über ausreichende Informationen oder analytische Fähigkeiten und muß sich daher auf Vertreter verlassen – dieselben Vertreter, die ihre Informationen vielleicht in strategischer Absicht präsentieren, um ihren eigenen Interessen oder den Interessen ihrer Einheiten zu dienen. Jedoch wird allgemein angenommen, daß die Führungsperson selbst vor allem an der wirtschaftlichen Effizienz und am Wohlergehen der Organisation interessiert ist. Das Problem daran ist, daß es im wirklichen Leben keineswegs immer klar ist, wer eine Führungsperson und wer ein Vertreter ist, und sogar Generaldirektoren handeln oft nicht im Interesse ihrer Organisation, sondern in ihrem eigenen, um

Macht oder Kontrolle aufrechtzuerhalten, eine Organisation oder ein »Gebäude« als ihr Lebenswerk zu errichten und ähnliches. Es ist keineswegs bewiesen, daß es in den real existierenden Organisationen immer den leidenschaftslosen Effizienzmaximierer gibt, den wir in einigen Organisationsmodellen finden. Wenn die Entscheidungsfindung insofern unproblematisch ist, als man den Motiven oder Interessen des Entscheidungsträgers trauen kann, und wenn das Umfeld stabil ist, dann sind politische Nahkämpfe tatsächlich eine Verschwendung von Zeit und Energie.

Kathleen Eisenhardt und Jay Bourgeois untersuchten acht kleine High Tech-Firmen in der Mikrocomputerindustrie.[17] Die größte Firma hatte etwa 500, die kleinste 50 Mitarbeiter. Eisenhardt und Bourgeois untersuchten spezifische, wichtige Entscheidungen über Strategie und Produktentwicklung. Dabei fanden sie heraus, daß intensivere politische Aktivitäten stattfanden, wenn die Entscheidungsfindung weitgehend in den Händen eines autoritären Vorstandsvorsitzenden konzentriert war. Sie merkten an: »Je mächtiger der Vorstandsvorsitzende ist, desto stärker wird die Neigung der übrigen Spitzenmanager, ihre Macht zu konsolidieren, Allianzen aufzubauen und Umsturzpläne zu schmieden.«[18] Bei der Untersuchung der Beziehung zwischen Politik und Leistung fanden sie heraus, daß »die Top Management-Teams der effektiv arbeitenden Firmen politische Aktivitäten vermieden, während die Managementteams schwächerer Firmen stärker zu diesem Mittel griffen.«[19] Und zwar lag das daran, daß 1. politische Aktivitäten zeitintensiv sind und Führungsenergien beanspruchen, 2. politische Aktivitäten den Informationsfluß beeinträchtigen und 3. bei politisch aktiven Spitzenmanagementteams sich die Wahrnehmungen über die Meinungen der anderen verzerrten.

Die sorgfältige Studie Eisenhardts und Bourgeois' ist eine der wenigen, welche die Verbindung zwischen Politik und Leistung in Organisationen empirisch untersuchen. Wir sollten uns daher ihre Ergebnisse näher ansehen. Erstens ist es, wie die Autoren anmerken, möglich, daß politische Aktivitäten in einer Organisation nicht nur für schwache Leistungen verantwortlich sind, sondern daß schwache Leistungen ihrerseits auch zu politischen Aktivitäten führen. Schlechte Leistungen lösen bei Führungskräften meist Zweifel über die Stabilität ihrer Position aus (mitunter zu Recht), was zu einem verstärkten Wettrennen um Positionen und zu Versuchen führen kann, Schuldzuweisungen abzuwehren. Zweitens wird in dieser Studie ein deutlicher Zusammenhang zwischen politischer Aktivität und autoritärem Management hergestellt. Autoritäres Management kann in einer sich rasch verändernden, technologisch komplexen Umwelt kaum besonders effektiv sein. Die Studie beschäftigte sich mit kleinen Firmen, die nicht auf dem Markt etabliert waren und in Bereichen agierten, in denen ein Wechsel zu anderen Firmen für die Manager leicht war. Es ist wahrscheinlich, daß der autoritäre Managementstil bei den technisch wichtigen Mitarbeitern zu einer höheren Fluktuation und zu geringeren Leistungen führte. Wir können also nicht sagen, ob es eine direkte Beziehung zwischen schlechten Leistungen und politischen Aktivitäten gibt, oder ob sich diese Beziehung in diesem Beispiel indirekt aus der Verbindung zwischen politischer Aktivität und autoritärem Management ergibt, welches die eigentliche Quelle der schlechten Leistungen ist. Am wichtigsten ist jedoch, daß diese Firmen den Modellen der Wirtschaftswissenschaftler am nächsten kommen. Hier handelt es sich um kleine Organisationen, in denen die Führungspersönlichkeit mit großer Sicherheit der Top-Manager ist, der wahrscheinlich eine Rolle als Miteigentümer spielt. Hier gibt es nur wenige Anreize zur Aufrechterhaltung der Macht um ihrer selbst willen, wie wir dies bei Hutton oder Xerox gesehen haben; stattdessen machen es die von hartem Wettbewerb beherrschte Umgebung und die starke Kapitalbeteiligung ziemlich wahrscheinlich, daß der Generaldirektor im besten Interesse der Organisation handelt. In einem solchen Kontext beeinträchtigen politische Aktivitäten und Informationsverzerrung die Qualität der getroffenen Entscheidungen. Hier geht es um eine wettbewerbsorientierte, sich rapide verändernde Umwelt, in der die Ergebnisse ziemlich rasch sichtbar werden.

Sehen wir uns im Gegensatz dazu die Entwicklung eines Waffensystems zur Landesverteidigung an, beispielsweise des Polaris-Systems. Polaris wurde als eines der erfolgreichsten und effektivsten Waffenentwicklungsprogramme der Vereinigten Staaten gepriesen. Es wurde kaum kritisiert, galt als Modell für erfolgreiche Managementpraxis und brachte ein Waffensystem hervor, das für die nukleare Abschreckung von großer Bedeutung war. Die Entwicklung eines Waffensystems läßt sich nicht so einfach nach ihrem Erfolg oder ihrer Effektivität beurteilen wie eine Mikrocomputerfirma. Sapolsky, der eine ausgezeichnete Fallstudie über Polaris verfaßte, meinte, daß »Mangel an Kritik . . . als Zeichen von Erfolg gewertet werden kann, weil er bedeutet, daß ein bestimmtes Programm oder eine Organisation von niemandem als schädlich für die eigenen Interessen oder Ziele betrachtet wird, und daß sie von einigen sogar als positiv empfunden werden.«[20]

Der Erfolg von Polaris zeichnete sich zu der Zeit, in der das Programm initiiert wurde, noch nicht ab. Die drei Armeebereiche befanden sich in Konkurrenz um die führende Rolle bei strategischen Angriffsraketen, das Programm hatte also mit »Zuständigkeitsproblemen und Schwierigkeiten in der Koordination der einzelnen Behörden«[21] zu kämpfen. Nun stellt sich die Frage, welche Rolle politische Aktivitäten in bezug auf die Leistung des Polaris-Programms spielten. Verringerten sie die Effektivität des Programms, wie in den von Eisenhardt und Bourgeois untersuchten Organisationen? War der Erfolg von Polaris auf die Tatsache zurückzuführen, daß es keine Kämpfe um Macht und Einfluß gab?

Nicht so laut Sapolsky, der zu dem Schluß kam, daß der Erfolg vor allem den bürokratischen Fähigkeiten der Befürworter und Manager des Polaris-Programms zuzuschreiben war. Man sicherte sich die Hilfe des Kongresses und administrative Unterstützung, und es gelang, die Rivalitäten zwischen den einzelnen Bereichen in den Griff zu bekommen, die erforderlichen wissenschaftlichen Kapazitäten sicherzustellen und ein Vertragsnetz zwischen den einzelnen Behörden und Organisationen zu errichten.

> Der Erfolg des Polaris-Programms hing davon ab, ob seine Verfechter fähig waren, das Programm voranzutreiben und abzusichern. Konkurrenten mußten ausgeschaltet, Überprüfungsbehörden ausmanövriert und Kongreßabgeordnete, Admiräle, Journalisten und Wissenschaftler auf die »richtige« Seite gebracht werden. Politisches Handeln ist eine Erfordernis des Systems. Was verschiedenen Programmen bei der Regierung unterschiedliche Unterstützung verschafft, ist nicht die Tatsache, daß einige politisch aktiv sind und andere nicht, sondern einfach, daß einige darin besser sind als andere.[22]

Sapolsky merkte an, daß sogar die für das Programm entwickelten berühmten Managementmethoden wie PERT-Tabellen und Methoden des kritischen Weges, weitgehend zur Steigerung der Attraktivität und zur Mobilisierung von Unterstützung eingesetzt wurden. Diese Analysemethoden hatten nicht notwendigerweise eine entscheidende Bedeutung für die Evaluierung oder das Management des Programms:

> Während das Programm, wie ich zu zeigen versucht habe, in bezug auf Managementmethoden technisch etwa so innovativ war wie Regentänze, brachte es auf der politischen Ebene beträchtliche Erfolge. Das Special Projects Office erkannte bald, daß es die Reputation eines effizienten Managements jedermann schwer machte, . . . die Entwicklungspläne in Frage zu stellen.[23]

Ein anderes Umfeld hatte zur Folge, daß politische Fähigkeiten für den Erfolg ausschlaggebend wurden. Finn Borum kommt in seiner Studie über organisatorische Entwicklungen in einem Krankenhaus zu ähnlichen Ergebnissen.[24] Diese Studie war Bestandteil eines Projekts zur Organisationsentwicklung. Borum und seine Kollegen ließen den typischen Organisationsentwicklungsansatz, der von gemeinsamen Zielen und einem Konsens der oberen Ebenen einer Organisation ausgeht, links liegen. Sie arbeiteten mit dem Personal einer chirurgischen Einheit an der Verbesserung der Effektivität – zuerst und vor allem durch eine Verbesserung der Machtposition des Personals der unteren Ebenen. Die Projektstrategie ging von der Annahme aus, daß sich erst dann etwas ändern würde, wenn diejenigen Personen, die unter dem damaligen System litten, genügend Macht hätten, um eine Veränderung zu erzwingen. Borman schrieb: »Die Strategie beinhaltet ein Stadium, in dem die schwächere Konfliktpartei ihre Machtposition im Vergleich zu dem stärkeren Gegner verbessert. Dies läßt sich entweder durch die Stärkung der Machtbasis der schwächeren Partei oder durch die Schwächung der Machtbasis der stärkeren Partei erreichen.«[25]

Diese chirurgische Einheit hatte folgende Probleme: 1. unterschiedliche Arbeitslasten, die keine Entsprechungen in den Personalregelungen hatten; 2. schlechte Beziehungen zwischen der Einheit (die sich fast zur Gänze aus weiblichen Hilfskräften zusammensetzte) und den (männlichen) Chirurgen; und 3. ein schlechtes Klima innerhalb der Organisation, in dem Streß und Unzufriedenheit herrschten. Der Berater konzentrierte sich darauf, die Macht der Einheit zu stärken, damit sie mit anderen, vor allem mit den Chirurgen, in Verhandlungen über die Änderung der Arbeitsregelungen eintreten konnte. Die Intervention war von Erfolg gekrönt. Aber nicht nur das Personal der chirurgischen Einheit war mit dem Ergebnis glücklicher, sondern auch die Chirurgen selbst. So funktionierte die Einheit nach den meisten Maßstäben effektiver.

Borums Studie erinnert uns daran, daß Probleme von Leistung und Effektivität Probleme von Macht und Politik sind – Ungleichgewicht der Macht, Machtlosigkeit und die Unfähigkeit mancher Gruppen, zu erreichen, daß ihre Ideen oder Vorschläge ernst genommen werden. Diese Probleme treten höchstwahrscheinlich eher in einer Umgebung wie einem Krankenhaus auf, wo Leistungsergebnisse auf der Ebene der gesamten Organisation schwierig zu bewerten sind, und wo es nicht so viel Wettbewerbsdruck und Betonung kurzfristiger Ergebnisse gibt, wie dies in Mikrocomputerfirmen der Fall ist.

Das Verhältnis zwischen Politik und Leistung ist also ein zufälliges. Offensichtlich haben Probleme, die sich aus der Dynamik der Macht ergeben, negative Auswirkungen auf die Effektivität, und in dem Maß, in dem Schritte zur Eindämmung dieser Probleme unternommen werden, verbessern sich die Leistungen. Darüber hinaus können wir jedoch sagen, daß in größeren Organisationen mit einer stärker zentralisierten Kontrolle und institutionalisierten Macht die Fähigkeit zur Ausübung von Macht und Einfluß ausschlaggebend für die Durchsetzung von Veränderungen ist. In kleineren Organisationen mit Eigentümer-Managern, in denen die Ergebnisse klar meßbar und die Feedback-Zyklen kurz sind, können Macht und Einfluß guten Leistungen im Wege stehen. Die entscheidende Frage ist, ob die Organisation die Vorgänge in ihrer Umwelt sowohl wahrnehmen als auch auf sie reagieren kann, wenn politische Aktivitäten fehlen, oder ob solche Aktivitäten ein integrierender Bestandteil von Veränderungsprozessen in Organisationen sind.

Aber leider gibt es keine Garantien. Es gibt keine Gewißheit, daß Macht- und Einflußprozesse auch in großen Organisationen zu einer Effektivitätssteigerung führen. Energiegesellschaften, die sich zur Gänze im Besitz der Investoren befinden, haben mit einem Umfeld zu kämpfen, das sich im Lauf der letzten Jahrzehnte völlig verändert hat, und in all diesen Firmen ist eine wachsende Bedeutung der Rechts- und Finanzabteilungen festzustellen. Nur wenige Firmen sind jedoch in einem derartigen Ausmaß in Abhängigkeit von diesen

Abteilungen geraten wie Pacific Gas and Electric, wie wir bereits gesehen haben. PG&E änderte seine Unternehmensziele, implementierte neue Finanzplanungs- und Kontrollsysteme und verwandelte sich in eine Organisation, in der viele operative Abteilungen von Rechtsanwälten geleitet wurden. Kann sich PG&E dank dieser Veränderung effektiver in seiner neuen Umwelt zurechtfinden?

Das Beweismaterial einer Fallstudie läßt natürlich keine endgültigen Schlüsse zu, aber die Daten lassen nicht darauf schließen, daß die Gesellschaft durch diese Veränderungen viel effektiver geworden wäre. Vergleichen wir PG&E mit Southern California Edison, einer Gesellschaft, die unter denselben staatlichen Gesetzesbedingungen operiert und von denselben günstigen wirtschaftlichen Trends und Bedingungen profitiert, aber niemals im gleichen Maß von Rechtsanwälten dominiert wurde. Im Jahr 1977 erwirtschaftete Southern California Edison einen Ertrag von 2,06 Milliarden Dollar und erzielte einen Gewinn pro Aktie von 1,90 Dollar. 1985 waren die Erträge auf 5,17 Milliarden Dollar und der Gewinn pro Aktie auf 3,26 Dollar gestiegen, was einem Zuwachs von 71,6% entspricht. PG&E hatte 1977 Erträge von 3,5 Milliarden Dollar und einen Gewinn pro Aktie von 3,15 Dollar. Die Erträge von PG&E stiegen im Zeitraum bis 1985 ebenfalls sprunghaft auf 8,4 Milliarden Dollar. Der Gewinn pro Aktie von PG&E verringerte sich jedoch auf 2,65 Dollar. Ich haben diesen Zeitraum gewählt, weil sich die Rechtsanwälte im Zeitraum von 1979 bis 1984 weitgehend die Kontrolle über PG&E sicherten – es war eine Übergangsphase, und es ist interessant zu beobachten, welche Konsequenzen die Veränderungen hatten.

Manch einer wird nun sagen, dieser Vergleich sei nicht fair, und das stimmt auch in gewisser Hinsicht. Ein Grund für die schwachen finanziellen Ergebnisse von PG&E ist in den Problemen zu suchen, die die Firma mit ihren Atomkraftwerken hatte. So beschloß PG&E beispielsweise 1983, Reaktor 3 im Kernkraftwerk Humboldt Bay stillzulegen. Die staatliche Preiskommission gestattete der Gesellschaft nicht, alle ihre Kosten auf die Verbraucher abzuwälzen, was zu einem Buchverlust von 37 Millionen Dollar führte. Auch die Probleme mit dem Kernkraftwerk Diablo Canyon waren allgemein bekannt. Gegen die Betriebsgenehmigung des Kraftwerks gab es lautstarke Proteste, die Inbetriebnahme wurde immer wieder hinausgezögert, und der Kostenrahmen wurde weit überschritten. Natürlich kann man für die Schwierigkeiten durch das übereifrige Engagement für die umstrittene Kernkraft, das ja bereits seit Jahren bestand, nicht die Herrschaft von Rechtsanwälten und Finanzleuten verantwortlich machen.

Aber ihre völlige Unschuld ist ebensowenig bewiesen. Elektrischer Strom, vor allem, wenn er in Kernkraftwerken produziert wird, ist ein hochpolitisches Thema. Eine der Fähigkeiten, die man Anwälten normalerweise zuschreibt, ist die, im politisch sensiblen Aufsichtsbereich wirkungsvoll agieren zu können.

Mitte der 80er Jahre wiesen Mitglieder der für die Stromversorgungsanlagen zuständigen California Utilities Commission (CPUC) darauf hin, daß sich in der Aufsicht der Energieversorgungsunternehmen (EVU) ein neuer Trend abzuzeichnen beginne. Es wurde nun zunehmend Wert auf die technische und wirtschaftliche Rechtfertigung von Kapitalinvestitionen und Betriebsverfahren und auf eine engere Zusammenarbeit mit den Mitarbeitern der EVU gelegt, um technische, wirtschaftliche und Umweltfragen zu diskutieren. Die CPUC-Mitglieder waren beinahe ausnahmslos unzufrieden mit dem Ansatz von PG&E und sagten ausdrücklich, daß sie die Beziehung vorzögen, die sie zu Southern California Edison hatten. Erklärt diese unterschiedliche Einschätzung der beiden EVU bereits die Unterschiede in ihren finanziellen Situationen? Ich bezweifle es. Aber wahrscheinlich hatte sie gewisse Auswirkungen auf die relative Rentabilität der beiden ansonsten weitgehend ähnlichen Unternehmen.

Dieser Fall zeigt, daß Veränderungen in großen Organisationen oft das Ergebnis eines politischen Prozesses sind, in dem die Dynamik der Macht eine wichtige Rolle spielt. Aber solche Veränderungen sind keine Garantie für positive Ergebnisse der Organisation. Macht und Politik können nützlich und notwendig sein, um die Organisation an die Erfordernisse ihrer Umwelt anzupassen, aber es gibt keine Garantie, daß am Ende dieses Anpassungsprozesses positive Ergebnisse stehen. Viel hängt davon ab, wie die politischen Fähigkeiten und Interessen unter den verschiedenen Beteiligten verteilt sind. Wir können sagen, daß die Dynamik der Macht der Anpassung einer Organisation oft nützliche Dienste erweisen kann. Es ist allerdings nicht sicher, ob die so bewirkten Veränderungen auch der Effektivität oder den Leistungen der Organisation zugute kommen.

18

Der Einsatz von Macht im Management

Es ist eine Sache, Macht zu verstehen – zu wissen, wie man sie diagnostiziert, wo ihre Quellen liegen, welche Strategien und Taktiken man im Umgang mit ihr am besten einsetzt, und wie sie verloren geht. Eine ganz andere Sache ist jedoch, diese Kenntnisse in die Praxis umzusetzen. Und alle, die ihre Vorstellungen zu verwirklichen versuchen, müssen dieses Wissen in die Tat umsetzen können – also Macht im Management einsetzen:

> »Es gibt etwas, das man bei General Data lernen könnte, würde man längere Zeit hier arbeiten«, sagte der Hardwarechef von West, Ed Rasala, »und zwar, daß nichts geschieht, wenn man keinen Druck macht.«[1]

Computer werden erst gebaut, Städte werden erst saniert und Krankheiten werden erst bekämpft, wenn diejenigen, die für Veränderungen eintreten, gelernt haben, Macht aufzubauen und sie wirksam einzusetzen. Wie wir wissen, haben sich die Blutbanken in den frühen 80er Jahren einer Überprüfung der Blutkonserven auf das AIDS-Virus widersetzt und sogar bestritten, daß eine verseuchte Blutkonserve ein ernsthaftes Gesundheitsrisiko darstelle. In den 80er Jahren hat sich der politische Einfluß der AIDS-Lobby verstärkt, und nun bedienen sich andere der von ihr angewandten Taktik:

> Brustkrebspatientinnen haben von den AIDS-Gruppen gelernt und bedienen sich nun politischer Aktionen, um die Regierungen von Union und Bundesstaaten zu bewegen, sich intensiver mit dieser Krankheit auseinanderzusetzen. »Sie haben uns gezeigt, wie man sich bei der Regierung Gehör verschafft ... Sie haben den Kampf mit einem erstarrten System aufgenommen und es umgedreht, während wir brav waren und still gestorben sind.«[2]

Für die Bekämpfung von Frauenkrankheiten stehen im Verhältnis zum Anteil der Frauen an der Gesamtbevölkerung viel zu wenig Mittel zur Verfügung. Diese Situation wird sich voraussichtlich ändern, wenn – und nur wenn – Druck auf die, und was noch wichtiger ist, in den Organisationen ausgeübt wird, die medizinische Forschungsarbeiten finanzieren und die Pharma- und Arzneimittelindustrie kontrollieren.

In Unternehmen, staatlichen Behörden, Universitäten und Regierungen stellt sich das Problem, wie man etwas durchsetzt, wie man weiterkommt und wie man die vielfältigen Probleme löst, mit denen Organisationen aller Größen und Arten konfrontiert sind. Für den Aufbau und die Ausübung von Macht ist nicht nur Wille, sondern auch Fähigkeit vonnöten. Der Wille scheint oft zu fehlen. Macht und Einfluß sind mit negativen Konnotationen verbunden. Wir jagen Politiker aus dem Amt und bekämpfen Institutionen und Personen, die versuchen, die Dinge anders oder besser zu machen. Ich frage mich, wieviele von uns die Courage und den Mut hätten, das zu tun, was der junge Henry Ford II tat, als das Unternehmen, das seinen Namen trägt, in den 40er Jahren in Schwierigkeiten war.

Die Ford Motor Company war vom Großvater Henry Fords II gegründet worden. Obwohl Ford Senior ein technisches Genie gewesen war und der von ihm entwickelte Ford T das Land buchstäblich verändert hatte, nahm er im Alter rigide, starrsinnige und autokratische Züge an. Er zerstörte die Firma beinahe, weil er sich weigerte, moderner Technologie und modernem Design einen Platz in der Firma zu geben. Ford nahm jede Kritik am Model T persönlich und versuchte, der Konkurrenz durch den Chevrolet mit Hilfe von Preissenkungen zu begegnen – achtmal in den Jahren 1920 bis 1924, und noch zweimal im Jahr 1926.[3] Sogar als 1927 das Model A vorgestellt wurde, ging es mit der Firma weiter bergab. Henry Ford, in dessen Unternehmen ursprünglich ausgezeichnete Ingenieure und innovative Manager gearbeitet hatten, begann sich nun mit bulligen Leibwächtern und starken Männern zu umgeben, unter anderem mit dem berüchtigten Harry Bennett, der eine Pistole bei sich trug und gelegentlich Schießübungen machte, wenn Besucher kamen.

> Sogar der kurze Triumph des Model A konnte den Abstieg des Unternehmens nicht bremsen. Henry Ford lebte weiterhin in der Vergangenheit. Er wurde immer launenhafter und schließlich senil. Am Ende seines Lebens war er der Überzeugung, daß es keinen zweiten Weltkrieg gäbe, sondern daß es sich dabei nur um eine Erfindung der Zeitungen handelte, um der Munitionsindustrie zu helfen ... Hier fand eine spektakuläre Selbstdemontage statt, wie sie kein zweites Mal in einer großen amerikanischen Firma vorkommen würde.[4]

Während des Zweiten Weltkriegs erwog die Regierung ernsthaft eine Übernahme der Gesellschaft, weil sie sich in einer derart hoffnungslosen Führungs- und Finanzkrise befand, daß sie jederzeit zusammenbrechen konnte, und die Regierung brauchte ihre Produktionskapazität im Krieg dringend. Im Jahr 1943 entließ Marineminister Frank Knox den 26jährigen Henry Ford II aus der

Marine. Auf ihn wartete eine größere, bedeutendere Aufgabe – die Ford Motor Company zu übernehmen und zu retten. Henrys Vater, Edsel Ford, war im selben Jahr im Alter von 49Jahren an Magenkrebs gestorben. Obwohl Henry als liebenswürdig wie auch als brilliant beschrieben wird, stand er unter völliger Dominanz seines Vaters und hatte in der Firma nie eine tragende Rolle gespielt. Die Firma hatte die zweite Generation der Ford-Familie zerstört, und manche Leute hätten nur allzu gern versucht, dasselbe mit der dritten Generation zu tun.

Als Ford alt und senil geworden war, ging die tatsächliche Kontrolle über das Unternehmen in die Hände Harry Bennetts über. Bennett war Leiter der gefürchteten Serviceabteilung von Ford, die in Wirklichkeit eine Art Geheimpolizei war, voll mit Gangstern, Ganoven und Ex-Polizisten, die ihre Macht durch physische Gewalt aufrechterhielten. Es geht das Gerücht um, daß Bennett höchstpersönlich einem Mann, der das Rauchverbot in der Firma mißachtete, die Zigarre aus dem Mund schoß. Als Edsel tot war und Henry Ford zunehmend senil wurde, stand nur noch eine Person Bennetts uneingeschränkter Macht im Weg: Henry Ford II.

Obwohl Ford in der Firma arbeitete und den Titel eines Abteilungsleiters trug, wurde er von Bennett ständig lächerlich gemacht (wie es schon seinem Vater widerfahren war). Darüber hinaus hatte Ford Senior einen Testamentsnachtrag verfaßt, in dem er verfügte, daß die Firma nach seinem Tode von einem zehnköpfigen Aufsichtsrat geleitet werden sollte, dem Henry Ford II zehn Jahre lang nicht angehören durfte. Henry war über diese Verfügung außer sich und drohte mit seinem Rücktritt, falls das Testament nicht geändert würde. Er kündigte auch an, die Ford-Händler vom traurigen Zustand des Unternehmens informieren zu wollen. Henrys Mutter (Edsels Witwe), Eleanor Clay Ford (eine Verwandte der Kaufhausfamilie Hudson) bestand darauf, daß Henry II zum Firmenchef ernannt würde, anderenfalls würde sie ihre Aktien verkaufen. Henrys Großmutter (die Frau Henry Fords I), Barbara Bryant Ford, unterstützte Eleanor. Am 20.September 1945 trat Henry Ford II in den Vorstand der Ford Motor Company ein. Am nächsten Tag wurde diese Entscheidung vom Aufsichtsrat bestätigt.

Henry Ford warf auf der Stelle Bennett hinaus. Nach 29 Jahren in der Firma, davon lange Zeit als ihr eigentlicher Chef, war dieser nun draußen. Ford, der ein Unternehmen ohne finanzielle Kontrollmechanismen geerbt hatte, das jeden Monat 10 Millionen Dollar Verlust machte, stellte Finanzexperten ein, darunter Arjay Miller, um die Buchführung der Firma in Ordnung zu bringen, und Ernie Breech von Bendix, um im Management auszuhelfen. In den ersten Monaten in seiner neuen Stellung warf Ford mehr als 1.000 Führungskräfte hinaus, darunter viele von Bennetts Freunden. Bis 1949 war es Ford bereits gelungen, mit der Gewerkschaft der Automobilarbeiter einen Pensionsplan zu erstellen – den ersten der Branche – und ein völlig neues Automodell auf den

Markt zu bringen. 1950 erzielte die Firma bereits einen Gewinn von 265 Millionen Dollar. Ford und die von ihm eingestellten Mitarbeiter hatten die Firma völlig umgedreht, aber dazu war Mut und der Wille nötig gewesen, es mit einigen recht hartgesottenen Leuten innerhalb der Organisation aufzunehmen. Henry Ford hatte Macht im Management eingesetzt.

Was bedeutet es, Macht im Management einzusetzen?

Es bedeutet zunächst zu erkennen, daß es in nahezu jeder Organisation divergierende Interessen gibt. Das heißt, daß wir so schnell wie möglich die politische Landschaft auskundschaften und herausfinden müssen, wo die verschiedenen Interessen liegen, und von welchen wichtigen politischen Untereinheiten die Organisation geprägt ist. Wir dürfen auf keinen Fall davon ausgehen, daß uns alle auf stets freundlich gesinnt sein werden oder mit uns übereinstimmen, oder auch nur davon, daß die Vorlieben gleichmäßig verteilt sind. Innerhalb einer Organisation gibt es sogenannte Interessenscluster, und wir müssen erkennen, wo diese liegen und wer ihnen angehört.

Als nächstes müssen wir herausfinden, welche Standpunkte die verschiedenen Personen und Untereinheiten bezüglich der uns betreffenden Fragen vertreten. Wir müssen auch zu verstehen versuchen, warum sie so denken, wie sie das tun. Wir machen es uns viel zu leicht, wenn wir annehmen, daß Andersdenkende wohl einfach nicht so klug, so gut informiert oder so scharfsinnig sind wie wir selbst. Wenn wir so denken, werden wir etliche katastrophale Fehler machen: Erstens behandeln wir Andersdenkende vielleicht geringschätzig – schließlich sind sie ja nicht so kompetent oder so gut informiert wie wir, warum sollten wir sie also ernst nehmen? Es ist nicht schwer, mit Leuten auszukommen, die uns in Charakter und Meinungen ähnlich sind. Das wirkliche Erfolgsgeheimnis in Organisationen liegt jedoch in der Fähigkeit, auch Andersdenkende und Leute, die wir nicht besonders mögen, dazu zu bewegen, die Dinge zu tun, die erledigt werden müssen. Zweitens versuchen wir vielleicht, Leute, die wir für falsch informiert halten, zu belehren oder sie mit Fakten und Analysen zu überzeugen. Manchmal funktioniert das, oft aber nicht, denn es muß nicht sein, daß ihre Meinung auf einen Informationsmangel zurückzuführen ist. Sie können anderer Auffassung sein, weil sie unsere Informationen anders interpretieren. Wenn wir versuchen, nicht nur die Standpunkte von Interessengruppen zu eruieren, sondern auch die Ausgangspunkte ihrer Positionen, so werden wir besser mit ihnen verhandeln und ihre Reaktion auf unsere verschiedenen Initiativen vorhersehen können.

Drittens bedeutet der Einsatz von Macht im Management zu verstehen, daß man Macht braucht, um etwas durchzusetzen, und zwar mehr Macht als die Personen, deren Widerstand es zu überwinden gilt. Aus diesem Grund muß man unbedingt wissen, woher Macht kommt, und wie man Machtquellen ausbaut. Vielen von uns ist es unangenehm, an den Aufbau und die Ausübung von Macht zielstrebig oder strategisch heranzugehen. Wir neigen zu der Annahme, daß alles funktionieren wird, wenn wir nur unser Bestes geben, hart arbeiten, nett sind und so weiter. Ich will damit nicht sagen, daß man nicht danach trachten sollte, hart zu arbeiten, gute Entscheidungen zu treffen und nett zu sein, aber es ist unwahrscheinlich, daß wir mit diesen und ähnlichen Allgemeinplätzen in unseren Organisationen viel bewirken. Wir müssen ein Gefühl für die Macht bekommen und versuchen, Macht aufzubauen. Wir müssen gewillt sein, etwas für die Erweiterung unserer Machtquellen zu tun, oder es wird uns nicht gelingen, die Dinge durchzusetzen, die wir uns vorgenommen haben.

Viertens bedeutet der Einsatz von Macht im Management, uns mit den Taktiken und Strategien vertraut zu machen, mit deren Hilfe Macht in Organisationen aufgebaut und ausgeübt wird. Dazu gehört auch, den Wert des richtigen Timings zu erkennen, mit Strukturen umgehen zu können und sich mit dem sozialpsychologischen Grundsatz der Verpflichtung und anderen Formen der interpersonalen Beeinflussung vertraut zu machen. Wenn uns derartige Erkenntnisse auch sonst nicht weiterbringen, helfen sie uns zumindest, das Verhalten anderer genau zu beobachten. Je genauer wir mit der Macht und ihren Äußerungen vertraut sind, desto zutreffender sind auch unsere »Diagnosen«. Allgemeiner gesprochen sollten wir uns mit den Strategien und Taktiken vertraut machen, die mit der Ausübung von Macht verbunden sind, damit wir die uns zur Verfügung stehenden Optionen einschätzen können und uns für diejenige entscheiden, die am besten funktioniert. Ähnlich wie beim Ausbau der Machtquellen denken wir über diese Dinge nicht gerne nach, und wir versuchen zu vermeiden, bei der Ausübung von Macht strategisch oder zielstrebig vorzugehen. Das ist ein Fehler. Unsere Skrupel werden von anderen Leuten möglicherweise nicht geteilt. Wissen ohne Macht bringt uns nirgendwo hin. Und Macht ohne die Fähigkeit, sie wirkungsvoll einzusetzen, wird oft verschwendet.

Management unter Einsatz von Macht bedeutet mehr als nur über die in diesem Buch besprochenen Fakten Bescheid zu wissen. Es bedeutet, wie Henry Ford bereit zu sein, etwas mit diesem Wissen anzufangen. Man benötigt politisches Gespür, um etwas voranzubringen, und den Willen, nötigenfalls Druck auszuüben.

In den Vereinigten Staaten wurde jahrelang mit Demonstrationen, Protesten, Gerichtsurteilen und Gesetzesvorlagen versucht, der weitverbreiteten Diskriminierung amerikanischer Staatsbürger, die einer Minderheit angehörten, im Arbeitsleben, bei der Wohnungsvergabe und in öffentlichen Einrichtungen ein Ende zu setzen. Die Verabschiedung der Bürgerrechtsgesetze war für Präsident Kennedy von besonderer Priorität, aber es mangelte ihm, obwohl er Charisma hatte, an der nötigen politischen Taktik und wahrscheinlich auch am Willen, mehr Druck auszuüben, um seine Gesetze durchzubringen. Jemand, der auf dem Klavier von Macht und Einfluß zu spielen verstand, hätte die Gesetze trotz des Widerstands der Kongreßabgeordneten und Senatoren der südlichen Bundesstaaten rasch durchgebracht.

Im März 1965 wurden die Vereinigten Staaten im Süden von gewalttätigen Reaktionen auf Bürgerrechtsdemonstrationen erschüttert. Die Befürworter der Rassentrennung griffen Demonstranten an, und obwohl dabei Menschen verletzt und getötet wurden, griff die örtliche Polizei kaum oder gar nicht ein. Gegenüber dem Weißen Haus hielten Demonstranten gerade eine Mahnwache ab, als Lyndon Johnson herauskam, um eine Rede vor dem versammelten Kongreß zu halten. Derselbe Lyndon Johnson hatte sich 1948 gegen ein bundesweites Anti-Lynch-Gesetz ausgesprochen, mit dem Argument, daß diesbezügliche Regelungen den einzelnen Staaten überlassen bleiben müßten. Derselbe Lyndon Johnson hatte sich als junger Sekretär eines Kongreßabgeordneten und später als Kongreßabgeordneter gegenüber den Konservativen konservativ und gegenüber den Liberalen liberal gezeigt, und viele meinten, daß er keine Meinung hätte. Derselbe Lyndon Johnson hatte während seiner achtjährigen Zeit im Repräsentantenhaus kein einziges wichtiges Gesetz eingebracht und kaum zu irgendwelchen Themen Stellung genommen, die von nationaler Bedeutung waren. Derselbe Johnson hatte während seiner Zeit als Präsident versucht, sich zu bereichern, indem er versuchte, Kollegen vom nationalen Kommunikationsausschuß zu überreden, ihm beim Erwerb eines Radiosenders in Austin, Texas, zu helfen und die Betriebslizenz so zu verändern, daß der Sender sofort an Wert gewönne und rentabel würde. Derselbe Johnson, der sich im Jahr 1968, nachdem er das amerikanische Volk auf den falschen Weg geführt hatte, entschließen würde, wegen seiner Verwicklung in den Vietnamkrieg und wegen des tiefsitzenden Mißtrauens, das viele Amerikaner ihm gegenüber hegten, nicht für die Wiederwahl zu kandidieren, sollte an diesem Abend seine Macht und sein politisches Geschick wirkungsvoll zur Unterstützung der Bürgerrechtsbewegung einsetzen:

> Gleich nach den ersten Worten seiner Rede wußte das Publikum . . ., daß Johnson die Bürgerrechtssache weiter voranzutreiben versuchte, als dies jemals geschehen war . . . Er würde ein neues Bürgerrechtsgesetz vorlegen, . . . das viel weiterging als die Gesetz der vergangenen Jahre . . . »Wir müssen ihre Sache zu der unseren machen«, sagte Lyndon Johnson. »Denn nicht nur die Schwarzen müssen das lähmende Erbe von Bigotterie und Ungerechtigkeit abschütteln, sondern wir alle . . . Und wir werden es schaffen.«[5]

Als er nach seiner Rede den Kongreßsaal verließ, suchte er Emmanuel Celler auf, den 76jährigen Vorsitzenden des Justizausschusses des Repräsentantenhauses:

> »Manny«, sagte er, »ich möchte, daß Sie heute mit den Hearings beginnen.«
> Aber Herr Präsident«, protestierte Celler. »Ich kann auf diesen Ausschuß

> keinen Druck ausüben, sonst gerät er außer Kontrolle. Ich setze die Hearings für nächste Woche an.« . . . Johnson senkte den Blick, und sein Gesicht verhärtete sich. Seine rechte Hand lag immer noch in der Cellers, aber er hatte die linke Hand gehoben und fuchtelte Celler vor der Nase herum. »Setzen Sie sie für diese Woche an, Manny«, sagte er. »Und halten Sie auch Nachtsitzungen ab.«[6]

Wer etwas durchsetzen will, braucht Macht. Das Problem liegt darin, daß wir die Welt am liebsten als ein großes Spiel betrachten, in dem Moral eine große Rolle spielt und die Guten und Bösen leicht zu unterscheiden sind. Weder der Aufbau von Macht noch ihre Ausübung ist immer ein sehr sympathischer Vorgang. Oft ist auch einfach unser Symmetriegefühl beleidigt, wenn ausgerechnet ein Mann wie Lyndon Johnson – der, um den Ausdruck eines meiner Studenten zu gebrauchen, ein schmieriger Typ war –, wenn ausgerechnet dieser Mann ganz allein schneller und effektiver mehr Bürgerrechtsgesetze durchbringt als irgendein anderer Präsident der amerikanischen Geschichte. Wir lassen uns durch die Frage, ob der Zweck die Mittel heiligt, verwirren. Konsterniert stehen wir vor der Tatsache, daß »böse« Menschen oft großartige und wundervolle Dinge vollbringen, während »gute« Menschen oft »Böses« tun – oder überhaupt nichts. Jeden Tag bauen Manager in öffentlichen und privaten Organisationen Macht auf und setzen sie ein, um ihre Vorhaben durchzusetzen. Rückblickend betrachtet können sich einige dieser Dinge als Fehler erweisen, obwohl dies immer in hohem Maße von der Betrachtungsweise abhängt. Wenn es einen Leser gibt, der immer richtige Entscheidungen trifft, mit denen alle zufrieden sind, sollte er unverzüglich mit mir in Verbindung treten – gemeinsam können wir sehr reich werden! Fehler und Widerstände sind etwas Unvermeidliches. Jedoch ist es nicht unvermeidlich, daß man passiv bleibt und gar nicht erst versucht, etwas zu erreichen.

In vielen Bereichen unseres Lebens konzentrieren wir uns so sehr darauf, niemanden gegen uns aufzubringen und keine Fehler zu machen, daß wir in Passivität verfallen. Anstatt die Autobahnen in San Francisco wieder aufzubauen, wenn auch an den falschen Orten oder eventuell sogar auf die falsche Weise, tun wir nichts, und die Wirtschaft der Stadt blutet aus, weil es keine adäquaten Transportwege gibt. Anstatt mit einem neuen Produkt wie dem PC auf eine falsche Karte zu setzen, machen wir eine Studie und Analyse nach der anderen und vergeben währenddessen unsere Marktchancen. Analysen und vorausblickendes Denken haben natürlich ihren Wert. Schlecht ist es aber, in Lähmung oder Inaktivität zu verfallen, weil es uns nicht gelingt und weil wir in Wirklichkeit auch wenig Interesse daran haben, die Widerstände zu überwinden, die unausweichlich mit Veränderungen einhergehen.

Theodor Roosevelt hat das wahrscheinlich in einer Rede an der Sorbonne im Jahr 1910 am besten ausgedrückt:

> Nicht der Kritiker zählt; nicht einer, der uns zeigt, wie ein starker Mann strauchelt oder wie der, der etwas tut, es besser hätte tun können. Die Ehre gebührt dem Mann, der in der Arena steht, das Gesicht verschmiert von Staub und Schweiß und Blut; dem, der tapfer kämpft; dem, der irrt und wieder und wieder irrt – denn es gibt kein Bemühen, das frei wäre von Irrtum und Unzulänglichkeit; die Ehre gehört ihm, der wirklich darum ringt, etwas zu tun, der die große Begeisterung, die große Hingebung kennt, ihm, der sich für eine gute Sache aufopfert, der im besten Falle den Triumph seiner Leistung auskostet und im schlechtesten seine Niederlage wenigstens in einer Sache erleidet, in der er viel aufs Spiel gesetzt hat, und der seinen Platz nie neben den kalten und zaghaften Seelen haben wird, die weder Sieg noch Niederlage kennen.[7]

Es ist leicht und oft bequem, sich selbst als machtlos hinzustellen und zu sagen: »Ich weiß nicht, was ich tun soll, ich kann mich einfach nicht durchsetzen, und nebenbei, ich habe nicht die Nerven für den Kampf, der daraus entstehen kann.« Wenn wir mit einem Fehler konfrontiert werden, den wir in unserer Organisation gemacht haben, ist es leicht zu sagen (und man hört es heutzutage auch oft): »Das liegt nicht in meiner Verantwortung, dagegen kann ich ohnehin nichts tun, und wenn die Firma das will – tja –, dafür sind die Spitzenmanager verantwortlich, denn die machen schließlich das große Geld.« Auf diese Weise versuchen wir unsere Untätigkeit zu rechtfertigen. Wenn wir gar nicht erst versuchen, Widerstände zu überwinden, schaffen wir uns weniger Feinde und blamieren uns nicht so leicht. Eine solche Einstellung ist aber ein sicheres Rezept für persönliches Versagen und für das Versagen der Organisation. Das ist der Grund, warum Macht und Einfluß nicht das letzte schmutzige Geheimnis einer Organisation sind, sondern das Erfolgsgeheimnis sowohl für den Einzelnen als auch für seine Organisation. Wer Innovation und Veränderung bewirken will, braucht in fast allen Bereichen die Fähigkeit zum Aufbau von Macht und den Willen, sie auch einzusetzen. Oder, wie es ein Nachrichtensprecher eines lokalen Radiosenders ausdrückte: »Wenn Ihnen die Nachrichten nicht gefallen, gehen Sie doch hin und machen Sie selbst welche.«

Anmerkungen

Kapitel 1

1 Randy Shilts, *And the Band Played On: Politics, People, and the AIDS Epidemic* (New York: St. Martin's Press, 1987).
2 Ibid., 207.
3 Ibid., 220.
4 Ibid., 308.
5 Ibid., 411.
6 Ibid., 599.
7 Douglas K. Smith und Robert C. Alexander, *Fumbling the Future: How Xerox Invented, Then Ignored, the First Personal Computer* (New York: William Morrow, 1988).
8 Richard M. Nixon, Leaders (New York: Warner Books, 1982), 5.
9 Norton E. Long, *The Administrative Organization as a Political System, Concepts and Issues in Administrative Behavior,* Hrsg. S. Mailick und E.H. Van Ness (Englewood Cliffs, NJ: Prentice-Hall, 1962), 110.
10 Nixon, Leaders, 330.
11 John W. Gardner, *On Leadership* (New York: Free Press, 1990).
12 Michael T. Hannan und John Freeman, *Organizational Ecology* (Cambridge, MA: Harvard University Press, 1989).
13 Gardner, *On Leadership,* 55–57.
14 Warren Bennis und Burt Nanus, Leaders: *The Strategies for Taking Charge* (New York: Harper and Row, 1985), 6.
15 Ibid., 15–17.
16 Nixon, *Leaders,* 324.
17 Rosabeth Moss Kanter, *Power Failure in Management Circuits*, Harvard Business Review 57 (Juli/August 1979): 65.
18 Jeffrey Gandz und Victor V. Murray, *The Experience of Workplace Politics*, Academy of Management Journal 23 (1980): 237–251.
19 Tim Reiterman und John Jacobs, Raven: *The Untold Story of the Rev. Jim Jones and His Prople* (New York: E.P. Dutton, 1982), 305–307.
20 Nixon, *Leaders,* 326.
21 Abraham Zaleznik und Manfred F.R. Kets de Vries, *Power and the Corporate Mind* (Boston: Houghton Mifflin, 1975), 109.
22 Henry Kissinger, *The White House Years* (Boston: Little, Brown, 1979), 39.
23 Elliot Aronson, *The Social Animal* (San Francisco: W.H. Freeman, 1972), Kapitel 4; Barry M. Staw, *Rationality and Justification in Organizational Life,* Research in Organizational Behavior, Hrsg. B.M. Staw und L.L. Cummings (Greenwich, CT: JAI Press, 1980, Bd. 2, 45–80; Gerald R. Salancik, *Commitment and the Control of Organizational Behavior and Belief, New Directions in Organizational Behavior,* Hrsg. Barry M. Staw und Gerald R. Salancik (Chicago: St. Clair Press, 1977), 1–54.
24 Leon Festinger, *A Theory of Cognitive Dissonance* (Stanford: Stanford University Press, 1957).
25 Nixon, *Leaders,* 329.

26 Alok K. Chakrabarti, *Organizational Factors in Post-Acquisition Performance*, IEEE Transactions on Engineering Management 37 (1990): 259–268.

27 Ibid., 259.

28 Ibid., 266.

29 D. Purkayastha, *Note on the Motorcycle Industry – 1975*, Nr.587–210. Boston: Harvard Business School, 1981

30 Richard T. Pascale, *Perspectives on Strategy: The Real Story Behind Honda's Success*, California Management Review 26 (1984): 51.

31 Ibid., 54.

32 Ibid., 55.

33 William A. Pasmore, Designing Effective Organizations: *The Sociotechnical Systems Perspective* (New York: John Wiley, 1988); David L. Bradford und Allan R. Cohen, *Managing for Excellence* (New York: John Wiley, 1984).

34 Mark Stevens, *Sudden Death: The Rise and Fall of E.F. Hutton* (New York: Penguin, 1989), 98.

35 Ibid., 121.

36 Thomas J. Peters und Robert H. Waterman, Jr., *In Search of Excellence* (New York: Harper and Row, 1982); Terrence Deal und Allan A. Kennedy, *Corporate Cultures* (Reading, MA: Addison-Wesley, 1982); Stanley Davis, *Managing Corporate Culture* (Cambridge, MA: Ballinger, 1984).

37 Richard T. Pascale. *The Paradox of 'Corporate Culture': Reconciling Ourselves to Socialization*, California Management Review 26 (1985): 26–41; Charles O'Reilly, *Corporations, Culture, and Committment: Motivation and Social Control in Organizations*, California Management Review 31 (1989): 9–25.

38 Sanford M. Dornbusch, *The Military Academy as an Assimilating Institution*, Social Forces 33 (1955): 316–321.

39 Richard Harvey Brown, *Bureaucracy as Praxis: Toward a Political Phenomenology of Formal Organizations*, Administrative Science Quarterly 23 (1978): 365–382.

40 Janice Lodahl und Gerald Gordon, *The Structure of Scientific Fields and the Functioning of University Graduate Departments*, American Sociological Review 37 (1972): 57–72.

41 Thomas S. Kuhn, *The Structure of Scientific Revolutions,* 2. Aufl., (Chicago: University of Chicago Press, 1970).

42 Irving L. Janis, *Victims of Groupthink* (Boston: Houghton Mifflin, 1972).

43 Frank Rose, *West of Eden: The End of Innocence at Apple Computer* (New York: Viking Penguin, 1989), 81.

44 Ibid., 85.

45 Ibid., 97.

46 Thomas J. Peters, *Symbols, Patterns, and Settings: An Optimistic Case for Getting Things Done*, Organizational Dynamics 7 (1978): 3–23.

47 Jeffrey Pfeffer, *Power in Organizations* (Marshfield, MA: Pitman Publishing, 1981); Kanter, *Power Failure in Management Circuits*; Richard M. Emerson, *Power Dependence Relations*, American Sociological Review 27 (1962): 31–41.

Kapitel 2

1 John P. Kotter, *Power, Success, and Organizational Effectiveness*, Organizational Dynamics 6, Nr. 3 (1978): 27–40; und *Power and Influence:* Beyond Formal Authority (New York: Free Press, 1985).

2 Martin Patchen, *The Locus and Basics of Influence in Organizational Decisions*, Organizational Behavior and Human Performance 11 (1974): 195–221.

3 Jeffrey Gandz und Victor V. Murray, *The Experience of Workplace Politics,* Academy of Management Journal 23 (1980): 237–251.

4 Dan L. Madison et al., *Organizational Politics: An Exploration of Managers' Perceptions*, Human Relations 33 (1980): 79–100.

5 Jeffrey Pfeffer und Gerald R. Salancik, *The External Control of Organizations: A Resource Dependence Perspective* (New York: Harper and Row, 1978), 40.
6 Douglas K. Smith und Robert C. Alexander, *Fumbling the Future: How Xerox Invented, Then Ignored, the First Personal Computer* (New York: William Morrow, 1988), 14.
7 Ibid., 148.
8 M. Ann Welsh und E. Allen Slusher, *Organizational Design as a Context for Political Activity*, Administrative Science Quarterly 31 (1986): 389–402.
9 Rosabeth M. Kanter, *Men and Women of the Corporation* (New York: Basic Books, 1977).
10 Gerald R. Salancik und Jeffrey Pfeffer, *The Bases and Use of Power in Organizational Decision Making: The Case of a University*, Administrative Science Quarterly 19 (1974): 453–473.
11 Frederick S. Hills und Thomas A. Mahoney, *University Budgets and Organizational Decision Making*, Administrative Science Quarterly 23 (1978): 454–465.
12 Jeffrey Pfeffer und William L. Moore, *Power in University Budgeting: A Replication and Extension*, Administrative Science Quarterly 25 (1980): 637–653.
13 Ibid., 650/651.
14 James D. Thompson und Arthur Tuden, *Strategies, Structures and Processes Of Organizational Decision*, Comparative Studies in Administration, Hrsg. J.D. Thompson et al. (Pittsburgh: University of Pittsburgh Press, 1959): 195–216.
15 David Halberstam, *The Reckoning* (New York: William Morrow, 1986).
16 J. Patrick Wright, *On a Clear Day You Can See General Motors* (Grosse Point, M: Wright Enterprises, 1979), 33.
17 Salacik und Pfeffer, *Bases and Use of Power.*
18 Chris Argyris, *Behind the Front Page* (San Francisco: Jossey-Bass, 1974).
19 Diana Tillinghast, *The Los Angeles Times Weakening of Territorial Imperative*, Newspaper Research Journal 1 (1980): 18–26.
20 Herbert. E. Meyer, *Shootout at the Johns-Mansville Corral*, Fortune (Oktober 1976): 146–154.
21 Ibid., 154.
22 Hugh D. Menzies, *The Boardroom Battle at Bendix*, Fortune (11. Januar 1982): 54–64.
23 John P. Kotter, *The General Managers* (New York: Free Press, 1982), *Power, Success, and Organizational Effectiveness*, und *Power and Influence.*

Kapitel 3

1 Andrew M. Pettigrew, *Politics of Organizational Decision-Making* (London: Tavistock, 1973), 240.
2 David Krackhardt, *Assessing the Political Landscape: Structure, Cognition and Power in Organizations*, Administrative Science Quarterly 35 (1990): 342–369.
3 Jeffrey Pfeffer und Gerald R. Salancik, *Administrator Effectiveness: The Effects of Advocacy and Information on Resource Allocations*, Human Relations 30 (1977): 641–656.
4 Mark Stevens, *Sudden Death: The Rise and Fall of E.F. Hutton* (New York: Penguin, 1989), 52–53.
5 Ibid., 51–52.
6 Ibid., 215.
7 Henri Tajfel und Joseph P. Forgas, *Social Categorization: Cognitions, Values and Groups*, Social Cognition: Perspectives on Everyday Understanding, Hrsg. Joseph P. Forgas (New York: Academic Press, 1981), 113–140.
8 Marilynn B. Brewer und Roderick M. Kramer, *The Psychology of Intergroup Attitudes and Behavior*, Annual Review of Psychology 36 (1985): 219–243.
9 Charles Perrow, *Departmental Power and Perspectives in Industrial Firms, Power in Organizations,* Hrsg. Mayer N. Zald (Nashville, TN: Vanderbilt University Press, 1970), 59–89.
10 C.R. Hinings et al., *Structural Conditions of Intraorganizational Power*, Administrative Science Quarterly 19 (1974): 22–44.
11 Jeffrey Pfeffer und Gerald R. Salancik, *Organizational Decision Making as a Political Process:*

The Case of a University Budget, Administrative Science Quarterly 19 (1974): 135–151; Jeffrey Pfeffer und William L. Moore, *Power in University Budgeting: A Replication and Extension*, Administrative Science Quarterly 25 (1980): 637–653.

12 Martin Patchen, *The Locus and Basis of Influence in Organizational Decisions*, Organizational Behavior and Human Performance 11 (1974): 195–221.

13 Nelson W. Polsby, *How to Study Community Power: The Pluralist Alternative*, Journal of Politics 22 (1960): 474–484.

14 Pfeffer und Salancik, *Organizational Decision Making*, Pfeffer und Moore, *Power in University Budgeting.*

15 Stevens, *Sudden Death*, 160.

16 T.L. Whisler et al., *Centralization of Organizational Control: An Empirical Study of Its Meaning and Measurement*, Journal of Business 40 (1967): 10–26.

17 Michael Lewis, *Liar's Poker: Rising through the Wreckage on Wall Street* (New York: Penguin, 1990), 59.

18 John R.P. French, Jr. und Bertram Raven, *The Bases of Social Power, Group Dynamics*, Hrsg. Dorwin Cartwright und Alvin Zander, 3. Aufl. (New York: Harper and Row, 1968), 259–269; Patchen, *Locus and Basis of Influence*, 210.

19 Stevens, *Sudden Death.*

Kapitel 4

1 Michael L. Tushman, William H. Newman und Elaine Romanelli, *Convergence and Upheaval: Managing the Unsteady Pace of Organizational Evolution*, California Management Review 29 (1986): 29–44

2 R.E. Nisbett und L. Ross, Human Interferences: *Strategies and Shortcomings of Social Judgement* (Englewood Cliffs, NJ: Prentice-Hall, 1980)

3 Linda E. Ginzel, *The Impact of Biased Feedback Strategies on Performance Judgements*, Forschungsarbeit Nr. 1102 (Palo Alto, CA: Graduate School of Business, Stanford University, 1990).

4 Ibid, 26

5 Robert W. Allen et al., *Organizational Politics: Tactics and Characteristics of Its Actors*, California Management Review 22 (1979): 77–83

6 David G. Winter, *Leader Appeal, Leader Performance, and the Motive Profiles of Leaders and Followers: A Study of American Presidents and Elections*, Journal of Personality and Social Psychology 52 (1987): 196–202

7 Ibid., 200

8 Christopher H. Achen, *The Statistical Analysis of Quasi-Experiments* (Berkeley: University of California Press, 1986).

9 Andrew M Pettigrew, *Politics of Organizational Decision-Making* (London Tavistock, 1973), 17

10 Ibid., 31

11 D.J. Hickson et al., *A Strategic Contingencies' Theory of Intraorganizational Power*, Administrative Science Quarterly 16 (1971): 216–229

12 Martin Patchen, *The Locus and Basis of Influence in Organizational Decisions*, Organizational Behavior and Human Performance 11 (1974): 209.

13 Ibid., 213

14 George Strauss, *Tactics of Lateral Relationship: The Purchasing Agent*, Administrative Science Quarterly 7 (1962): 161–186

15 Michael L. Tushman und Elaine Romanelli, *Uncertainty, Social Location and Influence in Decision Making: A Sociometric Analysis*, Management Science 29 (1983): 12–23

16 Gerald R. Salancik, Jeffrey Pfeffer und J. Patrick Kelly, *A Contingency Model of Influence in Organizational Decision Making*, Pacific Sociological Review 21 (1978): 239–256.

17 Ibid., 253

18 Bernard M. Bass, *Evolving Perspectives on Charismatic Leadership, Charismatic Leadership,* Hrsg. Jay A. Conger, Rabindra N. Kanungo and Associates (San Francisco: Jossey-Bass, 1988) 40–77.

19 Robert J. House, William D. Spangler und James Woycke, *Personality and Charisma in the U.S. Presidency: A Psychological Theory of Leadership Effectiveness,* unveröffentlicht, Wharton School, University of Pennsylvania, 1989

20 Ibid.; Robert J. House, *A 1976 Theory of Charismatic Leadership,* Leadership: The Cutting Edge, Hrsg. J.G. Hunt und L.L. Larson (Carbondale: Southern Illinois University Press, 1977).

21 House, Spangler und Woycke: *Personality and Charisma*

22 Nancy C. Roberts und Raymond Trevor Bradley, *Limits of Charisma Charismatic Leadership,* Hrsg. Jay A. Conger, Rabindra N. Kanungo and Associates (San Francisco: Jossey-Bass, 1988) 253–275

23 Ibid., 254

24 Ibid., 260

25 Ibid., 263

26 Ibid.

27 Ibid., 264

28 Ibid., 269

29 Ibid.,

30 Ibid., 268

Kapitel 5

1 Robert A. Caro, *The Power Broker: Robert Moses and the Fall of New York* (New York: Random House, 1974)

2 Robert A Caro, *The Path to Power: The Years of Lyndon Johnson* (New York: Alfred A. Knopf, 1982), 261

3 Ibid., 263

4 Ibid., 264/265

5 David Halberstam, *The Reckoning* (New York: William Morrow, 1986); Maryann Keller, *Rude Awakening: The Rise, Fall, and Struggle for Recovery of General Motors* (New York: William Morrow, 1989

6 Douglas K. Smith und Robert C. Alexander, *Fumbling the Future: How Xerox Invented, Then Ignored, the First Personal Computer* (New York: William Morrow, 1988).

7 Max Holland, *When the Machine Stopped* (Boston: Harvard Business School Press, 1989).

8 Jeffrey Pfeffer und Gerald R. Salancik, *The External Control of Organizations: A Resource Dependende Perspective* (New York: Harper and Row, 1978), 48/49.

9 Richard C. Edwards, *Contested Terrain: The Transformation of the Workplace in the Twentieth Century* (New York: Basic Books, 1979).

10 Sanford M. Jacoby, *Employing Bureaucracy: Managers, Unions, and the Transformation of Work in American Industry,* 1900–1945 (New York: Columbia University Press, 1985).

11 John M. Barry, *The Ambition and the Power* (New York: Viking, 1989).

12 Ibid., 68

13 Ibid., 69

14 Ibid., 70

15 Ibid.

16 Richard M. Emerson, *Power-Dependence Relations,* American Sociological Review 27 (1962): 31–41; Peter M. Blau, *Exchange and Power in Social Life* (New York: John Wiley, 1964).

17 Otto A. Davis, M.A.H. Dempster und Aaron Wildavsky, *A Theory of the Budgeting Process,* American Political Science Review 60 (1966): 529–547;
Jeffrey Pfeffer und Gerald R. Salancik, *Organizational Decision Making as a Political Process: The Case of a University Budget,* Administrative Science Quarterly 19 (1974): 135–151; Jeffrey

Pfeffer und William L. Moore, *Power in University Budgeting: A Replication and Extension,* Administrative Science Quarterly 25 (1980): 637–653.

18 Daniel Kahneman und Amos Tversky, *Choices, Values, and Frames,* American Psychologist 39 (1984): 341–350.

19 Gerald R. Salancik und Jeffrey Pfeffer, *The Bases and Use of Power in Organizational Decision Making: The Case of a University,* Administrative Science Quarterly 19 (1974): 135–151; Pfeffer und Moore, *Power in University Budgeting.*

20 Janice Lodahl und Gerald Gordon, *Funding the Sciences in Universtiy Departments,* Educational Record 54 (1973): 74–82

21 Paul J. DiMaggio und Walter W. Powell, *The Iron Cage Revisited: Institutional Isomorphism and Collective Rationality in Organizational Fields,* American Sociological Review 48 (1983): 147–160

22 Robert P. Gandossy, *Bad Business: The OPM Scandal and the Seduction of the Establishment* (New York: Basic Books, 1985), 5.

23 Ibid., 11.

24 Ibid., 38/39.

25 Ibid., 39.

26 Ibid., 41.

27 Ibid., 44.

28 Ibid., 52.

29 Ibid., 53.

30 Ibid., 215.

31 Jeffrey Pfeffer und Alison Konrad, *The Effects of Individual Power on Earnings, Work and Occupations* (in Druck, 1991).

32 Halberstam, *The Reckoning*

33 Ibid., 136

34 Ibid., 141.

35 Ibid., 148.

36 Ibid., 156.

37 Ibid., 183.

38 Barry, *The Ambition and The Power,* 18

39 Bryan Burrough und John Helyar, *Barbarians at the Gate: The Fall of RJR Nabisco* (New York: Harper and Row, 1990), 35.

40 Barry, *The Ambition and the Power,* 71.

41 Ibid., 76.

42 Ibid., 84.

43 J. Patrick Wright, *On a Clear Day You Can See General Motors* (Grosse Point, MI: Wright Enterprises, 1979), 41.

44 Donald L. Helmich und Warren B. Brown, *Successor Type and Organizational Change in the Corporate Enterprise,* Administrative Science Quarterly 17 (1972): 371–381.

45 Alvin W. Gouldner, *The Norm of Reciprocity: A Preliminary Statement,* American Sociological Review 25 (1960) 161–178.

46 Caro, *The Power Broker.*

47 Burrough and Helyar, *Barbarians at the Gate,* 33.

48 Ibid., 37.

49 Hugh D. Menzies, *The Boardroom Battle at Bendix,* Fortune (11.Januar1982): 62.

50 Burrough und Helyar, *Barbarians at the Gate,* 63.

51 Ibid., 64.

52 Frank Rose, *West of Eden: The End of Innocence at Apple Computer* (New York: Viking Penguin, 1989), 132.

53 Ken Auletta, *Power, Greed and Glory on Wall Street: The Fall of Lehman Brothers,* New York Times Magazine (17.Februar 1985): 34.

Kapitel 6

1 Linton C. Freeman, *Centrality in Social Networks: Conceptual Clarifications*, Social Networks 1 (1979): 215–239; Daniel J. Brass, *Being in the Right Place: A Structural Analysis of Individual Influence in an Organization*, Administrative Science Quarterly 29 (1984): 518–539.
2 Freeman, *Centrality in Social Networks.*
3 Alex Bavelas, *Communication Patterns in Task Oriented Groups*, Journal of Acoustical Society of America 22 (1950): 725–730; Harold J. Leavitt, *Effects of Certain Communication Patterns on Group Performance*, Journal of Abnormal and Social Psychology 46 (1951): 38–50.
4 Kenneth D. Mackenzie, *A Theory of Group Structures* (London: Gordon and Breach, 1975).
5 Jay R. Galbraith, *Designing Complex Organizations* (Reading, MA: Addison-Wesley, 1973).
6 Ibid.
7 Hickson et al., *A Strategic Contingencies' Theory of Intraorganizational Power*, Administrative Science Quarterly 16 (1971): 216–229.
8 Andrew M. Pettigrew, *Information Control as a Power Resource*, Sociology 6 (1972): 190–191.
9 Brass, *Being in the Right Place*, 519.
10 Ibid., 525
11 Ibid., 532.
12 David Krackhard, *Assessing the Political Landscape: Structure, Cognition and Power in Organizations*, Administrative Science Quarterly 35 (1990): 342–369.
13 Jeffrey Pfeffer und Alison Konrad, *The Effects of Individual Power on Earnings, Work and Occupations* (in Druck, 1991).
14 Frank Rose, *West of Eden: The End of Innocence at Apple Computer* (New York: Viking Penguin, 1989), 244/245.
15 Ibid., 298.
16 Robert A. Caro, *The Path to Power: The Years of Lyndon Johnson* (New York: Alfred A. Knopf, 1982), 266.
17 Mark Stevens, *Sudden Death: The Rise and Fall of E.F. Hutton* (New York: Penguin, 1989), 161.
18 Henry Kissinger, *The White House Years* (Boston: Little, Brown, 1979), 47.
19 David Halberstam, *The Reckoning* (New York: William Morrow, 1986); Neil Fligstein, *The Intraorganizational Power Struggle: Rise of Finance Personnel to Top Leadership in Large Corporations, 1919–1979*, American Sociological Review 52 (1987): 44–58.
20 Maryann Keller, *Rude Awakening: The Rise, Fall, and Struggle for Recovery of General Motors* (New York: William Morrow, 1989), 58.
21 Ibid., 60/61.
22 L. Festinger, S. Schacter und K. Back, *Social Pressures in Informal Groups* (Stanford, CA: Stanford University Press, 1950).
23 John P. Kotter, *Power, Success, and Organizational Effectiveness*, Organizational Dynamics 6, Nr. 3 (1978): 27–40.
24 Christopher Byron, *The Fanciest Dive* (New York: W.W. Norton, 1986).
25 J. Patrick Wright, *On a Clear Day You Can See General Motors* (Grosse Point, MI: Wright Enterprises, 1979).
26 Rosabeth M. Kanter, *Men and Women of the Corporation* (New York: Basic Books, 1977).

Kapitel 7

1 New York Times (15. Juli 1978: 23.
2 Sally Bedell Smith, *In All His Glory: The Life of William S. Paley* (New York: Simon and Schuster, 1990), 397.
3 David Mechanic, *Sources of Power of Lower Participants in Complex Organizations*, Administrative Science Quarterly 7 (1962): 349–364.
4 John W. Gardner, *On Leadership* (New York: Free Press, 1990), 24.

5 Stanley Milgram, *Obedince to Authority* (New York: Harper and Row, 1974).

6 Max Weber, *The Theory of Social and Economic Organization* (New York: Free Press, 1947).

7 Steven Bach, *Final Cut: Dreams and Disaster in the Making of Heaven's Gate* (New York: William Morrow, 1985), 54.

8 Lynne G. Zucker, *The Role of Institutionalization in Cultural Persistence*, American Sociological Review 42 (1977): 726–743.

9 R.C. Jacobs und D.T. Campbell, *The Perpetuation of an Arbitrary Tradition Through Successive Generations of a Laboratory Microculture*, Journal of Abnormal and Social Psychology 62 (1961): 649–658.

10 Zucker, *The Role of Institutionalization*, 732.

11 Ibid., 732/733.

12 J. Sterling Livingston, *Pygmalion in Management*, Harvard Business Review 47 (Juli/August 1969): 81–89; W. Peter Archibald, *Alternative Explanations for Self-Fulfilling Prophecy*, Psychological Bulletin 81 (1974): 74–84.

13 Mark Snyder, *Self-Fulfilling Stereotypes*, Psychology Today 16 (Juli 1982): 60–68.

14 Lloyd H. Strickland, *Surveillance and Trust*, Journal of Personality 26 (1958): 200–215.

15 Rosabeth M. Kanter, *Men and Women of the Corporation* (New York: Basic Books, 1977).

16 David E. Berlew und Douglas T. Hall, *The Socialization of Managers: Effects of Expectations on Performance*, Administrative Science Quarterly 11 (1966): 207–223.

17 Maryann Keller, *Rude Awakening: The Rise, Fall, and Struggle for Recovery of General Motors* (New York: William Morrow, 1989), 66/67.

18 Ibid., 67.

19 Smith, *In All His Glory*, 150.

20 Ibid., 152.

21 Ibid., 153.

22 Ibid., 156.

23 Henry Kissinger, *The White House Years* (Boston: Little, Brown, 1979), 45.

24 Ibid., 47.

25 David Halberstam, *The Best and the Brightest* (New York: Random House, 1972), 79.

26 Ibid., 80.

27 M.J. Lerner und C.H. Simmons, *Observer's Reaction to the 'Innocent Victim': Compassion or Rejection?* Journal of Personality and Social Psychology 4 (1966): 203–210.

28 John M. Barry, *The Ambition and the Power* (New York: Viking, 1989), 154.

29 Joseph W. Harder, *Play for Pay: Salary Determination and the Effects of Over- and Under-Reward on Individual Performance in Professional Sports* (Stanford, CA: Stanford University, unveröffentlichte Dissertation, 1989).

30 Robert A. Caro, *The Power Broker: Robert Moses and the Fall of New York* (New York: Random House, 1974), 463.

31 James G. March und John P. Olsen, *Ambiguity and Choice in Organizations* (Bergen, Norwegen: Universitetsforlaget, 1976).

32 Gardner, *On Leadership*, 8.

33 Martha S. Feldman und James G. March, *Information in Organizations as Signal and Symbol*, Administrative Science Quarterly 26 1981): 171–186.

Kapitel 8

1 Michael Lewis, Liar's Poker: *Rising through the Wreckage on Wall Street* (New York: Penguin, 1990), 61.

2 William L. Moore und Jeffrey Pfeffer, *The Relationship Between Departmental Power and Faculty Careers on Two Campuses: The Case for Structural Effects on Faculty Salaries*, Research in Higher Education 13 (1980): 291–306.

3 Jeffrey Pfeffer und Alison Davis-Blake, *Understanding Organizational Wage Structures: A Resource Dependence Approach*, Academy of Management Journal 30 (1990): 437–455.
4 John E. Sheridan et al., *Effects of Corporate Sponsorship and Departmental Power on Career Tournaments*, Academy of Management Journal 33 (1990): 578–602.
5 John M. Barry, *The Ambition and the Power* (New York: Viking, 1989), 29.
6 Janice Lodahl und Gerald Gordon, *The Structure of Scientific Fields and the Functioning of University Graduate Departments*, American Sociological Review 37 (1972): 57–72.
7 Janice Lodahl und Gerald Gordon, *Funding the Sciences in University Departments*, Educational Record 54 (1973): 74–82.
8 Jeffrey Pfeffer und William L. Moore, *Power in University Budgeting: A Replication and Extension*, Administrative Science Quarterly 25 (1980): 637–653.
9 Rosabeth M. Kanter, *Men and Women of the Corporation* (New York: Basic Books, 1977).
10 Gerald R. Salancik, Barry M. Staw und Louis R. Pondy, *Administrative Turnover as a Response to Unmanaged Organizationaal Interdependende*, Academy of Management Journal 23 (1980): 422–437; Jeffrey Pfeffer und William L. Moore, *Average Tenure of Academic Department Heads: The Effects of Paradigm, Size, and Departmental Demography*, Administrative Science Quarterly 25 (1980): 387–406.
11 Alison M. Konrad und Jeffrey Pfeffer, *Do You Get What You Deserve? Factors Affecting the Relationship Between Productivity and Pay*, Administrative Science Quarterly 35 (1990): 258–285.
12 Janice M. Beyer und Thomas M. Lodahl, *A Comparative Study of Patterns of Influence in United States and English Universities*, Administrative Science Quarterly 21 (1976): 104–129.
13 Pfeffer und Moore, *Average Tenure of Academic Department Heads*, Salancik, Staw und Pondy, *Administrative Turnover.*
14 D.J. Hickson et al., *A Strategic Contingencies' Theory of Intraorganizational Power*, Administrative Science Quarterly 16 (1971): 216–229.
15 Setsuo Miyazawa, *Legal Departments of Japanese Corporations in the United States: A Study on Organizational Adaptation to Multiple Environments*, Kobe University Law Review 20 (1986): 97–162.
16 Ibid., 135.
17 Ibid., 126.
18 John Dean, *Blind Ambition* (New York: Simon and Schuster, 1976), 30.
19 Ibid., 38.
20 Ibid., 40.
21 Richard M. Emerson, *Power-Dependence Relations*, American Sociological Review 27 (1962): 31–42; Peter M. Blau, *Exchange and Power in Social Life* (New York: John Wiley, 1964).
22 Michel Crozier, *The Beaurocratic Phenomenon* (Chicago: University of Chicago Press, 1964).
23 Robert A. Caro, *The Power Broker: Robert Moses and the Fall of New York* (New York: Random House, 1974), 464.
24 Ibid., 464/465.
25 Hickson et al., *A Strategic Contingencies' Theory*; C.R. Hinings et al., *Structural Conditions of Intraorganizational Power*, Administrative Science Quarterly 19 (1974): 216–229.

Kapitel 9

1 John P. Kotter, *The General Managers* (New York: Free Press, 1982).
2 Hedrick Smith, *The Power Game: How Washington Works* (New York: Ballantine, 1988), 61/62.
3 Robert Caro, *The Path to Power: The Years of Lyndon Johnson* (New York: Alfred A. Knopf, 1982), 218.
4 Ibid., 226.
5 Ibid., 235.

6 Robert Caro, *The Power Broker: Robert Moses and the Fall of New York* (New York: Random House, 1974), 227.

7 Sally Bedell Smith, *In All His Glory: The Life of William S. Paley* (New York: Simon and Schuster, 1990), 394.

8 John W. Gardner, *On Leadership* (New York: Free Press, 1990), 48.

9 Robert Caro, *Means of Ascent:* The Years of Lyndon Johnson (New York: Alfred A. Knopf, 1990).

10 Caro, *The Path to Power,* 229.

11 Caro, *The Power Broker,* 229.

12 Kotter, *The General Managers.*

13 Smith, *In All His Glory,* 395.

14 John M. Barry, *The Ambition and the Power* (New York: Viking, 1989), 20.

15 Douglas K. Smith und Robert C. Alexander, *Fumbling the Future: How Xerox Invented, Then Ignored, the First Personal Computer* (New York: William Morrow, 1988), 50.

16 Ibid., 131/132.

17 Gardner, *On Leadership,* 1.

18 Jeanne M. Brett, Stephen B. Goldberg und William L. Ury, *Designing Systems for Resolving Disputes in Organizations,* American Psychologist 45 (1990): 162–170; Roger Fisher und William Ury, Getting to Yes: *Negotiating Agreements Without Giving In* (Boston: Houghton Mifflin, 1981).

19 Max H. Bazerman und Margaret A. Neale, *Heuristics in Negotiation: Limitations to Dispute Resolution Effectiveness, Negotiating in Organizations,* Hrsg. M.H. Bazerman und R.J. Lewicki (Beverly Hills, CA: Sage, 1983), 51–67.

20 Gardner, *On Leadership,* 50/51.

21 Barry, *The Ambition and the Power,* 12.

22 Paul Clancy und Shirley Elder, TIP: *A Biography of Thomas P. O'Neill Speaker of the House* (New York: Macmillan, 1980), 4.

23 Smith, *In All His Glory,* 391.

24 Ibid.

25 Ibid., 404.

26 Caro, *My Search for Coke Stevenson,* The New York Times Book Review (3. Februar 1991), 28.

27 Gardner, *On Leadership,* 53.

28 Aaron Bernstein, *Grounded Frank Lorenzo and the Destruction of Eastern Airlines* (New York: Simon and Schuster, 1990), 167.

29 Richard Christie und Florence L. Geis, *Studies in Machiavellianism* (New York: Academic Press, 1970), 312.

30 Gerald R. Salancik und Jeffrey Pfeffer, *Who Gets Power – and How They Hold on to It: A Strategic-Contingency Model of Power,* Organizational Dynamics 5 (1977): 3–21.

31 James D. Thompson und Arthur Tuden, *Strategies, Structures and Processes of Organizational Decision, Comparative Studies in Administration,* Hrsg. J.D. Thompson et al. (Pittsburgh: University of Pittsburgh Press, 1959), 195–216.

32 Robert L. Khan et al., *Organizational Stress: Studies in Role Conflict and Ambiguity* (New York: John Wiley, 1964).

33 Thomas C. Schelling, *The Strategy of Conflict* (New York: Oxford University Press, 1963), 13.

34 Hedrick Smith, *The Power Game: How Washington Works* (New York: Ballantine, 1988), 61.

35 David Halberstam, *The Best and the Brightest* (New York: random House, 1972), 30.

36 Caro, *The Power Broker,* 448.

37 Ibid., 449.

38 Ibid., 448.

39 Bryan Burrough und John Helyar, *Barbarians at the Gate: The Fall of RJR Nabisco* (New York: Harper and Row, 1990), 19.

40 Ibid., 21.

41 Ibid., 34.

42 Ken Auletta, *Power,Greed and Glory on Wall Street: The Fall of Lehman Brothers*, The New York Times Magazine (17. Februar 1985).

43 Ibid., 36.

44 Smith, In All His Glory, 408.

45 Laton McCartney, *Friends in High Places: The Bechtel Story* (New York: Simon and Schuster, 1988), 170.

46 Ibid.

47 Ibid., 172.

48 Ibid., 179.

49 Ibid.

50 Ibid., 180.

Kapitel 10

1 Robert B. Cialdini, *Influence; Science and Practice,* 2. Aufl. (Glenview, IL: Scott, Foresman, 1988).

2 Ibid.

3 Douglas K. Smith und Robert C. Alexander, *Fumbling the Future: How Xerox Invented, Then Ignored, the First Personal Computer* (New York: William Morrow, 1988).

4 Gerald R. Salancik, *Committment and Control of Organizational Behavior and Belief, New Directions in Organizational Behavior,* Hrsg. Barry M. Staw und Gerald R. Salancik (Chicago: St. Clair Press, 1977).

5 Daryl J. Bem, *Self-Perception Theory, Advances in Experimental Social Psychology,* Hrsg. Leonard Berkowitz, Bd. 6 (New York: Academic Press, 1972), 1–62.

6 E. Aronson und J. Mills, *The Effect of Severity of Initiation on Liking for a Group*, Journal of Abnormal and Social Psychology 59 (1959): 177.

7 John W. Gardner, *On Leadership* (New York: Free Press, 1990).

8 Barry M. Staw und Jerry Ross, *Committment in an Experimenting Society: An Experiment on the Attribution of Leadership from Administrative Scenarios*, Journal of Applied Psychology 65 (1980): 249–260.

9 Steven Bach, Final Cut: *Dreams and Disaster in the Making of Heaven's Gate* (New York: William Morrow, 1985), 181.

10 Ibid., 187.

11 Ibid., 189.

12 Ibid., 191.

13 Ibid., 192.

14 Ibid., 196.

15 Tracy Kidder, *Soul of a New Machine* (Boston: Atlantic-Little, Brown, 1981), 65/66.

16 Christopher Matthews, *Hardball: How Politics Is Played – Told By One Who Knows The Game* (New York: Summit Books, 1988), 60.

17 Ibid., 134.

18 Aaron Bernstein, *Grounded: Frank Lorenzo and the Destruction of Eastern Airlines* (New York: Simon and Schuster, 1990), 133.

19 Ibid., 134.

20 Ibid., 136.

21 Ibid., 137.

22 Jack W. Brehm, *A Theory of Psychological Reactance* (New York: Academic Press, 1966).

23 Cialdini, *Influence: Science and Practice,* 2332.

24 Ibid.

25 Frank Rose, *West of Eden: The End of Innocence at Apple Computer* (New York: Viking Penguin, 1989), 78.

26 David Halberstam, *The Best and the Brightest* (New York: Random House, 1972), 78.

27 Ibid., 410.
28 Ibid., 245.

Kapitel 11

1 Leon Festinger, *A Theory of Social Comparison Processes*, Human Relations 7 (1954): 117–140.
2 Ellen Berscheid und Elaine Hatfield Walster, *Interpersonal Attraction* (Reading, A: Addison-Wesley, 1969); D. Byrne, *Attitudes and Attraction, Advances in Experimental Social Psychology*, Hrsg. Leonard Berkowitz, Bd. 4 (New York: Academic Press, 1969), 355–89.
3 Robert B. Cialdini, *Influence Science and Practice,* 2. Aufl. (Glenview, IL: Scott, Foresman, 1988), 112.
4 Ibid., 123.
5 Bibb Latane und John M. Darley, *Group Inhibition of Bystander Intervention in Emergencies*, Journal of Personality and Social Psychology 10 (1968): 215–221.
6 Joseph B. White und Gregory A. Patterson, *GM Begins Quest to Win Back Consumer Confidence*, The Wall Street Journal (4. Mai 1990): B1.
7 Robert P. Gandossy, *Bad Business: The OPM Scandal and the Seduction of the Establishment* (New York: Basic Books, 1985),11.
8 Ibid., 12/13.
9 Steven Bach, *Final Cut: Dreams and Disaster in the Making of Heaven's Gate* (New York: William Morrow, 1985).
10 Ibid., 76/77.
11 Christopher Byron, *The Fanciest Dive* (New York: W.W. Norton, 1986).
12 Seymour M. Hersh, *The Price of Power: Kissinger in the Nixon White House* (New York: Summit Books, 1983).
13 Ibid., 24.
14 Cialdini, *Influence: Science and Practice,* 157.
15 Frank Rose, *West of Eden: The End of Innocence at Apple Computer* (New York: Viking Penguin, 1989), 274.
16 Ibid., 276.
17 Jerry Ross und Kenneth R. Ferris, *Interpersonal Attraction and Organizational Outcomes: A Field Examination*, Administrative Science Quarterly 26 (1981): 617–632.
18 M.G. Efran und E.W.J. Patterson, *The Politics of Appearance*, University of Toronto, 1976.
19 Cialdini, *Influence: Science and Practice,* 162. Cialdini zitiert auch P.L. Benson, S.A. Karabenic und R.M. Lerner, *Pretty Pleases: The Effects of Physical Attractiveness on Race, Sex, and Receiving Help*, Journal of Experimental Social Psychology 12 (1976): 409–415; und S. Chaiken, *Communicator Physical Attractiveness and Persuasion*, Journal of Personality and Social Psychology 37 (1979): 1387–1397.
20 Cialdini, *Influence: Science and Practice.*
21 Bryan Burrough und John Helyar, *Barbarians at the Gate: The Fall of RJR Nabisco* (New York: Harper and Row, 1990), 69.
22 Camille B. Wortman und Joan A. Linsenmeier, *Interpersonal Attraction and Techniques of Ingratiation in Organizational Settings, New Directions in Organizational Behavior,* Hrsg. Barry M. Staw und Gerald R. Salancik (Chicago: St. Clair Press, 1977), 133–178.
23 Robert A. Caro, *The Power Broker: Robert Moses and the Fall of New York* (New York: Random House, 1974), 454.
24 Ibid., 455.
25 Ibid., 457.
26 Ibid., 458.
27 Gandossy, *Bad Business,* 19.
28 Ibid., 26.

29 Laton McCartney, *Friends in High Places: The Bechtel Story* (New York: Simon and Schuster, 1988), 156.
30 Mark Stevens, *Sudden Death: The Rise and Fall of E.F. Hutton* (New York: Penguin, 1989), 81.
31 Ibid., 82/83.
32 Ibid., 84.
33 M. Sherif et al., *Intergroup Conflict and Cooperation: The Robbers' Cave Experiment* (Norman: University of Oklahoma Institute of Intergroup Relations, 1961.
34 Cialdini, *Influence: Science and Practice,* 171.
35 Ibid., 172.
36 Fritz Heider, *The Psychology of Interpsersonal Relations* (New York: John Wiley, 1958).
37 Arlie Hochschild, *The Managed Heart* (Berkeley: University of California Press, 1983).
38 Ibid., 96/97.
39 Anat Rafaeli und Robert I. Sutton, *The Expression of Emotion in Organizational Life, Research in Organizational Behavior,* Hrsg. Barry M. Staw, Bd. 11 (Greenwich, CT: JAI Press, 1989), 15/16.
40 Robert I. Sutton und Anat Rafaeli, *Untangling the Relationship Between Displayed Emotions and Organizational Sales: The Case of Cenvenience Stores*, Academy of Management Review 12 (1988): 23–37.
41 Anat Rafaeli und Robert I. Sutton, *Expression of Emotion as Part of the Work Role*, Academy of Management Review 12 (1987): 23–37.
42 R.O. Arthur und R.R. Caputo, *Interrogation for Investigators* (New York: William C. Copp and Associates, 1959), 75/76.
43 K.L. Tidd und J.S. Lockard, *Monetary Significance of the Affiliative Smile*, Bulletin of the Psychonomic Society 11 (1978): 344–346.
45 Robert I. Sutton, *Emotional Contrast Strategies as Means of Social Influence: Lessons from Criminal Interrogators and Bill Collectors*, Academy of Management Journal (in Druck).
46 Rafaeli und Sutton, *Expression of Emotion*, 31.

Kapitel 12

1 Thomas C. Schelling, *The Strategy of Conflict* (New York: Oxford Universtiy Press, 1963).
2 Peter W. Bernstein, *Upheaval at Bendix*, Fortune (1. November 1980): 47–56.
3 Ibid., 52/53.
4 Hugh D. Menzies, *The Boardroom Battle at Bendix*, Fortune (11.Januar 1982): 56.
5 Ibid., 60.
6 Ibid., 62.
7 Ibid.
8 M. Horwitch, *Managing the U.S. Supersonic Transport Program (A)*, 678–049. Boston: Harvard Business School, 1977.
9 Robert A. Caro, *The Power Broker: Robert Moses and the Fall of New York* (New York: Random House, 1974), 203.
10 Aaron Bernstein, *Grounded: Frank Lorenzo and the Destruction of Eastern Airlines* (New York: Simon and Schuster, 1990), 84/85.
11 Barry Schwartz, *Waiting, Exchange, and Power: The Distribution of Time in Social Systems*, American Journal of Sociology 79 (1974): 843/844.
12 Ibid., 844.
13 Ibid., 857.
14 Ibid., 859.
15 Bryan Burrough und John Helyar, *Barbarians at the Gate: The Fall of RJR Nabisco* (New York: Harper and Row, 1990), 24.
16 Chicago Daily News (27. Dezember 1972): 4.
17 Seymour M. Hersh, *The Price of Power: Kissinger in the Nixon White House* (New York: Summit Books, 1983), 44.

18 Journal of the House, Alabama State Legilature (1977): 2698.
19 Bernstein, *Grounded,* 42.
20 Gerald R. Salancik, *Commitment and the Control of Organizational Behavior and Belief, New Directions in Organizational Behavior,* Hrsg. Barry M. Staw und Gerald R. Salancik (Chicago: St. Clair Press, 1977), 1–54.
21 Peter Bachrach und Morton S. Baratz, *Two Faces of Power,* American Political Science Review 56 (1962): 947–952.
22 Neil Fligstein, *The Intraorganizational Power Struggle: Rise of Finance Personnel to Top Leadership Corporations, 1919–1979,* American Sociological Review 52 (1987): 44–58.
23 David Halberstam, *The Best and the Brightest* (New York: Random House, 1972), 435/436.
24 Ibid., 437.

Kapitel 13

1 David Halberstam, The Best and the Brightest (New York: random House, 1972), 285.
2 Ibid., 53.
3 John W. Meyer und Brian Rowan, *Institutional Organizations: Formal Structure as Myth and Ceremony,* American Journal of Sociology 83 (1977): 340–363. John W. Meyer und W. Richard Scott, *Organizational Environments: Ritual and Rationality* (Berverly Hills, CA: Sage, 1983).
4 Martha S. Feldman und James G. March, *Information in Organizations as Signal and Symbol,* Administrative Science Quarterly 26 (1981): 171–186.
5 Fred A. Kramer, *Policy Analysis as Ideology,* Public Administrative Review 35 (1975): 509.
6 Richard M. Cyert, Herbert A. Simon und Donald B. Trow: *Observation of a Business Decision,* Journal of Business 29 (1956): 237–248.
7 Donald Frey, *The Techies' Challenge to the Bean Counters,* The Wall Street Journal (16. Juli 1990): A12.
8 Maryann Keller, *Rude Awakening: The Rise, Fall, and Struggle for Recovery of General Motors* (New York: Penguin, 1989), 277.
9 Ibid., 105.
10 Mark Stevens, *Sudden Death: The Rise and Fall of E.F. Hutton* (New York: Penguin, 1989), 277.
11 Halberstam, *The Best and the Brightest,* 304/305.
12 Ibid., 562/563.
13 Douglas K. Smith und Robert C. Alexander, *Fumbling the Future: How Xerox Invented, Then Ignored, the First Personal Computer* (New York: William Morrow, 1988).
14 Ibid., 134.
15 Ibid., 218.
16 H. Thomas Johnson und Robert S. Kaplan, Relevance Lost: *The Rise and Fall of Management Accounting* (Boston: Harvard Business School Press, 1987).
17 Christopher Byron, *The Fanciest Dive* (New York: W.W. Norton, 1986), 56/57.
18 Jeffrey Pfeffer und Gerald R. Salancik, *The External Control of Organizations: A Resource Dependence Perspective* (New York: Harper and Row, 1978).
19 Gerald R. Salancik und Jeffrey Pfeffer, *The Bases and Use of Power in Organizational Decision Making: The Case of a University,* Administrative Science Quarterly 19 (1974): 462/463
20 Rosabeth M. Kanter, *Men and Women of the Corporation* (New York: Basic Books, 1977).
21 David Halberstam, *The Reckoning* (New York: William Morrow, 1986); Max Olland, *When the Machine Stopped* (Boston Harvard Business School Press, 1989).
22 Jeffrey Pfeffer und Gerald R. Salancik, *Administrator Effectiveness: The Effects of Advocacy and Information on Resource Allocations,* Human Relations 30 (1977): 641–656.
23 N. Dixon, *On the Psychology of Military Incompetence* (New York: Basic Books, 1976), 147.
24 Smith and Alexander, *Fumbling the Future.*
25 Meyer and Rowan, *Institutional Organizations.*
26 Smith and Alexander, *Fumbling the Future,* 190.

27 Byron, *The Fanciest Dive,* 274/275.
28 Ibid., 277.

Kapitel 14

1 Maryann Keller, *Rude Awakening: The Rise, Fall, and Struggle for Recovery of General Motors* (New York: William Morrow, 1989), 50.
2 John M. Barry, *The Ambition and the Power* (New York: Viking, 1989), 67.
3 Ibid., 99.
4 David Halberstam, *The Best and the Brightest* (New York: Random House, 1972, 105.
5 Barry, *The Ambition and the Power,* 78.
6 Ibid., 81.
7 Ibid., 82.
8 Ibid., 83.
9 Ibid.
10 Philip Selznick, *TVA and the Grass Roots* (Berkeley: UNiverstiy of California Press, 1949).
11 Seymour M. Hersh, *The Price of Power: Kissinger in the Nixon White House* (New York: Summit Books, 1983), 29.
12 Henry Kissinger, *The White House Years* (Boston Little, Brown, 1989), 42.
13 Hersh, *The Price of Power,* 35.

Kapitel 15

1 Richard M. Nixon, *Leaders* (New York: Warner ooks, 1982), 4.
2 Jeffrey Pfeffer, *Power in Organizations* (Marshfield, MA: Pitman Publishing, 1981).
3 Murray Edelman, *The Symbolic Uses of Politics* (Urbana: University of Illinois Press, 1964), 39.
4 Ibid., 124.
5 David Halberstam, *The Best and the Brightest* (New York: random House, 1972), 217.
6 Edelman, *The Symbolic Uses of Politics,* 12.
7 Herbert Stein, *Confessions of a Tax Addict,* The Wall Street Journal (2. Oktober 1989) A14.
8 Ibid.
9 C.W. Morris, *Signs, Language and Behavior* (New York: Prentice-Hall, 1949), 214.
10 Merriam-Webster, Inc., *Webster's Third New International Dictionary* (Springfield, MA: Merriam-Webster, Inc., 1981), 2619/2620.
11 Karl E. Weick, *Cognitive Processes in Organizations, Research in Organizational Behavior,* Hrsg. Barry M. Staw, Bd. 1 (Greenwich, CT: JAI Press, 1979), 42.
12 Thomas J. Peters, *Symbols, Patterns, and Settings: An Optimistic Case for Getting Things Done,* Organizational Dynamics 7 (1978): 10.
13 Nixon, *Leaders,* 4.
14 Louis R. Pondy, *Leadership Is a Language Game, Leadership: Where Else Can We Go?,* Hrsg. Morgan W. McCall, Jr., und Michael M. Lombardo (Durham, NC: Duke Niversity Press, 1978), 94/95.
15 Christopher Byron, *The Fanciest Dive* (New York: W.W. Norton, 1986), 63.
16 Ibid., 64/65.
17 Frank Rose, *West of Eden: The End of Innocence at Apple Computer* (New York: Viking Penguin, 1989), 235.
18 Ibid., 130.
19 Ibid., 131.
20 Robert A. Caro, *The Path to Power: The Years of Lyndon Johnson* (New York: Alfred A. Knopf, 1982), 235.
21 Ibid., 236.
22 Edelman, *The Symbolic Uses of Politics,* 123.

23 Ibid., 78.
24 Mark Stevens, *Sudden Death: The Rise and Fall of E.F. Hutton* (New York: Penguin, 1989), 191.
25 Ibid., 194.
26 J. Patrick Wright, *On A Claear Day You Can See General Motors* (Grosse Point, MI: Wright Enterprises, 1979), 39.
27 Ibid., 44.
28 Marc. R. Reinganum, *The Effect of Executive Succession on Shareholder Wealth*, Administrative Science Quarterly 30 (1985): 46–60; Stewart D. Friedman und Harbir Singh, *CEO Succession and Stockholder Reaction: The Influence of Organizational Context and Event Content*, Academy of Management Journal 32 (1989): 718–744.
29 Mayer N. Zald, *Who Shall Rule? A Political Analysis of Succession in a Large Welfare Organization*, Pacific Sociological Review 8 (1965): 52–60.
30 Wright, *On a Clear Day,* 16–18.
31 Rose, *West of Eden,* 139.
32 John M. Barry, *The Ambition and the Power* (New York: Viking, 1989), 77.
33 Rose, *West of Eden,* 98.

Kapitel 16

1 John M. Barry, *The Ambition and the Power* (New York: Viking, 1989), 5.
2 Nicholas Lemann, *The Split: A True Story of Washington Lawyers*, Washington Post Magazine (23. März 1980): 20.
3 Ibid., 19.
4 Ibid.
5 Ibid., 20.
6 Thomas Kessner, *Fiorello LaGuardia and the Making of Modern New York* (New York: McGraw-Hill, 1989), 570.
7 David Halberstam, *The Best and the Brightest* (New York: random House, 1972), 511.
8 Alison Leigh Cowan, *The Partners Revolt at Peat Marwick*, New York Times (18. November 1990).
9 Ibid., 10.
10 Ibid.
11 Robert A. Caro, *The Power Broker: Robert Moses and the Fall of New York* (New York: Random House, 1972), 511.
12 Ibid., 986.
13 Ibid., 996.
14 Ibid., 1003.
15 Ken Auletta, *The Fall of Lehman Brothers: The Men, The Money, The Merger*, New York Times Magazine (24. Februar 1985): 37.
16 Ibid., 40
17 Ibid.
18 Sally Bedell Smith, *In All His Glory: The Life of William S. Paley* (New York: Simon and Schuster, 1990).

Kapitel 17

1 Richard T. Pascale, *Managing on the Edge* (New York: Simon and Schuster, 1990).
2 Robert A. Burgelman, *Intraorganizational Ecology of Strategy-Making and Organizational Adaptation: Theory and Field Research*, Organization Science (in Druck).
3 Bryon Burrough und John Helyar, *Barbarians at the Gate: The Fall of RJR Nabisco* (New York: Harper and Row, 1990), 32.
4 Ibid., 33.

5 Maryann Keller, *Rude Awakening: The Rise, Fall, and Struggle for Recovery of General Motors* (New York: William Morrow, 1989), 228.
6 Paul Milgrom und John Roberts, *An Economic Approach to Influence Activities in Organizations*, American Journal of Sociology 94 (Ergänzung; 1988): S. 156/157.
7 Mark Stevens, *Sudden Death: The Rise and Fall of E.F. Hutton* (New York: Penguin, 1989), 160.
8 Ibid., 219.
9 Douglas K. Smith und Robert C. Alexander, *Fumbling the Future: How Xerox Invented, Then Ignored, The First Personal Computer* (New York: William Morrow, 1988), 144.
10 Frank Rose, *West of Eden: The End of Innocence at Apple Computer* (New York: Viking Penguin, 1989), 92.
11 Nick Kotz, *Wild Blue Yonder: Money, Politics, and the B-1 Bomber* (New York: Pantheon Books, 1988).
12 Ibid., 11.
13 Ibid., 14.
14 Jeffrey Pfeffer, *Power in Organizations* (Marshfield, MA: Pitman Publishing, 1981).
15 Pacale, *Managing on the Edge*, 16.
16 Ibid.
17 Kathleen M. Eisenhardt und L.J. Bourgeois, *Politics of Strategic Decision Making in High-Velocity Environments: Toward a Midrange Theory*, Academy of Management Journal 31 (1988): 737–770.
18 Ibid., 742/743.
19 Ibid., 760.
20 Harvey M. Sapolsky, *The Polaris System Development* (Cambridge, MA: Harvard University Press, 1972), 232.
21 Ibid., 242.
22 Ibid., 244.
23 Ibid., 246
24 Finn Borum, *A Power-Strategy Alternative to Organization Development*, Organization Studies 1 (1980): 123–146.
25 Ibid., 129.

Kapitel 18

1 Tracy Kidder, *Soul of a New Machine* (Boston: Atlantic-Little, Brown, 1981), 111.
2 Jane Gross, *Turning Disease Into a Cause: Breat Cancer Follows AIDS*, New York Times (7. Januar 1991): A1.
3 David Halberstam, *The Reckoning* (New York: William Morrow, 1986), 90.
4 Ibid., 91.
5 Robert A. Caro, *Means of Ascent: The Years of Lyndon Johnson* (New York: Alfred A. Knopf, 1990), xix-xx.
6 Ibid., xxi.
7 Richard M. Nixon, *Leaders* (New York: Warner Books, 1982), 345.

Bibliographie

Achen, Christopher H. 1986. *The Statistical Analysis of Quasi-Experiments.* Berkeley: University of California Press.

Allen, Robert et al. 1979, *Organizational Politics: Tactics and Characteristics of Its Actors.* California Management Review, 22: 77–83.

Archibald, W. Peter. 1974. *Alternative Explanations for Self-Fulfilling Prophecy.* Psychological Bulletin, 81: 74–84.

Argyris, Cris. 1974. *Behind the Front Page.* San Francisco: Jossey-Bass.

Aronson, Elliott. 1972. *The Social Animal.* San Francisco: W.H. Freeman.

Aronson, E. und J. Mills. 1959. *The Effect of Severity of Initiation on Liking for a Group.* Journal of Abnormal and Social Psychology, 59: 177–181.

Arther, R.O., und R.R. Caputo. 1959. *Interrogation for Investigators.* New York: William C. Copp and Associates.

Auletta, Ken. 1985a. *Power, Greed and Glory on Wall Street: The Fall of Lehman Brothers.* New York Times Magazine, 17. Februar 1985.

–. 1985b. *The Fall of Lehman Brothers: The Men, The Money, The Merger.* New York Times Magazine, 24. Februar 1985.

Bach, Steven. 1985. *Final Cut: Dreams and Disaster in the Making of Heaven's Gate.* New York: William Morrow.

Bachrach, Peter und Morton S. Baratz. 1962. *Two Faces of Power.* American Political Science Review, 56: 947–952.

Barry, John M. 1989. *The Ambition and the Power.* New York: Viking.

Bass, Bernhanrd M. 1988. *Evolving Perspectives on Charismatic Leadership*, in: *Charismatic Leadership:* 40–77. Jay A. Conger, Rabindra N. Kanungo and Associates (Hrsg.). San Francisco: Jossey-Bass.

Bavelas, Alex. 1950. *Communication Patterns in Task Oriented Groups.* Journal of Acoustical Society of America, 22: 725–730.

Bazerman, Max H. und Margaret A. Neale. 1983. *Heuristics in Negotiation: Limitations to Dispute Resolution Effectiveness* in: *Negotiating Organizations:* 51–67. M.H. Bazerman und R.J. Lewicki (Hrsg.). Beverly Hills, CA: Sage.

Bem, Darly J. 1972. *Self-Perception Theory* in: Advances in Experimental Social Psychology, Bd. 6: 1–62. Leonard Berkowitz (Hrsg.) New York: Academic Press.

Bennis, Warren und Burt Nanus. 1985. *Leaders: The Strategies for Taking Charge.* New York: Harper and Row.

Benson, P.L., S.A. Karabenic und R.M. Lerner. 1976. *Pretty Pleases: The Effects of Physical Attractiveness on Race, Sex, and Receiving Help.* Journal of Experimental Social Psychology, 12: 409–415.

Berlew, David E. und Douglas T. Hall. 1966. *The Socialization of Managers: Effects of Expectaitions on Performance.* Administrative Science Quarterly, 11: 207–223.

Bernstein, Aaron. 1990. *Grounded: Frank Lorenzo and the Destruction of Eastern Airlines.* New York: Simon and Schuster.

Bernstein, Peter W. 1980. *Upheaval at Bendix.* Fortune, 1. November 1980: 48–56.

Berscheid, Ellen und Elaine Hatfield Walster. 1969. *Interpersonal Attraction.* Reading, MA: Addison-Wesley.

Beyer, Janice M. und Thomas M. Lodahl. 1976. *A Comparative Study of Patterns of Influence in United States and English Universities.* Administrative Science Quarterly, 21: 104–129.
Blau, Peter M. 1964. *Exchange and Power in Social Life.* New York: John Wiley.
Borum, Finn. 1980. *A Power-Strategy Alternative to Organization Development.* Organization Studies, 1: 123–146.
Bradford, David L. und Allan R. Cohen. 1984. *Managing for Excellence.* New York: John Wiley.
Brass, Daniel J. 1984. *Being in the Right Place: A Structural Analysis of Individual Influence in an Organization.* Administrative Science Quarterly, 29: 518–539.
Brehm, Jack W. 1966. *A Theory of Psychological Reactance.* New York: Academic Press.
Brett, Jeanne M., Stephen B. Goldberg, und William L. Ury. 1990. *Designing Systems for Resolving Disputes in Organizations.* American Psychologist, 45: 162–170.
Brewer, Marilynn B., und Roderick M. Kramer. 1985. *The Psychology of Intergroup Attitudes and Behavior.* Annual Review of Psychology, 36: 219–243.
Brown, Richard Harvey. 1978. *Bureaucracy as Praxis: Toward a Political Phenomenology of Formal Organizations.* Administrative Science Quarterly, 23: 365–382.
Burgelman, Robert A. 1991. *Intraorganizational Ecology of Strategy-Making and Organizational Adaptation: Theory and Field Research.* Organizations Science (in Druck).
Burrough, Bryan, und John Helyar. 1990. *Barbarians at the Gate: The Fall of RJR Nabisco.* New York: Harper and Row.
Byrne, D. 1969. *Attitudes and Attraction* in: *Advances in Experimental Social Psychology,* Bd. 4: 35–89. Leonard Berkowitz (Hrsg.). New York: Academic Press.
Byron, Christopher. 1986. *The Fanciest Dive.* New York: W.W. Norton.
Caro, Robert A. 1974. *The Power Broker: Robert Moses and the Fall of New York.* New York: Random House.
–. 1982. *The Path to Power: The Years of Lyndon Johnson.* New York: Alfred A. Knopf.
–. 1990. *Means of Ascent: The Years of Lyndon Johnson.* New York: Alfred A. Knopf.
–. 1991. *My Search for Coke Stevenson.* The New York Times Book Review, 3. Februar 1991, 1 ff.
Chaiken, S. 1979. *Communicator Physical Attractiveness and Persuasion.* Journal of Personality and Social Psychology, 37: 1387–1397.
Chakrabarti, Alok K. 1990. *Organizational Factors in Post-Acquisition Performance.* IEEE Transactions on Engineering Management, 37: 259–268.
Christie, Richard und Florence L. Geis. 1970. *Studies in Machiavellianism.* New York: Academic Press.
Cialdini, Robert B. 1984. *Influence: Science and Practice,* 2. Aufl. Glenview, IL: Scott, Foresman.
–. 1988. *Influence: Science and Practice,* 2. Aufl. Glenview IL: Scott, Foresman.
Clancy, Paul, und Shirley Elder. 1980. *TIP: A Biography of Thomas P. O'Neill Speaker of the House.* New York: Macmillan.
Cowan, Alison Leigh. 1990. *The Partners Revolt at Peak Marwick.* New York Times, 18. November 1990.
Crozier, Michel. 1964. *The Beaurocratic Phenomenon.* Chicago: University of Chicago Press.
Cyert, Richard M., und James G. March. 1963. *A Behavioral Theory of the Firm.* Englewood Cliffs, NJ: Prentice-Hall.
Cyert, Richard M., Herbert A. Simon und Donald B. Trow. 1956. *Observation of a Business Decision.* Journal of Business, 29: 237–248.
Davis, Otto A., M.A.H. Dempster und Aaron Wildavsky. 1966. *A Theory of the Budgeting Process.* Administrative Political ScienceReview, 60: 529–547.
Davis, Stanley. 1984. *Managing Corporate Culture.* Cambridge, MA: Ballinger.
Deal, Terrence, und Allan A. Kennedy. 1982. *Corporate Cultures.* Reading, MA: Addison-Wesley.
Dean, John. 1976. *Blind Ambition.* New York: Simon and Schuster.
DiMaggio, Paul J. und Walter W. Powell. 1983. *The Iron Cage Revisited: Institutional Isomorphism and Collective Rationality in Organizational Fields.* American Sociological Review, 48: 147–160.
Dixon, N. 1976. *On the Psychology of Military Incompetence.* New York: Basic Books.

Dornbusch, Sanford M. 1955. *The Military Academy as an Assimilating Institution.* Social Forces, 33: 316–321.

Edelman, Murray. 1964. *The Symbolic Uses of Politics.* Urbana University of Illinois Press.

Edward, Richard C. 1979. *Contested Terrain: The Transformation of the Workplace in the Twentieth Century.* New York: Basic Books.

Efran, M.G., und E.W.J. Patterson. 1976. *The Politics of Appearance.* Unveröffentlichtes Manuskript, University of Toronto.

Eisenhardt, Kathleen M. und L.J. Bourgeois. 1988. *Politics of Strategic Decision Making in High-Velocity Environments: Toward a Midrange Theory.* Academy of Management Journal, 31: 737–770.

Emerson, Richard M. 1962. *Power-Dependence Relations.* American Sociological Review, 27: 31–41.

Feldman, Martha S. und James G. March. 1981. *Information in Organizations as Signal and Symbol,* Administrative Science Quarterly, 26: 171–186.

Festinger, Leon. 1954. *A Theory of Social Comparison Processes.* Himan Relations, 7: 117–140.

–. 1957. *A Theory of Cognitive Dissonance.* Stanford, CA: Stanford University Press.

Festinger, L., S. Schacter und K. Back. 1950. *Social Pressures in Informal Groups.* Stanford, CA: Stanford University Press.

Fisher, Roger und William Ury. 1981. *Getting to Yes: Negotiating Agreements without Giving In.* Boston: Houghton Mifflin.

Fligstein, Neil. 1987. *The Intraorganizational Power Struggle: Rise of Finance Personnel to Top Leadership in Large Corporations, 1919–1979.* American Sociological Review, 52: 44–58.

Freeman, Linton C. 1979. *Centrality in Social Networks: Conceptual Clarifications.* Social Networks, 1: 215–239.

French, John R.P., Jr., und Bertram Raven. 1968. *The Bases of Social Power* in: *Group Dynamics,* 3. Aufl. 259–269. Dorwin Cartwright und Alvin Zander (Hrsg.). New York: Harper and Row.

Frey, Donald. 1990. *The Techies' Challenge to the Bean Counters.* The Wall Street Journal, 16. Juli 1990: A12.

Friedman, Stewart D., und Harbir Singh. 1989. *CEO Succession and Stockholder Reaction: The Influence of Organizational Context and Event Content.* Academy of Management Journal, 32: 718–744.

Galbraith, Jay R. 1973. *Designing Complex Organizations.* Reading, MA: Addison-Wesley.

Gandossy, Robert P. 1985. *Bad Business: The OPM Scandal and the Seduction of the Establishment.* New York: Basic Books.

Gandz, Jeffrey, und Victor V. Murray. 1980. *The Experience of Workplace Politics,* Academy of Management Journal, 23: 237–251.

Gardner, John W. 1990. *On Leadership.* New York: Free Press.

Ginzel, Linda E. 1990. *The Impact of Biased Feedback Strategies on Performance Judgments.* Palo Alto, *CA: Graduate School of Business,* Stanford University, Forschungsarbeit Nr. 1102.

Gouldner, Alvin W. 1960. *The Norm of Reciprocity: A Preliminary Statement.* American Sociological Review, 25: 161–178.

Gross, Jane. 1991. *Turning Disease Into a Cause: Breast Cancer Follows AIDS.* New York Times, 7. Januar 1991: A1, A10.

Hackman, Judith Dozier. 1985. *Power and Centrality in the Allocation of Resources in Colleges and Universities.* Administrative Science Quarterly, 30: 61–77.

Halberstam, David. 1972. *The Best and the Brightest:* New York: Random House.

–. 1986. *The Reckoning.* New York: William Morrow.

Hannan, Michael T. und John Freeman. 1984. *Structural Inertia and Organizational Change.* American Sociological Review, 49: 149–164.

–. 1989. *Organizational Ecology.* Cambridge, MA: Harvard University Press.

Harder, Joseph W. 1989. *Play for Pay: Salary Determination and the Effects of Over- and Under-Re-*

ward on Individual Performance in Professional Sports. Unveröffentlichte Dissertation, Stanford University.
Heider, Fritz. 1958. *The Psychology of Interpersonal Relations.* New York: John Wiley.
Helmich, Donald L. und Warren B. Brown. 1972. *Successor Type and Organizational Change in the Corporate Enterprise.* Administrative Science Quarterly, 17: 371–381.
Hersh, Seymour M. 1983. *The Price of Power: Kissinger in the Nixon White House.* New York: Summit Books.
Hickson, D.J. et al. 1971. *A Strategic Contingencies' Theory of Intraorganizational Power.* Administrative Science Quarterly, 16: 216–229.
Hills, Frederick S. und Thomas A Mahoney. 1978. *University Budgets and Organizational Decision Making.* Administrative Science Quarterly, 23: 454–465.
Hinings, C.R., et al. 1974. *Structural Conditions of Intraorganizational Power.* Administrative Science Quarterly, 19: 22–44.
Hochschild, Arlie R. 1983. *The Managed Heart.* Berkeley: University of California Press.
Holland, Max. 1989. *When the Machine Stopped.* Boston: Harvard Business School Press.
Horwitch, M. *Managing the U.S. Supersonic Transport Program (A),* 678–049. Boston: Harvard Business School, 1977.
House, Robert J. 1977. *A Theory of Charismatic Leadership* in: *Leadership: The Cutting Edge.* J. G. Hunt und L.L. Larson (Hrsg.). Carbondale: Southern Illinois University Press.
House, Robert J., William D. Spangler und James Woycke. 1989. *Personality and Charisma in the U.S. Presidency: A Psychological Theory of Leadership Effectiveness.* Unveröffentlichtes Manuskript, Wharton School, University of Pennsylvania.
Jacobs, R.C. und D.T. Campbell. 1961. *The Perpetuation of an Arbitrary Tradition Through Successive Generations of a Laboratory Microculture.* Journal of Abnormal and Social Psychology, 62: 649–658.
Jacoby, Sanford M. 1985. *Employing Beaurocracy: Managers, Unions, and the Transformation of Work in American Industry, 1900–1945.* New York: Columbia University Press.
Janis, Irving L. 1972. *Victims of Groupthink.* Boston: Houghton Mifflin.
Johnson, H. Thomas und Robert S. Kaplan. 1987. *Relevance Lost: The Rise and Fall of Management Accounting.* Boston: Harvard Business School Press.
Kahn, Robert L. et al. 1964. *Organizational Stress: Studies in Role Conflict and Ambiguity.* New York: John Wiley.
Kahneman, Daniel, und Amos Tversky. 1984. *Choices, Values, and Frames.* American Psychologist, 39: 341–350.
Kanter, Rosabeth M. 1977. *Men and Women of the Corporation.* New York: Basic Books.
–. 1979. *Power Failure in Management Circuits.* Harvard Business Review, 57 (Nr. 4): 65–75.
Keller, Maryann. 1989. *Rude Awakening: The Rise, Fall, and Struggle for Recovery of General Motors.* New York: William Morrow.
Kessner, Thomas. 1989. *Fiorello H. LaGuardia and the Making of Modern New York.* New York: McGraw-Hill.
Kidder, Tracy. 1981. *Soul of a New Machine.* Boston: Atlantic-Little, Brown.
Kissinger, Henry. 1979. *The White House Years.* Boston: Little, Brown.
Konrad, Alison M., und Jeffrey Pfeffer. 1990. *Do You Get What You Deserve? Factors Affecting the Relationship Between Productivity and Pay.* Administrative Science Quarterly, 35: 258–285.
Kotter, John P. 1978. *Power, Success, and Organizational Effectiveness.* Organizational Dynamics, 6 (Nr. 3): 27–40.
–. 1982. *The General Managers.* New York: Free Press.
–. 1985. *Power and Influence: Beyond Formal Authority.* New York: Free Press.
Kotz, Nick. 1988. *Wild Blue Yonder: Money, Politics, and the B-1 Bomber.* New York: Pantheon Books.
Krackhardt, David. 1990. *Assessing the Political Landscape: Structure, Cognition and Power in Organizations.* Administrative Science Quarterly, 35: 342–369.

Kramer, Fred A. 1975. *Policy Analysis as Ideology.* Public Administration Review, 35: 509–517.
Kuhn, Thomas S. 1970. *The Structure of Scientific Revolutions,* 2. Aufl. Chicago: University of Chicago Press.
Latane, Bibb, und John M. Darley. 1968. *Group Inhibition of Bystander Intervention in Emergencies.* Journal of Personality and Social Psychology, 10: 215–221.
Lax, David A. und James K. Sebenius. 1986. *The Manager as Negotiator.* New York: Free Press.
Leavitt, Harold J. 1951. *Effects of Certain Communication Patterns on Group Performance.* Journal of Abnormal and Social Psychology, 46: 38–50.
–. 1986. *Corporate Pathfinders.* Homewood, IL: Dow Jones-Irwin.
Lemann, Nicholas. *The Split: A True Story of Washington Lawyers.* Washington Post Magazine, 23. März 1980.
Lerner, M.J. und C.H. Simmons. 1966. *Observer's Reaction to the »Innocent Victim : Compassion or Rejection?* Journal of Personality and Social Psychology, 4: 203–210.
Lewis, Michael. 1990. *Liar's Poker: Rising Through the Wreckage on Wall Street.* New York: Penguin.
Livingston, J. Sterling. 1969. *Pygmalion in Management.* Harvard Business Review, 47 (Juli-August): 81–89.
Lodahl, Janice, und Gerald Gordon. 1972. *The Structure of Scientific Fields and the Functioning of University Graduate Departments.* American Sociological Review, 37: 57–72.
–. 1973. *Funding the Sciences in University Departments.* Educational Record, 54: 74–82.
Long, Norton E. 1962. *The Administrative Organization as a Political System,* in: *Concept and Issues in Administrative Behavior.* S. Mailick und E.H. Van Ness (Hrsg.). Englewood Cliffs, NJ: Prentice-Hall.
Mackenzie, Kenneth D. 1975. *A Theory of Group Structures.* London: Gordon and Breach.
Madison, Dan L. et al. 1980. *Organizational Politics: An Exploration of Managers' Perceptions.* Himan Relations, 33: 70–100.
March, James G. und John Olsen. 1976. *Ambiguity and Choice in Organizations.* Bergen, Norwegen: Universitetsforlaget.
Matthews, Christopher. 1988. *Hardball: How Politics Is Played – Told By One Who Knows The Game.* New York, Summit Books.
McCartney, Laton. 1988. *Friends in High Places: The Bechtel Story.* New York: Simon and Schuster.
McClelland, D.C. 1975. *Power: The Inner Experience.* New York: Irvington.
McClelland, D.C. und R.E. Boyatzis. 1982. *Leadership Motive Pattern and Long-Term Success in Management.* Journal of Applied Psychology, 67: 737–743.
McClelland, D.C. und D. Burnham. 1976. *Power is the Great Motivator.* Harvard Business Review, 54 (Nr. 2): 100–111.
Mechanic, David. 1962. *Sources of Power of Lower Participants in Complex Organizations.* Administrative Science Quarterly, 7: 349–364.
Menzies, Hugh D. 1982. *The Boardroom Battle at Bendix.* Fortune, 11. Januar 1982: 54–64.
Merriam-Webster, Inc. 1981. *Webster's Third New International Dictionary.* Springfield, MA: Merriam-Webster, Inc.
Meyer, Herbert E. *Shootout at the Johns-Manville Corral.* Fortune, Oktober 1976: 146–154.
Meyer, John W. und Brian Rowan. 1977. *Institutional Organizations: Formal Structure as Myth and Ceremony.* American Journal of Sociology, 83: 340–363.
Meyer, John W. und Richard Scott. 1983. *Organizational Environments: Ritual and Rationality.* Beverly Hills, CA: Sage.
Milgram, Stanley. 1974. *Obedience to Authority.* New York: Harper and Row.
Milgrom, Paul, und John Roberts. 1988. *An Economic Approach to Influence Activities in Organizations.* American Journal of Sociology, 94 (Ergänzung): S154–S179.
Miyazawa, Setsuo. 1986. *Legal Departments of Japanese Corporationsin the United States: A Study on Organizational Adaptation to Multiple Environments.* Kobe University Law Review, 20: 97–162.
Moore, William L., und Jeffrey Pfeffer. 1980. *The Relationship Between Departmental Power and*

Faculty Careers on Two Campuses: The Case for Structural Effects on Faculty Salaries. Research in Higher Education, 13:291–306.
Morris, C.W. 1949. *Signs, Language and Behavior.* New York: Prentice-Hall.
Nisbitt, R.E. und L. Ross. 1980. *Human Inferences: Strategies and Shortcomings of Social Judgment.* Englewood Cliffs, NJ: Prentice-Hall.
Nixon, Richard M. 1982. *Leaders.* New York: Warner Books.
O'Reilly, Charles. 1989. *Corporations, Culture, and Commitment: Motivation and Social Control in Organizations.* California Management Review, 31: 9–25.
Pascale, Richard T. 1984. *Perspectives on Strategy: The Real Story Behind Honda's Success.* California Management Review, 26: 47–72.
–. 1985. *The Paradox of »Corporate Culture«: Reconciling Ourselves to Socialization.* California Management Review, 27: 26–41.
–. 1990. *Managing on the Edge.* New York: Simon and Schuster.
Pasmore, William A. 1988. *Designing Effective Organizations: The Sociotechnical Systems Perspective.* New York: John Wiley.
Patchen, Martin. 1974. *The Locus and Basis of Influence in Organizational Decisions.* Organizational Behavior and Human Performance, 11: 195–221.
Perrow, Charles. 1970. *Departmental Power and Perspectives in Industrial Firms,* in: *Power Organizations:* 58–89. Mayer N. Zald (Hrsg.). Nashville, TN: Vanderbilt University Press.
Peters, Thomas J. 1978. *Symbols, Patterns, and Settings: An Optimistic Case for Getting Things Done.* Organizational Dynamics, 7: 3–23.
Peters, Thomas J. und Robert H. Waterman, Jr. 1982. *In Search of Excellence.* New York: Harper and Row.
Pettigrew, Andrew M. 1972. *Information Control as a Power Resource.* Sociology, 6: 187–204.
–. 1973. *Politics of Organizational Decision-Making.* London: Tavistock.
Pfeffer, Jeffrey. 1981. *Power in Organizations.* Marshfield, MA: Pitman Publishing.
Pfeffer, Jeffrey und Alison Davis-Blake. 1987. *Understanding Organizational Wage Structures: A Resource Dependence Approach.* Academy of Manageent Journal, 30: 437–455.
Pfeffer, Jeffrey und Alison Konrad. 1991. *The Effects of individual Power on Earnings.* Work and Occupations. In Druck.
Pfeffer, Jeffrey und William L. Moore. 1980a. *Average Tenure of Academic Department Heads: The Effects of Paradgm, Size, and Departmental Demography.* Administrative Science Quarterly, 25: 387–406.
–. 1980b. *Power in University Budgeting: A Replication and Extension.* Administrative Science Quarterly, 25: 637–653.
Pfeffer, Jeffrey und Gerald R. Salancik. 1974. *Organizational Decision Making as a Political Process: The Case of a University Budget.* Administrative Science Quarterly, 19: 135–151.
–. 1977. *Administrator Effectiveness: The Effects of Advocacy and Information on Resource Allocations.* Human Relations, 30: 641–656.
–. 1978. *The External Control of Organizations: A Resource Dependence Perspective.* New York: Harper and Row.
Polsby, Nelson W. 1960. *How to Study Community Power: The Pluralist Alternative.* Journal of Politics, 22: 474–484.
Pondy, Louis R. 1978. *Leadership is a Language Game* in: *Leadership: Where Else Can We Go?:* 87–99. Morgan W. McCall, Jr. und Michael M. Lombardo (Hrsg.). Durham, NC: Duke University Press.
Purkayastha, D. 1981. *Note on the Motorcycle Industry – 1975.* Nr. 587–210. Boston: Harvard Business School.
Rafaeli, Anat und Robert I. Sutton. 1987. *Expression of Emotion as Part of the Work Role.* Academy of Management Review, 12: 23–37.
–. 1989. *The Expression of Emotion in Organizational Life,* in: *Research in Organizational Behavior,* Bd. 11: 1–42. Barry M. Staw (Hrsg.). Greenwich, CT: JAI Press.

–. 1991. *Emotional Contrast Strategies as Means of Social Influence: Lessons from Criminal Interrogators and Bill Collectors.* Academy of Management Journal. In Druck.

Reinganum, Marc R. 1985. *The Effect of Executive Succession on Shareholder Wealth.* Administrative Science Quarterly, 30: 46–60.

Reiterman, Tim, und John Jacobs. 1982. Raven: *The Untold Story of the Rev. Jim Jones and His Prople.* New York: E.P. Dutton.

Roberts, Nancy C. und Raymond Trevor Bradley. 1988. *Limits of Charisma* in: *Charismatic Leadership:* 253–275. Jay A. Conger, Rabindra N. Kanungo and Associates (Hrsg.). San Francisco: Jossey-Bass.

Rose, Frank. 1989. *West of Eden: The End of Innocence at Apple Computer.* New York: Viking Penguin.

Ross, Jerry, und Kenneth R. Ferris. 1981. *Interpersonal Attraction and Organizational Outcomes A Field Examination.* Administrative Science Quarterly, 26: 617–632.

Salancik, Gerald R. 1977. *Commitment and the Control of Organizational Behavior and Belief* in: New Directions in Organizational Behavior: 1–54. Barry M. Staw und Gerald R. Salancik (Hrsg.). Chicago: St. Clair Press.

Salancik, Gerald R., und Jeffrey Pfeffer. 1974. *The Bases and Use of Power in Organizational Decision Making: The Case of a University.* Administrative Science Quarterly, 19: 453–473.

–. 1977. *Who Gets Power – and How They Hold on to It: A Strategic Contingency Model of Power.* Organizational Dynamics, 5: 3–21.

Salancik, Gerald R., Jeffrey Pfeffer und J. Patrick Kelly. 1978: *A Contingency Model of Influence in Organizational Decision Making.* Pacific Sociological Review, 21: 239–256.

Salancik, Gerald R., Barry M. Staw und Louis R. Pondy. 1980. *Administrative Turnover as a Response to Unmanaged Organizational Interdependence.* Academy of Management Journal, 23: 422–437.

Sapolsky, Harvey M. 1972. *The Polaris System Development.* Cambridge, MA: Harvard University Press.

Schelling, Thomas C. 1963. *The Strategy of Conflict.* New York: Oxford University Press.

Schwartz, Barry. 1974. *Waiting, Exchange, and Power: The Distribution of Time in Social Systems.* American Journal of Sociology, 79: 841–870.

Selznick, Philip. 1949. *TVA and the Grass Roots.* Berkely: University of California Press.

Sheridan, John E., et al. 1990. *Effects of Corporate Sponsorship and Departmental Power on Career Tournaments.* Academy of Management Journal, 33: 578–602.

Sherif, M., et al. 1961. *Intergroup Conflict and Cooperation: The Robbers' Cave Experiment.* Norman: University of Oklahoma Institute of Intergroup Relations.

Shilts, Randy. 1987. *And the Band Played On: Politics, People, and the AIDS Epidemic.* New York: St. Martin's Press.

Smith, Douglas K., und Robert C. Alexander. 1988. *Fumbling the Future: How Xerox Invented, Then Ignored, the First Personal Computer.* New York: William Morrow.

Smith, Hedrick. 1988. *The Power Game: How Washington Works.* New York: Ballantine.

Smith, Sally Bedell. 1990. *In All His Glory: The Life of William S. Paley.* New York: Simon and Schuster.

Snyder, Mark: 1982. *Self-Fulfilling Stereotypes.* Psychology Today, 16 (Juli): 60–68.

Staw, Barry. 1980. *Rationality and Justification in Organizational Life* in: *Research in Organizational Behavior,* Bd. 2: 45–80. B.M. Staw und L.L. Cummings (Hrsg.). Greenwich, CT: JAI Press.

Staw, Barry M. und Jerry Ross. 1980. *Commitment in an Experimenting Society: An Experiment on the Attribution of Leadership from Administrative Scenarios.* Journal of Applied Psychology, 65: 249–260.

Stein, Herbert. 1989. *Confessions of a Tax Addict.* The Wall Street Journal,2. Oktober 1989: A14.

Stevens, Mark. 1989. *Sudden Death: The Rise and Fall of E.F. Hutton.* New York: Penguin.

Strauss, George. 1962. *Tactics of Lateral Relationship: The Purchasing Agent.* Administrative Science Quarterly, 7: 161–186.

Strickland, Lloyd H. 1958. *Surveillance and Trust.* Journal of Personality, 26: 200–215.

Sutton, Robert I. 1991. *Maintaining Organizational Norms About Expressed Emotions: The Case of Bill Collectors.* Administrative Science Quarterly, 36: 245–268.

Sutton, Robert I., und Anat Rafaeli. 1988. *Untangling the Relationship Between Displayed Emotions and Organizational Sales: The Case of Convenience Stores.* Academy of Management Journal, 31: 461–487.

Tajfel, Henri, und Joseph P. Forgas. 1981. *Social Categorization: Cognitions, Values and Groups* in: *Social Cognition Perspectives on Everyday Unterstanding:* 113–140. Joseph P. Forgas (Hrsg.). New York: Academic Press.

Thompson, James D., und Arthur Tuden. 1959. *Strategies, Structures and Processes of Organizational Decision* in: *Comparative Studies in Administration* 195–216. J.D. Thompson et al. (Hrsg.) Pittsburgh: University of Pittsburgh Press.

Tidd, K.L. und J.S. Lockard. 1978. *Monetary Significance of the Affiliative Smile.* Bulletin of the Psychonomic Society, 11: 344–346.

Tillinghast, Diana. 1980. *The Los Angeles Times: Weakening of Territorial Imperative.* Newspaper Research Journal, 1: 18–26.

Tushman, Michael L., William H. Newman und Elaine Romanelli. 1986. *Convergence and Upheaval: Managing the Unsteady Pace of Organizational Evolution.* California Management Review, 29: 29–44.

Tushman, Michael L. und Elaine Romanelli. 1983. *Uncertainty, Social Location and Influence in Decision Making: A Sociometric Analysis.* Management Service, 29: 12–23.

Weber, Max. 1947. *The Theory of Social and Economic Organization.* New York: Free Press.

Weick, Karl E. 1979. *Cognitive Processes in Organizations* in: *Research in Organizational Behavior,* Bd. 1: 41–74. Barry M. Staw (Hrsg.). Greenwich, CT: JAI Press.

Welsh, M. Ann und E. Allen Slusher. 1986. *Organizational Design as a Context for Political Activity.* Administrative Science Quarterly, 31: 389–402.

Whisler, T.L. et al. 1967. *Centralization of Organizational Control: An Empirical Study of Its Meaning and Measurement.* Journal of Business, 40: 10–26.

White, Joseph B. und Gregory A. Patterson. 1990. *GM Begins Quest to Win Back Consumer Confidence.* The Wall Street Journal, 4.Mai 1990: B1.

Winter, David G. 1987. *Leader Appeal, Leader Performance, and the Motives Profiles of Leaders and Followers: A Study of American Presidents and Elections.* Journal of Personality and Social Psychology, 52: 196–202.

Wortman, Camille B. und Joan A. Linsenmeier. 1977. *Interpersonal Attraction and Techniques of Integration in Organizational Settings* in: *New Directions in Organizational Behavior:* 133–178. Barry M. Staw und Gerald R. Salancik (Hrsg.). Chicago: St. Clair Press.

Wright, J. Patrick. 1979. *On a Clear Day You Can See General Motors.* Grosse Point, MI: Wright Enterprises.

Zald, Mayer N. 1965. *Who Shall Rule? A Political Analysis of Succession in a Large Welfare Organization.* Pacific Sociological Review, 8: 52–60.

Zaleznik, Abraham und Manfred F.R. Kets de Vries. 1975. *Power and the Corporate Mind.* Boston: Houghton Mifflin.

Zucker, Lynne G. 1977. *The Role of Institutionalization in Cultural Persistence.* American Sociological Review, 42: 726–743.